VOLTAIRE ET LA SOCIÉTÉ FRANÇAISE
AU XVIII° SIÈCLE

# LA JEUNESSE

DE

# VOLTAIRE

PAR

**GUSTAVE DESNOIRESTERRES**

PARIS
LIBRAIRIE ACADÉMIQUE
DIDIER ET C<sup>ie</sup>, LIBRAIRES-ÉDITEURS
35, QUAI DES AUGUSTINS, 35
—
1867
Tous droits réservés.

# LA JEUNESSE
# DE VOLTAIRE

PARIS. — IMP. P.-A. BOURDIER ET COMP., RUE DES POITEVINS, 6.

# PRÉFACE

Il serait temps de se dégager de toute haine comme de tout amour, mais non d'une admiration qui n'est que juste pour ce prestigieux et éblouissant esprit, et de dire la vérité sur sa personne, son monde, son siècle et son œuvre. Les contemporains, qui n'avaient pas le calme, manquaient également des éléments indispensables à une semblable tâche. A qui se fussent-ils adressés, si ce n'est à Voltaire? Et nous ne savons que trop le peu de sûreté qu'il y avait à l'interroger sur les événements de sa vie. Le document capital faisait défaut (et chaque jour nous démontre qu'on y peut ajouter); nous voulons dire cette correspondance inimitable qui vivra autant que la langue. Faisceau merveilleux de faits, d'anecdotes, de jugements sur les hommes et sur les choses, de confidences aussi et d'aveux d'autant plus concluants que tout cela est écrit pour la seule intimité, nullement en vue de cette postérité devant laquelle on se serait bien gardé de se produire dans ce négligé et cette sincérité!

Nous nous étonnons qu'avec un tel ensemble, nul ne se soit avisé jusqu'ici de tenter ce que M. Walkenaer a su faire pour madame de Sévigné. Voltaire, c'est, a-t-on dit, tout le dix-huitième siècle. Avec lui, en effet, plus qu'avec le triste Louis XV, si parfaitement et si obstinément en dehors des événements de son règne et de son siècle, on est mêlé au mouvement des mœurs, au mouvement social, au mouvement littéraire et philosophique de cette époque qui était la fin d'un monde. Voltaire paraît avec la Régence; il meurt en 1778, onze ans avant ce 89 qu'il a préparé plus qu'aucun autre. N'est-ce pas là tout le siècle ? Madame de Sévigné a bien vu les surfaces, en femme d'esprit et de bon sens qu'elle était; mais c'est là tout. Voltaire, lui, aura été partie agissante, moins pourtant qu'il ne l'eût voulu au point de vue des grandes affaires; mais, en revanche, il aura éveillé, il aura remué les esprits, il aura été le grand prêtre d'une petite Église de philosophes qui aspiraient à devenir hommes d'État, et qui portèrent au pouvoir quelques-uns des leurs. Si l'histoire de ces temps mémorables n'est pas dans la correspondance, où donc est-elle ?

Entraîné par les séductions de la matière, cédant à l'envie de voir réaliser, même par nous, une tâche dont après tout l'utilité nous semblait égaler les difficultés et les périls, nous nous sommes consacré exclusivement dès lors à grossir un dossier déjà si énorme de pièces et de documents de toute nature, et à le compléter, si un pareil mot pouvait être applicable à un pareil travail. Mais comment y prétendre devant cette infinité effrayante de matériaux, la plus grande partie inédits et éparpillés à tous les coins du globe ; car, quelle collection, quelle bibliothèque publique ne contient dans ses archives quelques lambeaux de la correspondance de Voltaire? La bibliothèque de l'Ermitage, à Saint-Pétersbourg, renferme des trésors. Le British-Museum a ses richesses aussi. Tout cela n'est point impénétrable, et on y a pu fouiller. Mais les archives privées, mais les collections particulières, mais ces richesses d'amateurs avares connues de quelques amis ! Il faut un long temps pour les deviner ; plus encore pour obtenir de ces gardiens jaloux des communications qui semblent en amoindrir à leurs yeux la possession. Nous avons été à même de nous glisser dans plus d'un sanctuaire, et nous avons eu, disons-le aussi, à nous louer de la complaisance parfaite de plus d'un détenteur. Il y avait une statistique à dresser de ces joyaux épars, et nous avons réussi, ici et là, à faire notre petite moisson. Mais, plus on découvre, plus on sent ce qui reste à chercher et à trouver ; plus on est effrayé de ce qui manque. Voltaire disait à Formont, à la date du 24 juillet 1734 : « Je n'irai pas plus loin, car voilà, mon cher ami, la trentième lettre que j'écris aujourd'hui. » Et de ces trente lettres, nous n'en connaissons que deux! Quelque chose d'aussi important, de plus important peut-être au point de vue biographique, était de réunir tout ce que les contemporains ont dit, et pensé de l'auteur d'*OEdipe* dans leurs lettres intimes. Ce n'est pas ce qui nous a le moins préoccupé, et ce qui a été de notre part l'objet de moindres poursuites. Si nous n'avons pas tout (et le moyen de tout avoir !) nous sommes parvenu à grouper un assez respectable amas de renseignements dont il nous a fallu user avec circonspection ; car, si la postérité n'a pas toujours l'équité qu'on est en droit d'en attendre, peut-on demander à des contemporains d'être plus désintéressés, plus judicieux, plus loyaux qu'elle ?

L'ouvrage a ses divisions naturelles, indiquées d'avance ; le cadre était donc tout fait, nous n'avions qu'à le remplir. Ce voyage de quatre-vingt-quatre ans avait ses étapes qu'il fallait maintenir. La première époque, la jeunesse de Voltaire, nous mènera jusqu'en 1733, moment où madame du Châtelet, en entrant dans sa vie, la modifiera souverainement. L'histoire de ces quinze années passées à Cirey, dans le commerce d'une femme aimable, éclairée, éprise de toutes les curiosités, ne sera ni la moins attachante, ni la moins féconde. Mais la marquise meurt à Lunéville ; Voltaire revient à Paris, la cour lui est ouverte, la Favorite lui sourit. Malheureusement trop de gens avaient intérêt à l'évincer pour ne pas y travailler et y réussir : il sera vite rebuté, malgré quelques faveurs passagères, et c'est alors qu'il ira chercher à la cour de Sans-Souci des égards et une considération qu'on lui marchandait dans son propre pays.

Ce séjour en Prusse, près de Frédéric, qui est encore à éclairer dans bien des points, offre tout le charme, tout le mouvement, toutes les péripéties, tout le pathétique d'une conception dramatique. Mais c'est aussi la page la plus délicate, la plus difficile à aborder de cette vie si fertile en aspects attachants et scabreux. La leçon a été rude pour le philosophe, qui va demander asile et repos aux cantons helvétiques. Le repos, c'est ce qu'il devait le moins rencontrer en ce monde, par une raison, hélas! qui lui est trop propre. En effet, bien des ennuis, des écarts de plume signaleront son passage dans cette Suisse qu'il veut civiliser à sa façon et que Rousseau l'accuse de vouloir corrompre. L'émotion, la passion ne feront pas défaut là non plus, et ce ne sera point la monotonie, l'absence d'imprévu qui feront tomber le livre des mains. Cette Genève, qui le trouve trop remuant, trop mondain, il faudra bien l'abandonner à elle-même, à son génie dogmatique, austère, revêche presque, comme il convient à la ville de Calvin ; mais ce ne sera pas sans lancer plus d'un javelot, plus d'un trait acéré.

Nous touchons à la dernière étape. L'auteur de la *Henriade*, de *Mérope*, ne s'appelle plus que le patriarche de Ferney. C'est encore une carrière de vingt années, d'une activité qui ne s'éteindra qu'avec le souffle de ce vieillard plus qu'octogénaire. Et jusqu'au dernier jour, l'intérêt ne faiblit pas, il se soutient, nous dirons presque qu'il redouble, comme cela a lieu dans toute comédie bien faite. Mais quelle comédie! quel roman!

quel drame tout ensemble ! Car là, tout se rencontre, se
coudoie, se choque ! C'est un mélange de grandes choses
et de puérilités, dont le contraste ne se décrit point,
dont rien n'est à retrancher, ni à adoucir.

Ce livre n'est pas un livre d'à-propos, et de parti pas
davantage. Grâce à Dieu, rien ne nous lie à telle ou telle
coterie, nous nous appartenons pleinement. Le duc de
Bourgogne disait à l'abbé de Choisy qui écrivait une
histoire de Charles VI : « — Comment vous y prendrez-
vous pour dire qu'il était fou ? — Monseigneur, je
dirai qu'il était fou. » Nous aussi, nous avons cru de
voir tout raconter, tout dire, sans nous exagérer notre
héroïsme, mais sans ignorer non plus le petit péril de
ne s'appuyer sur personne et de n'avoir pour soi que la
vérité. M. Sainte-Beuve compare l'auteur du *Dictionnaire philosophique* à ces arbres dont il faut savoir
choisir et savourer les fruits, mais à l'ombre desquels
il n'est pas prudent de séjourner. Nous conviendrons
sans embarras que l'ivraie ne se mêle que trop au bon
grain dans son œuvre, et nous ne ferons pas difficulté,
le cas échéant, d'indiquer les fragilités de cette nature
passionnée, sensible à l'excès, d'une vanité trop irritable pour n'avoir pas ses moments regrettables, ses
oublis attristants. Pareille impartialité ne sera pas du
goût de tout le monde, nous le savons ; elle sera mal ap-
préciée des amis aveugles qui ne veulent pas de taches
dans le soleil. Quant aux ennemis, ceux-là, quoi que
nous fassions, nous accuseront de n'avoir pas tout dit

ou d'avoir cherché à pallier, à excuser; lorsque nous avons la conscience de nous être borné scrupuleusement à présenter en toute équité des faits qu'il ne faut jamais isoler des circonstances, des milieux, des mœurs, des caractères : expliquer n'est pas atténuer, c'est purement et simplement empêcher de tirer des conséquences erronées. Nous nageons donc entre deux écueils inévitables. Qu'y faire, si ce n'est se résigner en protestant, encore un coup, contre toute accusation de tendance, et s'abriter sous la belle devise qu'un sage d'un autre temps mettait en tête de son œuvre : « *Ceci est un livre de bonne foi?* »

Paris, mars 1867.

# LA JEUNESSE
# DE VOLTAIRE

## I

NAISSANCE DE VOLTAIRE. — SA FAMILLE. — AROUET AU COLLÉGE.

Voltaire est-il né sur la paroisse de Saint-André-des-Arts ou dans le joli village de Châtenay, que le voisinage de Sceaux et les fêtes de Malézieu à la duchesse du Maine allaient rendre si fameux? Les biographes ne s'accordent pas plus sur l'époque précise que sur le lieu de la naissance du poëte; Voltaire lui-même, selon les temps, donne des dates différentes. Lorsqu'il vint au monde, il était si languissant, si chétif, si peu viable, que, chaque matin, la nourrice descendait chez la mère lui annoncer qu'il n'en avait pas pour une heure à vivre[1]. Dans l'impossibilité de le mener à l'église, on l'eût ondoyé : pareille chose était arrivée pour Fontenelle. « Il est assez singulier, remarque Condorcet, que les deux hommes célèbres de ce siècle, dont la carrière a été la plus

---

[1]. Duvernet, *la Vie de Voltaire* (Genève, 1786), p. 9.

longue et dont l'esprit s'est conservé tout entier le plus longtemps, soient nés tous deux dans un état de faiblesse et de langueur. » L'acte ne fait, toutefois, nulle mention de la cérémonie ; cette omission donne d'autant plus à penser qu'elle n'était pas fréquente alors en semblable cas, et qu'Armand s'étant exactement trouvé dans des conditions analogues, l'on n'avait eu garde de ne le pas consigner sur son acte baptistaire : « Né le 22 mars dernier, et ondoyé à la maison à cause du péril de mort où il s'est trouvé [1]. »

L'acte de baptême de l'auteur de *Mérope*, daté du 22 novembre 1694, le déclare « né le jour précédent. » Mais on a voulu que ce fût là un véritable faux machiné sans grand besoin, convenons-en, par un ancien notaire qui devait en sentir la gravité. M. Berriat Saint-Prix, pour sa part, répugnait à admettre une fraude de cette nature et estimait plus simple de croire à la sincérité d'un acte authentique, en dépit d'une tradition inacceptable [2]. Récemment, un éditeur de Voltaire, M. Clogenson, est revenu sur cette question, et, toutes les pièces du procès en main, il demeure persuadé que François-Marie naquit à Châtenay, le 20 février, neuf mois plus tôt que ne l'indique l'acte officiel [3]. Voltaire dit bien, dans le *Commentaire historique*, qu'il fut ondoyé et le baptême reculé de plusieurs mois, ce qui dément formellement le texte de

1. Archives de la ville, *Registre des Baptêmes de la paroisse de Saint-Germain-le-Vieil*, du 5 avril 1685, p. 26.
2. Boileau, *Œuvres complètes*. (Paris, 1830), t. I, p. xi-xvi. *Digression sur l'époque et le lieu de la naissance de Voltaire*.
3. Clogenson, *Lettre à M. le Rédacteur du Nouvelliste de Rouen*, 23 février 1860, p. 1 et 2.

l'acte. Mais Voltaire n'eût pas varié mainte et mainte fois sur la date précise de sa venue au monde, que son assertion ne saurait seule infirmer une pièce aussi décisive. Et, à chaque instant, dans sa correspondance, c'est une date nouvelle forgée pour les besoins de la cause ; car il veut se vieillir à tout prix, plus il sera vieux, moins on osera le persécuter : neuf mois ne sont rien, mais font enjamber d'une année sur l'autre et ne manquent pas d'avoir leur effet. « Ne dites pas, je vous en prie, écrivait-il à d'Argental, le 1er janvier 1777, que je n'ai que quatre-vingt-deux ans ; c'est une calomnie cruelle. Quand il serait vrai, selon un *maudit extrait baptistaire*, que je fusse né en 1694, au mois de novembre, il faudrait toujours m'accorder que je suis dans ma quatre-vingt-troisième année. »

Ces deux questions, la date et le lieu de sa naissance, sont tellement liées l'une à l'autre, qu'elles se résolvent ensemble. Le premier historien qui parle de Châtenay, est Condorcet ; ses renseignements, on nous dit qu'il les tenait de Voltaire, nous le voulons bien ; madame Arouet eût pu sans doute songer à faire ses couches dans ce charmant village où son mari avait une belle et grande maison. « On laissa ignorer, raconte Duvernet, au prêtre de l'église Saint-André-des-Arts, auquel on présenta l'enfant, qu'il était né depuis neuf mois sur une autre paroisse, et qu'il avait été ondoyé. C'eût été un scandale et un crime grave d'avoir gardé un enfant aussi longtemps sans avertir le curé[1]. » Soit encore ; cela eût expliqué pourquoi l'acte de nais-

---

1. Duvernet, *la Vie de Voltaire* (Genève, 1786), p. 10.

sance ne faisait pas mention de cette indispensable cérémonie. Mais le moyen d'accepter qu'on ait pu donner le change au prêtre, et lui faire prendre pour un enfant de deux jours un nourrisson de neuf mois? Ce petit roman, épluché d'un peu près, croule de lui-même. Il manque d'autorité et de logique, et, s'il a trouvé crédit auprès de quelques-uns des historiens de Voltaire, c'est sans doute par la difficulté de pénétrer quel intérêt on pouvait avoir à le fabriquer. Il est plaisant, en effet, que Voltaire se soit donné tant de mal pour se vieillir de quelques mois, et qu'il ait cru que pour si peu il assurait la tranquillité de ses derniers jours.

Disons que, grâce à un chercheur qui a eu le hasard de rencontrer tout un dossier relatif aux origines de la famille du poëte, la question se trouve désormais résolue au profit de la vraisemblance et du bon sens. Un cousin de Poitou, mais qui avait été élevé chez ses parents de Paris, Pierre Bailly, écrivait à son père, à la date du 24 novembre : « Mon père, nos cousins ont un autre fils, *né d'il y a trois jours;* madame Arouet me donnera pour vous et la famille les dragées du baptême. Elle a esté très-malade; mais on espère qu'elle va mieux. L'enfant n'a pas grosse mine, s'étant senti de la cheute de la mère[1]. » Cette lettre, dont le moindre mérite est de nous donner le secret de cette santé si délicate et jusqu'à la fin si chancelante, est décisive; elle coupe pied à toutes les hypothèses et décharge victorieusement l'ancien notaire de l'inculpation d'une supercherie aussi condamnable, qu'elle eût

---

1. Benjamin Fillon, *Lettres écrites de la Vendée* à M. Anatole de Montaiglon (Paris, 1861), p. 113.

été médiocrement commandée par les circonstances.

On a fait naître le père de Voltaire dans une ferme où lui était dévolu le soin de la bergerie ; puis, arrivé à Paris, stationner à la porte d'un notaire à titre de commissionnaire des clercs et des clients de l'étude[1]. D'autres en firent un porte-clefs du parlement, ce qui n'était pas moins absurde[2]. Mais il fallait chagriner cet orgueil si facile d'ailleurs à érailler, et tous les moyens semblaient bons. Le vrai, c'est que la famille Arouet était une ancienne et honorable famille du Poitou. L'on a dit qu'un de ses membres fut massacré à la Saint-Barthélemy[3]. L'on a dit encore que l'auteur de la *Henriade* n'était que le second poëte de sa maison ; et l'on cite un fragment du journal d'Étienne Rousseau, enquêteur au bailliage de Loudun[4], qui ne vante pas moins la modestie que le génie de René Arouet. Un compatriote, Antoine Dumoustier, également poëte, eût fait, en 1499, sur la mort de ce dernier, des vers conservés par l'un de ses descendants, M. Dumoustier de la Fonds, et dans lesquels René est célébré à la fois comme un Caton et un Virgile. Ce M. de la Fonds, officier d'artillerie et auteur d'une *Histoire de Loudun*, s'était empressé de faire part de sa découverte au patriarche de Ferney, qui répondit par une lettre polie

---

1. Duvernet, *la Vie de Voltaire* (Genève, 1786), p. 8.

2. Voltaire, *Œuvres complètes* (Beuchot), t. LVI, p. 70. A un membre de l'Académie de Berlin; Postdam, le 15 avril 1752, t. XLIII, p. 370, *la Défense de mon oncle*.

3. *L'Artiste*, 15 avril 1864, p. 190. Extrait d'une lettre de M. Clogenson, conseiller honoraire à la cour de Rouen ; Rouen, le 27 juin 1858.

4. Marquis de Luchet, *Histoire littéraire de M. de Voltaire* (Cassel, 1781), t. I, p. 2.

(l'une des dernières qu'il ait écrites, car il expirait moins de deux mois après), où il accueillait la nouvelle avec la tranquillité d'un millionnaire qui se trouve hériter d'un pigeonnier délabré [1]. Rien n'était moins sérieux que tout cela. L'on avait mal lu. On avait cru voir « René Arouet, » c'était « René Adouet » qu'il fallait lire [2].

Les témoignages les plus anciens ne vont pas au-delà de 1525. C'est un Helenus Arouet, demeurant à Saint-Jouin de Marnes, propriétaire de deux petits biens, l'un le *Pas-du-Cygne*, l'autre *la Motte-aux-Fées*, tanneur de profession et le gendre d'un tanneur de Saint-Loup, bourg sur les bord de la Thouet, dans le département actuel des Deux-Sèvres. Ses enfants sont tanneurs et marchands comme lui. Helenus, l'un de ses petits-fils, fixé à Saint-Loup, est désigné sous le nom de sieur du Pas-du-Cygne. Jacqueline Marcheton, sa femme, lui donna cinq enfants, dont le troisième, François de la Motte-aux-Fées, sera l'aïeul de Voltaire. Après plusieurs années d'apprentissage à la Chataigneraye, dans la fabrique d'étoffes du beau-père de sa sœur, madame Bailly de la Cantière, et un séjour plus ou moins long dans sa ville natale, François prenait une décision qui, à cette date, dénotait une incontestable énergie, et sur laquelle la mort de son père arrivée en 1621 et celle de sa mère peu après, ne durent pas être sans influence ; il partait et venait s'établir

---

1. Voltaire, *Œuvres complètes* (Beuchot), t. LXX, p. 461. Lettre de Voltaire à M. Dumoustier de la Fonds (Paris, 7 avril 1778).
2. Benjamin Fillon, *Lettres inédites de la Vendée* (Paris, 1861), p. 115.

marchand drapier à Paris, où ses affaires prospérèrent. En 1666, nous le trouvons installé, sa fortune faite, rue Saint-Denis, vis-à-vis la rue de la Haumerie, *à l'Aigle royale*, dans une maison à lui appartenant et qui reviendra plus tard à madame Mignot, la sœur de Voltaire [1]. Il s'était allié à une famille de marchands comme lui. Nous n'avons pu mettre la main sur l'acte de mariage, et, par conséquent, nous n'avons que peu de données sur les parents de Marie Mallepart. Toutefois, l'acte de décès d'un Claude Mallepart, inhumé en 1673 [2], « marchand bourgeois de Paris, » frère ou cousin de celle-ci, indique assez une famille de commerçants dont tous les membres n'étaient pas commerçants sans doute, car voici un neveu de madame Arouet, Philippe Mallepart, qui figure dans un autre acte avec le titre de prêtre prieur de Saint-Marc.

Nous avons cité une lettre de Pierre Bailly, relative aux couches de la mère de notre poëte, et si importante par sa teneur. Ce Bailly, le petit-fils de madame de La Cantière, avait été élevé, nous assure-t-on, près de son grand-oncle, qui avait conservé des rapports constants d'affaires et d'amitié avec sa famille. Il y a là évidemment une erreur, s'il mourut à Québec, vers 1696 ou 1697, à peine âgé de trente ans. Dès 1670 et évidemment auparavant, le bonhomme n'était plus, et sa

---

1. Archives de la ville, *Registre des mariages de la paroisse de Saint-Germain-l'Auxerrois*, du lundi 1er mars 1666, p. 151. Cette rue de la Haumerie qui a disparu dans la transformation du nouveau Paris, ainsi que sa voisine la rue de la Vieille-Monnaie, était à l'entrée de la rue Saint-Denis.

2. Ibid., *Registre des décès de la paroisse de Saint-Germain-l'Auxerrois*, du lundi 20 février 1673, p. 6.

femme assistait comme veuve au mariage de leur neveu Helenus Arouet, le fils de Jean Arouet, marchand apothicaire à Saint-Loup [1]. Cet Helenus, qui avait alors trente-deux ans, était venu à Paris, peut-être appelé par La Motte-aux-Fées, qui, c'est notre soupçon, se sentant vieux, lui céda son commerce et sa maison pour aller s'éteindre sur une autre paroisse. Après s'être vu enlever deux enfants en bas âge, il mourait lui-même dix ans après, à quarante-trois ans [2]. Ce ne put être que chez ce cousin-germain de son père que Pierre Bailly fut recueilli à son arrivée à Paris et passa quelques années. Comme on le voit, les circonstances venaient aider à l'élévation de la famille qui, en s'engageant dans la carrière des emplois et des charges, et riche d'ailleurs, eût été gênée peut-être par l'existence d'une parenté de marchands trop près d'elle.

La Motte-aux-Fées n'eut que deux enfants : une fille Marie, née le 25 mars 1647, qui épousa un pourvoyeur de *Monsieur*, frère du roi, Mathurin Marchand; et le futur payeur des épices, François, né le 21 août 1649 (et non vers 1651, comme le suppose M. Benjamin Fillon [3]). Ce dernier devint notaire au Châtelet, le 10 fé-

---

1. Archives de la ville, *Registre des mariages de la paroisse Saint-Germain-l'Auxerrois*, du dimanche 27 avril 1670, p. 28. Ce Jean Arouet, apothicaire en Poitou, ne peut être que *Jean*, sieur de Villeneuve, domicilié à Bressuire, puis à Saint-Loup.

2. Ibid., *Registre des décès de la paroisse Saint-Germain-l'Auxerrois*, du mercredi 24 octobre 1674, p. 39; du vendredi 3 septembre 1677, p. 25; du jeudi 11 juillet 1680, p. 42.

3. Ibid., *Registre des baptêmes de la paroisse Saint-Germain-l'Auxerrois*, du mardi 2 mars 1647, p. 251; du dimanche 29 août 1649.

vrier 1675[1] : il paya sa charge dix mille livres à son prédécesseur Étienne Thomas. Tous les témoignages sont d'accord sur sa capacité, son honorabilité ; et ce serait se tromper du tout au tout que de se le figurer un de ces gratte-papiers qui ne connaissent au monde que leurs dossiers. C'était, au contraire, un homme d'esprit et de savoir, recevant, et ce fut l'écueil, très-bonne compagnie. Il était le notaire des Saint-Simon, des Sulli, des Caumartin, des Praslin, et ceux-ci le traitaient en ami plutôt qu'en homme d'affaires. Le duc de Richelieu et la duchesse de Saint-Simon, la mère de celui qui drape si bien en quelques lignes Voltaire dans ses *Mémoires*[2], tenaient l'un de ses fils, Armand sur les fonds baptismaux[3]. Marguerite d'Aumard, qu'il avait épousée le 7 juin 1683[4], était une personne fort agréable, et qui n'avait pas ces airs austères mais préservateurs des femmes de son état. Elle était sortie d'une famille noble, du Poitou, elle aussi. Son père, Nicolas d'Aumard, avait été greffier criminel au parlement ; Simphorien d'Aumard, son frère, était contrôleur de la gendarmerie du roi. Arouet, à en juger par l'inspection de leur contrat, fit tout autre chose qu'un mariage d'argent ; il se montra désintéressé dans

---

1. Il n'était pas le premier notaire de sa famille. Il y avait eu un Samuel Arouet, notaire de la baronnie de Saint-Loup, de 1618 à 1641, *Almanach littéraire ou étrennes d'Apollon* (1781, p. 36). — Henri Filleau, *Dictionnaire biographique, historique et généalogique des familles de l'ancien Poitou* (Poitiers, 1840-1854), t. I, p. 96.
2. Saint-Simon, *Mémoires* (Chéruel), t. XIII, p. 436.
3. Archives de la ville, *Registre des baptêmes de la paroisse de Saint-Germain-le-Vieil*, du 5 avril 1685, p. 26.
4. *Ibid.*, *Registre des mariages de la paroisse de Saint-Germain-l'Auxerrois*, du 7 juin 1683, p. 16.

le présent, et généreux dans la prévision où sa femme lui survivrait. Voltaire nous apprend que sa mère avait connu Ninon, dont son mari, du reste, était notaire; ce qui n'annonce pas infiniment de pruderie. Aussi ne fut-elle pas exempte de certains soupçons, et, encore à l'heure qu'il est, sans malveillance systématique, pourrait-on se demander si son dernier rejeton est bien le fils du receveur des amendes de la chambre des comptes ou celui de Chateauneuf, l'ami de la maison et le parrain de François-Marie. A prendre au sérieux et à la lettre un quatrain de Voltaire au duc de Richelieu, l'honneur de cette problématique paternité ne reviendrait ni à l'un ni à l'autre :

> Je crains bien qu'en cherchant de l'esprit et des traits,
> Le bâtard de Rochebrune
> Ne fatigue et n'importune
> Le successeur d'Armand et les esprits bien faits [1].

Rochebrune, que Duvernet nous peint comme prenant le plus vif intérêt à l'enfant, était un chansonnier aimable [2], dont l'œuvre considérable est une cantate d'*Orphée*, mise en musique par Clérambault, et qui mourut en 1732. Voltaire, en se déclarant son bâtard, ne l'entendait, c'est à croire, qu'en Apollon; il voulait dire que, s'il procédait du poëte chansonnier, ce n'était encore que du côté gauche et illégitime : on ne

---

1. Voltaire, *OEuvres complètes* (Beuchot), t. LIV, p. 663. Lettre de Voltaire au duc de Richelieu; à Cirey, ce 8 juin 1744.
2. Duvernet, *la Vie de Voltaire* (Genève, 1786), p. 9. Voltaire, dans le *Cadenat*, a dit :

> ..... Sermons par Vénus approuvés
> Dont Rochebrune orne ses chansonnettes.

saurait être plus modeste et plus injuste envers soi-
même. Il est vrai que c'est de la modestie à bon marché
et qui ne tire pas à conséquence. Elle n'est pas sans prêter, toutefois, à l'équivoque. Rochebrune, d'une ancienne et noble famille de la haute Auvergne, comptait
parmi les intimes de la maison d'Arouet, et témoignait
à l'enfant une affection que la gentillesse, l'esprit précoce de ce dernier eussent suffisamment expliquée,
sans qu'on eût à rechercher une cause moins désinté-
ressée et moins pure à ce penchant. L'on n'est pas
moins choqué, de quelque façon qu'on la veuille entendre, d'une plaisanterie de cette nature, bien que
celui à qui elle allait ne pût se tromper sur son vrai
sens. Il est assez d'esprits portés à voir le mal dans les
choses les plus innocentes pour que Rochebrune, en
son temps, ait été accusé, de compte à demi avec Chateauneuf, d'être des mieux avec madame Arouet; et,
cela étant, Voltaire, qui ne devait pas l'ignorer, eût
dû, ce semble, s'interdire tout prétexte à allusions sur
une histoire déjà vieille alors, car, en juin 1744, il
n'avait guère moins de cinquante ans. Ce ne sont pas,
d'ailleurs, les seuls vers où nous le trouvons badinant
sur un pareil sujet, et ces derniers au poëte Duché
prouvent, une fois de plus, que, lorsque l'esprit l'emporte, il ne regarde guère qui le trait va frapper :

> Dans tes vers, Duché, je te prie,
> Ne compare point au Messie
> Un pauvre diable comme moi :
> Je n'ai que sa misère,
> Et suis bien éloigné, ma foi,
> D'avoir une vierge pour mère [1].

[1] Voltaire, OEuvres complètes (Beuchot), t. XIV, p. 309.

Nul doute que Voltaire ne veuille faire allusion à la fécondité de sa mère, dont il était le cinquième et dernier rejeton. Elle avait eu d'abord deux garçons: François-Armand, qui vécut peu, et le *janséniste* Armand, qui succédera à son père dans sa charge de payeur des épices; vint ensuite une fille, Marguerite-Catherine Arouet, madame Mignot, la mère de madame Denis; puis Robert, destiné, comme l'aîné, à une brève existence; enfin François-Marie, ce chétif enfant presque condamné en naissant et qui devait pourtant fournir une si longue carrière, toujours se mourant mais ne mourant jamais, mais résolu à vivre autant et plus qu'il pourrait, Voltaire[1].

On a dit plus haut que M. Arouet recevait bonne compagnie; on a nommé déjà Chateauneuf et Rochebrune. Nous citerons encore un personnage, l'un des derniers amis, avec Chateauneuf, de mademoiselle de Lenclos, l'abbé Gédoyn. Ayant obtenu de la cour, en 1701, un canonicat à la Sainte-Chapelle, il vint habiter la maison canoniale. Ce voisinage établit naturellement entre le survenant et M. Arouet des rapports qui, avec le temps, se transformèrent en la plus étroite intimité: « Il n'avait d'autre maison que la nôtre, » dit Voltaire[2]. Arouet fréquentait les gens de lettres; il avait bu avec Corneille: « Il me disait que ce grand homme

---

1. Archives de la ville, *Registre des baptêmes de la paroisse de Saint-Germain-le-Vieil*: 18 mars 1684, p. 83; 5 avril 1685, p. 26; 29 décembre 1686, p. 97; 18 juillet 1689, p. 83; *Registre des baptêmes de la paroisse de Saint-André-des-Arts*: 22 novembre 1694, p. 91.

2. Voltaire, *Œuvres complètes* (Beuchot), t. XLIII, p. 336. *La Défense de mon Oncle.* — *Œuvres diverses de l'abbé Gedoyn* (Paris, 1745), p. XII. Mémoires sur la vie de l'auteur.

était le plus ennuyeux mortel qu'il eût jamais vu, et l'homme qui avait la conversation la plus basse[1]. » On sait que l'auteur de *Cinna* n'était pas éloquent, il ne l'ignorait point, et en convenait avec une rare candeur. Boileau, lui aussi, se trouvait parfois mêlé à la société du notaire, qui travaillait en 1683, de compte à demi avec son confrère Leclerc, au testament du poëte[2] et chez lequel il rencontrait l'abbé de Chateauneuf dont il recevait souvent la visite à Auteuil[3]. Le petit Arouet s'était fait remarquer, dès la première heure, par la vivacité, la pétulance de l'esprit, et l'on se divertissait fort à le mettre aux prises avec son frère Armand qui, quoique plus engourdi, n'était point un sot. Il était à bonne école. Dès l'âge de trois ans, l'abbé de Chateauneuf commençait son éducation en lui apprenant par cœur la *Moïsade*, dont on a voulu charger la mémoire de Rousseau[4]. Comme chez tous les enfants intelligents, avec lui les questions ne tarissaient point, et l'on n'avait pas plus tôt satisfait à l'une, qu'il fallait répondre à l'autre. Despréaux, dont l'âge n'avait pas adouci l'humeur, fatigué de ses importunités l'eût, nous dit-on, rudoyé un jour de manière à le rendre plus discret dans la suite[5]. C'est là une fable comme beaucoup d'autres. La façon même

1. Voltaire, *Œuvres complètes* (Beuchot), t. LIX, p 624. Lettre de Voltaire à l'abbé d'Olivet ; septembre 1761.
2. Boileau Despréaux, *OEuvres complètes* (Saint-Surin), t. I, p. XCIV.
3. *Ibid.*, t. IV, p. 558.
4. Duvernet, *la Vie de Voltaire* (Genève, 1786), p. 11. La *Moïsade* est, en réalité, de Lourdet. *Jugements sur quelques ouvrages nouveaux*, t. I, p. 273.
5. Luchet, *Histoire littéraire de Voltaire* (Cassel, 1781), t. II, p. 295, 296.

dont Voltaire s'adresse à celui-ci dans son *Épître à Boileau* indique bien qu'il ne le connut point ; il parle de son jardinier d'Auteuil et du « neveu Dongois, » chez lequel il passa son enfance ; mais rien de personnel, rien qui prouve la moindre pratique de l'homme. Il débute par une erreur.

Dans la cour du palais je naquis ton voisin.

Il naquit sur la paroisse Saint-André-des-Arts [1], et le Palais se trouvait sur la paroisse Saint-Barthélemy. Le notaire et Boileau n'étaient donc pas alors porte à porte. Arouet, s'il résigna sa charge à Claude Leroy, le 16 décembre 1692, n'obtint qu'en 1701 l'office de payeur des épices de la chambre des comptes. Lorsque Voltaire devenait le voisin de Despréaux, il avait sept ans. La maison du poëte du *Lutrin* était l'ancienne maison canoniale de Gillot, l'un des auteurs de la *satire Ménippée*, située rue de Jérusalem, la première à main droite en sortant de l'hôtel de la Présidence. En face, dans le corps de bâtiment qui avançait en angle au point d'intersection de la rue de Jérusalem et de celles de Nazareth et de Galilée, se trouvait un vaste appartement dont la pièce importante était divisée en arcades avec un beau plafond en voussures. C'était la demeure des payeurs des épices et receveurs des amendes de la chambre des comptes [2] ; ce fut là

[1]. L'église Saint-André-des-Arts était située près du pont Saint-Michel. Paillet de Warcy place la demeure de M. Arouet, rue des Marmouzets, au coin de celle de Glatigny. Mais cette rue était sur la paroisse de la Madeleine qu'elle avoisinait, et non sur la paroisse Saint-André. Elle n'était pas davantage sur Saint-Germain-le-Vieil.

[2]. Labat, *Hôtel de la Présidence, actuellement Hôtel de la Préfecture de police* (Paris, 1844), p. 25.

que la famille Arouet vint s'établir avec son chef. A la mort de Boileau, en 1711, Voltaire avait dix-sept ans. Il est vrai qu'il alla de bonne heure au collège et que, lorsqu'il en sortit, le satirique expirait dans une maison du cloître Notre-Dame. Il se peut aussi que les relations entre Arouet et celui-ci eussent été surtout des relations d'affaires qui cessèrent quand le père de Voltaire vendit sa charge. En tous cas, madame Arouet ne jugeait pas moins sévèrement le satirique que son mari ne jugeait le grand Corneille : « Ma mère, qui avait vu Despréaux, disait que c'était un bon livre et un sot homme[1]. » Lui, ne l'avait donc ni vu, ni connu.

Voltaire, qui eût eu besoin plus qu'un autre de la direction maternelle, perdit sa mère à l'âge de sept ans. Madame Arouet était jeune encore ; elle avait environ quarante ans, lorsqu'elle mourut, le 13 juillet 1701. La garde de cet espiègle devait être chose embarrassante pour un homme pris par les affaires ; le payeur des épices garda toutefois près de lui, durant trois ans, le petit François-Marie, et ne l'envoya qu'en octobre 1704 au collège des Jésuites. Son fils aîné avait été mis au séminaire de Saint-Magloire, dans le faubourg Saint-Jacques ; on se demande pourquoi il ne confia pas également le dernier aux pères de l'Oratoire, fort renommés, eux aussi, pour l'éducation[2]. Sans doute le fanatisme d'Armand avait déjà percé, et l'en avait détourné. Voltaire avait dix ans lorsqu'il entra

---

1. Voltaire, *OEuvres complètes* (Beuchot), t. LIX, p. 494. Lettre de Voltaire à d'Argental ; 6 juillet 1761.
2. Germain Brice, *Description nouvelle de la ville de Paris* (Paris, 1698), t. II, p. 127.

au collége Louis-le-Grand. Il eut pour recteur le père Picard, auquel succédait, en 1705, le père Letellier ; et pour professeurs les pères Porée, Lejay, Tournemine, Carteron. Le prix de la pension était de quatre cents livres ; mais il s'élevait à plus pour ceux que ne satisfaisait point le régime commun. Les fils de grands seigneurs voulaient être logés en grands seigneurs, avec un précepteur et un valet attachés à leur petite personne [1]. Sans en tant exiger, les enfants des gens aisés se contentaient de vivre par groupes de cinq élèves, dans une chambre, sous la surveillance d'un préfet. Ce fut ce régime mixte que choisit M. Arouet. Le père Thoulié (l'abbé d'Olivet [2]), avant d'être le confrère à l'Académie, fut le préfet de Voltaire, et tous deux n'auront garde de l'oublier. « L'abbé d'Olivet est un bon homme, écrit Voltaire à d'Alembert, et je l'ai toujours aimé. D'ailleurs, il a été mon préfet, dans le temps qu'il y avait des jésuites [3], » et d'Olivet, de rappeler ces temps lointains et de lui dire : « Alors vous étiez mon disciple, et aujourd'hui je suis le vôtre [4]. » A ces doux souvenirs se mêle le souvenir charmant des mauvais jours supportés en commun, le souvenir de l'hiver de 1709, où pour avoir du pain

1. Emond, *Histoire du collége Louis-le-Grand* (Paris, 1845), p. 137.
2. Le père Thoulié prit le nom d'Olivet, l'anagramme de son nom. Marais, *Journal*, t. II, p. 379.
3. Voltaire, *OEuvres complètes* (Beuchot), t. LXV, p. 166. Lettre de Voltaire à d'Alembert ; 2 septembre 1768. Il avait eu auparavant pour préfet le père Charlevoix, t. XLVIII, p. 490. *Un Chrétien contre six Juifs.*
4. *Le Dernier volume des OEuvres de Voltaire* (Plon, 1862), p. 366. Lettre de l'abbé d'Olivet à Voltaire ; Paris, 3 janvier 1767.

bis, le jeune Arouet vit augmenter sa pension de cent francs. Le froid fut horrible, et préfet et élèves grelottaient à qui mieux mieux au coin d'un méchant feu. L'épreuve dut être rude pour le frileux poëte qui, dès la Saint-Jean, trouvait à propos de se rapprocher de la cheminée[1]. La première place, en hiver, n'était pas le haut bout du banc, c'était l'endroit le plus voisin du poêle; et Voltaire, que ses compositions en éloignaient, jouait des coudes et des mains pour se frayer un chemin jusqu'à ce centre disputé. Cela donnait souvent lieu à des discussions plus ou moins vives. Un jour qu'il s'était laissé distancer, et que le poêle était cerné comme une forteresse, il dit à un de ses camarades plus jeune que lui : « Range-toi, sinon je t'envoie chauffer chez Pluton. — Que ne dis-tu en enfer? répliqua celui-ci, il y fait encore plus chaud. — Bah! l'un n'est pas plus sûr que l'autre. »

Voilà une repartie qui sent le fagot. Et cette autre que lui prête le même historien. Au réfectoire, l'un de ses voisins prétend qu'il lui a caché son verre; un tiers, prenant parti pour le spolié, somme le ravisseur de restituer le bien du prochain : « Arouet, rends-lui son verre; tu es un taquin qui n'ira jamais au Ciel. — Tiens, que dit-il avec son Ciel, s'écrie Arouet; le Ciel, c'est le grand dortoir du monde[2]. » Nous citons, et nous allons citer les deux ou trois anecdotes relatives à son séjour au collége Louis-le-Grand, tout en les

---

1. Voltaire, *OEuvres complètes* (Beuchot), t. LVIII, p. 302. Lettre de Voltaire à M. Pierron; à Tournay, 21 janvier 1760.
2. Paillet de Warcy, *Histoire de la Vie et des ouvrages de Voltaire* (Paris, 1824), t. I, p. 7.

accueillant avec la défiance qu'elles méritent. Jusqu'ici toutes les vies de Voltaire ont été des thèses de parti, tantôt pour, tantôt contre lui, où la vérité est le plus souvent sacrifiée à la passion, au besoin de le produire sous un tel ou tel jour. Il serait assez stérile de grossir le groupe trop formidable de ces romans peu sûrs; disons aussi que la vérité n'est pas toujours aisée à démêler du faux. C'est pourtant ce que nous devrons tenter, sauf à soumettre nos doutes en absence de toute preuve décisive. Ces deux manifestations d'une précoce impiété, racontées plus haut, pourraient donc bien avoir été inventées après coup; mais elles ne sont pas les seules. Ainsi, le père Lejay, à la suite de nous ne savons quelle repartie malsonnante d'Arouet, descendait de chaire et lui sautait au collet, en criant d'une voix terrible : « Malheureux! tu seras un jour l'étendard du déisme en France[1]! » Si le Pan était le seul à raconter ce fait, on pourrait le révoquer en doute; mais Duvernet et Condorcet le rapportent bien avant le Pan, et le dernier ajoute même, avec une complaisance marquée, que « l'événement a justifié la prophétie. » En tout cas, le mot du père Lejay était bien solennel, adressé à un bambin qu'il eût mieux valu traiter avec moins d'importance. Il y avait dans l'apostrophe, quelque sévère qu'elle voulût être, un côté flatteur pour cet orgueil précoce que le rôle de Satan ne devait pas épouvanter et auquel, en quelque sorte, on montrait le chemin. Le mot de son confesseur, le père Pallou : « Cet enfant est dévoré de la soif de la célé-

---

1. Voltaire, *Œuvres complètes* (Beuchot), t. I, p. 121. — Duvernet, *la Vie de Voltaire* (Genève, 1786), p. 15.

brité! » eût dû indiquer au père Lejay qu'il faisait fausse route.

Duvernet prétend qu'il existait, d'ailleurs, entre le maître et l'écolier, des raisons de ne pas s'aimer. Lejay, avec le titre et les fonctions de professeur d'éloquence, avait aussi peu d'éloquence qu'il est possible. Arouet s'aperçut vite du défaut de la cuirasse, et n'eut garde de n'en pas profiter dans les discussions littéraires avec son régent, qui ne lui pardonna point de l'avoir humilié. Le père Lejay semble avoir été la bête d'aversion des élèves, qui luttaient d'invention pour lui jouer quelque méchant tour. Le marquis d'Argenson raconte que le duc de Boufflers et lui avaient tramé contre leur régent de rhétorique « une manière de révolte, » qui consistait à souffler par une sarbacane des pois au nez du bon père. Cette espièglerie fut traitée sur le pied d'un véritable attentat, et il fut décidé que les deux coupables passeraient par les verges. Notez que d'Argenson avait dix-sept ans (1711), et que le petit duc de Boufflers était alors gouverneur de Flandre en survivance et colonel du régiment de son nom. Le premier ne nous dit pas comment il esquiva le châtiment : peut-être Lejay crut-il devoir l'épargner au fils de celui à qui il avait dédié, en 1702, sa tragédie latine de *Damoclès*[1]; quant à son complice, il le subit tout au long. Cette exécution eut du retentissement, bien qu'elle ne fût pas sans antécédents, même à l'égard de grands garçons de cet âge; le maréchal de Boufflers porta plainte au roi et retira son fils, qui, cruellement

---

1. Alexis Pierron, *Voltaire et ses maîtres* (Didier, 1866), p. 12.

atteint par un affront peu compatible avec sa dignité et son grade, mourait quelques mois après de la petite vérole. Cette terrible leçon ne profita point, et le régime des verges n'en demeura pas moins en vigueur. Il est vrai que, d'écoliers à cuistres, l'on ne jouait que trop souvent des canifs [1], quand la résistance ne s'armait pas plus sérieusement. Ainsi, plus tard, en 1723, au collége des jésuites de La Flèche, les pensionnaires prenaient fait et cause pour l'un des leurs qui, menacé du fouet, tirait sur son régent qu'il manquait, et abattait, d'un second coup, le grenadier appelé pour le saisir [2]. Ce n'est pas que ce mode de répression n'eût été de vieille date réprouvé par les esprits sensés, entre autres, par le sage auteur des *Essais* dans son chapitre de *l'Institution des enfants* [3].

Comme on le voit, MM. d'Argenson furent les condisciples de Voltaire. Ils entrèrent au collége Louis-le-Grand à la fin de 1709. L'aîné, qui était du même âge que le poëte-philosophe, avait quinze ans; c'était un peu tard pour commencer le métier de collégien. « Nous étions alors si grands garçons, raconte-t-il, c'est-à-dire si avancés dans le monde, que, sans être libertins, nous étions en chemin de le devenir. » Ils avaient pour gouverneur un pauvre homme, très-peu propre à s'acquitter à son honneur du difficile

---

1. Voltaire, *OEuvres complètes* (Beuchot), t. XL, p. 116. *Mémoires pour servir à la vie de Voltaire.*
2. Bibliothèque Mazarine. Manuscrits. *Correspondance inédite de la marquise de La Cour*, t. VIII, p. 107, lettre 63 ; à Paris, le 12 octobre 1723.
3. Montaigne, *Essais* (Paris, Menard, 1827), t. II, p. 115, liv. 1, ch. xxv.

mandat dont leur père l'avait chargé sans y trop regarder; et ce fut lorsqu'on s'aperçut de l'impossibilité de le laisser près d'eux davantage qu'on songea à Louis-le-Grand. « J'en eus grande honte, » ajoute le futur ministre des affaires étrangères. Et il y avait bien de quoi : M. d'Argenson y était encore que le petit duc de Fronsac qui avait deux ans de moins que lui [1], épousait mademoiselle de Noailles, et se faisait mettre à la Bastille pour avoir serré de trop près la duchesse de Bourgogne. La conséquence de toute position fausse est de rendre susceptible et farouche ; du plus loin qu'il apercevait un ancien ami ou quelques belles dames de sa connaissance, il se sauvait pour n'avoir pas à rougir. « Quelque temps après que je fus au collége, dit-il encore, celui-ci (le prince de Soubise) vint à une petite tragédie jouée par des enfants dont il étoit parent, et moi j'étais dans l'amphithéâtre, avec ma robe et ma toque, sur un banc de bois : il m'avisa ; je lui tournai le dos [2]. »

Les choses avaient été tout autrement pour le jeune Arouet ; entré de bonne heure aux Jésuites, il était naturel qu'il y demeurât jusqu'au complément de ses études, et le moment où les deux survenants se voyaient si tardivement séquestrés entre les quatre murailles d'un collége, était celui où ses petits vers lui ouvraient les portes de la plus illustre société. Arouet se lia avec l'un et l'autre, et resta leur ami. Le marquis, qu'il appelle « mon protecteur, mon ancien cama-

---

1. Richelieu était né le 5 avril 1696. Il avait alors quinze ans.
2. Marquis d'Argenson, *Mémoires* (Jannet), t. I, p. 183, 185.

rade¹, » dit de lui : « Voltaire, que j'ai toujours fréquenté depuis le temps que nous avons été ensemble au collége² ; » et cette intimité était si bien avérée que, dans une sortie contre l'aîné, le cardinal de Fleury s'écriait : « Enfin, pour tout dire, c'est le digne ami de Voltaire, et Voltaire son digne ami³. » Quoique moins dans la familiarité du cadet, le poëte avait conservé d'étroites relations avec ce dernier, dont il fut même l'agent politique un moment (1743-1747), comme cela ressort d'une de ses lettres : « On m'a empaqueté pour Commerci, et j'y suis agonisant comme à Paris. M'y voici avec le regret d'être éloigné de vous, sans avoir pu profiter de votre commerce délicieux et des bontés que vous avez pour moi. Laissez-moi toujours, je vous prie, l'espérance de passer les dernières années de ma vie dans votre société. Il faut finir ses jours comme on les a commencés. Il y a tantôt quarante-cinq ans que je compte parmi vos attachés. Il ne faut pas se séparer pour rien⁴. » Et, plus tard encore à Postdam : « Qui eût dit, lui écrivait-il, dans le temps où nous étions ensemble dans l'allée noire, qu'un jour je serais votre historien, et que je le serais de si loin⁵ ? » Qu'il se cramponne à deux camarades d'études que le temps a faits ministres l'un et l'autre, cela se conçoit. Mais Voltaire ne fut pas

1. Voltaire, Œuvres complètes (Beuchot), t. LIII, p. 570. 571. Lettre de Voltaire au marquis d'Argenson ; le 16 avril 1739.
2. Marquis d'Argenson, Mémoires (Jannet), t. V, p. 139.
3. Ibid., t. II, p. 216.
4. Voltaire, Œuvres complètes (Beuchot), t. LV, p. 193. Lettre de Voltaire au comte d'Argenson ; à Commercy, ce 19 juillet 1748.
5. Marquis d'Argenson, Mémoires (Jannet), t. V, p. 48. Lettre de Voltaire au comte d'Argenson ; à Postdam, 3 octobre 1752.

moins chaud ami, moins ami sincère avec tous. D'Argental sera pour lui plus qu'un frère. Et Cideville ! Quelle tendresse caressante et inépuisable pour cet aimable et spirituel magistrat, avec lequel il eût voulu passer sa vie, et que les circonstances tinrent constamment éloigné de lui !

Ce ne sont pas là ses seuls camarades. Aux diverses étapes de sa vie il en rencontra plus d'un sur sa route, et toujours avec une joie véritable. Le Gouz de Guerland [1] avait été son camarade à Louis-le-Grand, ainsi que cet autre Bourguignon, Fyot de la Marche, premier président du parlement de Dijon [2], avec qui il échangeait, du collége, des lettres charmantes, pleines de gaieté, de sel, d'espiéglerie, et aussi d'une amitié à laquelle se mêle presque le respect. Ceux-là n'ont pas à se plaindre du sort. Mais, parfois, le spectacle change ; apparaît sur le seuil de la porte une figure en linge sale, un menton de galoche, une barbe de quatre doigts : c'est le camarade Le Coq, qui traîne sa misère de ville en ville. Et Voltaire de s'attendrir, et sans doute de venir en aide au malheureux, bien qu'il ne le dise point [3]. Son affection ne semble pas moins grande pour ses maîtres que pour ses condisciples. Tous ces souvenirs du collége restent, à

---

1. *Voltaire et le président de Brosses* (Didier 1858), p. 192. Le Gouz de Guerland était né à Dijon en 1695.

2. *Voltaire à Ferney* (Didier, 1860), p. 516, 517. Appendice de la 2ᵉ édition. Lettre de Voltaire à M. de la Marche; Ferney, le 3 mars 1766. Ces lettres de Voltaire au premier président, assurément très-curieuses, sont dans les mains d'un magistrat, M. Henri Beaune, que nous ne saurions trop engager à les publier prochainement.

3. Voltaire, *OEuvres complètes* (Beuchot), t. LIV, p. 406. Lettre de Voltaire à Cideville ; Bruxelles, ce 28 octobre 1741.

quelque âge de la vie que ce soit, pleins de charme et de fraîcheur pour lui, et sa pensée reconnaissante s'y arrête avec délices.

> J'ai été élevé pendant sept ans chez des hommes qui se donnent des peines gratuites et infatigables à former l'esprit et les mœurs de la jeunesse. Depuis quand veut-on que l'on soit sans reconnaissance pour ses maîtres? Quoi! il sera dans la nature de l'homme de revoir avec plaisir une maison où l'on est né, un village où l'on a été nourri par une femme mercenaire, et il ne serait pas dans notre cœur d'aimer ceux qui ont pris un soin généreux de nos premières années? Si des jésuites ont un procès au Malabar avec un capucin, pour des choses dont je n'ai point connaissance, que m'importe? Est-ce une raison pour moi d'être ingrat envers ceux qui m'ont inspiré le goût des belles-lettres, et des sentiments qui feront jusqu'au tombeau la consolation de ma vie? Rien n'effacera dans mon cœur la mémoire du père Porée, qui est également cher à tous ceux qui ont étudié sous lui. Jamais homme ne rendit l'étude et la vertu plus aimables. Les heures de ses leçons étaient pour nous des heures délicieuses; et j'aurais voulu qu'il eût été établi dans Paris, comme dans Athènes, qu'on pût assister à tout âge à de telles leçons : je serais revenu souvent les entendre. J'ai eu le bonheur d'être formé par plus d'un jésuite du caractère du père Porée, et je sais qu'il a des successeurs dignes de lui. Enfin, pendant les sept années que j'ai vécu dans leur maison, qu'ai-je vu chez eux? La vie la plus laborieuse, la plus frugale, la plus réglée ; toutes leurs heures partagées entre les soins qu'ils nous donnaient et les exercices de leur profession austère. J'en atteste des milliers d'hommes élevés par eux comme moi ; il n'y en aura pas un seul qui puisse me démentir [1]....

C'est le corps enseignant dont Voltaire entend faire l'éloge. Sa reconnaissance n'est pas telle qu'elle ne lui laisse ses coudées franches et bien franches sur le

---

1. Voltaire, *OEuvres complètes* (Beuchot), t. LV, p. 88, 89. Lettre de Voltaire au père de Latour; à Paris, le 7 février 1746.

reste; et, dans le *Dictionnaire philosophique*, dans *Candide*, à mille autres endroits, il ne sera sobre ni de duretés ni de railleries à l'égard d'une société qui avait le malheur de renfermer dans son sein des pères Patouillet et des pères Nonotte. Quoi qu'il en soit, on ne saurait être plus tendre, plus affectueux qu'il ne le parut pour ses anciens régents. Il correspondit toujours avec eux, leur témoignant, à l'occasion, un attachement et une vénération qu'ils méritaient. Il finissait une lettre à l'abbé d'Olivet : « *Vale, dilige tuum amicum, tuum discipulum*[1]. » Il écrivait au père Tournemine, à l'apparition de *Mérope* : « Mon très-cher et très-révérend père, est-il vrai que ma *Mérope* vous ait plu? Y avez-vous reconnu quelques-uns de ces sentiments généreux que vous m'avez inspirés dans mon enfance? *Si placet, tuum est :* c'est ce que je dis toujours en parlant de vous et du père Porée...[2] » A propos de cette même *Mérope*, il disait à Thiériot, au moment, il est vrai, de ses démêlés avec l'abbé Desfontaines : « Au nom de Dieu, courez chez le père Brumoy ; voyez quelques-uns de ces pères, mes anciens maîtres, qui ne doivent jamais être mes ennemis. Parlez avec tendresse, avec force. Père Brumoy a lu *Mérope*, il en est content; père Tournemine en est enthousiasmé. Plût à Dieu que je méritasse leurs éloges! Assurez-les de mon attachement inviolable pour eux ; je le leur dois, ils m'ont élevé; c'est

---

1. Voltaire, Œuvres complètes (Beuchot), t. LI, p. 343. Lettre à l'abbé d'Olivet ; 1732.
2. *Ibid.*, t. LIII, p. 371. Lettre de Voltaire au père Tournemine ; décembre 1738.

être un monstre que de ne pas aimer ceux qui ont cultivé notre âme[1]. » Quand sa *Henriade* parut, il l'envoya au père Porée avec une lettre charmante, dont il faut au moins citer le début : « Si vous vous souvenez encore, mon révérend père, d'un homme qui se souviendra de vous toute sa vie avec la plus tendre reconnaissance et la plus parfaite estime, recevez cet ouvrage avec quelque indulgence, et regardez-moi comme un fils qui vient, après plusieurs années, présenter à son père le fruit de ses travaux dans un art qu'il a appris autrefois sous lui...[2]. »

Dans cette lettre, il suppliait son respectable ami de vouloir bien l'instruire s'il avait parlé de la religion comme il le devait, ambitionnant son estime non-seulement comme auteur, mais comme « chrétien. » Voilà qui vaut bien la peine qu'on le remarque. Il écrivait cela en 1729 ; neuf ans après, en 1738, dans la lettre à Tournemine, citée plus haut, même prix attaché à l'opinion de son ancien professeur, avec quelque chose de plus encore : « Si, dans quelques autres ouvrages qui sont échappés à ma jeunesse (ce temps des fautes), qui n'étaient pas faits pour être publiés, que l'on a tronqués, que l'on a falsifiés, que je n'ai jamais approuvés, il se trouve des propositions dont on puisse se plaindre, ma réponse sera bien courte ; c'est que je suis près d'effacer sans miséricorde tout ce qui peut scandaliser, quelque innocent qu'il

---

1. Voltaire, *Œuvres complètes* (Beuchot), t. LIII, p. 397. Lettre de Voltaire à Thiériot ; à Cirey, le 9 janvier 1739.
2. *Ibid.*, t. LI, p. 181. Lettre de Voltaire au père Porée ; à Paris, rue de Vaugirard, près la porte Saint-Michel, 1729.

soit dans le fond. Il ne m'en coûte point de me corriger... » Sans doute, Voltaire est peu sincère, quand il offre d'effacer ce qu'on peut trouver de répréhensible dans ses œuvres; sans doute ces assurances n'étaient point à prendre au pied de la lettre, et le père Tournemine, tout le premier, en disant « qu'il voudrait pouvoir le brider¹, » formait un souhait qu'il n'était pas dans ses moyens d'accomplir. Mais ce sont au moins des marques de déférence qui prouvent qu'il tient à ne pas rompre avec ces directeurs affectueux et habiles de son enfance. Il sentait qu'ils n'eussent pu décemment continuer, sans ces garanties d'orthodoxie, un commerce d'amitié et de lettres avec un écrivain assez mal famé déjà, et il jugeait nécessaire de les mettre à l'aise avec leur conscience et leurs supérieurs, par des témoignages qu'ils pouvaient produire au besoin. Ce n'est pas de la fausseté, si l'on prend garde à l'époque où il écrit; c'est de la prudence et de la courtoisie tout ensemble.

S'il s'était fait un ennemi du père Lejay, Voltaire n'avait rencontré, et il ne l'oublia jamais, qu'indulgence dans le père Porée, qui tenait la classe du matin; car les deux régents de rhétorique alternaient chaque année : l'un professait l'éloquence le matin, l'autre la poésie le soir[2]. Ce dernier n'avait voulu voir que les dons d'une nature prodigue qu'il fallait façonner et diriger, et prenait plaisir à développer cette intelligence pleine de promesses. Malgré sa turbulence, le

---

1. Jordan, *Histoire d'un voyage littéraire fait en 1733, en France, en Angleterre et en Hollande* (La Haye, 1735), p. 68.
2. Président Hénault, *Mémoires* (Paris, 1855), p. 8.

désir d'apprendre et de connaître éloignait Arouet de ses petits camarades et le rapprochait de ses maîtres. Dès sa quatrième, il passait les récréations en compagnie des pères Porée et Tournemine, avec lesquels il donnait entière licence à cet irrésistible besoin de questionner qu'ils encourageaient. Et lui reprochait-on de ne pas danser, courir, chanter, rire avec les autres ; il répondait que chacun sautait et s'amusait à sa manière. C'était vers l'histoire, comme il le déclare dans une lettre à l'abbé d'Olivet[1]; et surtout l'histoire contemporaine et les choses du gouvernement et de la politique, qu'inclinait la curiosité de son esprit, ce qui faisait dire à Porée : « qu'il aimait à peser dans ses petites balances les grands intérêts de l'Europe[2]. »

Mais, avant tout, il était né pour faire des vers. Les vers avaient été sa première langue, il avait bégayé des vers avant d'articuler de la prose; à trois ans, comme on l'a vu, Châteauneuf lui faisait réciter les fables du bon la Fontaine et ce poëme irréligieux que Rousseau eût composé lorsqu'il était secrétaire de l'évêque de Viviers. Dès l'âge de douze ans (en 1706), n'étant encore qu'en cinquième, il s'essayait dans quelques traductions d'Anacréon, qu'on n'a pas retrouvées, et une épigramme imitée de l'anthologie grecque sur les prouesses de Léandre, qui a été recueillie. Mais le jeune Arouet avait, dès lors, de bien autres visées, et son ambition ne tendait pas à moins qu'à doter notre théâtre d'un chef-d'œuvre. C'est le rêve de tout rhétoricien, mais il s'en

---

1. Voltaire, *Œuvres complètes* (Beuchot), t. LIII, p. 293. Lettre de Voltaire à l'abbé d'Olivet; à Cirey, ce 20 octobre 1738.
2. Duvernet, *la Vie de Voltaire* (Genève, 1786), p. 14, 17, 19.

fallait encore qu'il le fût. Sa tragédie était intitulée *Amulius et Numitor.* Voltaire, plus tard, rencontrant, parmi d'autres papiers, cet essai de collége, voulut le relire ; mais il fut vite rebuté et le jeta au feu sans nul remords. Probablement ne fut-il que juste, ce qui ne nous empêche pas de regretter cette exécution ; il n'était pas sans intérêt de le prendre à son point de départ. En somme, deux fragments échappèrent aux flammes et, après un sommeil de cent quatorze ans, furent retrouvés par un curieux ; ils faisaient partie des manuscrits de Thiériot et ont été publiés, en 1820, dans un recueil de pièces inédites, où l'on peut les aller chercher [1]. Ce qui demeure incontestable, c'est sa facilité, sa prestesse à rimer. Ses maîtres prenaient plaisir à mettre à contribution sa muse enfantine. Le petit Arouet, pour tuer l'heure, qui lui durait trop, lançait un jour, pendant la classe, sa tabatière en l'air et s'amusait à la recevoir au retour. Le régent de la confisquer pour l'exemple. Après la classe, l'étourdi alla la réclamer ; mais le coupable ne devait rentrer dans son bien qu'en échange d'une supplique en beaux vers. Un quart d'heure lui suffit pour rimer ses adieux à un bijou qu'il se déclarait impuissant à reconquérir à ce prix.

<pre>
         Adieu, ma pauvre tabatière !
         Adieu, je ne te verrai plus ;
</pre>

---

1. Longchamp et Wagnière, *Mémoires sur Voltaire* (Paris, 1826), t. I, p. 20. — Laharpe, *Commentaire historique sur le théâtre de Voltaire*, p. 12. — Paillet de Warcy, *Histoire de la vie et des ouvrages de Voltaire* (Paris, 1824), t. II, p. 530, 531. — Voltaire, *Pièces inédites* (Didot, 1820), p. 13 à 18.

> Ni soins, ni larmes, ni prière
> Ne te rendront à moi; mes efforts sont perdus.
> Adieu, ma pauvre tabatière;
> Adieu, doux fruit de mes écus !
> S'il faut à prix d'argent te racheter encore,
> J'irai plutôt vider les trésors de Plutus.
> Mais ce n'est pas ce dieu que l'on veut que j'implore,
> Pour te revoir, hélas! il faut prier Phœbus...
> Qu'on oppose entre nous une forte barrière!
> Me demander des vers! hélas! je n'en puis plus.
> Adieu, ma pauvre tabatière;
> Adieu, je ne te verrai plus !

Une autre fois, le *demi-quart* avant la fin de la classe, le père Porée, surpris par l'heure et n'ayant plus le temps de dicter le devoir pour le lendemain, dit aux élèves de faire des vers sur la fin dramatique de Néron succombant sous sa propre fureur. On a conservé ceux d'Arouet.

> De la mort d'une mère exécrable complice,
> Si je meurs de ma main, je l'ai bien mérité;
> Et n'ayant jamais fait qu'actes de cruauté,
> J'ai voulu, me tuant, en faire un de justice.

Un invalide se présente au collége Louis-le-Grand et s'adresse à l'un des régents, au père Porée, selon Luchet[1], pour obtenir une petite requête rimée, qui pût intéresser à son sort le Dauphin, dans le régiment duquel il avait servi. Le régent, trop occupé ou peu soucieux de prendre cette peine, lui répondit qu'il allait lui donner un mot pour l'un de ses élèves, très-capable de le satisfaire. Cet élève c'était Arouet. Au

---

1. Luchet, *Histoire littéraire de M. de Voltaire* (Cassel; 1781), t. I, p. 8, 9.

bout d'une demi-heure, le vieux soldat emportait ces vingt vers :

> Noble sang du plus grand des rois,
> Son amour et son espérance,
> Vous qui, sans régner sur la France,
> Régnez sur le cœur des François,
> Pourrez-vous souffrir que ma veine,
> Par un effort ambitieux,
> Ose vous donner une étrenne,
> Vous qui n'en recevez que de la main des dieux?
> La nature en vous faisant naître,
> Vous étrenna de ses plus doux attraits
> Et fit voir dans vos premiers traits
> Que le fils de Louis était digne de l'être.
> Tous les dieux à l'envi vous firent leurs présents :
> Mars vous donna la force et le courage ;
> Minerve, dès vos jeunes ans,
> Ajouta la sagesse au feu bouillant de l'âge ;
> L'immortel Apollon vous donna la beauté :
> Mais un dieu plus puissant, que j'implore en mes peines,
> Voulut me donner mes étrennes,
> En vous donnant la libéralité.

La petite requête en vers obtint le résultat qu'on en attendait, en valant quelques louis d'or à l'invalide. Elle valut encore à Arouet un succès qui, cette fois, ne se borna pas aux applaudissements de ses régents. On en parla à Paris et à Versailles, et, s'il fallait en croire le *Commentaire historique*, ce fut elle qui inspira à Ninon l'envie de voir le précoce auteur, ce fut à elle qu'il dut le souvenir charmant qu'elle lui laissa par testament.

L'abbé de Châteauneuf me mena chez elle dans ma plus tendre jeunesse. J'étais âgé d'environ treize ans. J'avais fait quelques vers qui ne valaient rien, mais qui paraissaient fort bien pour mon âge. Mademoiselle de Lenclos avait autrefois connu ma mère, qui était fort amie de l'abbé de Châteauneuf. Enfin, on trouva plaisant de me mener chez elle. L'abbé était le maître de la maison : c'était lui qui avait fini l'histoire amoureuse de cette personne singulière. C'était un de ces hommes qui n'ont pas besoin de l'attrait de la jeunesse pour avoir des désirs, et les charmes de la société de mademoiselle de Lenclos avaient fait sur lui l'effet de la beauté. Elle le fit languir deux ou trois jours ; et enfin l'abbé lui ayant demandé pourquoi elle lui avait tenu rigueur si longtemps, elle lui répondit qu'elle avait voulu attendre le jour de sa naissance pour ce beau gala ; et ce jour-là, elle avait juste soixante et dix ans. Elle ne poussa guère plus loin cette plaisanterie, et l'abbé de Châteauneuf resta son ami intime. Pour moi, je lui fus présenté un peu plus tard ; elle avait quatre-vingt-cinq ans. Il lui plut de me mettre sur son testament ; elle me légua 2,000 francs pour acheter des livres. Sa mort suivit de près ma visite et son testament [1].

L'histoire de ce dernier caprice de la vieille Ninon est demeurée, de toutes ses aventures, celle qui a le plus couru et qu'on s'est plu davantage à répéter, bien qu'au fond cela n'ait rien que de médiocrement souriant. D'abord est-on bien sûr que ce ne soit pas là un conte brodé à plaisir, comme on en a été si prodigue à l'égard de la moderne Léontium ? Au moins y a-t-il plus d'une variante à cette historiette. Châteauneuf a à disputer les honneurs de cette dernière victoire à deux autres personnages, tous deux de l'intimité de celle-ci, M. de R*** (sans doute Rémond, introducteur des ambassadeurs) et l'abbé Géd*** (Gédoyn). L'auteur de la *Vie de Mademoiselle de Lenclos* ne parle nullement de Châteauneuf, et, s'il écarte M. de R***, c'est au pro-

---

1. Voltaire, *Œuvres complètes* (Beuchot), t. XXXIX, p. 408, 409. *Sur Ninon Lenclos* à M ***, 1751.

fil de Gédoyn[1]. En ce cas, au lieu de soixante-dix, ce serait soixante-quatorze ans qu'aurait eus Ninon[2]; car Gédoyn ne lui fut présenté qu'à sa sortie des jésuites, en 1694. Mais on sait désormais à quoi s'en tenir sur cette fable. Depuis longtemps mademoiselle de Lenclos avait dit adieu à toutes les charmantes faiblesses de l'amour; les amis avaient remplacé les amants, son salon s'était épuré, et les mères de famille lui conduisaient leurs fils. Il ne faut que se souvenir de la façon dont Saint-Simon, madame de Coulanges, madame de Sévigné, et Tallemant même parlent d'elle, pour répudier un conte aussi ridicule qu'absurde[3]. Quant à Voltaire, qui ne faisait que répéter ce qu'il avait entendu, il se contredit en plus d'un endroit et rapporte les mêmes choses ailleurs d'une façon un peu différente. S'il la gratifie plus haut de soixante-dix ans, lors de ses amours avec Châteauneuf, autre part il ne lui en donnera plus que soixante. C'est pourtant quelque chose que dix ans de plus ou de moins à tel âge et en telle affaire. Quand il la connut, Ninon n'avait plus rien de ce reste d'attraits qui avaient enflammé Châteauneuf[4]; elle lui produisit l'effet d'une momie. « C'était, dit-il, dans *la Défense de mon Oncle*, une décrépite ridée, qui n'avait sur les os

---

1. *Mémoires sur la vie de mademoiselle de Lenclos*, par M. B*** (Bret) Amsterdam, 1751, p. 313, 314, 315.
2. Archives de la ville, *Registre des baptêmes de la paroisse Saint-Jean-en-Grève*, 10 novembre 1620, p. 33.
3. OEuvres mêlées de Saint-Évremond (Techener). La curieuse notice de M. Charles Giraud, t. I, p. CCLX-CCLVIII. — Tallemant des Réaux. *Historiettes* (Techener), t. VI, p. 26.
4. Chateauneuf, *Dialogue sur la musique des anciens* (Paris, 1735), p. 115, 116.

qu'une peau jaune tirant sur le noir[1]. » Et ailleurs :
« Je puis assurer qu'à l'âge de quatre-vingts ans, son
visage portait les marques les plus hideuses de la vieillesse; que son corps en avait toutes les infirmités[2]... »

Il parle d'elle, en tous cas, avec un ton dégagé qui,
sans exclure la reconnaissance pour le souvenir aimable de la bonne fille, ne l'indique d'aucune sorte.
Si on prenait à la lettre les dates de Voltaire, il n'y
aurait qu'à s'inscrire en faux. Il ne peut pas avoir été
présenté à Ninon, à l'âge de treize ans, puisqu'alors
Ninon dormait depuis deux ans de son dernier sommeil; mais il put l'avoir été à onze, et bien qu'on nous
dise qu'il bégaya ses premiers vers en cinquième, par
conséquent en 1706, rien ne prouve qu'il n'ait pas
rimé plus tôt. Pour le legs de deux mille francs, force
est bien d'en croire Voltaire sur parole. Après tout,
son père ne faisait-il pas les affaires de Ninon, n'était-
il pas son notaire? Nous le voyons suivre sa dépouille
mortelle à son dernier gîte, et l'acte de décès de la
spirituelle fille est signé de lui et du fils de Gourville[3].
Que Ninon ait laissé à son ancien notaire, comme témoignage de sa gratitude, une somme d'argent pour
ce bambin qui semblait déjà tant promettre, c'était assez
dans son caractère généreux et désintéressé; et le peu
de concordance des dates n'est pas une raison, surtout quand on connaît Voltaire, pour repousser un fait

1. Voltaire, *Œuvres complètes* (Beuchot), t. XLIII, p. 387. *La Défense de mon Oncle.*
2. *Ibid.*, t. XXVIII, p. 353. Au mot *Dictionnaire*; t. XXXIV, p. 196. *La Princesse de Babylone.*
3. Archives de la ville, *Registre des décès de la paroisse de Saint-Paul*, du 17 octobre 1705, p. 53.

qui n'est pas sans vraisemblance et qu'il n'a pas dû complétement inventer.

Arouet, aux yeux de ses maîtres et de ses condisciples, était bien un fils d'Apollon, et il n'y avait pas à se méprendre sur sa vraie vocation. Si le père Porée avait introduit les vers français à Louis-le-Grand[1], cela n'empêchait pas que l'on en fît de latins, et que les vers latins, comme ça allait de droit, ne tinssent le haut du pavé. Le père Lejay, qui s'exprimait si mal dans sa langue, était, en revanche, fort éloquent dans celle de Virgile et d'Horace. Il venait de composer une ode sur sainte Geneviève; Arouet, soit pour faire sa paix, soit que cela lui fût imposé à titre de pensum, se mit à la traduire en onze strophes, qui ne manquent ni de nombre ni de noblesse même, et qui valent à coup sûr, comme forme et mouvement, les trois quarts des odes de Lamotte. Une circonstance assez piquante, c'est que le futur auteur de *la Pucelle* est amené, par les exigences de la traduction, à mettre aux pieds de cette patronne de Paris, dont son tombeau plus tard devait avoisiner la châsse, la seule offrande qu'il lui pouvait faire, celle de ses écrits :

> Les Indes pour moi trop avares,
> Font couler l'or en d'autres mains :
> Je n'ai point de ces meubles rares
> Qui flattent l'orgueil des humains.

---

1. Cette innovation n'avait pas rencontré un assentiment unanime. Lorsque le père Dubauderi, successeur du père Porée, récita sa première harangue, le cardinal de Polignac, « qui d'ailleurs estimait le père Porée pour le fonds de son génie, » dit en sortant : « Voilà le bon goût du latin revenu au collège. » De Quens. R. M., p. 241. (Bibliothèque de Caen. Manuscrits.)

> Loin d'une fortune opulente,
> Aux trésors que je vous présente
> Ma seule ardeur donne du prix ;
> Et si cette ardeur peut vous plaire,
> Agréez que j'ose vous faire
> Un hommage de mes écrits.

Le hasard, qui a parfois de ces rencontres, ne pouvait compromettre davantage et le poëte et la sainte qu'il célébrait. Bien que publié en son temps par les jésuites, en regard de l'ode latine du P. Lejay[1], ce premier essai lyrique était demeuré depuis tellement ignoré, que Fréron, en 1764, le reproduisait comme une pièce rare et curieuse, dans une intention qu'on devine[2].

A part ce don des vers, Arouet était un bon élève, un sujet brillant, un collecteur de couronnes. A sa dernière année de rhétorique, son nom plusieurs fois acclamé frappa l'attention de Jean-Baptiste Rousseau, qui assistait à la distribution des prix des jésuites.

> Des dames de ma connoissance, raconte ce dernier, m'avoient mené voir une tragédie des jésuites, au mois d'août de l'année 1710 ; à la distribution des prix, qui se faisoit ordinairement après ces

---

1. *Imitation de l'Ode du R. P. Lejay sur sainte Geneviève*. Signée : *François Arouet, étudiant en rhétorique et pensionnaire au collége Louis-le-Grand*. Huit pages, beau papier, in-4°. Sans lieu ni date.

2. *Mémoires secrets*, t. XVI, p. 224, 30 novembre 1764. — Longchamp et Wagnière, *Mémoires sur Voltaire*, t. I, p. 226, 227. Examen des Mémoires de Bachaumont. — Barbier, *Dictionnaire des ouvrages anonymes et pseudonymes* (Paris, 1823), t. II, p. 221. — L'abbé de Saint-Léger, *Recueil C.* (1759). Cette ode a, du reste, été admise dans presque toutes les éditions données depuis 1817, et nous ne comprenons pas que la *Correspondance littéraire* (25 novembre 1863, p. 18, 19, 20) la reproduise à titre de rareté et « comme ne l'ayant pas rencontrée dans les œuvres de Voltaire. »

représentations, je remarquai qu'on appela deux fois le même écolier. Je demandai au père *Tarteron*, qui faisoit les honneurs de la chambre où nous étions, qui étoit ce jeune homme si distingué parmi ses camarades? Il me dit que c'étoit un petit garçon qui avoit des dispositions surprenantes pour la poésie, et me proposa de me l'amener, à quoi je consentis. Il me l'alla chercher, et je le vis revenir, un moment après, avec un jeune écolier qui me parut avoir seize ou dix-sept ans, d'une mauvaise physionomie, mais d'un regard vif et éveillé, et qui vint m'embrasser de fort bonne grâce[1]....

Tout cela est et doit être vrai, et il n'y aurait rien à dire à ce petit tableau sans ce trait où percent la malveillance et l'inimitié : « d'assez mauvaise physionomie. » Mais Rousseau, à cette date, n'était pas payé pour flatter l'original, avec lequel il était en pleine guerre. Voltaire, qui n'était pas homme à rien laisser tomber à terre, dans une diatribe où, selon ses habitudes, il dépassait la mesure de la juste et honnête défense, ripostait aigrement : « Je ne sais pas pourquoi il dit que ma *physionomie* lui déplaît, c'est apparemment parce que j'ai des cheveux bruns et que je n'ai pas la bouche de travers[2]. » L'auteur de la *Hen-*

---

1. Élie Harel, *Voltaire, Particularités curieuses de sa vie et de sa mort* (Paris, 1817), p. 41, 42. Lettre de M. Rousseau, au sujet des calomnies répandues contre lui par le sieur Arouet de Voltaire.
2. Voltaire, *OEuvres complètes* (Beuchot), t. LII, p. 287. Aux auteurs de la *Bibliothèque française* (extrait du t. XXIV, p. 152 et suiv.). A Cirey, ce 20 septembre 1736. — Gacon, lui aussi, parle à tout instant des yeux louches, des cheveux roux, du teint livide et de la bouche de travers de Rousseau. « L'épithète de torse que je donne à la bouche de notre rimeur, n'est point un de ces ornements dont la poésie se sert par le droit de la métaphore : elle est fondée sur la réalité... » *L'Anti-Rousseau* (Paris, 1716), par le Poëte-sans-fard, p. 88, 176, 292, 294.

*riade* ne fait là que défendre sa figure; mais que penser des lignes suivantes :

> Il aurait dû ajouter qu'il me fit cette visite parce que son père avait chaussé le mien pendant vingt ans et que mon père avait pris soin de le placer chez un procureur, où il eût été à souhaiter pour lui qu'il eût demeuré, mais dont il fut chassé pour avoir désavoué sa naissance. Il pouvait ajouter encore que mon père, tous mes parents, et ceux sous qui j'étudiais, me défendirent alors de le voir, et que telle était sa réputation, que, quand un écolier faisait une faute d'un certain genre, on lui disait : « Vous serez un vrai Rousseau. »

Voltaire ne pouvait parler de Rousseau de sang-froid. « C'est là que l'homme reste et que le héros s'évanouit, écrivait de Cirey même madame de Grafigny à un de ses amis; il serait homme à ne point pardonner à quelqu'un qui louerait Rousseau[1]. » Il était capable des plus affreux discours, et très-capable même de calomnie à l'égard de celui-ci, qui le lui rendait bien, mais plus souterrainement. Il ne faudrait donc pas croire sans contrôle ce qu'il dit plus haut, quoiqu'il y ait déjà une énorme distance entre l'allégation d'un fait mensonger et la couleur qu'on peut donner à un fait vrai. Que Voltaire répète ce mauvais bruit qui avait couru sur Jean-Baptiste à propos d'une certaine reconnaissance à la Comédie-Française, qu'il noircisse ses mœurs et sa conduite; il brode plus ou moins sur un fond réel ou réputé véritable. Mais M. Arouet père a ou n'a pas fait entrer chez un procureur le fils de son cordonnier, et vraiment il serait trop fort que Voltaire

---

1. Madame de Grafigny, *Vie privée de Voltaire et de madame du Châtelet* (Paris, 1820), p. 8.

eût inventé cela. Il prétend en savoir long sur le lyrique, et ce ne sont pas là les seules circonstances qui l'ont placé de façon à être édifié sur sa moralité. « La mère du petit malheureux qui fut séduit pour déposer contre Saurin, servait chez mon père » écrit-il dans une sorte de factum adressé à un membre de l'Académie de Berlin [1]. Au moins ce dernier fait est-il exact, et Suzanne Meusnier, dont le fils, Guillaume Arnoult fut convaincu dans ces débats trop fameux de faux témoignage, faisait-elle partie du domestique du payeur des épices et dépêchait-elle la grosse besogne de la maison [2].

La vérité, c'est que ses parents n'eurent pas, comme il le donne à entendre, à lui défendre de voir Rousseau, que l'affaire des fameux couplets forçait de s'expatrier en 1711. Nous sommes étonnés pourtant qu'il ne l'eût pas rencontré antérieurement chez Chaulieu et chez l'abbé Courtin. C'est vers 1706 que Châteauneuf introduisait son protégé dans la société du Temple. Mais Rousseau, nommé peu après à un emploi de finances, réalisait forcément les prédictions que lui adressait Chaulieu [3]. Il en était, d'ailleurs, aux picoteries avec l'abbé Courtin, contre lequel il décochait même une épigramme méritée, il est vrai, par celui-ci [4], et tout cela faisait sans doute qu'il fréquentait moins ses

---

1. Voltaire, *OEuvres complètes* (Beuchot), t. LVI, p. 77. A un membre de l'Académie de Berlin ; Postdam, le 15 avril 1752, t. XIX, p. 142.
2. *Recueil de pièces du sieur Saurin, contre le sieur Rousseau.* Dans l'*Anti-Rousseau*, p. 437, 438.
3. Chaulieu, *OEuvres complètes* (Lahaye, 1777), t. I, p. 673.
4. J.-B. Rousseau, *OEuvres* (Lefèvre, 1820), t. II, p. 371, 372.

amis. Disons aussi qu'Arouet ne pouvait se montrer au Temple que les jours de congé et durant les vacances, et que ce ne fut qu'après sa sortie définitive du collége qu'il devint le familier de ces débauchés de bonne maison auxquels il allait emprunter, avec leur ton exquis, ce scepticisme, ce dédain des choses les plus respectées et les plus respectables, ce besoin de discussion, de révision qui était dans l'air, mais dont il devait être l'effrayante et formidable formule. Précisément Rousseau, cédant à la tempête, succombant sous le poids des charges, livrait alors le champ de bataille à ses ennemis, trop cruellement offensés pour ne pas être implacables, et demandait à l'exil un repos qu'il ne devait rencontrer nulle part.

## II

JEUNESSE DISSIPÉE D'AROUET. — SON PÈRE L'ENVOIE
EN HOLLANDE. — OLYMPE DUNOYER.

Arouet avait seize ans. Son père, esprit positif, aimant les lettres, mais comme une distraction, mais comme un délassement et une récompense du travail, n'entendait pas que celui-ci fît de la poésie sa principale affaire. Lorsqu'il fut question du choix d'un état : « Je n'en veux pas d'autre, s'écria le futur auteur de *Zaïre*, que celui d'homme de lettres. — C'est, lui répondit le payeur de la chambre des comptes, l'état d'un homme qui veut être inutile à la société, à charge à ses parents, et qui veut mourir de faim [1]; » et le poëte fut envoyé aux écoles de droit. Ce contraste entre les élégances de la belle latinité, entre les splendeurs de la langue de Corneille, de Racine, de Bossuet et cet idiome barbare, ce jargon baroque, sous lequel la loi se cachait comme si elle eût eu besoin de cette sorte d'aide pour être le plus souvent inintelligible, était bien fait pour rebuter un délicat, amoureux de poésie et de beau langage. « Il fut si choqué, dit-il, en parlant de lui, dans son *Commentaire historique*, de la manière

---

1. Duvernet, *Vie de Voltaire* (Genève, 1786), p. 22.

dont on y enseignait la jurisprudence (dans les écoles), que cela seul le tourna entièrement du côté des belles-lettres. » Il faisait acte de présence, mais son esprit était ailleurs. Sans être un homme, ce n'était plus un enfant; à l'accueil qu'on lui faisait, il jugea vite de sa valeur, et cette conviction lui donna dès lors un aplomb que l'âge ne devait naturellement que faire croître : les plus grands seigneurs ne lui imposèrent guère, et les princes pas davantage. On verra sur quel pied il était avec eux, et avec quel sans-gêne escorté toujours d'un tact qui corrigeait l'audace, il leur parlait. Bientôt il ne bougea plus de chez Chaulieu, la Fare, l'abbé Courtin, l'abbé Servien, M. de Sulli. Ce n'est pas sans motifs que nous omettons le nom du grand prieur. Duvernet, Condorcet et les autres comptent, à cette heure, le chevalier de Vendôme parmi les protecteurs d'Arouet. Au moins y a-t-il anachronisme. Le grand prieur, forcé de s'exiler (mars 1706), à la suite de l'affaire de Cassano[1], ne devait plus reparaître à son grand prieuré qu'en 1715, et ce ne put être qu'à son retour, amené par la mort de Louis XIV, que Voltaire lui fit sa cour et sut conquérir les bonnes grâces de « l'altesse chansonnière. »

Si de pareilles relations avaient de quoi flatter l'amour-propre de M. Arouet, son bon sens et sa prudence avaient tout autant lieu de s'alarmer de ces amitiés illustres. Comment, en effet, cet enfant si naturellement vain, n'eût-il pas perdu terre? Comment exiger de lui, au sortir des hôtels de Boisboudran et

---

1. Gustave Desnoiresterres, *les Cours galantes*, t. IV, p. 6 et suiv.

de Sulli, après ces nuits passées dans l'orgie et les débauches de l'esprit, qu'il prêtât une oreille empressée et attentive au latin pédantesque et plein de solécismes du professeur, dans une salle qui avait tout l'aspect d'une grange, car alors la jeunesse n'était pas gâtée, et ce n'était point dans des palais qu'on lui déversait la science [1]?

On devait s'attendre à bien des incartades, à bien des folies; on en débitait de toutes les sortes, qu'on ne manquait pas d'embellir, quand on ne les inventait pas absolument. Une grande dame, qui faisait profession de bel esprit, l'avait choisi pour corriger ses vers, pour en être le teinturier, dirait-on de nos jours. Probablement, s'acquitta-t-il de sa tâche au grand contentement de la duchesse; au moins celle-ci récompensa-t-elle son collaborateur assez généreusement, par une bourse de cent louis. Jamais il ne s'en était vu autant. Que faire de cette fortune qui lui parut intarissable? En traversant la rue Saint-Denis, ses regards se portent sur un carrosse, des chevaux, des habits de livrée, qu'on vendait à l'encan. Il achète tout, passe une journée de délices traîné par ses chevaux, qui le versaient à l'angle de la rue du Long-Pont (une rue où il devait habiter et être amoureux plus tard), mais sans lui faire le plus petit mal. Après s'être montré à tous ses amis dans cet attirail de prince, après avoir soupé en ville, il fallait bien rentrer, et ce fut alors qu'il s'aperçut de l'embarras des richesses. Il avait payé des gens pour endosser sa livrée de ren-

1. Duvernet, *Vie de Voltaire* (Genève, 1786), p. 23.

contre, il les congédia ; mais que faire de la voiture et des chevaux? Le concierge attacha en dehors le carrosse avec une chaîne et mit les deux survenants à l'écurie du payeur de la chambre des comptes, écurie étroite qui n'était faite que pour un cheval. On comprend dès lors la mauvaise humeur du titulaire, forcé de partager avec deux intrus sa paille et son avoine. M. Arouet est réveillé, à trois heures du matin, par un tapage infernal ; il s'informe de la cause de ce sabbat, monte, furieux, dans la chambre de son fils et le met à la porte de chez lui. Ce n'était résoudre qu'une partie du problème : restaient les chevaux, restait le carrosse. Le portier du palais les attelle, et son jeune fils, appelé Fleurot, les mène chez un charron, qui consent à en débarrasser le poëte à moitié prix. « Cette espiéglerie, nous dit Paillet de Warcy, quoique contestée par quelques partisans de l'auteur, n'en est pas moins de toute vérité [1]. »

Nous le voudrions d'autant mieux qu'elle n'entache guère la réputation d'Arouet, mais, en retranchant à l'anecdote ce qu'elle a de manifestement inexact, nous ne voyons pas trop ce qu'il reste. Voltaire ne pouvait avoir la pensée de faire pénétrer sa voiture dans l'intérieur de la cour où le payeur des épices n'avait pu trouver place pour son équipage. Arouet, qui avait deux berlines et un chariot, avait ses remises dans la maison de M. de la Saullé « à la détour du palais, » comme nous l'apprend l'inventaire. Quant à l'écurie,

---

[1]. Paillet de Warcy, *Histoire de la vie et des ouvrages de Voltaire* (Paris, 1824), t. I, p. 14, 15. — Lepan, *Vie de Voltaire* (Paris, 1824), p. 60, 61, 62. *Voltariana* (Paris, 1758), p. 553, 554.

il fallait bien qu'elle fût plus grande qu'on ne la fait, puisqu'il avait deux beaux chevaux « hongres sous poil noir judaye » sans compter la petite jument de Châtenay. Il n'eût pas fallu non plus, pour rendre l'historiette possible, nommer madame de Richelieu. « On ne conçoit pas, lisons-nous dans une préface écrite par d'Arnaud, mais d'après les notes et sous les yeux de Voltaire, comment on a pu débiter tant de mensonges ridicules sur son compte. De cette nature est une petite historiette imprimée par *Arkstée* et *Merkus*, à la suite de je ne sais quel gros et ennuyeux libelle, avec le titre de Paris. On parle d'une prétendue liaison de littérature qu'il eut au sortir du collége avec la femme du duc de *Richelieu*, qui était veuf alors, et qui ne s'est remarié que quinze ans après; mais ces libelles, faits pour la canaille, ne méritent pas d'être répétés [1]. »

---

[1]. Longchamp et Wagnière, *Mémoires sur Voltaire* (Paris, 1826), t. II, p. 482. Préface pour une édition des œuvres de M. de Voltaire, que les libraires de Rouen se disposaient de faire en 1750. — Voltaire fait allusion, ailleurs, à cette aventure, notablement modifiée dans un autre récit. « J'ai lu, dans une des quatre cents brochures faites contre moi par mes confrères de la plume, que madame la duchesse de Richelieu m'avait fait présent, un jour, d'un carrosse fort joli et de deux chevaux gris pommelés, que cela déplut fort à M. le duc de Richelieu; et là-dessus on bâtit une longue histoire. Le bon de l'affaire, c'est que, dans ce temps-là, M. le duc de Richelieu n'avait point de femme. » Voltaire, *Œuvres complètes* (Beuchot), t. XXVI, p. 334. *Dictionnaire philosophique*. — Voltaire revient sur cette étrange invention dans son *Commentaire historique* : « ... Il composa avec eux (l'abbé Desfontaines) des libelles diffamatoires intitulés *Voltairomanie* et *Voltariana*. C'était un amas de contes absurdes; on en peut juger par une des lettres de M. le duc de Richelieu, signée de sa main, dont nous avons retrouvé l'original. Voici les propres mots : « Ce livre est bien ridicule et bien plat. Ce que je trouve d'admi-

Cette autre anecdote, qu'il faut placer pourtant quelque temps après, ne nous paraît pas d'une notoriété plus sérieuse, et nous la donnerons comme ces légendes qui, aux temps héroïques d'un peuple, font partie intégrante de son histoire sans que personne soit forcé d'y avoir une foi absolue. Bien qu'en lutte continuelle avec son père, il n'avait pas cessé de demeurer chez lui, dans la cour du palais. Ils ne se voyaient guère, et, quand ils se rencontraient, ce n'était jamais sans aigreur de part et d'autre et sans récriminations. Arouet, emporté par ses plaisirs, ne tenait que médiocrement compte des habitudes sédentaires de l'honnête payeur, qui, fatigué, désespéré de tant de dissipations, aigri par l'inutilité de ses remontrances, ne se sentait de son côté nulle disposition à l'indulgence. S'il faut en croire Voltaire, il n'était pas toujours commode et rudoyait volontiers son monde. « J'avais autrefois un père qui était grondeur comme M. Grichard ; un jour après avoir horriblement et très-mal à propos grondé son jardinier, et après l'avoir presque battu, il lui dit : « Va-t-en, co-

« rable, c'est que l'on y dit que madame de Richelieu vous avait
« donné cent louis et un carrosse avec des circonstances dignes de
« l'auteur et non pas de vous ; mais cet homme admirable oublie que
« j'étais veuf en ce temps-là, et que je ne me suis remarié que plus
« de quinze ans après, etc. *Signé :* duc de Richelieu, 8 février 1739. »
Il ne peut être question que de la seconde femme de M. de Richelieu, mademoiselle de Guise, qu'il n'épousa en effet qu'en 1734, et avec laquelle Voltaire était en grand commerce de vers et de bel esprit. Remarquons, toutefois, qu'à l'époque de cette plus que problématique aventure du carrosse, la première duchesse de Richelieu, mademoiselle de Noailles, existait parfaitement : elle mourut de la petite vérole, âgée de vingt et un ans, le 7 novembre 1716.

« quin ; je souhaite que tu trouves un maître aussi
« patient que moi ; » je menai mon père au *Grondeur ;* je priai l'acteur d'ajouter ces paroles à son rôle,
et mon bonhomme de père se corrigea un peu[1]. »
Voltaire rentrait tard, et on dormait depuis longtemps
au logis quand il se décidait à en reprendre le chemin. Son père, pour le contraindre à rentrer de meilleure heure, fit fermer les portes à double tour et se
munit des clefs. Voilà donc le poëte dehors, des mieux
installé pour rimer à la belle étoile, en supposant qu'il
se trouvât d'humeur à rimer, et qu'il y eût des étoiles.
En désespoir de cause, et après avoir longtemps frappé,
il va demander un refuge au portier du palais, qui
n'avait pas de lit à lui donner et qui, faute de mieux,
lui conseilla de se blottir dans une chaise à porteurs
stationnant dans la cour, ce qu'il ne manqua pas de
faire. Deux conseillers, arrivant au palais de grand
matin, l'aperçurent en passant, et conçurent aussitôt
le projet de lui jouer un tour de leur façon. Ils le
firent transporter au café de la *Croix de Malte,* sur le
quai neuf, où, à son réveil, il se vit le but des plaisanteries et des sarcasmes des habitués du lieu[2].

On sait que le parlement ne se composait pas exclusivement de barbes grises et que si nos régiments
avaient à leur tête parfois des colonels encore à la fé-
rule, comme on l'a vu pour le régiment de Soubise,

---

1. Voltaire, *Œuvres complètes* (Beuchot), t. LXVIII, p. 357, 348. Lettre de Voltaire à La Harpe ; 28 janvier 1772.

2. Lepan, *Vie de Voltaire* (Paris, 1824), p. 6?. — Paillet de Warcy, *Histoire de la vie et des ouvrages de Voltaire* (Paris, 1824), t. I, p. 16.

les charges de magistrature, qui s'achetaient, se trouvaient souvent dans le même cas : M. de Maisons, l'ami de Voltaire, avait, à dix-huit ans, au parlement, voix et séance à la place de président. Il est à supposer que nos deux conseillers n'étaient pas les Nestor de leur compagnie. Il ne tint qu'à Arouet lui-même, dès cette époque, d'être l'égal de ces mauvais plaisants. Son père, qui eût tout donné pour le sortir de sa vie dissipée, lui fit proposer un office; mais celui-ci répondit au négociateur bénévole : « Dites à mon père que je ne veux point d'une considération qui s'achète, je saurai m'en faire une qui ne coûte rien[1]. » Il s'explique à cet égard avec un sentiment de louable fierté et une parfaite conscience de sa valeur qui est ici à sa place : « Comme j'avais peu de biens, écrivait-il à d'Argenson, quand j'entrai dans le monde, j'eus l'insolence de penser que j'aurais eu une charge comme un autre, s'il avait fallu l'acquérir par le travail et la bonne volonté. Je me jetai du côté des beaux-arts, qui portent toujours avec eux un certain air d'avilissement, attendu qu'ils ne font point un homme conseiller du roi en ses conseils. On est maître des requêtes avec de l'argent, mais avec de l'argent on ne fait point un poëme, et j'en fis un[2]. » Mais, bien qu'il semble le donner à entendre, ce ne fut pas l'argent qui lui manqua. « J'ai refusé, dit-il ailleurs, la charge d'avocat du roi à Paris, que ma famille, qui a exercé longtemps des charges de judicatures en province,

---

1. Duvernet, *Vie de Voltaire* (Genève, 1786), p. 25.
2. Marquis d'Argenson, *Mémoires* (Jannet), t. IV, p. 363. Lettre de Voltaire au marquis d'Argenson; Bruxelles, 22 juin 1739.

voulait m'acheter¹. » Il le fit et n'eut pas tort pour lui et pour son siècle, malgré tout le mal qui se mêla au bien dans son œuvre.

Si le jeune Arouet ne s'abandonnait que trop à ce courant délicieux où tout était également satisfait en lui, il était encore plus poëte que mauvais sujet : l'envie de se faire un nom, l'appât des gloires littéraires ne laissaient pas de l'aiguillonner ; il pelotait en attendant partie, et luttait de petits vers avec les Chaulieu, les la Fare, les Courtin, qui étaient, d'ailleurs, trop fils d'Apollon eux-mêmes pour ne pas stimuler la verve naissante de ce dernier venu. L'Académie française avait choisi, pour sujet du concours de poésie de 1712, la construction du chœur de Notre-Dame de Paris, ordonnée par Louis XIV pour accomplir le vœu de Louis XIII. Arouet ne voulut pas perdre cette occasion de se révéler, il tenta l'aventure et fit une ode qui débutait ainsi :

> Du Roi des rois la voix puissante
> S'est fait entendre dans ces lieux...

Luchet veut que l'ode de Voltaire ne roule pas sur la construction du chœur de Notre-Dame, et ait été

---

1. Voltaire, *Œuvres complètes* (Beuchot), t. XXXVIII, p. 348. *Examen d'un libelle intitulé* : la VOLTAIROMANIE. La marraine du père de Voltaire était une Marie Arouet, fille de Pierre Arouet, avocat du roi en l'élection de Thouars, comme nous l'indique l'acte de baptême de celui-ci. Ce Pierre Arouet, d'une branche collatérale, nous semble devoir être le même que Pierre Arouet, procureur fiscal du comté de Secondigny, dans le département des Deux-Sèvres, dont fait mention M. Henri Filleau, dans son *Dictionnaire biographique, historique et généalogique des familles de l'ancien Poitou* (Poitiers, 1854), t. I, p. 96.

composée en l'honneur de Sainte-Geneviève. On voit tout de suite qu'il confond cette dernière ode avec l'imitation de l'ode latine du père Lejay, dont il a été parlé plus haut. Ce n'est pas tout. Il laisse entendre que cette pièce est perdue, sauf trois strophes qu'il s'empresse de reproduire[1]. « Je ne sais d'où il les a tirées, dit Barbier, mais elles ne font pas cependant partie de l'ode de Voltaire sur Sainte-Geneviève[2]. » Assurément non ; mais elles n'en sont pas moins de l'auteur de *la Henriade*, et, en cherchant bien, Barbier eût trouvé qu'elles sont le début de l'ode *sur les Malheurs du temps*, composée une année plus tard et classée dans les œuvres à la date de 1713.

Rousseau était réfugié à Soleure. Arouet, pour lequel il était alors le grand Rousseau, lui envoie son ode et le prie de vouloir bien lui en dire son sentiment. « J'ai reçu, écrit le lyrique à M. Boutet, une fort jolie lettre du jeune M. Arouet, accompagnée d'une ode dans laquelle il y a beaucoup d'esprit. Je vous prie de lui témoigner l'estime que je fais de sa personne et de son mérite[3]. » Il lui écrivit à lui-même, et lui marqua ce qu'il pensait de son ouvrage « avec toute la sincérité qu'on doit à la confiance d'un jeune homme qu'on aime[4]. » Tout cela prouve au moins qu'à cette

---

1. Luchet, *Histoire littéraire de M. de Voltaire* (Cassel, 1781), t. I, p. 24, 25.
2. Barbier, *Dictionnaire des ouvrages anonymes et pseudonymes* (Paris, 1823), t. II, p. 221.
3. *Lettres de Rousseau sur différents sujets de littérature* (Genève, 1750), t. I, p. 54.
4. Élie Harel, *Voltaire, particularités de sa vie et de sa mort* (Paris, 1817), p. 42. — *Bibliothèque française*, t. XXIII, p. 138-154.

date le futur auteur de *la Henriade* ne partageait pas, à l'égard de Jean-Baptiste, les sentiments de sa famille. Nous aurons plus tard à parler d'un arrêt qui ne fut pas du goût de tout le monde, et particulièrement de notre poëte, car le prix ne devait être adjugé que deux ans après, en 1714. Mais ce dernier avait entrepris une tâche autrement ardue. Dès le collége, on l'a vu rêver les triomphes tragiques; sept ans s'étaient écoulés depuis lors, les ailes lui avaient poussé, et le jeune aiglon était impatient de prendre son essor. L'épisode d'Œdipe fut le sujet auquel il s'attacha, et l'idée d'entrer en lutte avec le père de notre théâtre ne semble pas l'avoir arrêté un instant. Si les noms ont leur prestige, il n'y a de vraiment redoutable, à la scène, que les œuvres; et il faut bien convenir que l'*Œdipe* du grand Corneille est loin d'être une bonne pièce et même une pièce raisonnable. Il n'était donc pas impossible de faire quelque chose de mieux inventé, de mieux conduit, de mieux écrit. Il y a plus d'un Corneille dans Corneille, le Corneille des bons jours et celui des jours de lassitude, le Corneille de *Cinna* et celui de *Pertharite;* et si *Œdipe* valait mieux qu'*Agésilas* et *Attila*, il existe un abîme entre cette pièce et *Polyeucte*. Quoi qu'il en soit, l'*Œdipe* de Voltaire, qui ne devait pas être le dernier *Œdipe* (nous aurons après l'*Œdipe* du père Folard et les deux de Lamotte), était presque terminé, du moins quant au premier jet, car il était loin encore d'avoir revêtu sa forme définitive. Mais le plus difficile restait à faire. Il y a bien du chemin souvent entre l'achèvement d'un chef-d'œuvre et le grand jour de la représentation. Et que de choses et d'événements auparavant allaient traverser la vie du poëte, trop emporté, trop vain, trop inconsidéré pour ne pas à tout instant compromettre par des folies sa tranquillité et sa liberté !

M. Arouet, ne voyant pas d'issue à cette vie dissipée, résolut d'éloigner au plus tôt le jeune homme, trop engagé pour renoncer de lui-même à ses relations, à son monde. Il connaissait de longue date le marquis de Châteauneuf, vieilli dans les négociations, ambassadeur de 1689 à 1696 à Constantinople, et en Portugal de 1703 à 1705, et qui venait d'être envoyé auprès des états généraux [1]; il le supplia de vouloir bien se charger de son fils, à titre de page ou d'attaché, espérant que le changement de lieu en amènerait un autre dans ses idées et dans sa conduite. Luchet prétend que ce fut l'abbé de Châteauneuf qui plaça son filleul près de son frère, ce qui est de toute impossibilité, par la raison qu'il n'existait plus depuis 1709 [2]. Le payeur des épices de la chambre des comptes avait déjà essayé de l'éloignement, et, sans aller jusqu'à l'exil, il avait au moins établi une notable distance entre le jeune écervelé et ce Paris si dangereux et si charmant. Bien qu'aucun des biographes de Voltaire ne semble avoir eu connaissance de ce voyage, nous avons les preuves d'un séjour d'Arouet à Caen vers

---

1. « Jeudi 28 septembre (1713). M. de Châteauneuf, notre ambassadeur en Hollande, est arrivé à la Haye. » Dangeau, *Journal*, t. XIV, p. 486.

2. Luchet, *Histoire littéraire de M. de Voltaire* (Cassel, 1781), t. I, p. 10. — Arouet avait été le notaire des deux frères, comme cela résulte des quittances trouvées à son inventaire. Cote quarante-huit.

cette époque. Il y fut relégué, nous est-il dit, par son père, qui craignait qu'il ne se gâtât tout à fait à Paris. Son renom de poëte le mit en belle posture dans l'Athènes normande, et il eut accès dans les meilleures sociétés, notamment chez madame d'Osseville, femme bel'd'esprit, qui faisait des vers[1] et fut, un instant, éblouie par la verve intarissable et le génie facile du jeune Arouet. Mais cette dame était une muse chaste et orthodoxe que la terrible réputation qu'il ne tarda pas à se faire, dégrisa rapidement. Elle apprit qu'il récitait ailleurs des vers libertins contre la morale et la religion, et lui ferma tout aussitôt sa porte[2]. Un professeur de rhétorique des Jésuites, dont les désordres obtinrent dans la suite une si étrange célébrité[3], le père Couvrigny s'était lié avec lui, et professait la plus grande admiration pour ce talent naissant. Le manuscrit auquel nous empruntons ces détails trop explicites ne fait aucunement mention de l'année où Arouet se trouva comme égaré dans Caen, ni du temps qu'il y resta. Mais, ce qui revient au même, un recueil d'anecdotes toutes locales, publié il y a quelques années, nous donne l'époque où ce Père vint comme professeur de rhétorique au collége du Mont : « Le P. Couvrigny, de la compagnie de Jésus, nous dit l'obscur annaliste,

---

1. La bibliothèque de Caen possède le recueil manuscrit des poésies de madame d'Osseville.

2. Bibliothèque de Caen. Manuscrits. De Quens. R. M., p. 277 et 301.

3. *Chanson d'un inconnu nouvellement découverte et mise au jour avec des remarques,* etc. (Turin, Alétophile 1737). — O. Desnos, *Mémoires historiques sur la ville d'Alençon et sur ses seigneurs* (Alençon, 1787), t. II, p. 523. — *Nouvelles ecclésiastiques.* Table raisonnée. 1re part., p. 291.

a professé la rhétorique en leur collége de Caen, en l'an 1713[1]. » A ce compte, le séjour d'Arouet dans la capitale de la basse Normandie n'alla pas au delà de quelques mois, puisque nous le voyons faisant déjà des siennes, à la Haye, à la fin de cette même année.

Le spectacle tout nouveau d'un pays qui ne ressemblait à rien de ce qu'il avait vu jusqu'ici, des habitudes, des mœurs, des modes si différentes des nôtres, durent impressionner assez cet esprit observateur et curieux pour lui faire oublier ce qu'il avait été forcé de quitter. Bien que le personnel de l'ambassade fût nombreux, il ne s'était pas figuré que sa condition de page du ministre lui interdît toutes relations au dehors. Les réfugiés abondaient en Hollande, et un Français n'était pas en peine de trouver à la Haye à qui parler. Il y avait alors, établie dans cette ville, une Française qui s'était expatriée, pour cause de religion, avec ses deux filles qu'elle avait enlevées à leur père. Son mari, M. Dunoyer, après avoir été successivement capitaine dans les régiments de Normandie et de Toulouse, puis conseiller de la ville de Nîmes, puis député des états, auprès desquels il avait été chargé de la part du roi de porter les cahiers du Languedoc, enfin grand maître des eaux et forêts de France dans la même province, avait vu toute cette prospérité l'abandonner, grâce aux folies de sa femme et à ses propres dissipations. Celle-ci, nature emportée, peu scrupuleuse, ne regardant pas au choix des moyens pour subvenir à ses besoins ou contenter ses fantaisies,

---

1. *Journal d'un bourgeois de Caen*, 1652-1733 (Caen, 1848), p. 172.

d'une laideur dont elle convient elle-même sans en être pour cela moins galante, attachée toutefois à sa croyance, bien qu'ayant cédé à l'empire des circonstances et à la pression de son entourage, pleine d'esprit, de manége, d'audace, devait mener une vie de hasards et d'aventures qu'elle a pris le soin de raconter avec une sincérité digne à coup sûr d'un autre nom. A sa sortie du royaume, elle vécut quelque temps en Angleterre d'aumônes et de secours mendiés avec une aisance déjà peu estimable, sa détresse eût-elle été plus réelle. Lorsqu'elle eut usé son crédit et fatigué ses protecteurs, elle prit le parti de s'installer à la Haye, où, alléchée par le débit de tout ce qui se publiait sur ou contre la France, elle fit paraître sous le titre de la *Quintescence*, un libelle périodique dont les anecdotes piquantes, les commérages vrais ou faux, la chronique prétendue de la cour et de Paris, ne pouvaient manquer de faire fortune parmi les réfugiés et chez l'étranger avide de ces publications sous le manteau, où le mal qu'on disait de nous semblait autant d'indemnités à des humiliations que nos derniers revers n'avaient pas complétement effacées. Beaucoup de détails erronés se mêlaient à ces bavardages consacrés à tous les événements contemporains, petits ou grands. Mais, là non plus, tout n'était pas de pure invention ; bien des anecdotes plaisantes ou scandaleuses se retrouvent autre part et viennent corroborer les assertions de l'écrivain famélique. Voltaire affirme que, « dans ces nouvelles du temps, » il n'y en a pas une de véritable. « Cette dame, dit-il, avait ramassé les sottises du peuple, et dans les pays étrangers elles

passaient pour l'histoire de la cour¹. » Mais ces sotti-
ses-là ne sont pas toujours des mensonges.

A l'époque où nous sommes, madame Dunoyer
n'avait plus qu'une fille auprès d'elle, la cadette,
Olympe, cette aimable et inconsidérée *Pimpette*, le
premier amour de notre poëte, s'il ne devait être, lui,
ni son premier ni son dernier amant. Sans grande
beauté, bien qu'on vante sa beauté et sa riche taille
dans la *Quintescence*², elle avait de la douceur et de
l'agrément, et avec une autre éducation, d'autres
principes et d'autres exemples, elle eût pu faire le
bonheur d'un honnête homme. Sa mère, qui parfois
se rendait une justice rigoureuse, tout en convenant
des difficultés de la tâche, n'avait pas renoncé pour
cela à l'espoir de l'établir. Elle avait marié son aînée
à un lieutenant de cavalerie, M. Constantin, dont
l'âge avancé était peu en harmonie avec l'extrême
jeunesse de sa fille, mais qui avait quelque bien et
pouvait, grâce à un boulet ou à une balle de mousquet,
la rendre libre et riche. « Il faut se marier une fois
dans sa vie par intérêt, et la seconde pour ses plaisirs. »
C'était la morale de cette mère de famille. De tels
calculs peuvent ne pas aboutir. La légèreté de madame
Dunoyer qui, durant l'absence du mari, traînait sa fille
de parties en parties, fut funeste à cette union,
d'ailleurs mal assortie, qu'un procès vint dénouer.

Avant l'arrivée d'Arouet, mademoiselle Olympe

---

1. Voltaire, *Œuvres complètes* (Beuchot), t. XXXIX, p. 290. *Des Mensonges imprimés.*

2. Madame Dunoyer, *Lettres historiques et galantes* (Amsterdam, 1720), t. IV, p. 321, 322.

avait failli, quoique fort jeune, devenir la femme d'un personnage dont le nom appartient à l'histoire de nos troubles religieux, et qui eut la gloire de traiter de puissance à puissance avec le premier capitaine de son temps, avec Villars. Il s'agit ici de Jean Cavalier, le héros des Cévennes. Il était passé, en 1708, dans les Pays-Bas, avec le grade de colonel au service d'Angleterre. La réception qu'on lui fit à la Haye fut une véritable ovation : Machabée ne fut pas plus fêté, plus acclamé par le peuple juif. Tout le monde se pressait sur son passage pour le voir, pour lui jeter des couronnes. Madame Dunoyer fit comme tout le monde; elle fit plus, elle alla lui rendre visite dès le lendemain, l'invita à dîner, l'emmena chez elle, et le pria de regarder son modeste logis comme sa propre demeure. Madame Dunoyer, qui avait emporté de France et ses diamants et tout l'argent qu'elle avait pu dérober à son mari, n'était donc pas dénuée de ressources, bien qu'elle fût intéressée à le faire croire. A l'entendre, elle vint en aide au héros cévenole très-mal dans ses affaires, cousu de dettes et fort embarrassé de savoir comment satisfaire les officiers de son régiment dont il était le débiteur. Soit qu'il fût réellement tombé sous le charme de la fraîche figure de Pimpette, soit qu'il eût deviné les vues de la mère et qu'il songeât dès lors à profiter de son bon vouloir pour la mettre à contribution, il se présenta en amoureux et en prétendant, et il y eut même une promesse par écrit. Ces amours durèrent deux ans, après lesquels Cavalier, sans tenir compte de ses engagements, en l'absence de sa fiancée, convola à d'autres noces et fit voile tout aussitôt vers l'Angleterre pour se soustraire à des poursuites que madame Dunoyer ne lui eût point épargnées, et que rendait sérieuses l'écrit qu'elle avait de lui[1]. Cette histoire, qui avait transpiré, était pourtant mal connue en France, puisque la Beaumelle, dans ses *Remarques sur le siècle de Louis XIV*, donne Jean Cavalier comme le rival et le rival heureux de M. de Voltaire. « Ils aimèrent l'un et l'autre mademoiselle Pimpette, fille de madame Dunoyer, et fille de beaucoup d'esprit et de coquetterie. Ce qui devait arriver arriva : le héros l'emporta sur le poëte ; et la physionomie douce et agréable sur la physionomie égarée et méchante. » Nous avons déjà vu Rousseau parlant de la « mauvaise physionomie » de Voltaire ; voilà la Beaumelle qui renchérit sur le portrait, comme s'ils s'étaient l'un et l'autre donné le mot[2]. Mais il faisait la part belle au poëte qui ne le ménagea pas sur ces erreurs de faits : « L'auteur du *Siècle*, réplique ce dernier, était alors au collége ; il n'alla en Hollande qu'en 1714, et n'a connu Cavalier qu'en Angleterre, en 1726. Comment la Beaumelle ose-t-il donc, lui qui est actuellement dans Paris, attaquer de telles impostures l'honneur d'une famille de Paris ? Les princes

---

1. Madame Dunoyer, *Lettres historiques et galantes* (Amsterdam, 1720), t. V, p. 232.

2. Voltaire était maigre, d'un tempérament sec ; l'air spirituel et caustique, les yeux étincelants et malins. Élie Harel, *Voltaire, Particularités curieuses de sa vie et de sa mort* (Paris, 1817), p. 15. « Arouet de Voltaire est grand, sec et a l'air d'un satyre... » lisons-nous dans une note de police de l'inspecteur d'Hémery. Delort, *Histoire de la Détention des philosophes* (1829), t. II, p. 30. Voltaire se dit également « maigre, long, sec et décharné, » dans une lettre au prince de Vendôme, 1716, t. LI, p. 47.

dédaignent quelquefois les outrages, parce qu'ils sont au-dessus des outrages ; mais la justice venge l'honneur des citoyens si criminellement attaqués. »

En quête de distractions, curieux d'établir des rapports avec une Française qui, sans être célèbre, ne laissait pas de faire du bruit et de se faire craindre, sinon considérer infiniment, Arouet, attiré peut-être aussi par le joli minois d'Olympe, n'eut pas de peine à forcer la porte de l'auteur de la *Quintescence*, qui ne la fermait guère à personne. Il eut encore moins de peine à devenir ou à se croire amoureux de mademoiselle Pimpette, dont l'abord n'eut rien que d'engageant. Ce n'était plus une ingénue : les circonstances, l'étrange éducation qu'elle avait reçue, l'avaient émancipée, et elle ne semble pas avoir démesurément fait languir son jeune soupirant. L'on se voyait tous les jours, et l'on prenait peu soin sans doute de cacher une intrigue qui ne tarda pas à être pénétrée par madame Dunoyer. Arouet ne pouvait être un mari pour sa fille ; c'était un enfant de dix-neuf ans, pétillant d'esprit et de malice, mais sans position, qui ne s'était encore révélé que par des fredaines auxquelles même il fallait attribuer son séjour à la Haye, et qui ne pouvait que compromettre sa fille dont on n'avait déjà que trop parlé. Cette fois, madame Dunoyer ne s'endormit pas ; elle alla trouver l'ambassadeur, se plaignit du tort que les assiduités de l'un des Français attachés à sa personne faisaient à la réputation de mademoiselle Olympe, et lui demanda de faire cesser ces poursuites. En toute autre circonstance, le marquis de Châteauneuf se fût borné à conseiller à cette mère de mieux surveiller et de mieux garder sa fille. Mais il put craindre, non sans raison, que ce ne devînt un prétexte à des chiffonneries qu'il était plus prudent d'éviter. On savait de quoi était capable l'auteur de la *Quintescence* : il lui était d'autant plus aisé de faire de tout cela une affaire de prosélytisme religieux que M. Dunoyer avait déjà travaillé souterrainement à reconquérir sa fille, et qu'un retour en France eût été suivi, comme pour l'aînée, d'une réintégration dans le giron de l'Église romaine ; et c'eût pu donner lieu à un conflit sérieux entre les Excellences et l'ambassadeur, qui en était encore à faire son entrée[1]. Mieux valait renvoyer à son père cet enfant turbulent et brouillon, et ce fut la décision que prit sur-le-champ le marquis.

Le poëte, qui ne s'attendait à rien moins qu'à un tel coup, le soir, en rentrant, est averti que l'ambassadeur veut lui parler ; il monte chez lui et apprend, sans autre exorde, qu'il allait partir sur-le-champ pour retourner en France. Arouet, atterré, emploie tout ce qu'il a d'éloquence pour faire revenir sur un pareil arrêt : il obtient à grand'peine que le voyage soit différé jusqu'au lendemain ; mais défense la plus absolue de mettre le pied dehors, sous quelque prétexte que ce fût. « Sa raison est qu'il craint que madame votre

1. Le marquis de Châteauneuf fit son entrée publique à la Haye, le 5 janvier 1714. *Gazette de France*, 27 janvier 1714. — Madame Dunoyer a donné une description des plus détaillées de cette solennité. Madame Dunoyer, *Lettres historiques et galantes* (Amsterdam, 1720), t. IV, p. 184, 185, 186, 187. — « Il est assez plaisant, dit Voltaire à l'article *Cérémonies*, se souvenant probablement alors de cette ambassade, de faire son entrée dans une ville sept ou huit mois après qu'on y est arrivé. » Voltaire, *Œuvres complètes* (Beuchot), t. XXVII, p. 540. *Dictionnaire philosophique*.

mère ne me fasse un affront qui rejaillirait sur lui et sur le roi, » mande-t-il à sa maîtresse. Quel parti prendre? Ne reste-il donc qu'à se désoler stérilement, à se résigner et à s'en aller sans s'être même embrassés? La nuit s'écoule pour lui à rêver aux moyens de se revoir, aux stratagèmes qui peuvent leur venir en aide, et à coucher sur le papier le résultat de cette veille fiévreuse. Le plan des deux amants était de fuir et de se jeter dans les bras de M. Dunoyer; le coup qui les frappait ne pouvait changer en rien leurs projets, seulement la jeune fille n'aurait plus à compter que sur sa propre énergie. « Si vous balanciez un moment, lui écrivait Arouet, vous mériteriez presque tous vos malheurs : que votre vertu se montre ici tout entière, voyez-moi partir avec la même résolution que vous devez partir vous-même. » En attendant, voici les expédients qu'il a trouvés pour se ménager une correspondance qu'on s'efforcera inévitablement d'entraver de toutes les façons.

Je serai à l'hôtel toute la journée, envoyez-moi trois lettres, pour monsieur votre père, pour monsieur votre oncle et pour madame votre sœur; cela est absolument nécessaire, et je ne les rendrai qu'en temps et lieu, surtout celle de votre sœur : que le porteur de ces lettres soit le cordonnier, promettez-lui une récompense; qu'il vienne ici une forme à la main, comme pour venir accommoder mes souliers. Joignez à ces lettres un billet pour moi : que j'aie en partant cette consolation ; surtout, au nom de l'amour que j'ai pour vous, ma chère, envoyez-moi votre portrait, faites tous vos efforts pour l'obtenir de madame votre mère; il sera bien mieux entre mes mains que dans les siennes, puisqu'il est déjà dans mon cœur. Le valet que je vous envoie est entièrement à moi; si vous voulez le faire passer, auprès de votre mère, pour un faiseur de tabatières, il est Normand, et jouera fort bien son rôle : il vous rendra toutes mes lettres, que je mettrai à votre adresse, et vous me ferez tenir les vôtres par lui; vous pouvez lui confier votre portrait. Je vous écris cette lettre pendant la nuit, et je ne sais pas encore comment je partirai; je sais seulement que je partirai : je ferai tout mon possible pour vous voir demain avant de quitter la Hollande...

Mais avant de clore la lettre, il apprenait que son valet avait ordre de rendre toute espèce de message dont il serait chargé. Dans l'impossibilité de sortir de sa prison, il suppliait sa maîtresse de trouver elle-même un dépositaire auquel ils pussent avoir confiance, et de le lui indiquer. Cette première épître parvint à son adresse et plongea cette amante passionnée dans le désespoir. Arouet la rassure, la conjure de vivre et de se tenir prête, dès que la lune paraîtra : il trouvera bien le moyen de s'esquiver de l'hôtel, de prendre un carrosse ou une chaise et de l'emmener à Scheveling (Scheveningen), un village à une lieue et demie de la Haye, où ils feront les lettres dont il est question plus haut, pour le père, l'oncle et la sœur. Cette course projetée sans doute n'eut pas lieu ; au moins les lettres ne furent pas écrites, puisqu'il les réclamera encore par son billet du 6 décembre. Arouet se plaint amèrement de sa condition de prisonnier : « Je ne partirai, je crois, que lundi ou mardi ; il me semble, ma chère, qu'on ne recule mon départ que pour me faire sentir le chagrin d'être dans la même ville que vous, et de ne pouvoir vous y voir. On observe ici tous mes pas : je ne sais même si Lefèvre pourra te rendre cette lettre... » Cependant, il lui promet de l'aller trouver, coûte que coûte : il sortira par une fenêtre à minuit. Olympe n'était pas moins gardée que lui, elle partageait la couche de sa mère, et il était difficile de disparaître, ne fût-ce qu'un instant, sans éveiller l'attention et les soupçons de son Argus. Cette lettre était à peine écrite qu'il fallait donner contre-ordre. Le départ était encore remis à sept ou huit jours ; mais on lui avait laissé le choix de demeurer tout ce temps prisonnier ou de partir sur-le-champ.

... Si vous voulez pourtant changer nos malheurs en plaisirs, il ne tiendra qu'à vous ; envoyez Lisbeth sur les trois heures, je la chargerai pour vous d'un paquet qui contiendra des habillements d'homme ; vous vous accommoderez chez elle : et si vous avez assez de bonté pour vouloir bien voir un pauvre prisonnier, qui vous adore, vous vous donnerez la peine de venir sur la brune à l'hôtel. A quelle cruelle extrémité sommes-nous réduits, ma chère ? Est-ce à vous à me venir trouver ? Voilà cependant l'unique moyen de nous voir : vous m'aimez ; ainsi j'espère vous voir aujourd'hui dans mon petit appartement. Le bonheur d'être votre esclave me fera oublier que je suis le prisonnier de ***. Mais comme on connaît mes habits, et que, par conséquent, on pourrait vous reconnaître, je vous enverrai un manteau qui cachera votre justaucorps et votre visage ; je louerai même un justaucorps pour plus de sûreté. Mon cher cœur, songez que ces circonstances sont bien critiques ; défiez-vous, encore un coup, de madame votre mère, défiez-vous de vous-même ; mais comptez sur moi comme sur vous, et attendez tout de moi, sans exception, pour vous tirer de l'abîme où vous êtes...

Quelle que fût l'extrémité où ils se trouvaient l'un et l'autre, une fille modeste et bien élevée ne se hasarde pas dans une telle aventure. Mais mademoiselle Dunoyer avait été entraînée par sa mère dans trop de démarches inconsidérées pour avoir conservé cette retenue qui, dans les plus grands entraînements, rend inadmissibles certaines déterminations. Arouet ne semble pas douter qu'elle ne réalise ce qu'il attend d'elle, et il a raison. Si la proposition était des plus extravagantes, elle avait, en revanche, un côté romanesque qu'on vit seul ; et Pimpette, sous le travestissement de page que lui avait fait passer son amant, franchissait la porte de l'hôtel, à la tombée du jour, enchantée au fond d'une aventure où pourtant elle courait des risques de plus d'une sorte.

Je ne sais, lui écrivait-il dans le ravissement, à la suite de cette folle équipée, si je dois vous appeler monsieur ou mademoiselle ; si vous êtes adorable en cornettes, ma foi, vous êtes un aimable cavalier, et notre portier, qui n'est point amoureux de vous, vous a trouvé un très-joli garçon. La première fois que vous viendrez, il vous recevra à merveille. Vous aviez pourtant la mine aussi terrible qu'aimable, et je crains que vous n'ayez tiré l'épée dans la rue, afin qu'il ne vous manquât plus rien d'un jeune homme : après tout, tout jeune homme que vous êtes, vous êtes sage comme une fille.

Mais, quelques précautions qu'on prenne, une pareille escapade ne saurait avoir lieu sans laisser de traces et donner l'éveil. Le marquis de Châteauneuf soumit Lefèvre à un interrogatoire, dont il ne se tira pas trop mal. « On compte nous surprendre ce soir ; mais ce que l'Amour garde est bien gardé : je sauterai par les fenêtres, et je viendrai sur la brune chez \*\*\*, si je le puis. Lefèvre viendra chercher mes habits sur les quatre heures ; attendez-moi sur les cinq en bas, et si je ne viens pas, c'est que je ne le pourrai absolument point. » Mais le poëte, très-habile à combiner, est infiniment moins fort dans la réalisation, et nous le trouvons en cela bien au-dessous de son aventureuse maîtresse. Dans la lettre suivante, la première qui soit datée (6 décembre), il apprend à Olympe que leur entrevue a été découverte. Est-ce de ce second rendez-vous qu'il entend parler? Ou bien est-il tout simplement question de la visite travestie de sa Pimpette? Nous penchons d'autant plus pour cette dernière hypothèse, qu'il s'écrie : « Dieu veuille encore que notre monstre aux cent yeux ne soit pas instruit de votre déguisement! » En tout cas, ils se sont vus tout ce qu'ils se verront; Arouet ne conserve pas à cet égard la moindre espérance, et s'efforce même de faire comprendre à son amie que ce serait achever de tout gâter que de hasarder dans de telles conditions une nouvelle rencontre. Après tout, si elle a du courage, si son amour ne faiblit pas, leur séparation sera courte, et ils ne tarderont pas à être réunis. En attendant, il lui écrira tous les ordinaires « à l'adresse de madame Santoc de Maisan. » Ses lettres à elle devront porter la suscription suivante : « A M. Arouet, le cadet, chez M. Arouet, trésorier à la chambre des comptes, cour du Palais, à Paris. » Moins résignée, Pimpette était décidée à tout tenter pour conjurer leur sort. Elle ira trouver l'ambassadeur, se jeter à ses pieds, le prier de les protéger contre le despotisme d'une mère indigne. Son amant, épouvanté, lui écrit de n'en rien faire, et ne lui donne que de trop bonnes raisons : « Quoi! vous voulez parler à M. L\*\*\*? Eh! ne savez-vous pas que ce qu'il craint le plus, c'est de paraître favoriser notre retraite? Il craint votre mère, il veut ménager les Excellences : vous devez vous-même craindre les uns et les autres, et ne point vous exposer, d'un côté, à être enfermée, et de l'autre, à recevoir un affront... Surtout, lui recommande-t-il, à la fin de sa lettre, gardez-vous de venir à l'hôtel. Ma chère Pimpette, suivez mes conseils une fois, vous prendrez votre revanche le reste de ma vie, et je ferai toujours vœu de vous obéir[1]. » Le départ était encore ajourné, sans grand profit pour tous les deux[2], car Pimpette, succombant à tant d'émotions et d'inquiétudes, avait été forcée de garder le lit.

> Est-il possible, ma chère maîtresse, que je ne puisse du moins jouir de la satisfaction de pleurer au pied de votre lit, et de baiser mille fois vos belles mains, que j'arroserais de mes larmes ! Je saurais du moins à quoi m'en tenir sur votre maladie, car vous me laissez là-dessus dans une triste incertitude ; j'aurais la consolation de vous embrasser en partant, et de vous dire adieu, jusqu'au temps où je pourrais vous voir à Paris. On vient de me dire enfin que c'est pour demain ; je m'attends pourtant à quelque délai ; mais, en quelque temps que je parte, vous recevrez toujours de moi une lettre, datée de Rotterdam, dans laquelle je vous manderai bien des choses de conséquence, mais dans laquelle je ne pourrai pourtant vous exprimer mon amour comme je le sens... Adieu, mon cher cœur, voilà peut-être la dernière lettre que je daterai de la Haye. Je vous jure une constance éternelle ; vous seule pouvez me rendre heureux, et je suis trop heureux déjà quand je me remets dans l'esprit les tendres sentiments que vous avez pour moi... Adieu, mon adorable Olympe, adieu, ma chère : si on pouvait écrire des baisers, je vous en enverrais une infinité par le courrier. Je baise, au lieu de vous, vos précieuses lettres, où je lis ma félicité[3]....

Les experts en métaphysique amoureuse sont loin d'être satisfaits des poulets de ce langoureux de dix-

---

1. Voltaire, *OEuvres complètes* (Beuchot), t. LI, p. 14. Ce dimanche soir 10 décembre.

2. *Ibid.*, t. LI, p. 15. Ce mercredi soir 13 décembre.

3. *Ibid.*, t. LI, p. 15, 16. La Haye, ce samedi soir 16 décembre.

neuf ans, et y veulent trouver plus de rhétorique que de véritable passion. Ce qu'on ne saurait refuser au jeune Arouet sans injustice, c'est d'être sincère. Il croit aimer de toutes ses forces, et il aime de toutes ses forces en effet : ce n'est pas sa faute s'il n'a pas le tempérament d'un Mirabeau. Les lettres de mademoiselle Dunoyer avaient une toute autre allure, à en juger par la seule qui nous soit parvenue, la dernière qu'Arouet devait recevoir à la Haye. Sa mère le croyait éloigné; Pimpette, mieux informée, veut profiter de sa sécurité, pour aller embrasser son amant une fois encore.

Dans l'incertitude où je suis, si j'aurai le plaisir de te voir ce soir, je t'avertis que ce n'était pas M. de La Bruyère[1], qui était hier chez nous. C'est une méprise de la cordonnière, qui nous alarma fort mal à propos. Ma mère ne sait pas que je t'ai parlé; et, grâce au ciel, elle te croit déjà parti. Je ne te parlerai point de ma santé ; c'est ce qui me touche le moins, et je pense trop à toi, pour avoir le temps de penser à moi-même. Je t'assure, mon cher cœur, que si je doutais de ta tendresse, je me réjouirais de mon mal ; oui, mon cher enfant, la vie me serait trop à charge si je n'avais la douce espérance d'être aimée de ce que j'ai de plus cher au monde.

Fais ce que tu pourras pour que je te voie ce soir : tu n'auras qu'à descendre dans la cuisine du cordonnier, et je te réponds que tu n'as rien à craindre, car notre *faiseuse de quintescence* te croit déjà à moitié chemin de Paris. Ainsi, si tu le veux, j'aurai le plaisir de te voir ce soir ; et si cela ne se peut pas, permets-moi d'aller à la messe de l'hôtel. Je prierai M. La Bruyère de me montrer la chapelle : la curiosité est permise aux femmes; et puis, sans faire semblant de rien, je lui demanderai si l'on n'a pas encore de tes nouvelles, et depuis quand tu es parti. Ne me refuse pas cette grâce, mon cher

---

1. Secrétaire de l'ambassade de France.

Arouet, je te le demande au nom de ce qu'il y a de plus tendre, c'est-à-dire au nom de l'amour que j'ai pour toi. Adieu mon aimable enfant ; je t'adore, et je te jure que mon amour durera autant que ma vie !

Dunoyer.

P. S. Au moins, si je n'ai pas le plaisir de te voir, ne me refuse pas la satisfaction de recevoir de tes chères nouvelles[1].

Il y a là de la passion, de la résolution, quelque chose de quasi maternel. Pimpette, qui avait déjà aimé, qui savait la vie, se sentait supérieure à son amant et par l'âge et par l'expérience. Elle appelle Arouet « son cher, son aimable enfant. » Aussi est-ce elle qui combine et qui exécute. Après qu'Arouet a renoncé à toute espérance de se revoir, elle en trouve les moyens, et c'est elle encore qui ira à lui, en passant par dessus tous les obstacles et les périls. Si cette dernière entrevue ne fut pas traversée, elle eut lieu le 17 décembre, qui était effectivement un dimanche ; car le poëte quittait la Haye le 18, à huit heures du matin, sous la conduite de M. de M***. Lefèvre les accompagna jusqu'à Rotterdam et se chargea de donner des nouvelles à mademoiselle Dunoyer. Là ils trou-

---

1. C'est à l'obligeance de notre savant ami, M. Paul Lacroix, que nous sommes redevable de l'indication de cette curieuse pièce, perdue dans un ouvrage tout à fait oublié, *le Miroir des Salons*, de madame de Saint-Surin (2ᵉ édition, 1834), p. LXXVII, LXXVIII, LXXIX. Cet autographe provenait de la collection de M. de Monmerqué, qui devait épouser plus tard l'auteur du *Miroir*. Il paraîtrait, à en croire la note placée en tête de ce billet, que Voltaire le portait sur lui, quand il fut mis à la Bastille (1717). Madame de Saint-Surin nous avertit qu'elle a rétabli l'orthographe, car Olympe en était aussi complétement dépourvue que toutes les femmes de son temps. C'est là une peine dont on l'eût volontiers dispensée.

vèrent un yacht qui devait les conduire à Anvers ou à Gand. Le temps était beau, le vent favorable, la table convenablement approvisionnée de pâtés et de jambons avec du vin à l'avenant, les lits aussi bons qu'on les pouvait désirer. Si l'on n'eût pas été amoureux, l'on eût fait comme M. de M***, l'on eût bu, l'on eût mangé et dormi tout son saoûl. Mais Arouet n'avait garde de s'apercevoir qu'il fût dans la compagnie d'un bon pâté et d'un homme d'esprit. Sa lettre du 19 décembre est datée « du fond d'un yacht; » en effet, tandis que son compagnon digérait et sommeillait de son côté, il écrivait à sa maîtresse.

... La première chose que je ferai, en arrivant à Paris, ce sera de mettre le père Tournemine dans vos intérêts, ensuite je rendrai vos lettres; je serai obligé d'expliquer à mon père le sujet de mon retour, et je me flatte qu'il ne sera pas tout à fait fâché contre moi, pourvu qu'on ne l'ait point prévenu; mais, quand je devrais encourir toute sa colère, je me croirai toujours trop heureux, lorsque je penserai que vous êtes la personne du monde la plus aimable, et que vous m'aimez. Je n'ai point passé dans ma petite vie de plus doux moments que ceux où vous m'avez juré que vous répondiez à ma tendresse; continuez-moi ces sentiments autant que je les mériterai, et vous m'aimerez toute votre vie.

Il espérait qu'on prendrait la route d'Anvers où Olympe avait dû lui adresser quelques lignes, ce fut celle de Gand qu'ils suivirent. Il jeta sa lettre à la poste de cette dernière ville, et, comme ils en étaient convenus, à l'adresse de madame Santoc de Maisan. Le reste du voyage se fit sans le moindre incident, et ils arrivaient à Paris la veille de Noël. Son premier soin fut d'aller trouver le P. Tournemine, qui était déjà instruit et dont il avait reçu une réponse à la Haye, le jour même de son départ; il lui remit les trois lettres qu'il avait fait écrire à sa maîtresse et auxquelles il attachait une si grande importance. On se demande en quoi son ancien régent de Louis-le-Grand lui pouvait être de quelque utilité. Il fallait bien charger quelqu'un d'une négociation où il ne pouvait, lui, figurer d'aucune sorte. C'était la religion, à laquelle on allait avoir recours, et c'était à un de ses ministres que l'on s'était adressé : il y avait une âme à arracher des mains de l'hérésie; qui ne se fût prêté à une telle œuvre?

> Vous n'avez qu'un moyen pour revenir, écrivait Arouet dans une de ses lettres (20 janvier 1714); M. Le Normant, évêque d'Évreux, est, je crois, votre cousin; écrivez-lui, et que la religion et l'amitié pour votre famille soient vos deux motifs auprès de lui; insistez surtout sur l'article de la religion; dites-lui que le roi souhaite la conversion des huguenots, et que, étant ministre du Seigneur, et votre parent, il doit, par toutes sortes de raisons, favoriser votre retour; conjurez-le d'engager monsieur votre père dans un dessein si juste; marquez-lui que vous voulez vous retirer dans une communauté, non comme religieuse pourtant, je n'ai garde de vous le conseiller... Ne manquez pas à le nommer *Monseigneur*...

Ainsi, ce même homme, dont plus tard le grand cri de guerre sera d'*écraser l'infâme*, va s'employer du meilleur de son cœur à ramener au bercail une brebis égarée ou dévoyée. Ses raisons, il est vrai, sont très-terrestres, très-personnelles; s'il travaille pour le ciel, le ciel n'a pas grand gré à lui savoir. Ce contraste était à noter : inconséquence des événements sans doute plus que de l'homme, dont la vie n'est remplie, après tout, que de ces démentis du lendemain à la veille, selon que la passion et les intérêts d'une vanité féroce le pousseront dans une direction ou dans une autre. Quant aux recommandations elles-mêmes, elles sont curieuses; l'argumentation est des plus habiles et ne laisse pas au prélat le moindre prétexte pour refuser son concours imploré à de tels titres. Le dernier membre de phrase est d'un comique sérieux, que Molière eût été heureux de rencontrer sur sa route, et qu'il eût ramassé : « Ne manquez pas à le nommer Monseigneur... »

En posant le pied dans Paris, Arouet apprend qu'il y avait été devancé par une lettre foudroyante du marquis de Châteauneuf « telle qu'il n'en écrirait point contre un scélérat. » Ces derniers griefs comblaient la mesure; son père, furieux, sollicita et obtint une lettre de cachet. Il fallut se blottir dans quelque coin en attendant que le premier courroux fût apaisé. Les amis s'y employèrent.

> Je n'ose me montrer : j'ai fait parler à mon père. Tout ce qu'on a pu obtenir de lui a été de me faire embarquer pour les îles ; mais on n'a pu le faire changer de résolution sur son testament qu'il a fait, dans lequel il me déshérite. Ce n'est pas tout : depuis plus de trois semaines[1] je n'ai point reçu de vos nouvelles, je ne sais si vous vivez, et si vous ne vivez point bien malheureusement ; je crains que vous ne m'ayez écrit à l'adresse de mon père, et que votre lettre n'ait été ouverte par lui... Vous voyez à présent que je suis dans le comble du malheur, et qu'il est absolument impossible d'être plus malheureux, à moins que d'être abandonné de vous. Vous voyez, d'un autre côté, qu'il ne tient plus qu'à vous d'être heureuse ; vous n'avez plus qu'un pas à faire : partez dès que vous aurez reçu les ordres de mon-

---

1. Voltaire, *OEuvres complètes* (Beuchot), t. LI, p. 22, 23, 42. Paris, ce jeudi matin 28 décembre.

sieur votre père; vous serez aux Nouvelles-Catholiques avec madame Constantin... Vous m'aimez, ma chère Olympe, vous savez combien je vous aime; certainement ma tendresse mérite du retour... Si vous avez assez d'inhumanité pour me faire perdre le fruit de tous mes malheurs, et pour vous obstiner à rester en Hollande, je vous promets bien sûrement que je me tuerai à la première nouvelle que j'en aurai...

A dix-neuf ans, on peut encore parler de se tuer par désespoir d'amour, et être sincère. Pour le moment, s'il est inquiet, c'est sur la santé de Pimpette, sur la direction qu'ont dû prendre les lettres de celle-ci. Il avait assez étourdiment donné son adresse chez son père qui, sans doute, ne s'était pas fait un scrupule de mettre la main sur leur correspondance. Il était urgent d'élire *ad hoc* un autre domicile, et il recommanda à la jeune fille de lui écrire : « A M. Dutilli, rue Maubuée, à la *Rose rouge*. » Même précaution fut prise pour ses propres lettres, dont deux, adressées à la Haye, chez madame Santoc de Maisan, n'avaient point été remises, soit négligence, soit trahison de la part de l'intermédiaire, soit toute autre cause : une madame Bonnet lui fut substituée. Il est question, un instant, pour Arouet, de partir pour Brest. Il ne s'explique pas autrement sur ce voyage qui n'eut pas lieu. Pensait-il donc s'embarquer pour les îles, ce qui avait été, il est vrai, l'amendement concédé à grand'peine par le courroux paternel? Il eût été alors assez illusoire d'espérer continuer, à de telles distances, des relations avec sa jeune maîtresse, quand, de la Haye à Paris, on avait déjà tant de difficultés à correspondre. Ce qu'il y a de mieux démontré, c'est l'imminence du danger, c'est l'appréhension très-fondée de voir se réaliser les mesures de rigueur dont il était menacé.

Duvernet cite un fragment de lettre à son père où il fait dire à Arouet qu'il consentait à passer en Amérique et même à vivre au pain et à l'eau, pourvu qu'avant de partir il lui fût accordé d'embrasser ses genoux[1]. C'eût été même à la lecture de cette lettre que le payeur des épices de la chambre des comptes se fût attendri et eût pardonné, à la condition de laisser là le langage des dieux pour celui du Palais et de la chicane, et d'entrer chez un procureur au Châtelet. L'auteur futur d'*OEdipe* s'abaisser jusqu'au rôle de simple gratte-papier, descendre de la double colline et s'enfermer, tout vivant, dans cet antre sombre, maussade, fumeux, qu'on appelle une étude! Il le fallait bien. Celle à laquelle la préférence fut donnée était l'étude de maître Alain, rue Pavée-Saint-Bernard, près les degrés de la place Maubert[2]. C'était sans doute bien plus un refuge momentané, un port de relâche durant la tourmente, que ce port définitif que l'exilé entrevoit au bout du voyage et qui est la patrie. La vocation n'avait pas changé: si l'on s'était soumis d'apparence, on s'était fait roseau, on avait plié pour ne pas être brisé, en attendant et le terme de la bourrasque et la venue des jours meilleurs.

Arouet avait donné son adresse « à M. Dutilli; » il la change encore et élit domicile chez son patron : « Écrivez-moi : A M. le chevalier de Saint-Fort, chez

1. Duvernet, *Vie de Voltaire* (Genève, 1786), p. 31, 32.
2. 20 janvier 1714.

M. Alain, près les degrés de la place Maubert[1]. » Les dernières traces de cette grande passion condamnée à une existence éphémère sont à la date du 10 février. Quoi qu'on dise, il est sous le charme, il aime; il fait, il fera tout ce qui est en lui pour combler la distance qui le sépare de sa maîtresse. Ses recommandations sont d'un homme auquel ses projets sont chers et qui n'y renoncera pas de gaieté de cœur. Ses lettres ne nous sont parvenues que par madame Dunoyer, qui, pour grossir de quelques pages les *Lettres historiques et galantes*, ne fut pas plus arrêtée par le peu de décence d'une pareille publication que par les choses assez peu flatteuses pour elle qui se rencontrent à chaque instant dans la correspondance du poëte. Elle épiait sa fille, ses moindres démarches; probablement mit-elle la main sur ces poulets amoureux. A moins qu'on ne veuille admettre qu'elle n'eût retourné cet esprit mobile, facile à mener et qui devait en passer, en fin de compte, par ses volontés sans se sentir à son égard ni grande tendresse ni grande estime. Mais sans chercher si loin, le secret de la brusque interruption de leurs rapports ne nous est que trop révélé. Le faible cœur de Pimpette ne put résister à ce dissolvant de l'absence. Un jeune Français, moins âgé de deux ans qu'Arouet, Guyot de Merville, l'auteur du *Consentement forcé,* se trouvait à la Haye; il eut tout aussi aisément accès chez madame Dunoyer, et, ce qui

---

1. Il est à croire que ce M. Dutilli habitait la maison que le payeur des épices possédait, rue Maubuée. Ce fut là la raison qui fit élire au poëte domicile dans cette rue et sans doute aussi la raison qui l'engagea plus tard à le transférer ailleurs.

est pire, il réussit à faire oublier un amant que l'on ne comptait plus revoir. Il était dans son droit, et Voltaire ne lui en eût pas apparemment plus voulu qu'à Genouville plus tard, dans une circonstance analogue. Mais c'est Merville qui ne pardonne pas à Voltaire d'avoir été aimé, et qui se range dans le camp de ses ennemis, sans y être provoqué; purement et simplement « parce qu'il a eu la même maîtresse que moi il y a vingt ans [1], » s'écrie le poëte qui, à son tour, ne pardonnera point quand son rival s'avisera de déposer les armes et d'implorer son amitié.

Quoi qu'il en soit, madame Dunoyer, que les résultats peu satisfaisants du mariage de son aînée, madame Constantin, n'avaient pas rebutée, comptait bien ne pas laisser échapper la première occasion d'établir la cadette. Il était à craindre qu'elle se fît longtemps attendre. Mais elle était femme à aller à la montagne, si la montagne ne venait à elle; et, à n'en croire qu'une sorte de petit roman intercalé par elle dans ses *Lettres historiques et galantes*, et qui ne serait que leur propre histoire, madame Dunoyer ne recula devant aucune intrigue pour marier sa fille [2]. Olympe devint

---

1. *Lettres de Voltaire à l'abbé Moussinot*, publiées par l'abbé D*** (La Haye, 1791), p. 232. — Voltaire, *OEuvres complètes* (Beuchot), t. LIII, p. 169. Lettre de Voltaire à Thiériot; le 23 juin 1738.
2. Dans cette nouvelle, qui part de la page 84 et finit à la page 103 du t. IV (Amsterdam, 1720), Olympe y est désignée sous le nom d'Annoucha et son mari sous celui de don Ignatio. Si ce roman est fait par madame Dunoyer, elle n'eut aucune part, comme on s'en doute, à la comédie satirique, en trois actes, qu'on fit sur elle, sur Pimpette et Jean Cavalier, *le Mariage précipité*, représentée le 20 mars 1713, à Utrecht, par les comédiens italiens et français, à la grande désolation de l'auteur de la *Quintescence*, qui y est désignée sous le

comtesse de Winterfeld. Mais cette union brusquée, pour ne pas dire subtilisée, ne tourna pas mieux que le mariage de sa sœur avec M. Constantin. C'est ce qui semble résulter de ce passage d'un dialogue entre Pimpette et sa mère : « Tu sçais bien, ma pauvre enfant, toutes les mesures que j'ai prises avant de te livrer entre ses bras, tu sçais aussi que l'ambition que j'ai eue de te faire comtesse avec la crainte de laisser échapper une occasion si favorable, ont été la seule cause de ton malheur; tu as bien dû connoître que je n'ai rien épargné pour te rendre heureuse[1]. » Madame Dunoyer, qui avait dû reprendre sa fille, s'était retirée près de la Haye, à Woorburg, où elle mourut au printemps de 1719[2]. Madame de Winterfeld n'avait plus de motif de rester en Hollande, elle rentra en France où se trouvaient tous les siens.

Arouet ne garda pas rancune à sa maîtresse. Il parle en termes excellents de cette tête légère qui avait fini par s'assagir et forcer l'estime et le respect de tous. « L'aînée, nous dit-il, est morte à la communauté de Sainte-Agnès, honorée et chérie; l'autre est pensionnaire du roi, et vit d'ordinaire dans une terre qui lui appartient, et où elle nourrit les pauvres; elle s'est acquis, auprès de tous ceux qui la connaissent, la plus grande considération. Son âge, son mérite, sa vertu,

---

pseudonyme de *Madame Kurkila*. Cavalier, qui avait commencé par être aide de cuisine, se cache sous celui de *Mitronet*, et la jeune fille sous celui d'*Etepnip*, l'anagramme de Pimpette. T. V, p. 277 à 357.

1. Madame Dunoyer, *Lettres historiques et galantes*, t. V, p. 116. Dialogue de madame D. et sa fille.
2. *Entretiens des ombres aux Champs-Elysées* (Amsterdam, 1722), 4ᵉ édition, p. 409.

la famille respectable et nombreuse à laquelle elle appartient, les personnes du plus haut rang dont elle est alliée, devaient la mettre à l'abri de l'insolente calomnie d'un scélérat absurde [1]. » Voltaire n'était pas fait pour le mariage; et non-seulement il pardonna aisément une défection qui l'avait sauvé de la plus irrémissible folie, mais encore il conserva toujours de l'aimable et frivole Pimpette un souvenir charmant et attendri. En 1721, il la sait gênée et cherche à lui rendre, sans y réussir, un service d'argent, comme nous en trouvons la preuve dans une lettre à d'Argental, à la date du 22 février 1751 : « Il faut que je vous parle d'une autre anicroche. André, cet échappé du *Système*, s'avise, au bout de trente ans, un jour avant la prescription, de faire revivre un billet que je lui fis en jeune homme, pour des billets de banque qu'il me donna dans la décadence du *Système*, et que je voulus faire en vain passer pour un *visa*, en faveur de madame de Winterfeld, qui était alors dans le besoin[2]. » Il y avait deux ans qu'Olympe était de retour en France, et nous ne savons point sur quel pied elle y pouvait être. Si son père ne devait laisser que des dettes, son oncle, M. Dunoyer, d'abord dans les vivres, puis greffier

---

1. Voltaire, *OEuvres complètes* (Beuchot), t. XX, p. 540. Supplément au siècle de Louis XIV.
2. *Ibid.*, t. LV, p. 578. Lettre de Voltaire à d'Argental; des neiges de Berlin, 22 février 1751. Nous nous sommes fort étendu ailleurs sur cet André, fameux actionnaire et mississipien, « seigneur de quinze terres, et autres terres, » qui mariait, en 1720, au marquis d'Oise, une fille âgée de vingt mois, que ce dernier prenait pour les beaux yeux de sa cassette; ce qui ne devait lui réussir du reste que médiocrement. *Revue des Provinces* (1865), t. VII, p. 97 à 100.

au parlement, était fort riche. Il s'était fait bâtir, dans le faubourg Saint-Antoine, à l'extrémité de la rue de la Roquette, un hôtel élégant, dont les travaux avaient été conduits par Dulin. A sa mort, madame de Winterfeld se trouva héritière pour sa part de cette jolie maison qui, après avoir abrité le savant Réaumur, fut acquise par un prince du sang, M. de Clermont[1]. Pour en revenir à Voltaire, bien des années après, dans les chaînes alors d'une femme d'une toute autre valeur, il écrivait à l'abbé Moussinot, son pourvoyeur officieux : « ... J'ajoute à cette prière, mon cher abbé, celle de me faire acheter une petite table à écran qui puisse servir d'écran et d'écritoire, et de la faire porter de ma part chez madame de Winterfelt, rue Plâtrière, près des filles de Sainte-Agnès[2]. » M. de Winterfeld, qui fut tué en 1757, à la bataille de Kollin, vivait encore à cette époque.

---

1. Blondel, *Architecture françoise* (Paris, 1752), t. II, p. 135. Cet hôtel, fort coquet, dont M. de Clermont fit sa petite maison, avait, du temps de la Régence, abrité les amours du duc d'Orléans et de madame d'Avernes, auxquels Dunoyer se trouva fort honoré de le prêter, comme nous l'apprend Mathieu Marais, *Journal et Mémoires*, t. II, p. 160 (10 juin 1721). Consulter également la très-piquante étude de M. Jules Cousin, *le Comte de Clermont, sa cour et ses maîtresses*, publiée par l'académie des Bibliophiles; t. II, Appendice.

2. Bibliothèque impériale. Manuscrits. F. R. 15,208. *Lettres originales de Voltaire à Moussinot*, 1726-1741, p. 17, 18; à Cirey, 16 et 30 juillet 1736. Il est étrange que Beuchot n'ait pas revu ces lettres à l'abbé Moussinot sur le manuscrit qui est à la Bibliothèque impériale, leur premier éditeur, l'abbé Duvernet, les ayant émondées, taillardées et même altérées à certains endroits, de façon à les rendre méconnaissables.

## III

L'ABBÉ DUJARRY COURONNÉ. — *LE BOURBIER*. — AROUET
A SAINT-ANGE ET AU TEMPLE. — EXIL A SULLI.

Tout médiocrement appliqué qu'il fût, Arouet s'initiait forcément aux tortueux secrets de la procédure; il apprenait, sans y songer, une foule de choses qui sont nécessaires même aux poëtes, quand les poëtes cessent d'être des poëtes crottés pour devenir des poëtes millionnaires. Une des qualités prédominantes chez Voltaire, c'est son entente parfaite des affaires, sa netteté de vue, son administration féconde, et l'habileté rare qu'il déploie dans le placement de ses fonds et le maniement d'une fortune inouïe chez un particulier; et c'est à son séjour dans l'étude de maître Alain qu'il fut redevable de cette première des sciences, celle qui nous garantit de toutes maladresses, comme des friponneries auxquelles n'est que trop en butte le riche ignorant. Il ne s'y trouva pas, d'ailleurs, aussi isolé et dépaysé qu'il eût pu le craindre. Il rencontra là un garçon joyeux, un garçon d'esprit, qui aimait les vers, qui aimait le théâtre, et dont la vraie vocation était de tuer les heures en flâneries plus intelligentes que productives, vocation à laquelle il n'eut garde de ne pas obéir, et cela avec une constance qui ne se laissa distraire par aucune occupation sérieuse, quelque chose que l'on tentât dans la suite pour lui assurer un avenir moins précaire. Les deux jeunes gens se devinèrent, s'accueillirent comme deux compatriotes jetés sur une terre inhospitalière, où l'on parle une langue qu'ils ne comprennent point, et qui se sentent également nécessaires l'un à l'autre. Bientôt ils furent les meilleurs amis du monde, et cette liaison de hasard, contrairement à toute vraisemblance, sera, en dépit des négligences, des tiédeurs, de torts même voisins de la défection, l'une des plus durables que contractera le poëte pendant sa longue et aventureuse carrière. Ce jeune clerc, qui tout d'abord eut cela d'attractif pour Arouet qu'il n'était pas plus que lui fait pour les choses de la chicane, ne l'a-t-on pas deviné, n'a-t-on pas déjà nommé Thiériot? ce Thiériot qui, avec Cideville et Formont, fut, durant la première phase de la vie de Voltaire, son correspondant et son confident le plus habituel, le plus familier et le plus intime. Citons encore un M. Bainast d'Abbeville qui, après avoir dévoré le *Temple du Goût*, ne put résister à l'envie de se rappeler au souvenir de ce camarade, devenu illustre, et auquel Voltaire répondait enchanté : « Quel saut nous avons fait, mon cher monsieur, de chez madame Alain dans le temple du *Goût!* Assurément cette dame ne se doutait pas qu'il y eût pareille église au monde[1]. »

On sent que, quelle que fût la sincérité de la conversion, le naturel l'emporterait un jour ou l'autre sur le

---

1. Voltaire, *OEuvres complètes* (Beuchot), t. LI, p. 412. Lettre de Voltaire à M. Bainast; Paris, 9 juillet 1733.

ferme propos, et que cette sorte d'hégire chez le procureur au Châtelet, n'aurait qu'un temps et un temps fort court. « On a remarqué, a dit Voltaire dans la *Vie de Molière*, que presque tous ceux qui se sont fait un nom dans les beaux-arts les ont cultivés malgré leurs parents, et que la nature a toujours été plus forte sur eux que l'éducation [1]. » En traçant ces lignes, il était impossible qu'il ne se reportât point aux obstacles dont on avait entravé sa route et aux efforts superflus tentés pour faire de lui un homme comme les autres. Arouet, l'eût-il voulu plus fermement, était d'ailleurs trop engagé pour s'appartenir. On n'a pas oublié son ode sur la construction du chœur de Notre-Dame, envoyée au concours de 1712, et dont le prix devait être décerné à la fête de saint Louis 1714. Il eût écouté l'avis de Rousseau, auquel il l'avait envoyée qu'il n'eût point tenté pareille fortune. Jean-Baptiste parle d'une réponse, qui ne se trouve pas dans ses œuvres, et dont nous avons déniché un fragment là où, à coup sûr, on ne devait pas s'attendre à le trouver : « On ne voit point, marquait-il au jeune Arouet, que ni les Corneilles, ni les Racines, ni les Despréaux aient jamais travaillé pour les prix; ils craignoient trop de compromettre leur réputation; ils savoient trop bien que les plus méchans ouvrages avoient droit d'aspirer aux lauriers académiques; il n'y avoit point aussi de livres plus notez chez M$^r$. Boileau que les recueils de l'Académie [2]. »

1. Voltaire, *Œuvres complètes* (Beuchot), t. XXXVIII, p. 388.
2. *L'Élève de Terpsichore ou le Nourrisson de la Satire* (Amsterdam, 1718), t. II, p. 2. Fragment de la réponse de Rousseau à Arouet à propos du prix décerné à l'abbé Dujarry.

Le prix fut adjugé par l'Académie française à l'abbé Dujarry, au grand mécompte et au grand courroux de l'irascible poëte, qui prouva, dès lors, jusqu'où il pouvait aller aussitôt que sa vanité se trouvait en jeu. Mais encore, quel était cet abbé Dujarry, l'heureux élu des quarante? « C'est un de ces poëtes de profession, qu'on rencontre partout, et qu'on ne voudrait voir nulle part; nous l'appelons communément le Gazetier du Parnasse. Il est parasite, afin qu'il ne lui manque rien de ce qui constitue un bel esprit du temps; et il paye, dans un bon repas, son écot par de mauvais vers, soit de sa façon, soit de celle de ses confrères, les poëtes médiocres[1]. » L'abbé Dujarry avait soixante-cinq ans; ses rivaux étaient des enfants de dix-huit à dix-neuf ans. « Il est bien juste qu'on fasse honneur à son âge[2]. » Cette justice-là, quoiqu'on la proclame, n'empêcha pas l'aigreur. Et si

1. Voltaire, OEuvres complètes (Beuchot), t. XXXVII, p. 1; à M. D..., au sujet du prix de poésie donné par l'Académie française en l'année 1714.
2. L'abbé Paillard Dujarry, à ce qu'il nous apprend dans la préface de ses Poésies (Paris, 1715) avait déjà concouru pour le prix de l'Académie française, à l'âge de vingt-trois ans. Ce qui lui avait mérité le premier rang avait été « une comparaison des roseaux, qui n'a pas été, ajoute-t-il, oubliée de plusieurs lecteurs. » Une seconde fois, le prix fut partagé avec le rival dont il avait triomphé en premier lieu. « Pour mon troisième poëme que le public a vu, je ne doute pas que certains critiques qui ne veulent rien estimer, n'ayent appelé de l'arrêt rendu en ma faveur par seize juges de dix-sept qui se trouvèrent au jugement : quand il fut lu à l'Académie le jour de la distribution, on m'a assuré qu'il avoit trouvé des oreilles favorables. Ceux qui se connoissent en vers harmonieux, sublimes, chrétiens, croyent avoir reconnu ces traits dans cet ouvrage... » A la bonne heure! et l'on voit que Voltaire n'outre pas trop la couleur dans la lettre à M. D..., dont nous venons de citer un fragment.

l'âge du vainqueur devait rendre moins désagréable aux vaincus leur défaite, cette considération n'adoucit pas de beaucoup l'amertume de la blessure. Encore si la couronne était allée trouver le plus digne !

> ... Je ne crois pas que mon ode fût trop bonne, dit ailleurs l'auteur de la *Henriade*, mais le public ne souscrivit pas au jugement de l'Académie. Je me souviens qu'entre autres fautes assez singulières, dont le petit poëme couronné était plein, il y avait ces vers :
>
> Et des pôles brûlants jusqu'aux pôles glacés[1].
>
> Feu M. de Lamotte, très-aimable homme et de beaucoup d'esprit, mais qui ne se piquait pas de science, avait, par son crédit, fait donner ce prix à l'abbé Dujarry ; et quand on lui reprochait ce jugement, et surtout le vers du *pôle glacé* et du *pôle brûlant*, il répondait que c'était une affaire de physique qui était du ressort de l'Académie des sciences et non de l'Académie française ; que d'ailleurs il n'était pas bien sûr qu'il n'y eût point de pôle brûlant, et qu'enfin l'abbé Dujarry était son ami[2]....

Cela est raconté avec une modération où perce la malice, et Voltaire parle ici de la petite intrigue qui lui enleva le prix, comme si cette injustice ne l'eût intéressé d'aucune sorte. Mais alors, vingt-deux ans s'étaient écoulés, et Lamotte avait racheté ses torts envers lui par une bienveillance et une courtoisie dont l'excès lui fut reproché. Et puis, ce n'était pas à la place même où Jean-Baptiste était présenté comme le dernier des misérables, qu'il eût été habile de maltraiter

---

1. Pôles glacés, brûlants, où sa gloire connue
Jusqu'aux bornes du monde est chez vous parvenue.
Mais dans les *Poésies chrétiennes, héroïques et morales* (p. 469), « pôles » a été supprimé et remplacé par « climats. »

2. Voltaire, *OEuvres complètes* (Beuchot), t. LII, p. 287; Aux auteurs de la *Bibliothèque françoise*; à Cirey, ce 20 septembre 1736.

cet ennemi du lyrique. Mais, en 1714, Arouet, qui en était encore à se révéler et qui, éconduit par la Comédie, espérait trouver auprès de l'Académie une compensation à ses mécomptes tragiques, ne devait point alors se montrer d'humeur aussi accommodante; et l'on eût pu, à la rigueur, excuser en lui une certaine vivacité d'amertume, s'il n'eût pas dépassé les bornes dans une satire, sa première, *le Bourbier*, écrite en style marotique, à l'imitation de celles de Rousseau, avec la verve, la carrure, le fiel des meilleures de ce maître du genre[1]. L'attaque était sanglante, elle s'adressait à un homme estimé, qui avait des amis, si ses idées et sa poétique lui avaient mérité des adversaires acharnés. Le *Bourbier* fit scandale, il indigna, il amusa, il attira l'attention sur son auteur, bien jeune pour s'engager dans une carrière qui semblerait impliquer une triste expérience du monde et le désenchantement de la vie. Voltaire convient de ces premiers écarts de sa verve, qu'excusent l'imprudence de l'âge[2] et le ressentiment d'une injustice, mais qui ne seront pas ceux de son âge mûr : « Je me suis imposé la loi, dit-il, de ne jamais tomber dans ce détestable

---

[1]. Les historiens de Voltaire, qui se sont copiés, placent l'apparition du *Bourbier* avant le voyage de Hollande. Cette pièce porte la date de 1714, dans les dernières éditions; elle n'a pu être composée, en effet, qu'à la suite du couronnement de l'ode de Dujarry. Le concours ouvert en 1712 ne devait être clos qu'en 1714, comme Voltaire le dit lui-même et comme le prouve d'une manière irréfutable le recueil de l'Académie française pour cette dernière année; et, jusque-là, le secret dut être gardé sur le sort de chacun.

[2]. Voltaire se donne seize ans alors. Quand *le Bourbier* parut, le poëte allait avoir vingt ans. Il se trompe donc de quatre ans, et c'est beaucoup, si l'erreur n'est pas volontaire.

genre d'écrire¹. » Cela pouvait être vrai encore alors, car l'*Épître sur la Calomnie* est de 1733; pourquoi Voltaire, en prenant des années, allait-il oublier cet engagement solennel et se rendre coupable de satires qui, pour être des chefs-d'œuvre, n'en sont pas moins de réelles atrocités? Cette nouvelle folie, plus sérieuse qu'aucune de celles qu'on avait à lui reprocher, n'était pas de nature à ramener son père, pas plus qu'un conte graveleux, *l'Anti-Giton*, du commencement de 1714; et le coupable fut fort heureux sans doute de trouver, sur sa route, un protecteur, dont l'influence eut le double effet de le sauver une fois encore de la colère paternelle et de le sortir de son étude de procureur. Ce protecteur, qui venait si à point, était M. de Caumartin. Il demanda comme une grâce à M. Arouet de lui laisser emmener son fils à Saint-Ange², et la permission lui fut accordée.

Louis-Urbain de Caumartin, marquis de Saint-Ange, ancien intendant des finances et conseiller d'État, avait rempli les hautes charges avec une intégrité et un concours de vertus, que les poëtes, ces dispensateurs de la renommée, ont célébrés à l'envi :

> Chacun de l'équité ne fait pas son flambeau;
> Tout n'est pas Caumartin, Bignon, ni d'Aguesseau³;

1. Voltaire, *OEuvres complètes* (Beuchot), t. LI, p. 218. Aux auteurs du *Nouvelliste du Parnasse*; juin 1731.
2. Château très-curieux, à trois lieues de Fontainebleau, dont on peut lire la description dans Dargenville, *Voyage pittoresque des environs de Paris* (3ᵉ édit., Paris, 1768), p. 297-301.—Dulaure, *Nouvelle description des environs de Paris* (Paris, 1793), t. II, p. 225-227.
3. Boileau Despréaux, *OEuvres complètes* (Saint-Surin), t. I, p. 337, 338.

a dit Despréaux. Jean-Baptiste le proclame « le digne et noble héritier des premières vertus qu'on adora jadis, sous l'empire de Rhée[1]. » Il avait eu Fléchier pour précepteur, et c'était à ce titre que le futur évêque de Nîmes avait suivi les Caumartin et assisté, en témoin passablement frivole, aux Grands-jours d'Auvergne. Saint-Simon a fait de lui un portrait flatteur, malgré certaines réserves qui, à nos yeux, n'auront rien de défavorable à l'original de ce crayon rapide. « C'étoit, nous dit-il, un grand homme, beau et très-bien fait, fort capable dans son métier de robe et de finance, qui savoit tout, en histoire, en généalogies, en anecdotes de cour, avec une mémoire qui n'oublioit rien de ce qu'il avoit vu ou lu, jusqu'à en citer les pages sur-le-champ dans la conversation. Il étoit fort du grand monde, avec beaucoup d'esprit, et il étoit obligeant, et au fond honnête homme. Mais sa figure, la confiance de Pontchartrain et la cour l'avoient gâté. Il étoit glorieux, quoique respectueux, avoit tous les grands airs qui le faisoient moquer et haïr encore de ceux qui ne le connoissoient pas. En un mot, il portoit sous son manteau toute la fatuité que le maréchal de Villeroy étaloit sous son baudrier. C'est le premier homme de robe qui ait nasardé le velours et la soie : on s'en moqua extrêmement et il ne fut imité de personne[2]. » Hasarder le velours et la soie et n'être pas duc et pair, voilà de ces scandales, de ces énormités qui passent toutes mesures et désarment toute bien-

---

1. J.-B. Rousseau, *Œuvres complètes* (Lefèvre, 1820), t. I, p. 105. Ode à M. de Caumartin.
2. Saint-Simon, *Mémoires* (Chéruel), t. I, p. 409.

veillance; car Saint-Simon est bienveillant pour Caumartin, sur lequel il revient dans les mêmes termes élogieux, mais sans se départir de ses griefs contre un homme de robe, qui n'eût pas dû perdre de vue la distance qui le séparait de certains sommets : « Il avoit l'écorce de hauteur d'un sot grand seigneur, il en avoit aussi le langage et le ton d'un courtisan qui se fait parade de l'être... Le dedans étoit tout autre que le dehors; c'étoit un très-bon homme, doux, sociable, serviable, et qui s'en faisoit un plaisir, qui aimoit la règle et l'équité... Il savoit infiniment d'histoire et de généalogie, d'anciens événements de la cour. Il n'avoit jamais lu, que la plume ou un crayon à la main; il avoit infiniment lu et n'avoit jamais rien oublié... Son père, aussi conseiller d'État, avoit été l'ami le plus confident et le conseil du cardinal Retz[1]. » Il savait tout, en effet, du règne de Louis XIV, et en avait conservé le souvenir intact, et, pour ainsi dire, palpitant; il avait vu de près et fréquenté les chefs d'emploi. Ce qu'il n'avait pu voir, il le tenait des acteurs eux-mêmes; et, sous ce rapport, il eût été précieux pour un historien qui eût traité de ces époques si fertiles en événements dramatiques. En somme, et c'est ce qui nous fait appuyer sur cela, Voltaire qui ne se doutait guère alors que l'histoire serait une des carrières qu'il courrait avec le plus d'éclat, devait grandement profiter des causeries sans prix de l'aimable vieillard; et, en maints endroits de son *Siècle de Louis XIV*, telle anecdote caracté-

---

1. Saint-Simon, *Mémoires* (Chéruel), t. XVIII, p. 74, 75. Louis-François Lefèvre Caumartin, intendant de Champagne, mort le 3 mars 1687. Il eut le petit sceau aux Grands-jours d'Auvergne.

ristique, telle appréciation judicieuse, sont les résultats des entretiens féconds du patriarche de Saint-Ange. Tous ces héros, dont les portraits emplissaient le château, le vieillard en racontait les prouesses avec une chaleur, un esprit, une gaieté qui coloraient, animaient tout.

> Caumartin porte en son cerveau
> De son temps l'histoire vivante ;
> Caumartin est toujours nouveau
> A mon oreille qu'il enchante ;
> Car dans sa tête sont écrits
> Et tous les faits et tous les dits
> Des grands hommes, des beaux esprits ;
> Mille charmantes bagatelles,
> Des chansons vieilles et nouvelles,
> Et les annales immortelles
> Des ridicules de Paris [1].

Le vieux Caumartin ne tarissait pas sur le grand Henri et le sage Rosny. Son enthousiasme pour ce prince si éminemment français par ses qualités et tout autant par ses faiblesses, il le communiquait à ses auditeurs, assez surpris du point de vue nouveau qu'il leur ouvrait, car l'heure de la justice, si elle était proche, n'était pas encore venue ; et c'est avec un légitime orgueil que Voltaire se félicitera d'avoir rendu cher au peuple l'un de ses amis les meilleurs et les plus sincères. Mais, lui-même était redevable à son séjour à Saint-Ange d'avoir appris à mieux juger ce roi bon enfant qui fut « de ses sujets le vainqueur et

---

1. Voltaire, *OEuvres complètes* (Beuchot), t. XIII, p. 13. Épître à M. le prince de Vendôme, grand prieur de France, 1716.

le père. » Et, quel que soit le degré d'estime qu'on se sente pour *la Henriade*, sans cet heureux exil, Voltaire, c'est à croire, n'eût pas eu la première idée de cet essai d'épopée où ne manquent, en tout cas, ni le talent, ni le patriotisme.

La petite société du Temple, présidée par l'abbé de Chaulieu, quoique composée en majorité de vieillards, n'en était pas pour cela plus orthodoxe. Ces voluptueux ne s'étaient pas assagis en s'approchant du terme ; le voisinage de la tombe ne semblait être pour eux qu'une raison de plus de se hâter et de jouir de ces dernières heures de grâce. Ils étaient, par leurs mœurs, l'audace de leurs idées, leur scepticisme religieux, leur peu de respect même pour un roi auquel il n'était pas prudent, cependant, de manquer, un spectacle aussi étrange que scandaleux. On les avait tolérés par considération pour MM. de Vendôme, tant qu'avait duré la faveur de ceux-ci, on les tolérait par habitude et parce que, aussi, il faut bien le dire, cette société de discipline et d'austérité extérieure, l'ouvrage de Louis XIV, croulait sous elle. A la fin du règne, c'était à grande peine si l'on se contraignait ; l'hypocrisie avait fait son temps, c'était tout le contraire qui allait se produire, et l'on allait avoir des fanfarons de vice : il y en avait déjà avant la Régence, puisque ce mot fut appliqué au duc d'Orléans par le vieux roi. En somme, si, jusqu'au dernier moment, ce prince put croire, dans son Versailles, à la solidité de son œuvre, les manifestations ne manquèrent pas ailleurs. Dans Paris, on pensait plus librement, et l'on se gênait moins pour critiquer et le maître, et ses ministres, e madame de Maintenon, et Le Tellier. Un soir, à l'Opéra, dans un prologue à la louange du roi, l'on chantait des couplets où l'adulation était portée jusqu'au dégoût. La flatterie y était-elle distribuée avec plus d'excès que dans les prologues de Quinault? Cela n'est guère possible, ce semble; cependant, ce qui jadis avait paru si légitime, ces mêmes bassesses, dont tout un peuple s'était fait le complice, il ne fallut que l'initiative d'un spectateur pour les faire huer par la salle entière. L'abbé Servien, qui était présent, « impatienté de tant de servitude, nous dit Saint-Simon, retourna le refrain fort plaisamment à contre-sens, et se mit à le chanter tout haut d'un air fort ridicule, qui fit applaudir et rire à imposer silence au spectacle[1]. » On se contenta de l'exiler hors de Paris, par une lettre de cachet. Si l'audace de l'abbé était remarquable, le succès qu'elle eut, cet acquiescement du parterre qui répéta sa parodie, sont quelque chose de plus significatif encore. Cela met à nu la lassitude du peuple, sur lequel la gloire et les revers du règne avaient également pesé, et explique la joie indécente qu'il manifestait, trois ans plus tard, devant le convoi funèbre du grand roi, cheminant lugubrement sur la route de Saint-Denis[2].

Cet abbé Servien, le fils du surintendant Abel Servien, et l'oncle par leur mère de MM. de Sulli, était l'un des tenants de ces soupers du Temple, que la Fontaine

---

1. Saint-Simon, *Mémoires* (Chéruel), t. X, p. 224; t. XI, p. 29, 30. — Dangeau, *Journal*, t. XIV, p. 217, 218. Samedi, 3 septembre 1712.

2. Voltaire, *OEuvres complètes* (Beuchot), t. XIII, p. 99. Épître sur la calomnie, 1733.

et Voltaire ont célébrés à des époques différentes, et où s'attablait un petit groupe de gens d'esprit et de libertins invétérés, libertins par les mœurs, libertins, selon l'ancienne acception, par l'indépendance et la témérité de leurs opinions religieuses. Voluptueux et libres penseurs, ils se targuaient de croire à peu de choses et affichaient un pyrrhonisme d'autant plus déplacé que le plus grand nombre appartenait au clergé, au moins par les bénéfices qui défrayaient le plus gros de leur vie, livrée à tous les excès. Ainsi, pour sa part, Chaulieu retirait plus de trente mille livres de ses abbayes. Servien, qui avait aussi de bonnes abbayes, homme de plaisirs et de mœurs dépravées, « décrié par ses débauches, à ne l'oser voir[1], », était le convive qu'il fallait à cette société de viveurs à outrance ; plein d'esprit, d'ailleurs, de saillies, d'à-propos, il ne détonnait pas dans le concert général, et n'était ni le moins brillant, ni le moins pétillant. On cite de lui un mot plaisant qui a l'air et le trait de la bonne et fine moquerie. A une assemblée de l'Académie où la foule se pressait pour la réception d'un très-médiocre élu, ne pouvant réussir à se frayer un passage, il se prit à dire : « Il est plus difficile d'entrer ici que d'y être reçu ; » il est vrai, comme le fait judicieusement observer Duclos, qu'il n'y a que trop d'occasions de répéter la même chose[2]. L'abbé vivait dans Paris, et, quoique de condition à aller partout et d'excellente compagnie, ne se montrait guère là où il

---

1. Dangeau, *Journal*, t. II, p. 63 (addition de Saint-Simon). Samedi, 8 novembre 1687.
2. Duclos, *Mémoires* (Michaud et Poujoulat), t. XXXIV, p. 513.

eût dû se contraindre : il ne paraissait pas à la cour, où on lui eût fait peu fête. Ses galeries, comme à Chaulieu, à la Fare, à Courtin, étaient l'Opéra. On l'y voyait, au parterre, le nez dans son manchon, s'entretenant avec son voisin, de sa voix doucereuse et câline[1]. Il courait sur lui des bruits affreux[2], et l'on raconte une aventure où il se fût attiré une insulte grossière, si elle était méritée. Son interlocuteur, supposant qu'il était prêtre, s'en était pris au caractère en même temps qu'à la personne. Servien, au moins, eut la loyauté et l'humilité de détourner l'offense sur lui seul : « Monsieur, lui dit-il, je n'ai pas l'honneur d'être prêtre. » Il ne l'était pas, en effet; pas plus qu'une foule d'abbés grugeurs, qui n'endossaient la soutanelle que pour être portés sur la feuille des bénéfices.

Cet exil ne dura guère. « Le mépris que faute de mieux on voulut montrer, dit encore Saint-Simon, aida fort à la liberté de son retour. » Il reparut donc et avait repris ses habitudes de plaisirs et de débauches, sans se brider plus que par le passé, en fort bonne intelligence avec ses neveux, le dernier surtout, le chevalier de Sulli, dont nous aurons à parler plus particulièrement dans la suite; quand, au commencement de 1714 (le mercredi 10 janvier), le bruit se répandit qu'on venait de l'enlever de chez lui pour le conduire à Vincennes. On ne lui permit d'emmener aucun de ses gens, défense fut faite de lui laisser voir

---

1. Bibliothèque impériale. Manuscrits. *Recueil de chansons historiques*, t. X, f. 347. Satire sur plusieurs étant à l'Opéra, 1705.
2. *Ibid.*, t. VII, f. 253, 1692; t. IX, f. 253. Noëls sur les dames de la cour, 1696.

personne, les scellés furent mis sur ses papiers ; enfin, on le traitait en criminel d'État[1]. C'était beaucoup d'honneur sans doute faire à ce vieil efféminé qui avait été toute sa vie incapable d'un acte sérieux, et avait ses soixante ans passés. On se perdait sur les causes d'une telle sévérité, qui est demeurée un mystère pour nous comme pour les contemporains ; du moins, avons-nous, pour notre part, cherché vainement, dans les écrits et les correspondances du temps, le secret d'une mesure de rigueur qui venait faire un vide inattendu au sein du petit troupeau. Arouet, le pupille et l'élève de ces vétérans d'Épicure, l'ami particulier de Servien et de ses neveux, se chargea d'adresser au prisonnier de Vincennes toutes les consolations de la philosophie. Son épître à l'abbé est un modèle d'élégance, de légèreté, de grâce aisée, et de ce qu'on appelait alors le genre anacréontique. Cela a tout à la fois la fraîcheur et la maturité de ses meilleures épîtres.

> Hélas ! j'ai vu les Grâces éplorées,
> Le sein meurtri, pâles, désespérées ;
> J'ai vu les Ris tristes et consternés
> Jeter les fleurs dont ils étaient ornés ;
> Les yeux en pleurs, et soupirant leurs peines,
> Ils suivaient tous le chemin de Vincennes,
> Et, regardant ce château malheureux,
> Aux beaux esprits, hélas ! si dangereux,
> Redemandaient au Destin en colère
> Le tendre abbé qui leur servait de père [2].

---

1. Dangeau, *Journal*, t. XV, p. 59, 60. Jeudi, 11 janvier 1714. L'ordre est signé du 9. Archives impériales. *Registre du secrétariat de la maison du roi.*

2. Voltaire, *OEuvres complètes* (Beuchot), t. XIII, p. 7. Épître à M. l'abbé Servien, prisonnier au château de Vincennes, 1714.

Nous ne pourrions préciser la durée de ce premier séjour chez M. de Caumartin. Ce qui est certain, c'est qu'Arouet n'y demeura pas longtemps sans se montrer à Paris et à ses amis. Il avait à s'occuper de son *Œdipe*, dont le sort le sollicitait. Les comédiens, habitués à voir tourner les intrigues les plus sombres sur un pivot galant, ne pouvaient avoir qu'une médiocre idée d'une tragédie sans nœud amoureux, qui leur produisait l'effet d'une tragédie de collége, et ne paraissaient pas disposés à la jouer sans de notables changements. Alors, comme maintenant, il y avait nécessité pour un jeune auteur de fréquenter le théâtre et d'y avoir des patrons. Ce n'était pas un mal sans doute d'avoir fait un chef-d'œuvre, mais encore était-il capital d'être le bien vu de Messieurs et de Mesdames du tripot comique, comme on disait alors. Arouet, qui en avait senti toute l'importance, et que cette nature d'obligation n'effrayait d'aucune sorte, hantait fort les coulisses et courtisait les actrices, à la plus grande gloire de l'art. Comme il avait du babil, on l'écoutait; mais c'était souvent tout ce qu'il retirait de ses frais d'éloquence; et on verra plus d'une fois un moissonneur de la dernière heure récolter ce qu'il avait semé. L'aveu lui en échappe assez ingénument.

> D'un inutile Dieu malheureux nourrissons,
> Nous semons pour autrui. J'ose bien vous le dire,
> Mon cœur de la Duclos fut quelque temps charmé;
> L'amour en sa faveur avait monté ma lyre :
> Je chantais la Duclos; d'Uzès en fut aimé :
> C'était bien la peine d'écrire [1].

---

1. Voltaire, *Œuvres complètes* (Beuchot), t. XIII, p. 12. Épître à madame de Montbrun-Villefranche, 1714. Il existe de la même

La confession de cette défaite se retrouve ailleurs :
« La Duclos, mande-t-il à madame de Mimeure, prend
tous les matins quelques prises de séné et de casse,
et le soir plusieurs prises du comte d'Uzès[1]. » Il
n'était point alors en passe d'arriver : il échouait en
même temps auprès de mademoiselle Duclos, auprès
de l'Académie et auprès de la Comédie. Cette dernière
n'ouvrira ses portes qu'après avoir fait faire anti-
chambre quatre ans encore à l'auteur et à la tragédie.
Mais c'est là le sort inexorable de tout débutant. Trop
heureux ceux que l'avenir indemnise de ces premières
et rudes épreuves!

Après un des plus longs règnes de la monarchie,
Louis XIV s'éteignait à Versailles le 1$^{er}$ septembre 1715,
au grand allégement d'une cour qui, sauf quelques
rares contemporains du roi, ne supportait que malai-
sément la contrainte qu'elle était obligée de s'imposer.
Tout ce vieux monde ne devait pas survivre à celui
qui lui avait imposé si despotiquement son empreinte.
Cette discipline, d'ailleurs, était plus fictive que réelle,
et, si la Régence est le point de départ apparent d'une
ère nouvelle, au fond, depuis longtemps, une révolution s'était faite dans les mœurs et les idées; c'était
un fleuve qui, après avoir roulé souterrainement ses
flots, révélait tout à coup son existence et coulait
désormais au grand jour, mais séparé déjà par d'é-

époque, une épigramme de Voltaire contre cette actrice, qui prouve
qu'il n'avait pas été évincé sans en ressentir quelque dépit. Voir
aussi les OEuvres de Villette (Édimbourg, 1788), p. 120. Lettre du
marquis de Villette, Ferney, 1777.

1. Voltaire, OEuvres complètes (Beuchot), t. LI, p. 32. Lettre de
Voltaire à la marquise de Mimeure, 1715.

normes distances de son berceau. La Régence eut ses précurseurs, elle procède du Temple, dont elle va prendre le ton. On sait l'estime que le duc d'Orléans professait pour le chevalier de Vendôme et sa robuste nature de voluptueux et de débauché. « Je l'ai vu sans cesse ; nous dit Saint-Simon, dans l'admiration pour le grand prieur, parce qu'il y avoit quarante ans qu'il ne s'étoit couché qu'ivre, et qu'il n'avoit cessé d'entretenir publiquement des maîtresses et de tenir des propos continuels d'impiété et d'irréligion[1]. » La mort de Louis XIV ne fit que rompre les digues et déchaîner le torrent comprimé. A peine eut-il les yeux fermés, que les disgraciés de la veille devinrent les favoris du nouveau régime. Dès le lendemain, le Régent disait à M. de Sulli, lorsque celui-ci vint lui faire son compliment : « Je n'ai pas oublié l'abbé. » Et, en effet, l'abbé Servien sortait le soir même du château de Vincennes, après une captivité de vingt mois[2]. Madame de Vendôme était allée, de son côté, pressentir le duc d'Orléans sur ses intentions à l'égard du grand prieur ; il lui fut répondu que son beau-frère n'avait pas besoin de permission pour revenir, et qu'on serait très-aise de le voir[3]. Mais l'exilé, qui n'avait pas posé le pied dans Paris depuis neuf ans, n'avait point attendu l'autorisation pour partir de Lyon où il était comme interné, et regagner à tire-d'ailes son grand prieuré.

1. Saint-Simon, *Mémoires* (Chéruel), t. XII, p. 17.
2. Marais, *Journal et Mémoires*, t. I, p. 184, 2 septembre 1715. — Buvat, *Journal de la Régence* (Paris, 1865), t. I, p. 94.
3. Dangeau, *Journal*, t. XVI, p. 190. Vendredi, 27 septembre 1715.

Ce fut une fête, une résurrection pour le palais du Temple et les habitants de sa populeuse enceinte. On se retrouvait, après une séparation qui n'avait que trop duré, aussi jeunes, aussi intrépides pour le plaisir et l'orgie qu'au moment où l'on s'était quittés. Si les soupers n'avaient jamais été interrompus, au moins la table du festin laissait-elle des places vides; le retour de M. de Vendôme et de l'abbé Servien bouchait les trous, et désormais on allait se retrouver au complet. La mort en avait bien emporté quelques-uns, l'abbé de Châteauneuf entre autres[1]; mais de nouveaux convives étaient venus se grouper autour de l'Anacréon du Temple, qui faisait dignement les honneurs de son maître dans cet hôtel de Boisboudrand, dont les marronniers ont été chantés par Rousseau. C'étaient Caumartin, l'abbé de Bussi, le chevalier d'Aydie, le bailli de Froullay, le chevalier de Caux, M. d'Aremberg et le président Hénault[2]. Les premiers temps, le grand prieur envoyait son souper chez l'abbé de Chaulieu, et c'était chez ce dernier que continuaient à avoir lieu ces séances bachiques qui se prolongeaient fort avant dans la nuit et souvent jusqu'au jour. Mais il se ravisa et ouvrit sa table au palais du grand prieuré[3]. Arouet était de ces soupers. Le prince, qui n'avait fait que l'entrevoir, car l'époque où l'abbé de Châteauneuf l'introduisait au Temple était celle même où M. de

1. Mort le 16 décembre 1708. Dangeau, *Journal*, t. XII, p. 289. Lundi, 17 décembre 1708.
2. Président Hénault, *Mémoires* (Dentu, 1855), p. 98, 99, 417, 418.
3. Chaulieu, *Œuvres* (la Haye, 1777); t. II, p. 185.

Vendôme en sortait, l'accueillit avec sa facilité et sa grâce ordinaires.

> Je sais que vous avez l'honneur,
> Me dit-il, d'être des orgies
> De certain aimable prieur
> Dont les chansons sont si jolies [1]...

On le voit, il n'y avait rien à dire à la qualité des patrons, il avait su bien choisir. Ce n'étaient pas, il est vrai, des exemples d'édification ni par les mœurs, ni par les principes. Au sein d'une telle société, quand on a été nourri, dès l'enfance, des maximes peu orthodoxes d'un abbé de Châteauneuf, le moyen de ne pas céder à sa propre nature, le moyen de ne pas céder à l'influence du milieu dans lequel on grandit? L'on a vingt ans, et l'on ne parle pas autrement que le vieux Chaulieu ; mêmes pensées, mêmes aphorismes de philosophie païenne : le plaisir envisagé comme le seul but sérieux, et, dans les plus rudes traverses, un stoïcisme qui annule la tristesse substitué à une sensibilité stérile devant des pertes irréparables. Chaulieu écrivait jadis à la duchesse de Bouillon, au sujet de la mort de sa sœur, madame de Mazarin : « Faisons des hymnes en l'honneur de sa beauté, des vers à la louange de son esprit et de son courage. Voilà les leçons de la philosophie, qui, sans rien dérober à la tendresse du cœur, ne permet pas de pleurer trop longtemps des maux sans remèdes [2]... » L'élève ne

---

1. Voltaire, *OEuvres complètes* (Beuchot), t. XIII, p. 15.
2. Chaulieu, *OEuvres* (la Haye, 1777), t. II, p. 61.

s'exprime pas différemment. Dans une épître charmante d'idées et de tour à l'abbé de ***[1], pleurant la mort d'une personne adorée, il donne les mêmes conseils et soutient la même thèse : fuir la tristesse et en chercher l'oubli dans les bras de la volupté. L'on sait où cela mène. Sans doute, il y a du vrai et du bon à se roidir contre la douleur, dans la seule vue de sa propre conservation. Mais il est quelque intervalle entre le stoïcisme et un épicurisme à outrance. Ici, ce n'est plus une recherche bien entendue et mesurée du bonheur, l'emploi même excessif des jouissances que comporte la vie; le repas est fade, s'il ne se convertit pas en orgie; il faut rouler sous la table à la fin du festin. Voltaire, qui n'avait pas la constitution robuste de ces athlètes de la débauche, eût souhaité moins de zèle dans les libations; il se hasarde parfois à conseiller plus de modération et engagera doucement, le cas échéant, l'un de ses amphitryons à boire « un peu plus d'hypocras, et un peu moins d'eau-de-vie[2]. » Les propos sont obscènes, comme si l'on n'eût pas eu assez d'esprit pour se renfermer dans une plaisanterie plus attique. Elle commençait bien ainsi, mais les fumées du vin en changeaient vite la nature. Ce n'était pas assez, il fallait tomber dans tous les excès. Les propos impies et sacrilèges se mêlaient aux propos

---

1. Voltaire, *OEuvres complètes* (Beuchot), t. XIII, p. 17, 18. Épître à l'abbé de ***, 1715. « On croit, disent les dernières éditions de Voltaire, que cette épître fut adressée à l'abbé Servien. » Nous en doutons fort pour plus d'une raison ; et, s'il nous fallait nous déterminer, nous la destinerions de préférence à l'abbé de Bussi.

2. *Ibid.*, t. XIII, p. 22. Épître à M. le duc d'Aremberg, 1715.

licencieux, l'on ne respectait pas plus la religion que la morale : la vertu était un préjugé comme la croyance. Au moins, comprend-on le genre d'intérêt qu'y trouve un débauché. On veut les femmes galantes, elles sont dévotes ; elles ont un directeur, quand c'est un amant qu'on leur souhaiterait. Aussi, de poursuivre sans relâche ces directeurs importuns, qui ferment la porte à la séduction : tantôt c'est le père Quinquet, le confesseur de la duchesse de Béthune, qu'on prend à partie [1], tantôt c'est le pauvre abbé Couette, dont la fin devait être si lamentable [2]. Arouet fait tout cela avec une aisance qui promet, plutôt encore pour faire oublier qu'il est un enfant et faire croire qu'il est un sage, que par une grande ferveur de secte. Tout ce noyau d'incrédules de bonne maison ne pense guère à lever des recrues ; ce ne sont pas des missionnaires d'impiété, comme sera Voltaire, comme seront Diderot, d'Alembert, toute l'*Encyclopédie*. L'on est sceptique par dévergondage d'esprit, sans songer aucunement à « écraser l'*infâme*. » Écraser l'infâme, ce serait travailler à sa propre ruine, et, à l'instant où l'on nie le plus nettement la Divinité, on trouve fort commode de vivre de l'autel.

Soyons juste. Le temps ne se passait pas tellement à s'enivrer et à blasphémer, qu'il n'y eût une large place pour l'examen et la discussion des choses de l'esprit. Tous ces vauriens étaient fort lettrés, poëtes pour la plupart, et gens d'un goût sain, éclairé, déli-

1. Voltaire, *OEuvres complètes* (Beuchot), t. XIII, p. 20. A une dame un peu mondaine et trop dévote, 1715.
2. *Ibid.*, t. XIII, p. 32. A madame de G\*\*\*, 1716.

cat, et dont la critique était autant à redouter que les avis étaient à suivre. Voltaire le reconnaîtra tout le premier, avec une modestie qu'il ne faut pas pourtant prendre trop à la lettre. Il travaillait depuis près de deux ans à son *Œdipe*, que le peu d'empressement de la Comédie lui donnait le loisir de modifier et de corriger. Il ne demandait pas mieux que de faire confidence de son œuvre à ses amis et à ses patrons, et écoutait docilement les objections et les conseils. « Je me souviens bien, écrit-il à l'abbé de Chaulieu, des critiques que M. le grand prieur et vous me fîtes dans un certain souper chez M. l'abbé de Bussi. Ce souper-là fit beaucoup de bien à ma tragédie; et je crois qu'il me suffirait, pour faire un bon ouvrage, de boire quatre ou cinq fois avec vous. Socrate donnait ses leçons au lit, et vous les donnez à table; cela fait que vos leçons sont sans doute plus gaies que les siennes [1]. » Cette soumission, qui tenait fort de la rouerie, lui conciliait autant de partisans intéressés au succès d'une œuvre, à la perfection de laquelle ils avaient plus ou moins contribué. Sa réputation naissante lui avait ouvert les portes du château de Sceaux et il y avait réussi par les mêmes moyens. Sceaux avait une autorité en matière de goût, devant laquelle il n'y avait qu'à s'incliner; le jeune Arouet se montra ce qu'il était, un charmant enfant, plein d'espièglerie et d'esprit, et dont le génie précoce était à encourager. On voulut entendre *Œdipe*, et il ne se fit pas prier. Après la lecture vinrent les éloges et aussi les restrictions :

---

1. Voltaire, *Œuvres complètes* (Beuchot), t. LI, p. 34. Lettre de Voltaire à l'abbé de Chaulieu; de Sulli, 20 juin 1716.

« Votre Altesse Sérénissime, dit-il dans son épître dédicatoire d'*Oreste* à madame du Maine, se souvient que j'eus l'honneur de lire *OEdipe* devant elle. La scène de Sophocle ne fut assurément pas condamnée à ce tribunal, mais vous, et M. le cardinal de Polignac, et M. de Malezieu, et tout ce qui composait votre cour, vous blâmâtes universellement et avec très-grande raison, d'avoir prononcé le mot d'amour dans un ouvrage où Sophocle avait si bien réussi sans ce malheureux ornement étranger, et ce qui seul avait fait recevoir ma pièce fut précisément le seul défaut que vous condamnâtes[1]. » Même condescendance pour l'opinion du jeune prince de Conti : « Il faut que j'avoue que Mgr le prince de Conti est celui qui m'a fait les critiques les plus judicieuses et les plus fines[2]... » C'était placer sa modestie à gros intérêts, et grâce, en effet, à ces complaisances, il conquérait une familiarité, même un droit de tout dire, qu'il poussa aussi loin que possible, racheté toujours, il est vrai, par l'excellence du ton et une habileté, un tact qu'on ne trouva jamais en défaut. Il est question du prince de Conti ; on connaît le mot du petit Arouet, à sa table : « Sommes-nous tous princes ou tous

---

1. Voltaire, *OEuvres complètes* (Beuchot), t. VI, p. 152. Épître à son Altesse Sérénissime madame la duchesse du Maine, 1750. Au moins cet éloge est-il confirmé par une correspondance du temps. « On ne parle que de la belle tragédie d'*OEdipe*, par M. Arouet : le prince de Conti a fait remarquer à l'auteur quelques défauts qui avoient échappé aux plus fins connaisseurs... » Bibliothèque Mazarine. Manuscrits. *Correspondance inédite de la marquise de Lacour*, t. III, lettre 167 ; à Paris, le 3 décembre 1718.

2. *Ibid.*, t. II, p. 44, 45. Lettre V sur *OEdipe*.

poëtes[1] ? » En effet, le prince, comme le grand prieur, tournait fort joliment des vers, et nous en verrons plus tard de sa façon, adressés à l'auteur d'*OEdipe*. Mais on a dès lors la mesure de son parfait sans-gêne en tout temps et en toute rencontre. Nous avons dit plus haut que la société du Temple faisait loi en matière de goût, et que ses membres étaient des juges excellents, sinon impeccables ; car, là, comme ailleurs et plus qu'ailleurs, l'on était passionné et très-prêt à ne rien accorder à ceux qu'on n'aimait point. En voici un exemple assez piquant :

> Comme les vieillards aiment à conter, et même à répéter, je vous raconterai qu'un jour les beaux esprits du royaume, et c'était le prince de Vendôme, le chevalier de Bouillon, l'abbé de Chaulieu, l'abbé de Bussi, qui avait plus d'esprit que son père, et plusieurs élèves de Bachaumont, de Chapelle et de la célèbre Ninon, disaient à souper tout le mal possible de Lamotte-Houdard. Les fables de Lamotte venaient de paraître ; on les traitait avec le plus grand mépris ; on assurait qu'il lui était impossible d'approcher des plus médiocres fables de La Fontaine. Je leur parlai d'une nouvelle édition de ce même La Fontaine, et de plusieurs fables de cet auteur qu'on avait retrouvées. Je leur en récitai une ; ils furent en extase ; ils se récrièrent. Jamais Lamotte n'aura ce style, disaient-ils : quelle finesse et quelle grâce! on reconnaît La Fontaine à chaque mot. La fable était de Lamotte [2].

« Voltaire oublie de conter que les convives du prince de Vendôme, s'étant fait répéter la fable, la

---

1. Voltaire, *OEuvres complètes* (Beuchot), t. XLVIII, p. 320. *Commentaire historique.*
2. *Ibid*, t. LXVII, p. 474. Lettre de Voltaire à M. de La Harpe ; juillet 1772. — *Dictionnaire des gens du monde* (Paris, 1770), t. IV, p. 333, 334. Au mot *Prévention*.

trouvèrent détestable, » ajoute M. Clojenson, dans une note où il rappelle, avec un plaisant à-propos, pareille méprise et pareille injustice de Voltaire, à l'égard de l'ode fameuse de Pompignan, sur la mort de Jean-Baptiste. La première édition des fables de Lamotte est de 1719, de la même époque que l'impression d'*OEdipe*, pour lequel le censeur miséricordieux, malgré les outrages du *Bourbier*, donnera une approbation qui dut inspirer quelques remords au coupable. Cela, au moins, était plus que suffisant pour faire oublier au rival de l'abbé Dujarry des griefs déjà anciens; et, désormais, ce dernier ne parlera plus du champion des Modernes que dans les termes les meilleurs. Le petit triomphe qu'il lui attira chez le grand prieur, était une réparation à laquelle le fabuliste ne put être insensible, s'il en fut instruit; c'était encore plus une leçon d'impartialité assez osée, venant d'un garçon de vingt-cinq ans et s'adressant à des vieillards, princes ou grands seigneurs pour la plupart. Mais ces licences étaient de tradition chez les Vendôme. L'on sait quelle liberté Palaprat prenait avec son maître, et sa réponse plaisante au maréchal de Catinat, étonné et effrayé de tant d'audace[1]. La Fontaine, qui fut des tenants de la première heure, dans une curieuse épître à l'aîné des deux princes, vante la facilité de leur commerce, sans laquelle, il est vrai, on ne l'eût pu retenir, pas plus que Chapelle.

> Je dois tout respect aux Vendômes;
> Mais j'irois dans d'autres royaumes,

---

1. Titon du Tillet, *le Parnasse françois* (Paris, 1732), p. 581.

S'il leur falloit en ce moment,
Céder un ciron seulement[1]...

Le jeune Arouet, qui n'était ni un distrait, ni un cynique, par d'autres procédés s'était conquis des franchises analogues; les années ne le rendirent pas plus timide, et on le verra traiter de puissance à puissance avec les têtes couronnées[2]. Ce sera, du reste, un des signes du temps, un de ces symptômes caractéristiques de transformation et de dissolution pour une société si chatouilleuse jusque-là sur l'observance des démarcations et des priviléges de caste et de rang.

La Régence, on l'a dit plus haut, était une réaction contre le règne du grand roi et la rigidité chagrine des dernières années. Le duc d'Orléans, le premier, donna l'exemple de tous les excès. Son existence désordonnée fut telle, que les pires accusations purent être accueillies comme des faits avérés : les gens charitables se contentaient de douter, sans se récrier sur l'invraisemblance de pareilles énormités. La réputation de ses filles ne valait guère plus; et, par malheur, elle n'était pas plus mauvaise que leur conduite. La duchesse de Berry, surtout, était devenue un personnage légendaire. Jamais, depuis Messaline, l'on n'avait poussé aussi loin l'impudeur : on alla jusqu'à soupçonner l'innocence des rapports entre le père et la fille et à proférer le mot d'inceste. Ces accusations, dictées par

---

1. La Fontaine, OEuvres complètes (Walkenaër), t. VI, p. 577. Lettre au duc de Vendôme; septembre 1689.
2. Voltaire, OEuvres complètes (Beuchot), t. LV, p. 46. Lettre de Voltaire au marquis d'Argenson; à Champs, le 25 juin 1745.

la haine la plus envenimée, le plus souvent la postérité n'en tient compte ; il faut bien convenir ici que, sans ratifier complétement le jugement des contemporains, l'histoire, favorable à certains égards au duc d'Orléans, n'a pu montrer la même indulgence pour les taches de sa vie privée. Quel que soit le plus ou moins de gravité de cette inculpation d'inceste, ses ennemis n'avaient pas manqué de la propager et de l'entourer des circonstances les plus abominables. Il n'est besoin que de lire les *Philippiques* de Lagrange-Chancel pour apprécier jusqu'à quel degré d'audace la médisance et la calomnie pouvaient se porter. Mais c'est là une goutte d'eau dans l'Océan ; tous les sottisiers du temps sont pleins de couplets satiriques qu'on ne saurait reproduire dans leur épouvantable teneur. Ces compositions, sans autre mérite que leur venin, étaient à la mode, et c'était à qui rimerait la plus atroce. Il eût été bien étonnant que le jeune Arouet eût résisté à une pareille tentation et n'eût pas hasardé son couplet tout comme un autre. Deux petites pièces coururent sous son nom : l'une sur le duc d'Orléans, l'autre sur madame de Berry. Voltaire les a toujours répudiées. Son ami Cideville ne les lui attribue pas moins, et elles ont été finalement réunies à ses poésies mêlées[1]. De pareilles satires méritaient un châtiment, et, à une autre époque, la cage de fer du Mont-Saint-Michel eût recélé le coupable[2]. Heureusement pour Voltaire, le

---

1. Voltaire, *Œuvres complètes* (Beuchot), t. XIV, p. 317, 318.
2. En 1749, on enfermait dans une cage de fer, au Mont-Saint-Michel, pour des vers injurieux au roi, Desforges, l'auteur d'une critique de *Sémiramis* et de *Natilica*, critique de *Catilina*,

Régent, indifférent à tout, même au mal qu'on débitait sur lui et les siens, eût laissé volontiers la bride sur le cou aux faiseurs de libelles, si on ne lui eût pas fait comprendre la nécessité de sévir. Pour cette fois, la répression fut des plus bénignes, et le prince outragé se borna à éloigner le poëte de Paris (5 mai 1716). Tulles avait été désigné[1]. Une simple démarche de M. Arouet obtint que son fils fût envoyé à Sulli-sur-Loire[2], où il avait quelques parents sur lesquels il comptait pour surveiller et réprimer au besoin la conduite de ce Juvénal en herbe[3].

Exil pour exil, Voltaire n'a pas perdu au change ; à coup sûr, il n'eût pu rencontrer à Tulles les mêmes ressources contre l'ennui, les mêmes enchantements. Sa correspondance n'est pas celle d'un homme qui se désespère ; tout lui sourit, tout lui fait fête. On a dit ce qui avait décidé son père à demander qu'il fût envoyé à Sulli ; il ne paraît pas, toutefois, que le séjour d'Arouet ait été long auprès de cette parenté, la cause déterminante de son changement d'exil. Nous le

1. « L'intention de S. A. R. est que le sieur Arouet fils soit relégué à Tulles. » *Revue rétrospective* (1834), t. II, p. 123.
2. C'était bien le motif qu'on avait fait valoir pour obtenir ce changement. « 4 mai 1716. — S. A. R. a bien voulu accorder au père, qu'au lieu de la ville de Tulles, son fils soit exilé dans celle de Sulli-sur-Loire, où il a quelques parents, dont les instructions et les exemples pourront corriger son imprudence et tempérer sa vivacité. » *Revue rétrospective* (1834), t. II, p. 123.
3. « O. au S. Arrouet fils, de sortir incessamment de la ville de Paris, et de se rendre en celle de Sulli-sur-Loire, pour y demeurer jusqu'à nouvel ordre à peine de désobéissance, révoquant à cet effet S. M. l'ordre qu'il a cy devant reçu de se retirer à Tulles. » Archives impériales. *Registre du secrétariat de la maison du Roy.* Année 1716, p. 74.

voyons installé dès le 15 juillet, et sans doute y était-il depuis longtemps déjà,

> ... Dans une tour assez sombre
> Du château qu'habita jadis
> Le plus léger des beaux esprits...

Chapelle, s'il faut le nommer, qui y avait demeuré et s'y était enivré deux ans de suite[1]. A aucune phase de sa vie, Voltaire ne fut un esprit chagrin ni mélancolique; c'est assez dire qu'aux beaux jours de sa jeunesse, il ne devait pas s'impressionner outre mesure de rigueurs destinées à n'avoir qu'un temps, et un temps qu'il eût été difficile de mieux passer et plus agréablement. Il convient de bonne grâce des douceurs du gîte, tout en laissant entendre que ce qui gâte un peu ces enchantements, c'est la nécessité qui les impose, car il n'est pas de vraie jouissance, de complet bien-être sans la faculté de s'y soustraire, même pour rencontrer pire.

Il serait délicieux pour moi de rester à Sulli, s'il m'était permis d'en sortir, écrit-il à la marquise de Mimeure. M. le duc de Sulli est le plus aimable des hommes, et celui à qui j'ai le plus d'obligation. Son château est dans la plus belle situation du monde; il y a un bois magnifique, dont tous les arbres sont découpés par des polissons ou des amants qui se sont amusés à écrire leurs noms sur l'écorce...

Il est bien juste qu'on m'ait donné un exil agréable, puisque

---

[1]. Voltaire, *OEuvres complètes* (Beuchot), t. LI, p. 35. Lettre de Voltaire à Chaulieu; de Sulli, 15 juillet 1716. — Si Voltaire avait eu occasion de se lier avec M. de Sulli chez le grand prieur, son père, qui avait été le notaire des Béthune, n'était pas moins bien avec cette maison qu'avec les Caumartin. A son inventaire figure « un tableau peint sur toile, représentant madame la duchesse de Sully, dans sa bordure de bois doré. » L'inventaire ne dit pas de quel maître; il est prisé « cent sous. »

j'étais absolument innocent des indignes chansons qu'on m'imputait; vous seriez peut-être bien étonnée si je vous disais que, dans ce beau bois, dont je viens de vous parler, nous avons des nuits blanches comme à Sceaux. Madame de La Vrillière, qui vint ici pendant la nuit faire tapage avec madame de Listenai, fut bien surprise d'être dans une grande salle d'armes, éclairée d'une infinité de lampions, et d'y voir une magnifique collation, servie au son des instruments, et suivie d'un bal où parurent plus de cent masqués habillés de guenillons superbes. Les deux sœurs trouvèrent des vers sur leur assiette; on assure qu'ils sont de l'abbé Courtin. Je vous les envoie; vous verrez de qui ils sont [1].

Ils étaient de Voltaire, et ont été reproduits dans ses poésies mêlées, sous le titre de : *Nuit blanche à Sulli*. Le poëte fait l'éloge du châtelain, dont, à cette date, il n'avait qu'à se louer. Maximilien-Henri de Béthune était le second fils du duc de Sulli, et, tant que vécut son aîné, il fut connu sous le nom de chevalier de Sulli. Sa jeunesse s'était passée au Temple; introduit dans l'intimité du grand prieur par son oncle maternel, l'abbé Servien, il n'avait pas eu de peine à prendre le ton général. « M. de Sulli, nous dit le président Hénault, était un homme aimable, qui se ressentoit d'avoir vécu avec des gens d'esprit, comme un flacon où il y a eu de l'eau de Luce s'en ressent [2]. » Élève de l'abbé de Chaulieu et du grand prieur, il mit à profit leur exemple et leurs leçons; et, sans doute pour les mieux imiter, devint successivement l'amant de mademoiselle Le Rochois et de Fanchon Moreau, les

---

1. Voltaire, *OEuvres complètes* (Beuchot), t. LI, p. 41, 42. Lettres de Voltaire à madame la marquise de Mimeure; à Sulli, 1716.
2. Président Hénault, *Mémoires* (Dentu, 1855), p. 86.

maîtresses de l'abbé et du chevalier de Vendôme [1].
Mais il savait s'arracher aux frivolités d'une pareille
vie quand il le fallait. Ainsi le voyons-nous figurer
brillamment en Italie, aux combats de Victoria, de
Luzara et de Cassano, à la tête de la cavalerie [2]. Par la
mort de son frère, qui était sans postérité [3], il héritait,
en 1712, du nom et des grands biens de la maison de
Sulli. Il avait quarante-trois ans alors, et n'avait donc
pas dépassé l'âge où il est permis encore de songer à
faire lignée. Mais c'était là la moindre de ses préoccupations, et, malgré les sollicitations de sa mère et des
siens, il s'obstinait à demeurer garçon [4]. Il devait
revenir sur cette détermination, il est vrai, mais plus
tard, en contractant un mariage qui ne fut que médiocrement du goût de sa famille. Pour le présent, il
se divertissait du mieux qu'il pouvait, au sein d'une
société de viveurs et d'épicuriens faits à son image,
qui étaient venus s'abattre à Sulli et avaient transformé cette belle résidence en un palais enchanté, où
les journées empiétaient sur les nuits. C'étaient
Roussy, Lespar, l'aimable duc de la Vallière, le malin
Périgny, tous gens à ne voir des choses que le côté
plaisant, et à tourner en moquerie, le cas échéant, la
petite tempête qui assaillait sur la Loire leur amie
madame de Gondrin [5], la future comtesse de Toulouse.

1. Gustave Desnoiresterres, *les Cours galantes*, t. I, p. 237; t. II,
p. 244; t. III, p. 219.
2. La Chesnaye des Bois, *Dictionnaire de la Noblesse*, t. II, p. 437.
3. Mort le 24 décembre 1712.
4. Dangeau, *Journal*, t. XIV, p. 284, 294.
5. Voltaire, *OEuvres complètes* (Beuchot), t. XIII, p. 25, 26. Épître
à madame de Gondrin, sur le péril qu'elle avait couru en traversant
la Loire, 1716.

Pour le jeune Arouet, il suffisait à tout, était partout
où l'on s'amusait, payait en esprit comptant, en petits
vers, en saillies, en bonne humeur l'hospitalité qu'il
recevait, ce qui ne l'empêchait pas de travailler et de
correspondre avec ses amis. Il écrit à Chaulieu, il
écrit « au très-aimable et très-frivolet prieur de Trigolet, » ce charmant et très-mondain abbé de Bussi,
le fils du fameux Rabutin, qui gagnait, par de jolis
chemins fleuris, son évêché de Luçon, auquel il était
appelé sept ans plus tard, poëte, musicien, connaisseur éclairé, qui n'avait d'autre faiblesse que de ne
pas croire en Dieu[1] ; il écrit encore au grand prieur
de Vendôme, de compte à demi avec un autre original,
l'abbé Courtin : bon vivant, petit poëte de petits vers
troussés avec facilité et enjouement. Cet abbé Courtin,
voluptueux sincère, qui préféra la vie douce aux
glorieux ennuis de la vie publique, était le fils d'Honoré Courtin, conseiller d'État. Né vers 1659, il avait
alors cinquante-sept ans, un âge où les plus fous sont
sages d'ordinaire. Mais, parmi ces débauchés forcenés
dont Chaulieu était le patriarche, les préjugés de l'âge
n'existaient pas plus qu'aucun autre; les vieillards
avaient et la gaieté et la vigueur de l'adolescence; les
années, sans influence sur ces organisations de fer et
de feu, étaient considérées comme non avenues; elles
s'écoulaient comme l'eau de la rivière, sans laisser
plus de traces. Si l'embonpoint les envahissait, ils n'en
ressemblaient que plus à Anacréon et à Silène, les
saints les plus honorés de leur Olympe bachique. Pour

1. Marais, *Journal et Mémoires* (Didot), t. III, p. 37. Octobre
1723.

sa part, Courtin offrait cette rotondité épanouie[1] qui chez quelques-uns était poussée jusqu'à l'obésité, le marquis de La Farc et l'abbé de Châteauneuf[2], entre autres. Arouet, malgré son aplomb, se sentait encore petit garçon, et il cherchait un abri sous les ailes de l'abbé, dont la collaboration lui était moins indispensable que cela lui plaisait à dire.

> Je voulais par quelque huitain
> Sonnet ou lettre familière,
> Réveiller l'enjouement badin
> De votre altesse chansonnière.
> Mais ce n'est pas petite affaire
> A qui n'a plus l'abbé Courtin
> Pour directeur et pour confrère.

Les plaisirs et les fêtes qui se succédaient à Sulli rendaient plus que supportable un exil en plein pays enchanté; mais, comme il le dit bien, c'était un exil, et il était naturel de chercher à apaiser le courroux d'un prince qui, vraisemblablement, serait plus clément que ne le fut Auguste pour l'auteur des *Tristes*. Des vers avaient fait le mal, c'était à des vers à le réparer. Arouet se met à rimer une belle épître au Régent, où il n'épargne ni la louange ni la flatterie; mais il n'a fait que céder à l'autorité de ceux auxquels

---

1. Chaulieu, *Œuvres* (la Haye, 1777), t. I, p. 164 ; t. II, p. 291, 292. — Bibliothèque impériale. Manuscrits. *Recueil de chansons historiques*, t. X, f. 346. — J.-B. Rousseau, *Œuvres complètes* (Lefèvre, 1820), t. II, p. 371, 372. Nous renverrons encore pour plus de détails sur l'abbé Courtin, l'un des coryphées les plus aimables de la société du Temple, à nos *Cours galantes*, t. III, p. 265 à 269.

2. Voltaire, *Œuvres complètes* (Beuchot), t. LX, p. 36. Lettre de Voltaire à M. Hennin; Ferney, 26 octobre 1761.

il s'est confié : Chaulieu, à qui il a communiqué sa pièce, lui a donné le conseil de louer, et il s'est exécuté avec soumission[1].

L'on ne peut pas trop en vouloir au coupable de se défendre d'actes punissables et qu'il était fort heureux de voir châtier d'une façon si bénigne. Il se plaint qu'on lui ait attribué de telles atrocités, écrites dans ce style. Ce sera la tactique de toute sa vie. S'agira-t-il de détourner les poursuites et d'assurer sa tranquillité menacée, on le verra tout aussitôt crier au mensonge, à la calomnie, et rejeter bien loin une paternité compromettante, avec des démonstrations, des clameurs, les bras tendus vers le ciel. « Dès qu'il y aura le moindre danger, écrivait-il à d'Alembert au sujet du *Dictionnaire philosophique*, je vous demande en grâce de m'avertir, afin que je désavoue l'ouvrage dans tous les papiers publics, avec ma candeur et mon innocence ordinaires[2]. » Cette comédie, il la répétera continuellement, dans ses correspondances avec les ministres ou avec ceux qui les approchent, affichant le plus profond mépris pour l'œuvre incriminée, et s'indignant qu'on pût lui donner de pareilles pauvretés. Si cela s'accorde mal avec la dignité et la droiture du caractère, l'urgence peut être, à la rigueur, considérée comme une excuse suffisante, et Voltaire usera et abusera de ce droit des faibles, que ne tente point la perspective du martyre.

1. Voltaire, *OEuvres complètes* (Beuchot), t. LI, p. 34. Lettre de Voltaire à l'abbé de Chaulieu; de Sulli, 20 juin 1716.
2. *Ibid.*, t. LXII, p. 14. Lettre de Voltaire à d'Alembert; 19 septembre 1764.

Son exil durait encore à la fin de 1716. Dans une lettre écrite de Sulli, sans quantième, mais portant l'année 1717, il raconte les délices de cette vie de château avec des gens d'esprit, de belles et charmantes dames, des chasseurs intrépides, dont il grossit le nombre sans charger sa conscience de trop de massacres. Encore une fois, ce qui gâte cette existence joyeuse, c'est la peur qu'elle se prolonge. Après avoir fait le tableau le plus séduisant, il se ravise ; il s'effraye d'en avoir trop dit et craint qu'on ne prenne tout cela trop à la lettre. « N'allez pas, s'il vous plaît, publier ce bonheur dont je vous fais confidence, car on pourrait bien me laisser ici assez de temps pour y pouvoir devenir malheureux ; je connais ma portée, je ne suis pas fait pour habiter longtemps le même lieu [1]. » Au surplus, ce séjour forcé à Sulli ne dut point dépasser de beaucoup les premiers jours de la nouvelle année. Le Régent se laissa présenter le poëte, et pardonna sans paraître fort persuadé de son innocence. Arouet, édifié sur l'humeur du prince, ne trouva rien de mieux pour effacer le fâcheux effet des deux couplets dont ce dernier et sa fille étaient l'objet, que l'envoi d'un couplet non moins licencieux que nous ne nous hasarderons pas à reproduire, et qui démontre bien, sans en dire plus, que le duc d'Orléans était homme à s'amuser de tout, à tout permettre et à tout entendre [2].

---

1. Voltaire, *OEuvres complètes* (Beuchot), t. LI, p. 50. Lettre de Voltaire à M..., 1716.
2. *Ibid.*, t. XIV, p. 318. *Poésies mêlées.* Au Régent. 1716.

## IV

LE *PUERO REGNANTE.* — AROUET A LA BASTILLE. — EXIL
A CHATENAY. — *OEDIPE.*

Arouet n'habitait plus le domicile paternel, il s'était installé dans un appartement garni, rue de la Calandre, *au Panier vert.* Il y menait la même vie dissipée, rêvant, travaillant, soupant en ville, quittant Paris de temps à autre pour aller se recueillir et se retremper à Saint-Ange. Dans l'épître au grand prieur où se trouve un portrait de M. de Caumartin, qu'on a citée plus haut, il parle de la façon dont il a fait son carême « non avec harengs saurets et salsifis. » Les éditeurs de Voltaire ont donné à cette pièce la date de 1715; elle est inadmissible. Le grand prieur, comme on l'a vu, ne reparut à son grand prieuré qu'après la mort de Louis XIV; donc Voltaire, au carême de 1715, ne pouvait être « des orgies de certain aimable prieur, » alors encore à Lyon[1]. La question serait même de savoir si cette épître fut écrite au carême de l'année suivante, ou s'il ne faut pas la reporter au carême de 1717; au

---

1. Le carême de 1715 commença le mercredi des cendres, 6 mars, et finit le 21 avril, jour de Pâques, et Louis XIV mourut le 1er septembre de la même année.

moins, est-il constant qu'Arouet passa ce dernier à Saint-Ange[1]. Il se plaint, d'ailleurs, de n'avoir plus l'abbé Courtin pour collaborateur, et la lettre moitié prose moitié vers des deux amis à M. de Vendôme est de la fin de l'année 1716. Tout jeune qu'il fût, le poëte goûtait la société et le commerce de ce vieillard, si distingué par l'esprit, qui, de son côté, s'accommodait fort des vingt ans pleins de salpêtre du futur auteur de la *Henriade* et du *Siècle de Louis XIV*. M. de Caumartin, dont l'enfance avait fredonné les couplets et les noëls de la Fronde, ne haïssait pas la médisance bien arrangée, les traits malins; il eût plutôt, par le plaisir qu'il semblait y prendre, encouragé chez son protégé un penchant qui n'avait nul besoin d'être stimulé. Aussi ce dernier allait-il chercher à Saint-Ange tout à la fois et des applaudissements et un refuge qui pût donner le change aux gens trop curieux de connaître l'auteur des petites infamies qui couraient la ville. Arouet rencontrait là cet abbé de Caumartin, le persiflage fait abbé, esprit amusant, sarcastique, incapable de retenir une saillie, qui, académicien à vingt-six ans, se moqua si cruellement de M. de Noyon, mais avec des dehors tellement innocents que sa victime y fut prise et ne s'aperçut qu'après coup du rôle qu'elle avait joué. Entre les deux frères, si au fait chacun de la vie publique et privée de leur époque, on comprend quelle

1. Le baron de Breteuil écrivait, le vendredi 2 avril 1717 : « C'est assez que quelque chose ait de la force et de la malignité pour qu'on l'attribue à Rousseau ou à Arouet, que j'ai laissé à Saint-Ange depuis le commencement du carême... » Bibliothèque Mazarine. Manuscrits. *Correspondance de la marquise de La Cour*, t. II, lettre 43, p. 72.

moisson d'anecdotes, de traits de mœurs, de précieuses révélations. Mais tout ne pouvait s'écrire, et Voltaire est loin d'avoir vidé son sac, bien qu'il ait amplement profité dans son *Siècle de Louis XIV* des lumineux entretiens auxquels il lui avait été donné d'assister.

Après l'épître au duc d'Orléans, on eût pu croire Arouet corrigé et désormais le meilleur ami du prince. Il n'en était rien pourtant, et la police n'ignorait pas que, depuis le retour de Sulli, il n'avait cessé de lancer ses petits lardons. On se demande l'origine de cette sourde animosité, car ses protecteurs étaient, en grande partie, les familiers mêmes du Régent. Il se peut, il est vrai, que ses couplets relatifs aux mœurs affreuses du père et de la fille n'eussent été qu'une saillie née au milieu de l'orgie et peut-être des amis du duc d'Orléans, tous gens à s'en faire les propagateurs. Mais Arouet, à ce qu'il semble, ressentit plus vivement qu'il n'eût dû une répression qui n'avait été que clémente, et il était arrivé, du moins s'il faut en croire les rapports de police, à ne pouvoir prononcer le nom du prince de sang-froid et sans emportement.

Peu de temps après la mort de Louis XIV, il circula dans Paris une pièce satirique imitée des *J'ai vu* de l'abbé Regnier qui, sans être un chef-d'œuvre, avait le mérite de l'à-propos, et frappait juste et dru sur les fautes, les scandales, les abus dont on était journellement témoin. Que n'avait-on pas vu? les prisons d'État regorger; le pauvre soldat crever de faim; les impôts écrasant les populations; les financiers, les traitants de tous grades outrager de leur luxe impudent la misère publique; un magistrat implacable répandant la terreur dans Paris; un démon, sous l'aspect d'une femme, commander au roi comme à tous; la prélature devenue le prix de la brigue et de l'imposture; un saint cardinal persécuté, succombant sous les attaques incessantes d'ennemis déchaînés pour lesquels tous les moyens étaient bons. A travers ce voile plus que transparent, il était aisé de reconnaître à qui chaque trait s'adressait. Le Juvénal anonyme, après avoir fait remonter jusqu'au trône la cause de tant d'horreurs, frappait à coups redoublés sur les instigateurs de ces crimes sans nombre, sur une madame de Maintenon, sur le lieutenant de police d'Argenson, sur le père Letellier; exaltant, par contre, les vertus, la piété, la sainteté du cardinal de Noailles, l'adversaire des jésuites et le drapeau du jansénisme [1].

J'ai vu, c'est dire tout, le jésuite adoré...

Évidemment c'était là l'œuvre d'un sectaire. Mais quel était-il? On voulut voir dans cette diatribe la plume, la verve, l'esprit du jeune Arouet. Il appartenait à une famille de jansénites, on lui supposait l'âge que l'auteur se donnait, on n'en demanda pas davantage, et personne ne douta qu'il ne fût le coupable.

Comme je n'avais pas vingt ans alors [2], plusieurs personnes crurent que j'avais mis par là mon cachet à cet indigne ouvrage; on ne me fit pas l'honneur de croire que je pusse avoir assez de prudence pour me déguiser. L'auteur de cette misérable satire

---

1. Maurepas, *Mémoires* (3ᵉ édit., Paris, 1792), t. I, p. 95 à 100.
2. Voltaire se trompe; il devait avoir de vingt et un à vingt-deux ans.

ne contribua pas peu à la faire courir sous mon nom, afin de mieux cacher le sien. Quelques-uns m'imputèrent cette pièce par malignité, pour me décrier et pour me perdre ; quelques autres, qui l'admiraient bonnement, me l'attribuèrent pour m'en faire honneur : ainsi un ouvrage que je n'avais point fait, et même que je n'avais point encore vu alors, m'attira de tous côtés des malédictions et des louanges.

Je me souviens que, passant alors dans une petite ville de province, les beaux esprits du lieu me prièrent de leur réciter cette pièce, qu'ils disaient être un chef-d'œuvre ; j'eus beau leur répondre que je n'en étais pas l'auteur et que la pièce était misérable, ils ne m'en crurent point sur ma parole ; ils admirèrent ma retenue, et j'acquis ainsi auprès d'eux, sans y penser, la réputation d'un grand poëte et d'un homme fort modeste...

Heureusement ma justification est venue, quoique un peu tard ; celui qui m'avait calomnié et qui avait causé ma disgrâce m'a signé lui-même, les larmes aux yeux, le désaveu de sa calomnie, en présence de deux personnes de considération qui ont signé après lui. M. le marquis de la Vrillière a eu la bonté de faire voir ce certificat à monseigneur le Régent[1].

Les *J'ai vu* n'étaient pas, en effet, d'Arouet : ils étaient d'un poëte du Marais appelé Le Brun, auteur d'un opéra d'*Hippocrate amoureux*, ce qui ne fut su, il est vrai, que bien après et par la confession du coupable[2]. Ce petit poëme, a-t-on prétendu, déplut fort au Régent ; ce dut être par une cause autre que la sollicitude qu'il se sentait, au fond, pour la mémoire et la réputation de ceux à qui s'adressaient ces attaques. Il se promenait un jour dans le jardin du Palais-Royal,

---

1. Voltaire, *Œuvres complètes* (Beuchot), t. II, p. 15. Lettre écrite au sujet des calomnies dont on avait chargé l'auteur, telle qu'elle parut dans l'édit. de 1719 (lettres sur *Œdipe*). Additions à ce passage apportées dans l'édit. de 1775.

2. *Voltaire à Ferney* (Didier, 2ᵉ édit.), p. 520. *Appendice.* Lettre de Voltaire à Gabriel Cramer ; à Ferney, 31 mars 1770.

Arouet le traversait; il le fait approcher : « Monsieur Arouet, lui dit-il, je gage vous faire voir une chose que vous n'avez jamais vue. — Quoi? demanda le jeune homme. — La Bastille. — Ah ! monseigneur, je la tiens pour vue. » Le lendemain, le duc d'Orléans écrivait à M. de la Vrillière :

L'intention de S. A. R. est que le sieur Arouet fils soit arrêté et conduit à la Bastille.

Philippe d'Orléans.

Ce 16 mai 1717 [1].

Ce fut par un beau matin de printemps, le jour de la Pentecôte (16 mai), que sa chambre fut envahie par les sbires chargés de l'arrêter, « vingt corbeaux de rapine affamés, monstres crochus que l'enfer a formés. » Il y a là, on s'en doute, un peu d'exagération dans le chiffre; et l'on avait pensé qu'il était besoin d'une troupe moins compacte pour appréhender, au saut du lit, un criminel dont il n'y avait à redouter ni résistance ni violence. Deux exempts de robe courte furent chargés de l'expédition, qui s'accomplit sans effusion de sang. « M. de Basin, lieutenant de robe courte, m'est venu arrêter ce matin, écrivait Voltaire au duc de Sulli. Je ne puis vous en dire davantage. Je ne sais de quoi il est question. Mon innocence m'assure de votre protection. Je serai trop heureux si vous me faites l'honneur de me l'accorder [2]. » Il a fait un récit

---

1. Delort, *Histoire de la détention des philosophes et des gens de lettres à la Bastille et à Vincennes* (Paris, 1829), t. II, p. 21. — *Revue rétrospective* (1834), t. II, p. 124.

2. Voltaire, *OEuvres complètes* (Beuchot), t. LI, p. 55. Lettre de Voltaire au duc de Sulli.

fort piquant de son arrestation et de son introduction dans son nouveau logis.

> Fallut partir. Je fus bientôt conduit
> En coche clos vers le royal réduit
> Que près Saint-Paul ont vu bâtir nos pères
> Par Charles Cinq. O gens de bien, mes frères,
> Que Dieu vous gard' d'un pareil logement!
> J'arrive enfin dans mon appartement.
> Certain croquant avec douce manière,
> Du nouveau gîte exaltait les beautés,
> Perfections, aises, commodités.
> « Jamais Phébus, dit-il, dans sa carrière,
> De ses rayons n'y porta la lumière :
> Voici ces murs de dix pieds d'épaisseur,
> Vous y serez avec plus de fraîcheur. »
> Puis me faisant admirer la clôture,
> Triple la porte et triple la serrure,
> Grilles, verrous, barreaux de tout côté,
> « C'est, me dit-il, pour votre sureté. »
> Midi sonnant, un chaudeau l'on m'apporte;
> La chère n'est délicate ni forte.
> De ce beau mets je n'étais point tenté;
> Mais on me dit : « C'est pour votre santé,
> Mangez en paix, ici rien ne vous presse. »
> Me voici donc en ce lieu de détresse,
> Embastillé, logé fort à l'étroit,
> Ne dormant point, buvant chaud, mangeant froid.
> Trahi de tous, même de ma maîtresse.
> O Marc-René, que Caton le censeur
> Jadis dans Rome eût pris pour successeur [1],
> O Marc-René, de qui la faveur grande
> Fait ici-bas tant de gens murmurer,

---

1. Fontenelle a dit aussi de lui : « Il eût été digne de naître Romain, et de passer du sénat à la tête d'une armée. » Il est vrai que ce fut à d'Argenson que l'auteur de l'*Histoire des Oracles* dut de n'être pas inquiété à l'apparition de son livre.

> Vos beaux avis m'ont fait claquemurer :
> Que quelque jour le bon Dieu vous le rende[1] !

Arouet s'en prend aux avis de d'Argenson, qui n'avait fait que son devoir et auquel il ne garda pas rancune. Marc-René était le père de deux camarades de collége qu'on n'avait pas tout à fait perdus de vue; il était le beau-frère de MM. de Caumartin, ayant épousé mademoiselle de Caumartin, en 1693. C'étaient de grandes raisons de l'épargner, et le poëte chantera ses louanges dans la *Police sous Louis XIV* qui est de cette époque et peut-être même composée sous les verrous, bien que d'autres lui aient donné la date de 1714[2].

Il y a un vers de ce petit poëme de *la Bastille* qui a dû frapper :

> Trahi de tous, même de ma maîtresse...

Évidemment ce n'est pas le besoin de la rime qui amène cela. On ne se vante pas davantage d'être trahi; quand on en fait l'aveu, en vers comme en prose, l'on est en droit d'être cru sur parole. Mais encore, cette maîtresse anonyme, quelle était-elle? Il nous semble qu'elle ne peut être autre que mademoiselle de Livry. Suzanne-Catherine Gravet de Corsembleu de Livry était fille d'un conseiller du roi au bureau des finances. Elle habitait Paris avec son père; mais elle allait passer une partie de la belle saison chez

---

1. Voltaire, *OEuvres complètes* (Beuchot), t. XII, p. 4, 5. *La Bastille* (1717).
2. Paillet de Warcy, *Histoire de la vie et des ouvrages de Voltaire* (Paris, 1824), t. I, p. 18.

son oncle, M. Joseph de Corsembleu, président de la
chambre souveraine de la principauté d'Henrichemont,
avocat et procureur fiscal du duché et maire héréditaire
de la ville de Sulli[1]. Ce dernier, par ses charges, avait
des rapports fréquents avec le château où il était fort
bien accueilli. Sa nièce devenait une recrue trop importante pour n'être pas choyée tout d'abord par cette
société perpétuellement en fête. Sulli avait son théâtre
situé au premier étage du donjon, défrayé par des
acteurs de qualité qui, au besoin, jouaient comme
des ducs et pairs. Suzanne, avec ses vingt ans, son
front d'albâtre, un teint de rose, des dents d'ivoire,
nous allions oublier un cou de cygne[2], était une
Lisette précieuse, à laquelle sans doute manquait l'expérience des planches. Mais elle avait ou croyait avoir
le feu sacré, et nous la verrons s'obstiner à courir cette
carrière du théâtre qui ne devait avoir pour elle que
des dégoûts et de cruels mécomptes. Pour ce qui était
de l'initiation, le professeur était tout disposé à pousser son élève aussi loin que possible. Arouet se laissa
prendre aux beaux yeux de la demoiselle, dont les
oreilles n'étaient pas moins ouvertes aux doux propos
qu'aux leçons de déclamation. L'entraînement fut ré-

---

1. Archives de la ville. *Registre des mariages de la paroisse Saint-Sulpice*, de l'année 1727, p. 11. — *Revue contemporaine* (1866), t. LIV, p. 391. *Voltaire au château de Sulli*, par M. Jules Loiseleur. Le poète Desmahis, qui devait naître deux ou trois ans plus tard, s'appelait aussi Corsembleu, et était un cousin de Suzanne. Voltaire connaissait son père, et ce fut même, a-t-on dit, une visite de Voltaire qui fut la cause déterminante de la vocation du jeune Desmahis.
2. Voltaire, *OEuvres complètes* (Beuchot), t. XIII, p. 79. Les *Vous* et les *Tu*.

ciproque. On s'aima et l'on jura de s'aimer toujours. Il existait pourtant une famille, et l'on s'étonne de ne pas la voir intervenir dans une liaison qui ne fut rien moins que cachée. Suzanne, en effet, se gouverne comme si elle ne dépendait que d'elle et de sa passion : ou on l'a abandonnée à elle-même, ou elle a ecoué le joug de la famille. De retour à Paris, elle passe sa vie avec le poëte, ils promènent leurs amours dans un mauvais fiacre, et le plus méchant souper se transforme en ambroisie. C'est pour Suzanne que celui-ci se fit peindre par Largillière, en habit bleu, le chapeau sous le bras, la main gauche passée dans le gilet avec la mine satisfaite d'un amant fortuné et d'un poëte qu'on adulait déjà [1].

Par malheur, si ce fut un malheur pour l'un et pour l'autre, Arouet avait des amis. Il en avait un, jeune, aimable, ardent, ne demandant qu'à se jeter, tête baissée, dans les dissipations et les folies de son âge, malgré la toge qu'il se disposait à endosser. C'était Lefèvre de la Faluère, le fils d'un ancien président à mortier du parlement de Bretagne, plus connu sous le nom de Génonville, qui était le nom de sa mère. Par une confiance que l'on n'a point plus tard, le poëte l'admettait en tiers dans des tête-à-tête dangereux pour tout le monde. Son imprudence eut le résultat qu'on devait en attendre. Génonville devint amoureux de Suzanne qui ne sut pas résister aux persécutions de l'aimable étourdi. Arouet, trahi par sa maîtresse, trahi par son

---

[1]. Ce portrait de Voltaire faisait partie de la vente, après décès, du mobilier du dernier marquis de Villette, en novembre 1865. Il a été acquis au prix de 6,200 fr.

ami, avait beau jeu de se désespérer, de crier à l'ingratitude, à la perfidie. Au lieu de se fâcher, il prit son malheur en gaieté. Il perdait sa maîtresse, c'était une raison de plus pour ne pas perdre du même coup un ami qu'on aimait d'une sincère amitié. Ce lien, qui se rompait si vite, était-il bien solide; et lui, tout le premier, était-il bien sûr d'éprouver autre chose que cet attrait naturel de la jeunesse vers la jeunesse? Il pardonna sans beaucoup de peine, et, il faut bien le dire, sans beaucoup de mérite; s'il n'y a pas quelque mérite pourtant à imposer silence aux aigres conseils de la vanité froissée.

> Je sais que par déloyauté
> Le fripon naguère a tâté
> De la maîtresse tant jolie
> Dont j'étais si fort entêté.
> Il rit de cette perfidie,
> Et j'aurais pu m'en courroucer ;
> Mais je sais qu'il faut se passer
> Des bagatelles dans la vie[1].

La pièce d'où ces vers sont extraits est de 1720, et il y a là « un naguère » qui donnerait à penser que cette amourette ne dut avoir lieu qu'après la sortie de la Bastille. Disons que, dès 1719, dans une épître à Génonville, il est question de cette petite trahison si stoïquement subie[2]. De 1717 à 1719, il y a deux ans, et la marge est bien ample pour un « naguère. » Mais faut-il prendre un poëte bien à la lettre, et surtout

---

1. Voltaire, *OEuvres complètes* (Beuchot), t. XIII, p. 53. Épître à M. le duc de Sulli, 1720.
2. *Ibid.*, t. XIII, p. 47. Épître à M. de la Faluère de Génonville, 1719.

Voltaire? Ce qui nous fait croire que ses amours avec mademoiselle de Livry précédèrent son arrestation, c'est qu'indépendamment du vers que nous avons cité, il nous a semblé, qu'entre le retour de Châtenay, où il fut interné après sa sortie de la Bastille (12 octobre 1718); et les relations d'Arouet avec Vaux-Villars (18 novembre), il n'y avait vraiment pas place pour une intrigue, quelque brève qu'on voulût en admettre la durée.

Le commissaire Ysabeau, chargé de l'arrêter et de s'assurer de ses papiers, écrivait au lieutenant de police, sa mission accomplie :

> Je me suis rendu, monsieur, à votre porte ce matin, sur les midy, pour vous assurer de mes très-humbles respects, et vous rendre compte de l'ordre que vous m'avez envoyé hier de sceller les papiers du sieur Arouet. Je l'ai exécuté sur-le-champ, et j'ai laissé mes scellés à la garde du sieur Chantepy, qui s'en est chargé.
>
> Le commissaire, YSABEAU.
>
> Le 17 mai 1717.

Dans sa lettre sur *OEdipe*, Arouet attribue sa disgrâce à la pièce des *J'ai vu*, et ne laisse pas supposer qu'on eût contre lui d'autres griefs. C'était pourtant le moindre aux yeux du Régent, qui, d'ailleurs, eût fait attendre deux ans la répression, puisque la satire dont il est question circula dans Paris peu après la mort de Louis XIV. Mais si les *J'ai vu* sont de Le Brun, le *Puero regnante*, satire des plus outrageantes et des plus amères, est bien d'Arouet, qui la fit courir en mars [1]. Au moins eût-il été sage de n'en pas récla-

---

1. Bibliothèque impériale. Manuscrits. *Recueil de chansons his-*

mer la paternité. Mais l'amour-propre d'auteur l'emporta sur les considérations de prudence les plus sommaires, et il n'eut pas le courage de garder le silence devant de faux amis qui n'étaient que des mouches apostées près de lui pour l'amener à se trahir, comme cela ressort du procès-verbal même de son arrestation.

François-Marie Arouet, sans profession, fils du sieur Arouet, payeur de la chambre des Comptes, entra à la Bastille le 17 mai, accusé d'avoir composé des pièces de poésie et vers insolents contre M. le Régent et Madame la duchesse de Berry, entre autres une pièce qui a pour inscription : *Puero regnante*. Accusé aussi d'avoir dit que, puisqu'il ne pouvoit se venger de M. le duc d'Orléans d'une certaine façon, il ne l'épargneroit pas dans ses satires, sur quoy quelqu'un lui ayant demandé ce que S. A. R. lui avoit fait, il se leva comme un furieux, et répondit : « Comment, vous ne savez pas ce que ce b..... m'a fait ? Il m'a exilé parce que j'avois fait voir au public que sa Messaline de fille était une ..... »

Signé, M. d'ARGENSON; DESCHAMPS, greffier; le commissaire, YSABEAU ; BAZIN, exempt de robe courte.

*oriques*, t. XIV, f. 47. Cette pièce qu'on a crue en vers latins, est une sorte de prose lapidaire. « ... J'ai copié, nous dit Beuchot, d'un *projet de vers latins* trouvé chez Voltaire ; et voilà probablement ce qui aura fait dire que le *Regnante puero* était en vers. La copie que j'ai du *projet de vers latins* est malheureusement tellement altérée de transcription en transcription, qu'en beaucoup de passages elle est inintelligible; cependant ces mots :

Melionus et Reus collega amores
Tuos puidos serviunt, digni tali hero ministri...

prouvent qu'il s'y agit du Régent. » Voltaire, *Œuvres complètes* (Beuchot), t. I, p. 327. *Pièces justificatives*. Ce projet de vers latins se trouve tout au long à la bibliothèque de Saint-Pétersbourg, parmi la riche collection des manuscrits de Voltaire. Il a été reproduit intégralement par M. Léouzon-Leduc, dans ses *Etudes sur la Russie et le Nord de l'Europe* (Paris, Amyot), p. 356, 357.

Arouet, pétulant, loquace, expansif autant qu'on peut l'être à un âge qui n'est celui ni de la prudence, ni de la circonspection, ne devait pas donner beaucoup de peine aux gens chargés de le surveiller. Si son esprit, sa verve, sa malice lui avaient ouvert les portes des meilleures sociétés et du plus grand monde, il avait des amis un peu partout. Il se livrait trop aisément pour prendre le souci d'étudier suffisamment ceux qu'il admettait dans sa familiarité, et desquels il n'exigeait qu'une certaine communauté d'opinions et d'humeur. Une aussi grande facilité a ses inconvénients et même ses dangers ; il allait en faire la sévère expérience. Il s'était lié avec un officier, d'ailleurs assez répandu, du nom de Beauregard ; il le voyait au café, le recevait dans son petit appartement et parlait devant lui à cœur ouvert de tout ce qui lui arrivait. S'il jouait le discret, il ne suffisait à celui-ci que de le piquer en paraissant ne pas croire à ce que le public lui attribuait; la vanité d'auteur faisait oublier au poëte toutes les raisons qu'il pouvait avoir de garder l'anonyme, et il en disait alors autant et plus qu'on en voulait savoir. C'est ce dont on est à portée de juger par ce fragment qui servit de document et de pièce de conviction pour son arrestation. Il est intitulé : *Mémoire instructif des discours que m'a tenus le sieur Arouet*[1] *depuis qu'il est de retour de chez M. de Caumartin.*

---

1. Au lieu d'Arouet, on avait écrit *Arroy*. Dans le t. II (p. 23, 24) de l'*Histoire de la détention des philosophes et des gens de lettres à la Bastille et à Vincennes*, par Delort, il se trouve une pièce qui semble n'être qu'un extrait de celle-ci. Dans cette dernière, l'époque où la scène se passe est indiquée, ce qui ne manque pas d'importance. Elle commence ainsi : « Sur la fin d'avril, me trouvant dans

Je le vis trois jours après chez lui, rue de la Calandre, au Panier-Vert, où il me demanda ce que l'on disoit de nouveau; je lui répondis qu'il avoit paru quantité d'ouvrages sur M. le duc d'Orléans et Madame, duchesse de Berry. Il se mit à rire, et me demanda si on les avoit trouvés beaux; je lui ai dit que l'on y avoit trouvé beaucoup d'esprit, et qu'on lui mettoit tout cela sur son compte; mais que je n'en croirois rien, et qu'il n'étoit pas possible qu'à son âge on pût faire de pareilles choses. Il me répondit que j'avois tort de ne pas croire que c'étoit véritablement lui qui avoit fait tous les ouvrages qui avoient paru pendant son absence : j'ai remis à M. Le Blanc tous ces ouvrages; et pour empêcher que M. le duc d'Orléans et ses ennemis crussent que c'étoit lui qui les avoit faits, il avoit quitté Paris dans le carnaval pour aller à la campagne, où il a resté deux mois avec M. de Caumartin, qui a vu le premier ses ouvrages; après quoi ils ont été envoyés à Paris. Il m'a dit que puisqu'il ne pouvoit se venger de M. le duc d'Orléans d'une certaine façon, il ne l'épargnoit pas dans ses satires. Je lui demandai ce que M. le duc d'Orléans lui avoit fait? Il étoit couché en ce moment; il se leva comme un furieux, et me répondit : « Comment, vous ne savez pas ce que ce boug..-là m'a fait? Il m'a exilé, parce que j'avois fait voir au public que sa Messaline de fille étoit une ..... [1]. »

Je sortis, et y retourne le lendemain, où je retrouve M. le comte d'Argental[2]. Je sortis de mes tablettes le *Puero regnante*; il me demanda sur-le-champ ce que j'avois de curieux? Je l'ai montré; quand il eut vu ce que c'étoit : « Pour celui-là, je ne l'ai pas fait chez M. de Caumartin, mais beaucoup de temps avant que je parte. »

---

la chambre du sieur Arouet avec M. de Beauregard... » Le rapport que nous donnons est de Beauregard. Le fragment cité par Delort met Beauregard en tiers; Beauregard se trouvait-il, en effet, chez le poëte en compagnie d'un honnête confrère, ou est-ce une supercherie de rédaction qui le désintéresserait dans le rapport, le premier soin pour un espion, après sa délation, étant de dissimuler le plus qu'il peut la part qu'il y a prise?

1. Ce sont ces mêmes termes qui ont été reproduits dans le procès-verbal.

2. Au lieu d'Argental, il y a dans l'original d'*Argenteuil*.

Deux jours après, j'ai retourné, où je trouve encore M. le comte d'Argental. Je lui dis : « Comment, mon cher ami, vous vous vantez d'avoir fait le *Puero regnante*, pendant que je viens de savoir d'un bon endroit que c'est un professeur des jésuites qui l'a fait ! » Il prit son sérieux là-dessus, et dit qu'il ne s'embarrassoit pas si je le croyois ou si je ne le croyois pas, et que les jésuites fesoient comme le geai de la fable, qu'ils empruntoient les plumes du paon pour se parer. M. le comte d'Argental étoit présent pendant tout cela. Il nous dit en continuant que Madame, duchesse de Berry, alloit passer six mois à la Meute[1] pour y accoucher. Il a répandu ce discours dans tout Paris, et quantité d'autres que le papier ne sauroit souffrir.

Nous nous sommes souvent trouvés ensemble avec M. d'Argental, où il a tenu les mêmes discours qui sont contenus dans ce mémoire[2].

Soit fatuité et vanterie de jeune homme, soit « âcreté d'esprit et pour donner des mouvements inutiles, » Arouet, pressé de déclarer ce qu'il avait fait de ses papiers, répondit qu'il avait jeté dans les lieux d'aisance quelques lettres de femmes. Tout ce qui circulait dans la ville lui était attribué, et l'on tenait à mettre la main sur la généralité des produits de cette fabrique de couplets satiriques ; on y tint assez pour ordonner des fouilles dans les fosses de la maison de la rue de la Calandre[3].

---

1. La Muette, dans le bois de Boulogne.
2. Voltaire, *Œuvres complètes* (Beuchot), t. I, p. 328, 329.
3. « Je me suis transporté, monsieur, écrivait, après exécution, le commissaire Ysabeau, en la maison où a été arrêté le sieur Arouet ; et la maîtresse vidangeuse, qui avoit été avertie, m'y attendoit à deux heures de relevée cejourd'hui avec ses gens. J'ai trouvé refermé la fosse qu'elle avoit fait ouvrir hier. Je n'ai pas jugé à propos de la faire ouvrir une seconde fois, parce qu'elle m'a assuré que cette fosse étoit presque pleine et surnagée d'eau : il ne s'y étoit néanmoins trouvé aucun papier, et que l'on ne pouvoit entrer dedans. Elle m'a assuré

OBJETS TROUVÉS SUR LUI. 13

Ces sortes d'enlèvements étaient si brusques, qu'ils n'eussent pas permis au prisonnier de se lester en vue d'une absence de plus ou moins de durée; c'eût été là, du reste, une prévoyance superflue, le premier soin, dans une prison d'État, étant de débarrasser le survenant de tout ce qu'il peut avoir sur lui, comme le démontre surabondamment le procès-verbal d'écrou du poëte [1].

« Cejourd'huy 16ᵉ may 1717 est entré à la Bastille monsieur Arouet, par ordre du roy, conduit par messieurs Champie et Bazin, exempts, il avait en or six louis d'or vallant trente livres piesce, quatre piesce de cinquante souls, deux piesce de vingt-cinq souls, une piesce de dix souls, dix souls marquée, trois liard, une lorniette, une paire de cizaux, une clefes, une tablette, et quelques papiers qui ont été cachetée en sa présence, le cachet qui a cacheté les papiers leur est resté entre les mains qui est à luy et a signé Arouet.

Arouet était fort propre, il avait un grand soin de sa personne, et faisait un fréquent usage de cosmé-

aussi qu'elle avoit descendu une chandelle dans le tuyau; qu'elle avoit remarqué qu'il étoit fort net, et dans lequel il n'y avoit aucun papier. Cette fosse a été rebouchée de l'ordre de la principale, que la mauvaise odeur incommodoit extrêmement, et à l'occasion de quoi elle a perdu une ou plusieurs pièces de bière qui étoient dans le caveau où s'est faite ladite ouverture. Il y a toute apparence que Fr. Arouet ne convient y avoir jeté quelques lettres de femme que par âcreté d'esprit et pour donner des mouvements inutiles, et que ces lettres, d'un poids fort foible, auroient dû se trouver sur l'eau qui surmonte la matière grossière. Néanmoins, si vous jugez, monsieur, qu'il soit à propos d'y faire rechercher, j'estime que cela ne se pourra faire sans vider entièrement les latrines. J'attendrai vos ordres à ce sujet. » Voltaire, Œuvres complètes (Beuchot), t. I, p. 329, 330. *Pièces justificatives.* Lettre du commissaire Ysabeau, touchant les papiers prétendus jetés dans les latrines par le sieur Arouet, fils; 21 mai 1717.

1. *Remarques politiques et anecdotes sur le château de la Bastille* (Paris, 1822), p. 30.

tiques, de pommades et d'essences [1]; il s'aperçut vite, une fois claquemuré, de son dénûment en matière de toilette. L'on a retrouvé une petite note écrite cinq jours après son arrestation (le jeudi 21 mai), où il spécifiait les quelques objets dont la privation l'importunait le plus, et dont il se sentait le plus besoin. C'étaient deux mouchoirs d'indienne, un petit bonnet, deux cravates, une coiffe de nuit, une petite bouteille d'essence de *giroufle*. Il serait injuste d'omettre deux livres d'Homère, latin et grec, qui figuraient même en tête de la liste [2], et qu'il ne considérait pas comme lui étant moins indispensables que le reste. Virgile et Homère ne le quittaient guère alors. « Ces deux auteurs sont mes dieux domestiques, sans lesquels je ne devrais point voyager, » écrivait-il un jour à Thiériot [3].

Il fallait bien se résigner et tirer le meilleur parti de ce maussade séjour. La ressource la plus effective contre l'ennui et le découragement, c'était le travail; mais le travail fut toujours, et dès les commencements, sa grande vertu et sa grande force. Quoique nerveux jusqu'à la souffrance, il n'eut jamais de ces défaillances, de ces relâchements de fibre qui rendent impossible toute application, et qui ne sont que trop la maladie des poëtes; et chaque jour apporta son contingent régulier, aux heures mêmes où Voltaire se proclamait mourant et l'était peut-être, bien que cette nature débile finît par

---

[1]. Bibliothèque impériale. Manuscrits. F. R. 15208. *Lettres originales de Voltaire à l'abbé Moussinot*, p. 94; 7 novembre 1737.

[2]. J. Delort, *Histoire de la détention des philosophes et des gens de lettres à la Bastille et à Vincennes* (Paris, 1819), t. II, p. 22.

[3]. Voltaire, *Lettres inédites* (Didier, 1857), t. I, p. 5. Lettre de Voltaire à la présidente de Bernières; Villars, le jeudi ... 1818.

prendre le dessus et se tirer d'affaires. « Je suis flexible comme une anguille, disait-il à d'Argental, et vif comme un lézard, et travaillant toujours comme un écureuil[1]. » L'esprit tout échauffé des récits animés de M. de Caumartin, il avait conçu l'idée et le plan d'un poëme historique, dont Henri IV serait le héros; le sujet était grand, il était national, et semblait réunir toutes les conditions de l'épopée. Voltaire nous apprend qu'il commença *la Henriade* par pur enthousiasme, sans presque y faire réflexion, et sans trop compter la pouvoir achever[2]. Il venait de terminer *OEdipe;* il s'attela à ce nouveau travail pendant son séjour à Saint-Ange, bien loin de se douter qu'il préparât ainsi l'emploi des heures d'une captivité qui ne devait pas être éternelle, mais qui serait encore d'une assez notable durée. Après avoir été confiné quelque temps dans un logement provisoire, Arouet fut transféré dans la tour de la Basinière, où, assuré-t-on, il composa plus de la moitié du poëme de *la Ligue*. Delort semble en douter par la raison qu'il dut rester sans encre et sans papier[3]; mais l'obstacle rend industrieux, et le poëte, privé de papier, en fut quitte pour transcrire ses vers entre les lignes d'un livre, avec un crayon sans doute, à défaut de plume. C'est le président Hénault qui nous donne ces détails qu'il tenait de Voltaire même[4]. D'un autre côté, Voltaire a assuré à

1. Voltaire, *OEuvres complètes* (Beuchot), t. LVIII, p. 211, 212. Lettre à d'Argental; à Tournay, 22 octobre 1759.
2. *Ibid.*, t. XLVIII, p. 321. *Commentaire historique.*
3. D'Arnaud affirme qu'il était sans plume ni encre. *Préface d'une édition des œuvres de M. de Voltaire,* corrigée par Voltaire
4. Président Hénault, *Mémoires* (Dentu, 1855), p. 33.

Wagnière qu'il avait composé le second chant de *la Henriade* en dormant, qu'il le retint par cœur, et qu'il n'a jamais rien trouvé à y changer[1]. Cela se contredit un peu; mais c'est ce qui ne laisse point d'arriver quelquefois dans les renseignements qu'il a bien voulu nous donner sur sa personne et sur les événements d'une vie miroitante jusqu'au vertige.

Nous avons trop peu de détails sur sa captivité, qui dura près de onze mois. Comme cela ne manque point en pareil cas, bien des fables circulèrent. Le bruit avait couru d'abord qu'on le transférerait à Pierre-Encise pour le reste de ses jours[2]. Sa captivité était des plus rigoureuses : on le disait enfermé dans un cul de basse-fosse, où il y voyait à peine. Rien n'était moins vrai, heureusement, que tous ces récits. Le marquis de Baufremont, qui fit une rapide apparition à la Bastille[3], put rassurer les amis du poëte alarmés sur son sort. Il l'avait peu quitté, les deux jours qu'il s'était trouvé l'hôte forcé du gouverneur, à la table duquel il avait même dîné avec Arouet[4].

Ce ne fut que le 11 avril 1718 que l'ordre fut donné à M. de Bernaville de lui ouvrir les portes de la Bastille. On sait que l'exil était le complément obligatoire du

---

1. Longchamp et Wagnière, *Mémoires sur Voltaire* (Paris, 1826), t. I, p. 23.
2. Buvat, *Journal de la Régence* (Paris, 1855), t. I, p. 277, 278. Le 18 juin 1717.
3. Bibliothèque Mazarine. Manuscrits. *Correspondance de la marquise de La Cour*, t. II, p. 134. Lettre 80 ; à Paris, ce 21 juillet 1717.
4. Archives impériales, *Registre du secrétariat de la maison du roy*, de l'année 1718. Le marquis de Baufremont entra à la Bastille le 2 avril et en sortit le 4 dudit mois, p. 61.

séjour dans une prison d'État; Arouet fut envoyé à Châtenay, où son père offrait de le retenir [1]. A en juger par l'inventaire fait après son décès, le payeur des épices de la chambre des comptes avait là une belle habitation, avec ferme à côté, comme l'indiquerait assez l'existence d'une grange attenante. Elle était située entre cour et jardin et offrait, ce semble, toutes les commodités et tous les agréments que pouvait souhaiter un bourgeois riche et répandu [2]. Malgré cela, l'exilé ne devait avoir rien tant à cœur que d'être rendu à ses relations et à ses plaisirs, et c'est à quoi il travaillera, dès la première heure, bien qu'il s'en défende. Il n'a d'autre souci que de persuader le Régent de sa reconnaissance, non moins pour la captivité qu'il lui a infligée que pour sa délivrance. « L'unique grâce que j'ose vous demander, écrit-il à Maurepas, c'est de vouloir bien assurer Son Altesse Royale que je lui ai autant d'obligation de ma prison que de ma liberté, et que j'ai beaucoup profité de l'une et que je n'abuserai jamais de l'autre [3]. » Que l'on ne croie pas pour cela qu'il convienne de ses torts. Il est innocent des horreurs dont on l'a chargé. « Je puis vous assurer sur

---

1. Archives impériales, *Registre du secrétariat de la maison du roy*, de l'année 1718, le 11 avril, p. 74. — *Revue rétrospective* (1834), t. II, p. 124.

2. Cette maison appartenait à la comtesse de Boignes en 1821. Charles Oudiette, *Dictionnaire topographique des environs de Paris* (Paris, 2ᵉ édit.), p. 151. Beuchot l'indique au nº 70, rue des Vignes; t. LI, p. 56. Elle appartient actuellement à M. Rollin-Gosselin, ancien agent de change; mais elle n'a rien gardé de son premier aspect.

3. *Revue rétrospective* (1834), t. II, p. 125. Lettre de Voltaire au comte de Maurepas; 2 mai 1718.

ma tête qu'il n'y a pas un seul homme en France qui puisse prouver, je ne dis pas que j'aie fait cette abominable inscription dont on m'accuse et que je n'ai jamais vue, mais que j'aie jamais eu la moindre part à aucune des chansons faites contre la cour. » Mêmes protestations d'innocence au lieutenant de police. Il n'a jamais parlé du prince que pour admirer son génie, et il en eût dit tout autant, quand même il eût été un homme privé [1].

Au bout d'un mois (19 mai), on lui permettait, sur sa demande, de venir passer à Paris deux heures seulement, le temps qu'il lui faudrait pour se justifier. « Je ne veux qu'avoir l'honneur, écrivait-il au ministre, de vous entretenir un moment et me jeter aux pieds de Son Altesse Royale. J'attends de la justice et de la bonté d'un prince si clément, qu'il aura quelque égard à ce que j'aurai l'honneur de lui représenter, et qu'il sera touché de la perfidie affreuse dont j'ai dans ma poche la preuve convaincante [2]... » Ces preuves, à n'en pas douter, avaient trait à la satire des *J'ai vu*, qui était en effet de Le Brun. Mais il ne s'agissait pas de cela seulement, et nous ne voyons pas quelle preuve Arouet put donner de son innocence à l'égard du *Puero regnante*. Le poëte alors était persuadé qu'on n'avait contre lui que des soupçons; il ignorait encore la perfidie de Beauregard. Cette première douceur en présageait d'autres, le tout était de ne pas se laisser

---

[1]. Voltaire, *OEuvres complètes* (Beuchot), t. LI, p. 56. Lettre de Voltaire au lieutenant de police; à Châtenay, vendredi-saint 1718.

[2]. *Revue rétrospective* (1834), t. II, p. 126. Lettre de Voltaire au comte de Maurepas; 19 mai (et non 29).

oublier. « Les obligations que je vous ai, écrivait-il quelque temps après à M. de Maurepas, m'encouragent à vous demander de nouvelles grâces. Vous concevez bien ce que c'est que le supplice d'un homme qui voit Paris de sa maison de campagne et qui n'a pas la liberté d'y aller. Je vous supplie de me permettre d'y passer trois jours pour des affaires qui sont très-importantes pour moi, et parmi lesquelles une des plus intéressantes est de vous faire ma cour et de vous remercier de toutes vos bontés. Un petit voyage à Paris, dans la situation où je suis, ressemble assez à la goutte d'eau que demande le mauvais riche. Serais-je assez malheureux pour être refusé comme lui[1] ? » C'était le baron de Breteuil, le père de celle qui fut la docte Émilie, qui se chargea de remettre la supplique et de l'appuyer; et, au lieu de trois, il obtenait huit jours (11 juillet). Bientôt après c'était tout un mois (23 juillet), permission qu'on renouvelait, le 8 août, pour un mois encore. Enfin, le 12 octobre, permission de venir à Paris quand bon lui semblera[2], bien que sous quelque réserve encore ; au moins est-ce ce qu'il faut conjecturer d'une note trouvée dans les archives de la police, et qui ajourne la complète mise en liberté au 31 mars 1719[3].

Les comédiens s'étaient décidés à jouer *OEdipe*. Ils

---

1. *Revue rétrospective* (1834), t. II, p. 127. Lettre d'Arouet au comte de Maurepas; 4 juillet 1718.
2. Archives impériales, *Registre du secrétariat de la maison du roy*. Année 1718, p. 109, 150, 156, 163.
3. Archives de la préfecture de police, *Registre des ordres du Roy*, à commencer du 1er avril 1718.

étaient sur le point de le représenter lors de l'arrestation d'Arouet. Les lectures que l'auteur faisait dans le monde avaient réussi, et il existait sur son œuvre un préjugé favorable. « On attend avec impatience, écrivait Brossette à Rousseau, à la date du 20 avril 1717, la tragédie d'*OEdipe* par M. Arouet, dont on dit par avance beaucoup de bien. Pour moi, j'ai peine à croire qu'une excellente ou même une bonne tragédie puisse être l'ouvrage d'un jeune homme. » A quoi Rousseau répondait : « Il y a longtemps que j'entends dire merveille de l'*OEdipe* du petit Arouet. J'ai fort bonne opinion de ce jeune homme ; mais je meurs de peur qu'il n'ait affaibli le terrible de ce grand sujet en y mêlant de l'amour [1]. » Ainsi tout le monde était d'accord, sauf les comédiens, sur la nécessité d'expulser la galanterie d'un pareil sujet. Cette lettre du lyrique est datée du 18 mai, le lendemain même de l'arrestation du poëte. Cette circonstance, qui empêchait l'auteur d'assister aux répétitions, et plus encore peut-être la crainte d'indisposer les puissances, en livrant au jugement du public, à ses applaudissements, l'ouvrage d'un disgracié, avaient fait ajourner la représentation à des temps plus propices. Son retour levait les difficultés, et les comédiens français ne crurent pas devoir s'opposer davantage à l'apparition d'une œuvre sur laquelle ils ne comptaient que faiblement et qu'ils ne jouaient encore que par condescendance pour les

---

1. *Lettres de Rousseau sur différents sujets de littérature* (Genève, 1750); t. II, p. 165, 170. Lettre de Brossette à Rousseau ; à Lyon, 20 avril 1717. Lettre de Rousseau à Brossette; Vienne, 18 mai 1717.

hautes influences qu'avait su faire agir son auteur. Voltaire a raconté les tribulations qu'il eut à essuyer de la part des comédiens. Cela est curieux et instructif, et de tous les temps.

Je veux d'abord que vous sachiez, écrit-il au père Porée, pour ma justification, que tout jeune que j'étais quand je fis l'*Œdipe*, je le composai à peu près tel que vous le voyez aujourd'hui ; j'étais plein de la lecture des anciens et de vos leçons, et je connaissais fort peu le théâtre de Paris ; je travaillais à peu près comme si j'avais été à Athènes. Je consultai M. Dacier, qui était du pays ; il me conseilla de mettre un chœur dans toutes les scènes, à la manière des Grecs : c'était me conseiller de me promener dans Paris avec la robe de Platon. J'eus bien de la peine seulement à obtenir que les comédiens de Paris voulussent exécuter les chœurs qui paraissent trois ou quatre fois dans la pièce ; j'en eus bien davantage à faire recevoir une tragédie presque sans amour. Les comédiennes se moquèrent de moi quand elles virent qu'il n'y avait point de rôle pour l'amoureuse. On trouva la scène de la double confidence entre Œdipe et Jocaste, tirée en partie de Sophocle, tout à fait insipide. En un mot, les acteurs qui étaient, dans ce temps-là, petits-maîtres et grands seigneurs, refusèrent de représenter l'ouvrage.

J'étais extrêmement jeune ; je crus qu'ils avaient raison : je gâtai ma pièce pour leur plaire, en affadissant par des sentiments de tendresse un sujet qui les comporte si peu. Quand on vit un peu d'amour, on fut moins mécontent de moi ; mais on ne voulut point du tout de cette grande scène entre Jocaste et Œdipe : on se moqua de Sophocle et de son imitateur. Je tins bon ; je dis mes raisons, j'employai des amis ; enfin ce ne fut qu'à force de protections que j'obtins qu'on jouerait *Œdipe*.

Il y avait un acteur nommé Quinault (Dufresne), qui dit tout haut que, pour me punir de mon opiniâtreté, il fallait jouer la pièce telle qu'elle était, avec ce mauvais quatrième acte tiré du grec. On me regardait d'ailleurs comme un téméraire d'oser traiter un sujet où Pierre Corneille avait si bien réussi. On trouvait alors l'*Œdipe* de Corneille excellent : je le trouvais un fort mauvais ouvrage, et je n'osais le dire ; je ne le dis enfin qu'au bout de dix ans, quand tout le monde fut de mon avis[1].

Cette lettre est intéressante à plus d'un égard. Elle nous introduit dans le sanctuaire de la comédie ; elle nous rend palpables la morgue, l'ineptie de ces acteurs et de ces actrices, d'une ignorance crasse pour la plupart. On devait s'attendre à ce que leur longue habitude de la scène leur ferait donner au débutant les meilleurs conseils ; c'est tout le contraire qui arrive. Ce sont les gens du monde qui voient juste, qui raffermissent le poëte, qui l'exhortent à répudier la galanterie d'un sujet qui en comportait si peu. N'exagérons rien, et laissons celui-ci se glorifier à son aise d'avoir endossé la robe de Platon, et se proclamer un citoyen d'Athènes, un élève, un imitateur de Sophocle. Pour ce qui est de Sophocle, il ne l'avait pas aussi bien traité tout d'abord, et il ne faut que relire sa lettre sur la pièce du tragique grec, en tête de la première édition d'*Œdipe* (1719), pour apprécier la sincérité de son admiration ; car ce ne fut que plus tard qu'il afficha la prétention de procéder d'un maître dont il s'était plus qu'irrévéremment moqué, dans la longue analyse qu'il lui avait consacrée. Ce qui

---

1. Voltaire, *OEuvres complètes* (Beuchot), t. LI, p. 192, 193, 194. Lettre de Voltaire au père Porée ; Paris, 7 janvier 1730. — Voltaire s'avance beaucoup trop en disant qu'en 1730, tout le monde était de son avis sur la tragédie de Corneille. Il existe une lettre de Lagrange-Chancel, à la date du 24 avril 1744, où celui-ci propose aux comédiens de leur envoyer l'*Œdipe* retouché dans ce qu'il pouvait avoir de suranné, n'ayant en cela d'autre vue que la satisfaction de rendre à la scène un chef-d'œuvre de plus. *Revue rétrospective* (1837), t. XI, p. 154, 155.

excuse un pareil sacrilége, c'est l'âge, c'est l'absence de cet esprit critique que donne la maturité et qu'on n'a pas à vingt-cinq ans. *OEdipe*, après tout, était un premier pas dans la voie de la vérité dramatique, et certes une œuvre remarquable, si l'on tient compte de la date et si on le compare aux ouvrages contemporains en possession du théâtre depuis Racine.

*OEdipe* fut représenté pour la première fois le 18 novembre 1718, avec un prodigieux succès, bien que le personnage épisodique de Philoctète vînt refroidir et amoindrir l'horreur de l'un des plus dramatiques sujets de l'antiquité. Le quatrième acte, ce vilain quatrième acte « dont on ne voulait pas du tout, » produisit le plus grand effet. Il appartient à Sophocle ; mais qu'importe, si l'auteur a su se l'assimiler et le faire sien ? « Nous n'avons rien de si parfait, a dit l'abbé Desfontaines, et de si touchant sur le théâtre en général, que le quatrième acte de l'*OEdipe* de Sophocle, traduit par M. de Voltaire. » Et puis, il y avait là comme un souffle nouveau. Était-ce de la philosophie ? était-ce de la satire ? A chaque pas, le spectateur s'arrêtait sur un vers dont l'application était électrique. Au théâtre, c'est tout autant le public que l'auteur qui est le coupable. Quelquefois toute une salle a frémi à la déclamation de telle tirade où le poëte n'avait nullement entendu malice, et trouvé une allusion là où il n'avait songé qu'à faire dire à son personnage ce qui était dans le caractère et dans l'action du rôle. Ainsi les vers suivants parurent à l'adresse de ce déchaînement aveugle contre la mémoire et tous les actes du feu roi, qui s'était manifesté avec tant de violence dans les premiers moments, mais que les vices et les scandales de la Régence avaient singulièrement apaisé, si la réaction n'était pas complète encore dans les esprits :

> Tant qu'ils sont sur la terre on respecte leurs lois ;
> On porte jusqu'aux cieux leur justice suprême.
> Adorés de leur peuple, ils sont des dieux eux-même ;
> Mais après leur trépas que sont-ils à vos yeux ?
> Vous éteignez l'encens que vous brûliez pour eux ;
> Et comme à l'intérêt l'âme humaine est liée,
> La vertu qui n'est plus est bientôt oubliée [1].

Mais cela frappa moins que certaines sentences philosophiques, qui dénotaient chez leur auteur une grande indépendance de la pensée, un esprit de critique et de révolte s'essayant dans un premier effort, sans illusions déjà, traitant de haut toutes les grandeurs et leur disant leur fait d'un ton dédaigneux qui réussit auprès de la foule amoureuse de telles hardiesses, mais qui émotionna étrangement ce petit nombre de gens prudents et timorés qu'effrayent toutes nouveautés. L'on applaudit avec transport ce vers de Philoctète à propos d'Hercule, plus qu'irrespectueux pour la royauté et que Louis XIV n'eût pas souffert :

> Qu'eussé-je été sans lui ? rien que le fils d'un roi [2].

Tout cela n'approche pourtant point de l'impression que laissa ce distique fameux qu'il place dans la bouche

---

1. Voltaire, *OEuvres complètes* (Beuchot), t. II, p. 72. *OEdipe* acte Ier, scène III.
2. *Ibid.*, t. II, p. 70. *OEdipe*, acte Ier, scène Ire.

de Jocaste, le premier cri de guerre de Voltaire, son premier acte d'hostilité contre un corps puissant, auquel, dans la suite, il devait porter d'autres coups :

> Nos prêtres ne sont point ce qu'un vain peuple pense;
> Notre crédulité fait toute leur science [1].

Ce ne sont pas les seuls vers qu'on pourrait citer, et c'est une continuelle attaque contre les prêtres et le sacerdoce [2].

Un de ses coups d'essai contre le clergé, s'écrie Nonnotte, fut la tragédie d'*Œdipe*; on y voit un jeune poëte qui ne connoît ni raison, ni vraisemblance, ni vérité, et qui, saisi par un enthousiasme infernal, présente en vers pompeux toutes les plus noires horreurs contre les ministres des autels. Les prêtres païens, dans cette pièce, ne sont que des personnages qu'on présente; c'est aux prêtres de la religion chrétienne qu'on en veut. Les expressions sont claires et choisies; l'application en est nécessaire et inévitable...

Rien de tout ce que fait débiter ici le poëte ne pouvoit convenir, ni au peuple de Thèbes, ni au grand-prêtre des Thébains... jamais les grands-prêtres païens ne s'étoient avisés de proscrire les princes, et leur autorité n'étoit ni assez grande, ni assez respectée pour donner des impressions funestes. On les laissoit bien amuser le peuple; on ne pensoit pas à eux dans le conseil des rois... [3].

Un comédien disoit un jour, dans une bonne compagnie, qu'il avoit toujours remarqué, lorsqu'on prononçoit ces vers sur la scène (le couplet qui finit par les deux vers que nous venons de citer) l'application qu'en faisoient en même temps les

---

1. Voltaire, *OEuvres complètes* (Beuchot), t. II, p. 105. *OEdipe*, acte IV, scène 1re.

2. Notamment acte II, scène v; acte III, scènes iv et v.

3. Et Calchas? Agamemnon n'a donc pas à compter avec lui, et qu'est, auprès de Calchas, le grand-prêtre d'*OEdipe?*

spectateurs. Sans doute que le poëte l'a également remarquée, et s'en est applaudi[1].

Arouet, par une pasquinade que n'excuse ni n'explique son âge, s'avisa, ainsi qu'il nous l'apprend lui-même, de porter la queue du grand-prêtre, dans une scène ou ce même grand-prêtre ne devait pas prêter à rire. Était-ce pour enlever à toutes ces témérités une gravité, une conséquence dont il se sentait alarmé, ou bien se souciait-il aussi peu qu'il le dit du succès de sa pièce? Ce qu'il y a de plus certain, c'est qu'il jouait là un jeu à la faire tomber. La maréchale de Villars, ayant aperçu ce manége de sa loge, crut à une cabale et demanda quel était ce jeune homme dont l'intention n'était que trop manifeste. Son étonnement fut grand, quand on lui répondit que c'était l'auteur : ce contraste entre tant d'étourderie et un talent si remarquable, où le philosophe le disputait au poëte, émerveilla la Maréchale qui voulut le connaître et lui fit le plus charmant accueil; ce fut là l'origine d'une intimité dont les avantages ne furent pas sans épines[2]. Le vainqueur de Denain ne fut pas moins bienveillant; il poussa la grâce jusqu'à dire à l'auteur d'*OEdipe* « que la nation lui avait bien de l'obligation de ce qu'il lui consacrait ainsi ses veilles. — Elle m'en aurait bien davantage, monseigneur, répliqua-t-il, si je savais écrire comme vous savez agir[3]. » Cela est bien

---

1. Nonnotte, *les Erreurs de Voltaire* (Lyon, 1770), t. II, p. 214, 215, 216, 217.

2. Voltaire, *OEuvres complètes* (Beuchot), t. XLVIII, p. 319. *Commentaire historique.*

3. *Voltairiana*, par C... d'Aval... (Paris, 1801); p. 44.

solennel, adressé par un duc et pair, et qui plus est un vieillard, à un enfant, un poëte à ses débuts, et nous enregistrons l'anecdote sans trop y croire. Disons, toutefois, que Villars, dans l'intérêt de sa gloire autant que par un amour bien sincère des lettres, était plein de caresses et de flatteries pour ces propagateurs et ces distributeurs de la renommée qu'on appelle des poëtes. Il n'avait pas dédaigné de frapper aux portes de l'Académie, et une fois élu, il sembla attacher une grande importance à son nouveau titre.

Un jour, raconte d'Alembert, après une de ses effusions ordinaires et affectueuses de *dévouement* et de *respect* pour ses confrères, car c'étaient les propres termes dont il croyait devoir se servir à leur égard, il ajouta, que ne pouvant pas se trouver aussi souvent parmi eux qu'il le désirait, il les priait de lui permettre d'y être au moins présent en peinture, et de leur envoyer son portrait, pour être comme un gage toujours subsistant à leurs yeux de son zèle pour la compagnie. Il n'y avait alors dans notre salle d'assemblée que les portraits des deux ministres et des deux rois protecteurs de l'Académie française, et celui de la reine Christine, qui avait autrefois honoré de sa présence une de nos séances particulières...

Si le plus grand nombre reçut la proposition avec acclamation, tout le monde ne fut pas dupe de ce beau mouvement. Valincourt, entre autres, voulut voir dans ce présent une arrière-pensée toute personnelle, et conçut aussitôt le dessein de jouer un méchant tour à cette vanité déguisée sous les dehors les plus cordiaux : le jour où le portrait du maréchal était envoyé, il envoyait de son côté les portraits de Racine et de Despréaux. Cet exemple fut suivi, et d'autres collègues firent don à l'Académie des portraits de Corneille, de la Fontaine, de Bossuet, de Fénelon. « C'est ainsi, ajoute d'Alembert, que s'est formée peu à peu cette collection de portraits académiques. » Cette petite anecdote est curieuse et rare ; on aime à voir cette protestation exquise d'un homme de lettres que n'abusent point quelques phrases polies, et qui, sans sortir du respect qu'il doit au rang, déjoue pleinement une tentative d'usurpation dont le succès semblait assuré [1].

On a dit que malgré sa rancune contre son damné fils, Arouet le père, caché dans un coin de la salle, ne cessait de murmurer, combattu par la joie et ses anciennes rancunes : « Ah! le coquin! ah! le coquin! » Cela nous paraît encore un de ces contes dont les chroniqueurs ne se montrent que trop prodigues, et nous nous serions gardé de citer cette anecdote, si Jean-Jacques Rousseau, qui, en dépit de ses griefs, aimait à s'entretenir de Voltaire, n'y eût ajouté foi, de quelque source qu'elle lui vînt, et n'eût pris plaisir à la raconter à tout propos, non par malveillance, mais parce que la chose lui semblait plaisante. C'est à Bernardin de Saint-Pierre que l'on doit ce détail [2].

Le jeune prince de Conti [3], dont les conseils n'avaient pas nui à la perfection de l'œuvre, de l'aveu du poëte, adressa à ce dernier des vers pleins d'enthousiasme, qui finissaient ainsi :

1. D'Alembert, OEuvres complètes (Belin, 1821), t. III, p. 178, 179. Éloge du duc de Villars.
2. Musset-Pathay, Histoire de la Vie et des ouvrages de J.-J. Rousseau (Paris, 1821), t. I, p. 229. — Longchamp et Wagnière, Mémoires sur Voltaire (Paris, 1829), t. I, p. 21, 22.
3. Louis Armand, né en 1695, mort en 1727.

Ayant puisé ses vers aux eaux de l'Aganype,
Pour son premier projet il fait le choix d'Œdipe,
Et, quoique dès longtemps ce sujet fût connu,
Par un style plus beau cette pièce changée
Fit croire des Enfers Racine revenu,
Ou que Corneille avait la sienne corrigée[1].

Pour remercîment, Voltaire dit au prince : « Monseigneur, vous serez un grand poëte ; il faut que je vous fasse donner une pension par le roi[2]. » Pour cela faire, encore était-il indispensable de rentrer en grâce auprès du Régent, et il n'en prenait point le chemin. Il s'était lié avec le fameux baron de Gortz, le plénipotentiaire de ce Charles XII, dont Arouet devait être un jour l'historien. On ne se rend pas trop compte de quelle utilité un étourdi de cet âge pouvait être à un ministre roulant dans sa tête des projets qui n'allaient pas à moins qu'à mettre le feu aux quatre coins de l'Europe. A en croire Duvernet, l'ambassadeur suédois souleva, aux yeux du poëte, une partie du voile, et lui confia ses plans de campagne[3]. Condorcet, qui ne semble pas douter de leur intimité, s'efforce d'expliquer et d'excuser cette confiance bien étrange dans un diplomate chargé d'intérêts si graves. « C'est que les

---

1. Voltaire, *Œuvres complètes* (Beuchot), t. I, p. 332. Vers de S. A. S. le prince de Conti à M. de Voltaire, 1718. Ce ne sont pas les seuls vers que nous connaissions du prince de Conti. Nous citerons une *Lettre de M. le prince de Conti écrite à M. de la Chapelle sur sa maladie* (1721), où il y a de la facilité et de l'élégance. Bibliothèque de l'Arsenal. Manuscrits (B. L. n° 2258). *Sottisier ou Recueil de chansons, poésies et autres pièces satiriques*, de 1730 à 1747, t. III.

2. *Ibid.*, t. XLVIII, p. 320. *Commentaire historique.*

3. Duvernet, *la Vie de Voltaire* (Genève, 1786), p. 40, 41.

hommes supérieurs se devinent et se cherchent, qu'ils ont une langue commune qu'eux seuls peuvent parler et entendre[1]. » Fort bien, quand on s'appuie sur la maturité du caractère et des idées; mais quelle sécurité pouvait présenter ce charmant enfant, cet espiègle éveillé, qui ne trouvait rien de mieux, au moment où son propre avenir était en question avec sa pièce, que de tenir la queue du grand-prêtre d'*OEdipe*? Malgré son peu d'apparence, le bruit, disons-le, courait dans Paris que le jeune poëte quittait la France, débauché par le baron de Gortz, qui l'emmenait à Stockholm. Brossette en eut connaissance, même à Lyon, d'où il écrivait à Rousseau : « J'apprends que l'on joue à Paris la tragédie d'*OEdipe*, de M. Arouet, et qu'elle est fort applaudie : cela ne s'accorde pas avec ce que l'on disoit, que ce jeune poëte avoit été demandé par le roi de Suède. » Mais Rousseau prit cette rumeur pour ce qu'elle valait : « Vous avez bien raison, lui répondit-il, de dire, monsieur, qu'il n'y a nulle vraisemblance à la nouvelle qui a couru, que le roi de Suède vouloit avoir le petit Arouet. C'est une des absurdes imaginations qui puissent sortir des cafés de Paris. Le roi de Suède n'a jamais su ce que c'étoit qu'un poëte, et ne parle pas un mot de françois... un poëte ne feroit pas une jolie figure à une pareille cour[2]. »

---

1. Voltaire, *Œuvres complètes* (Beuchot), t. I, p. 132. *Vie de Voltaire*, par Condorcet.

2. *Lettres de Rousseau sur différents sujets de littérature* (Genève, 1750), t. II, p. 267, 268, 269. Lettre de Brossette à Rousseau; Lyon, 8 novembre 1718. Lettre de Rousseau à Brossette; Vienne, 24 décembre 1718.

Arouet hantait fort la maison du baron Hoguère [1], banquier suisse, qui rêvait toute autre chose que des chiffres, « homme passionné pour la politique, indifférent pour l'opulence ou pour la pauvreté... instruit à fond de la géographie et des détails d'intérêts des princes... chimérique et borné dans ses vues, comme cela se rencontre toujours, mais utile par la science des détails [2]. » C'est d'Argenson qui nous le peint ainsi en 1739, à une époque où tout l'échafaudage de sa fortune s'était écroulé. Mais, au moment où nous sommes, à la fin de 1718, il menait un grand train, et recevait toute la cour et la ville, soit à son hôtel, qui devint l'ambassade autrichienne, soit à son château de Châtillon, à cinq kilomètres de Paris, sur la droite du chemin d'Orléans, entre Clamart, Vanvres, Fontenay et Bagneux [3]. Voltaire fait allusion aux splendeurs de Châtillon dans le *Bourbier*. La société du baron était du reste fort mêlée. Il aimait le théâtre, il aimait les gens de lettres, qu'il attirait chez lui et auxquels il faisait du bien. Au nombre de ceux-ci figuraient Danchet, l'abbé de Boismorand et Crébillon le tragique dont il renouvelait la garde-robe, s'il faut en croire le couplet de Rousseau.

> Quel brillant habit, Crébillon !
> Flatteur gagé d'un riche suisse

---

1. Nous trouvons ce nom orthographié de cinq façons différentes. Dans un arrêt du conseil d'État (août-décembre 1728), il est écrit : « Hogguèrs. » Archives impériales, E 2089, p. 197-199.

2. Marquis d'Argenson, *Mémoires* (Rathery), t. II, p. 248 ; août 1739.

3. Hurtaut et Magny, *Dictionnaire historique de la ville de Paris et de ses environs* (Paris, 1779), t. II, p. 313.

> Sans ses présents un vieux haillon
> Couvrirait à peine ta cuisse [1].

Nous allions oublier Mouret, auquel on commanda une marche pour un régiment du roi de Suède, qui fut exécutée et huée chez le baron et applaudie à outrance par les mêmes gens à l'Opéra [2]. Voltaire avait tout naturellement sa place marquée dans cette société de poëtes, de comédiens, d'artistes, d'intrigants qu'accommodait fort la facilité de Hoguère. Gortz, esprit romanesque, plus aventurier que grand politique, s'était lié avec ce dernier, qui avait donné, tête baissée, dans les plans gigantesques du représentant de Charles XII. Voltaire, plein de verve, pétillant d'esprit, le séduisit par ses grâces de jeune chat, et nous voulons bien croire que Gortz, comme Voltaire l'avance, lui proposa de l'accompagner dans ses voyages. Ce qui est inadmissible, c'est que l'auteur d'*Œdipe* ait été l'un des premiers initié à toutes ces trames [3]. Voltaire a sans doute intérêt à y faire croire; car cela donne une incontestable autorité à ce charmant récit, l'*Histoire de Charles XII*. Au fond, on ne lui avait rien confié, et il était si peu le confident de ces terribles

---

1. Danchet n'était pas moins épargné par les couplets. Il dînait un jour chez Hoguère. Un Allemand qui était du repas, lui dit dans son mauvais français : « Je crois, monsieur, avoir eu l'honneur de vous voir quelque part. Je ne puis me rappeler où... » Danchet cherchait et ne se souvenait point. « Oh! parbleu, s'écria l'étranger, après y avoir longtemps rêvé, M. Danchet, je me souviens à présent où je vous ai vu, je vous ai vu dans les couplets de Rousseau. » Collé, *Journal* (Paris, 1805), t. I, p. 231, 232; juin 1750.

2. Voltaire, *Œuvres complètes* (Beuchot), t. II, p. 283. *Adélaïde du Guesclin*. Avertissement des éditeurs de Kehl.

3. *Ibid.*, t. XXIV, p. 288.

secrets; qu'il priait un jour Thiériot de demander à M. de Croissy s'il avait connu le baron de Gortz, et jusqu'où il pensait qu'il eût poussé ses vastes desseins sur le Prétendant et sur l'empire [1].

Mais cette liaison avec un étranger, dont on connaissait les manœuvres, de quelque façon qu'on l'envisageât, ne devait pas être vue d'un bon œil par le Régent, et ce grief, joint à d'autres circonstances que nous dirons, ne laissèrent pas d'indisposer de nouveau le prince contre un brouillon qui n'était pas las, sans doute, d'être exilé et embastillé.

*OEdipe*, d'ailleurs supérieurement joué par Dufresne et mademoiselle Desmares, qui quittait le théâtre peu après, eut quarante-cinq représentations, ce qui était alors un résultat inouï. Rien ne manqua de ce qui escorte et accroît les grands succès. Les brochures pour et contre, les apologies et les critiques s'entrechoquèrent et ne firent qu'augmenter le retentissement de l'œuvre nouvelle. Quérard signale une quinzaine de lettres, réfutations et remarques dont *OEdipe* fut l'objet, depuis la *Lettre d'un gentilhomme suédois* jusqu'à celle d'un *abbé à un gentilhomme de province*, qui eurent leur moment, leur à propos, leur coup de dent; et que nul autre qu'un bibliophile effréné ne s'aviserait actuellement d'enlever à leur poussière [2]. La lecture, chose rare, confirma l'arrêt du théâtre. Voltaire fit suivre sa brochure de six lettres: la première, pour

---

1. Voltaire, *Pièces inédites* (Didot, 1820), p. 206. Lettre de Voltaire à Thiériot; Saint-Germain-en-Laye, 2 mars 1729.
2. Quérard, *Bibliographie voltairienne* (Didot, 1848), p. 132, 133. Nos 727 à 741.

se laver de toutes les calomnies qui avaient couru sur son compte, et à laquelle nous avons emprunté, plus haut, le récit piquant des tribulations qu'il avait eu à essuyer de la part des acteurs; les autres consacrées à la critique des trois *OEdipe*, ceux de Sophocle, de Corneille et le sien. On a vu Arouet s'adresser à Dacier, cet adorateur fanatique des Anciens, et requérir ses conseils. On comprend la fureur de celui-ci, à la vue de la lettre sur Sophocle, qui n'est qu'un long et irrévencieux persiflage. Le bonhomme, hors de lui, voulait ramasser le gant et prendre la défense du tragique grec ; ce qu'il eût fait si madame Dacier ne l'en eût empêché [1]. Selon Duvernet, c'eût été à l'occasion d'*OEdipe* qu'eût eu lieu la cessation des hostilités entre les Anciens et les Modernes, et que la paix eût été jurée entre Lamotte et les époux Dacier, à un repas mémorable donné par M. de Valincourt, dont l'abbé fait gratuitement un duc [2]. A cela il y a un petit empêchechement. Ce dîner de réconciliation, où se trouvait la spirituelle mademoiselle Delaunay, remonte au dimanche 3 avril 1716, deux ans avant la représentation d'*OEdipe* [3]. Voltaire s'était empressé d'envoyer sa tragédie à Rousseau : le bruit de son succès s'était répandu jusque dans la ville impériale, et Jean-Baptiste l'avait à peine parcourue qu'on la lui enlevait et que

1. *Lettres de Rousseau sur différents sujets de littérature* (Genève, 1750), t. II, p. 278. Lettre de Brossette à Rousseau ; Lyon, 25 mars 1719.
2. Duvernet, *Vie de Voltaire* (Genève, 1786), p. 39, 40.
3. *Lettres de Rousseau sur différents sujets de littérature* (Genève, 1750), t. II, p. 78. Lettre de Brossette à Rousseau ; à Lyon, 18 avril 1716.

tout ce que Vienne renfermait de gens éclairés se la disputait. L'impératrice Amélie la lut dans l'exemplaire de Rousseau. Une chose qu'il est juste de constater, à la louange de ce dernier, c'est le contentement généreux qu'il témoigne au jeune poëte. Il faut citer sa lettre à Voltaire, qui est des plus cordiales, et ce qui est mieux, des plus sincères :

Malgré l'éloignement qui nous sépare, monsieur, je ne vous ai jamais perdu de vue, et mon amitié vous a toujours suivi sans interruption dans les différens événemens dont votre vie a été mélangée. Il y a longtems que je vous regarde comme un homme destiné à faire un jour la gloire de son siècle, et j'ai eu la satisfaction de voir que toutes les personnes qui me font l'honneur de m'écouter en ont fait le même jugement que moi sur les divers ouvrages que je leur ai souvent lus de vous. Dans le tems que je jouissois du plaisir de voir croître une réputation qui m'est si chère, j'ai eu la douleur d'apprendre les traverses dont vos succès ont été interrompus, et je puis vous assurer que je ne les ai guère moins vivement senties que les miennes propres...

Je n'ai reçu qu'hier le présent que vous avez eu la bonté de me faire de la tragédie dans laquelle vous avez lutté si avantageusement contre ce fameux moderne (Corneille). Je ne doutois nullement que l'avantage ne fût de votre côté; mais je ne m'attendois pas que vous sortissiez si glorieusement du combat avec Sophocle; et, malgré la juste prévention où je suis pour l'antiquité, je suis obligé d'avouer que le François de 24 ans a triomphé en beaucoup d'endroits du Grec de 80. Ce qui m'a le plus surpris dans un auteur de votre âge, c'est l'économie admirable de votre pièce et la manière judicieuse et adroite avec laquelle vous avez évité les écueils presque inévitables d'une action aussi difficile à traiter que celle que vous avez choisie... Vos caractères ne sont pas moins justes que votre disposition, et je ne saurois approuver la critique que vous faites vous-même de celui de Philoctète; la modestie qui sied bien aux grands hommes, n'étant point une vertu du caractère des héros fabuleux, et étant même contraire à la simplicité des premiers tems, comme la vanité le seroit à la politesse du nôtre.

... J'aurois une infinité d'autres choses à vous dire sur l'excellent ouvrage que vous m'avez envoyé, et sur les dissertations qui l'accompagnent. Je suis du même avis que vous sur plusieurs des choses qu'elles renferment, et, dans celles où je ne suis pas de votre sentiment, j'admire la netteté de votre style, et l'agrément de vos expressions. J'espère que nous nous verrons à Bruxelles, et que nous aurons le loisir de nous y entretenir de plusieurs choses qui seroient trop longues à écrire[1].

Rousseau ne savait pas quel souhait il faisait, et ne se doutait guère quelles conséquences auraient pour tous deux un rapprochement qui n'eût dû rendre que plus affectueux leurs rapports futurs. Cette lettre du lyrique est remarquable et par son ton de cordialité et par les éloges dont il accable son jeune confrère. Ce ne sont pas là de simples compliments. Son admiration n'est pas feinte, elle est sincère, et il ne parle pas autrement de sa tragédie et avec moins d'enthousiasme dans la lettre qu'il écrivait à Brossette, à un mois d'intervalle. « Je vous avouerai ingénument, et sans prévention, lui marquait-il, que je l'ai trouvée encore plus belle que je ne me l'étois figuré, et je ne m'attendois pas à trouver si peu de fautes dans la conduite d'un ouvrage où Corneille lui-même a échoué[2]... » On ne peut s'exprimer avec plus de fran-

1. *Lettres de Rousseau sur différents sujets de littérature* (Genève, 1750), t. II, p. 280 à 290. Lettre de Rousseau à Voltaire ; Vienne, 25 mars 1719.

2. *Ibid.*, t. II, p. 291. Lettre de Rousseau à Brossette ; Vienne, 29 avril 1719. Voir aussi sa lettre à M. Boutet ; Vienne, 15 mai 1719, où il dit : « Qu'il s'en faut bien peu que l'auteur n'ait atteint toute la perfection dont son sujet étoit capable. » T. II, p. 107.

chise et de désintéressement sur le compte d'un talent qui était à son aurore et qui sûrement ne s'arrêterait pas là.

C'était Lamotte qui, comme censeur, devait approuver *OEdipe;* il était supposable que l'approbation se renfermerait dans les termes les plus brefs, et l'auteur du *Bourbier* n'avait pas à attendre davantage de celui qu'il avait si outrageusement traité. Mais Lamotte sut se venger à la manière des belles âmes. « Le public, disait-il dans cette sorte de laisser-passer obligatoire pour tout livre qui voulait faire honnêtement et tranquillement son entrée dans le monde, le public, à la représentation de cette pièce, s'est promis un digne successeur de Corneille et de Racine; et je crois qu'à la lecture il ne rabattra rien de ses espérances. » Cette exagération était au moins excusable, puisqu'elle ne provenait que d'un sentiment généreux : c'était un encouragement désintéressé, et d'autant plus désintéressé qu'il devait, lui aussi, donner deux *OEdipe.* En tout cas, y avait-il là de quoi exciter l'indignation d'un poëte dont Arouet s'était déclaré le disciple, et qui n'eût dû qu'applaudir au succès même surfait d'un nourrisson du Temple? A peine l'approbation de Lamotte était-elle publique, que l'épigramme suivante courait tout Paris :

> Oh! la belle approbation!
> Qu'elle nous promet de merveilles!
> C'est la sûre prédiction
> De voir Voltaire un jour remplacer les *Corneilles.*
> Mais où diable, *La Motte,* as-tu pris cette erreur?
> Je te connoissois bien pour un très-plat auteur,

> Et surtout très-méchant poëte,
> Mais non pour un lâche flatteur,
> Encor moins pour un faux prophète.

Ces mauvais vers sont de Chaulieu, qui ne s'indignait que parce que Lamotte était une de ses antipathies. Lorsque le *Bourbier* parut, il n'eut pas assez d'éloges pour cette satire virulente contre un poëte qui n'était poëte, selon lui, qu'à coups de dictionnaire, et dont le faux bel esprit avait été funeste à plus d'un esprit aimable, notamment à La Faye. Il adressa même à l'auteur une épître où il l'encourageait dans cette guerre contre Houdart et ses disciples :

> Que j'aime ta noble audace,
> Arouet, qui d'un plein saut
> Escalades le Parnasse...[1].

Voltaire ne parut pas trop s'affecter de cette boutade du vieil abbé, qu'il n'en placera pas moins, dans le *Temple du Goût*, à la tête des poëtes « négligés, » son vrai rang. Fontenelle adressa, de son côté, un singulier reproche à l'auteur d'*OEdipe*. Il trouvait, tout neveu de Corneille qu'il fût, la tragédie fort belle; mais, à son sens, la versification en était trop forte et trop pleine de feu. Le poëte lui répondit par un compliment qui avait tout l'air d'un persiflage, mais que le vieux berger était trop normand pour prendre en

---

1. Chaulieu, *OEuvres* (la Haye, 1777), t. II, p. 207, 208, 209. A M. Arouet, sur son *Parnasse*. L'éditeur dit à ce propos : « Nous ignorons de quel Parnasse il s'agit ici. Ce n'est certainement pas du *Temple du Goût*, qui n'a paru qu'en 1731, onze ans après la mort de Chaulieu. » La satire à laquelle l'abbé fait allusion, circula d'abord sous le titre de *Parnasse*, et ce ne fut qu'ensuite qu'elle prit celui de *Bourbier*.

mauvaise part; il ferait son profit de la critique : « et pour apprendre à me corriger, ajoutait-il, je m'en vais lire vos *Pastorales*[1]. »

Son poëme sur la *Bastille*, composé à la Bastille, avait paru plaisant au Régent, qui, s'il fallait en croire Duvernet, l'admit à lui faire sa cour, le lendemain de son élargissement. L'accueil du prince eût été des plus aimables. « Monseigneur, lui dit Voltaire, je trouverais fort bon si Sa Majesté voulait désormais se charger de ma nourriture; mais je supplie Votre Altesse de ne plus se charger de mon logement[2]. » Condorcet ajoute que le duc d'Orléans lui accorda une gratification[3]. On a pu voir qu'aussitôt sorti de la Bastille, Arouet dut se retirer à Châtenay; l'anecdote est donc inadmissible à la date où on la place, et cette gratification ne doit venir qu'après la représentation d'*OEdipe*.

« ... Une preuve plus sûre de mon innocence, dit Arouet dans une de ses lettres sur sa tragédie, c'est qu'il a daigné dire que je n'étais point coupable, et qu'il a reconnu la calomnie, lorsque le temps a permis qu'il pût la découvrir. Je ne regarde point non plus cette grâce que Mgr le duc d'Orléans m'a faite, comme une récompense de mon travail, qui ne méritait tout au plus que son indulgence, il a moins voulu me récompenser que m'engager à mériter sa protection[4]. »

---

1. *Lettres de Rousseau sur différents sujets de littérature* (Genève, 1750), t. II, p. 308. Lettre de Brossette à Rousseau; Lyon, 26 mai 1720.
2. L'abbé Duvernet, *la Vie de Voltaire* (Genève, 1786), p. 37.
3. Voltaire, *OEuvres complètes* (Beuchot), t. I, p. 129. *Vie de Voltaire*, par Condorcet.
4. *Ibid.*, t. II, p. 19, 20. Lettres sur OEdipe, écrites en 1719.

Cette gratification, la Harpe la porte à cent louis[1], Baculard à mille écus[2], et elle se change en pension dans les *Mémoires* de Longchamp[3]. Ce qu'on peut dire, c'est que dans un état des rentes, pensions et revenus du poëte en 1749, se trouve une pension de douze cents francs sur la cassette du duc d'Orléans, et que ce fut Longchamp qui la toucha cette année-là, à ce qu'il affirme : elle figure encore sur le *Livret* de Voltaire, à la date de 1775[4]. Ce ne fut pas, du reste, la seule faveur que lui valut *OEdipe*. En témoignage du plaisir qu'il lui avait fait, le Régent commanda à Launay une médaille en or, portant à ses deux faces les effigies du roi et la sienne[5]. Comme il faut qu'à un fait vrai se mêle inexorablement la légende, la chronique joint au don de cette médaille celui d'une chaîne d'or également, à la fantaisie du poëte. L'artiste en conséquence dut se transporter chez celui-ci : Comment la souhaitait-il : en graine d'épinards, en filigrane à chaînons? Et Voltaire, tout aussitôt de répondre à

---

1. La Harpe, *Cours de littérature* (Didot, 1821), t. VIII, p. 52.
2. Longchamp et Wagnière, *Mémoires sur Voltaire* (Paris, 1826), t. II, p. 490. Préface d'une édition des *OEuvres de M. de Voltaire*. Baculard parle, en outre, d'une pension de deux mille livres, qui doit être celle que le roi, à l'instigation du Régent, fera au poëte en 1722.
3. *Ibid.*, t. II, p. 330.
4. Bibliothèque impériale. Manuscrits. FR 15285. *Etat des biens de Voltaire, écrits de sa main*, p. 1.
5. « Le 6 décembre 1718, donné au sieur Arouet une médaille d'or représentant d'un côté le roy et de l'aultre Mgr le duc d'Orléans, Régent, revenant à la somme de six cent soixante quinze livres dix sous, en considération d'une tragédie qu'il a fait sur le sujet d'OEdipe. » Bibliothèque impériale. Manuscrits. *Recueil des présents faits par le Roy*.

Launay qu'il n'avait qu'à prendre modèle sur une chaîne de puits. Ce conte est de Gacon; c'est assez dire le cas qu'on en doit faire [1].

Arouet avait écrit au duc d'Orléans pour lui demander de souffrir qu'il lui dédiât son *OEdipe* [2]. Cela est d'autant plus à noter qu'on avait voulu voir, dans le personnage incestueux du mari de Jocaste, une allusion aux mœurs affreuses du Régent. Nous ne savons si le prince déclina catégoriquement l'hommage; il est à croire, s'il en eût été ainsi, qu'Arouet n'eût pas osé le reporter sur un membre de la famille, la duchesse douairière d'Orléans. Le poëte envoya également sa tragédie au roi d'Angleterre, en lui disant que ce tribut d'estime et de respect, ce n'était point au roi, mais au sage, mais au héros qu'il le rendait. Même envoi et compliment pareil au duc et à la duchesse de Lorraine, auxquels il offrait les prémices de sa jeune muse : « C'est aux dieux qu'on les doit, et vous êtes les miens. » La dédicace à Madame a cela de remarquable qu'elle est signée « Arouet de Voltaire [3]. » Jusqu'ici il ne s'était appelé qu'Arouet; désormais, il prendra ce nom qu'il a rendu soixante ans si célèbre. Le sien lui déplaisait, il prêtait à l'équivoque; il lui attribuait les mauvaises fortunes qu'il avait essuyées. « J'ai changé, disait-il à Jean-Baptiste, mon nom d'Arouet en celui de Voltaire, afin de n'être pas con-

1. Bibliothèque impériale. Manuscrits. Fonds Bouhier 178. *Recueil de particularités, bons mots*, etc. — Le *Journal satirique intercepté* (1719) par le sieur Bourguignon (Gacon), p. 42, 43.
2. Voltaire, *OEuvres complètes* (Beuchot), t. LI, p. 57. A Monseigneur le duc d'Orléans, Régent; 1718.
3. *Ibid.*, t. II, p. 10.

fondu avec ce malheureux poëte *Roi*[1]. » Le plus clair, c'est que son nom lui était odieux, et qu'il en voulait un autre. « Je vous envoyai, écrivait-il en 1741 à l'abbé Moussinot, ma signature en parchemin, dans laquelle j'oubliai le nom d'Arouet que j'oublie assez volontiers. Je vous envoie d'autres parchemins où ce nom se trouve, malgré le peu de cas que j'en fais[2]. » Voltaire se débarrassait de son nom pour un nom plus sonore; faut-il l'en blâmer? Il ne faisait qu'imiter Balzac et Molière, qui s'étaient crus autorisés à transmettre des noms euphoniques et d'une prononciation facile à la postérité, au lieu de ceux de Guez et de Poquelin. Aussi la postérité pardonne-t-elle aisément ces petites faiblesses, quand faiblesse il y a. Mais pour-

---

1. Dans une note du *Voltairiana*, on lui fait écrire à mademoiselle Dunoyer : « Ne t'étonne pas, ma chère, de ce changement de nom; j'ai été si malheureux avec l'autre que je veux voir si celui-ci m'apportera du bonheur. » L'auteur du recueil prétend avoir eu dans ses mains la lettre du poëte. Mais alors Voltaire n'aurait pas attendu à la représentation de son *Œdipe*; sa détermination remonterait à 1714, ses rapports épistolaires avec Olympe ayant cessé au commencement de cette année même. Cela démontre le cas qu'on doit faire d'une assertion sans preuve aucune, et qui, d'ailleurs, n'est pas la seule mensongère de cette étrange note. *Voltairiana ou Eloges amphigouriques de F.-Marie Arrouet* (Paris, 1748), t. 1. Épître dédicatoire. — Dangeau, qui avait grand soin de consigner la rumeur courante, dit dans son *Journal* qu'Arouet a pris ce parti « parce qu'on étoit fort prévenu contre lui, à cause qu'il a offensé beaucoup de gens dans ses vers. » T. XVII, p. 418. Vendredi 18 novembre 1718. C'était l'interprétation que l'on donnait alors à ce changement de nom. Et, à ce titre, nous avons cru devoir la mentionner, quoi qu'elle paraisse plus spécieuse que satisfaisante. Cela n'explique pas, après tout, le choix de ce nom de Voltaire.

2. Bibliothèque impériale. Manuscrits. F. R. 15208. *Lettres originales de Voltaire à l'abbé Moussinot*, p. 269; Bruxelles, ce 2 mai 1741.

quoi ce nom de Voltaire plutôt que tout autre nom?

On a dit que « Voltaire » était le nom d'un petit bien de famille qui appartenait à madame Arouet; et Condorcet, considérant pour sa part le fait comme démontré, ne se met en peine que d'excuser cette sorte d'apostasie, dont les Arouet étaient seuls fondés à se formaliser [1]. Mais chacun voulut avoir trouvé l'origine véritable d'une appellation que le premier intéressé ne se préoccupa point de motiver. L'auteur du *Colporteur*, Chévrier, raconte que le poëte, étant tombé malade à Volterra, ville de la Toscane, eut tellement à se louer des soins et des preuves d'affection qu'il reçut, que, par reconnaissance, il en prit le nom. Une petite difficulté s'élève contre cet arrangement ingénieux, c'est que Voltaire n'est jamais allé en Toscane, pas plus qu'en aucun autre coin de l'Italie. Ce qui va suivre est plus subtil encore. L'un des côtés saillants du caractère d'Arouet, enfant, était l'entêtement et l'indiscipline, qui lui avaient valu l'épithète de petit *volontaire;* on ne le désignait pas autrement. Si bien qu'un beau jour, cherchant un nom qui pût le faire distinguer de son père et de son frère, il s'avisa de retrancher deux lettres au surnom que lui avait mérité son humeur indomptable, et s'appela « Voltaire, » sans plus de façon. Comme cette version est celle d'un octogénaire, qui la rapportait en 1822 [2], il est un peu permis de croire que l'octogénaire radotait, et de se rallier à l'hypothèse

---

[1]. Voltaire, *Œuvres complètes* (Beuchot), t. I, p. 119, 120. *Vie de Voltaire*, par Condorcet.

[2]. Paillet de Warcy, *Histoire de la Vie et des ouvrages de Voltaire* (Paris, 1824), t. I, p. 21, 22.

qui fait de « Voltaire » un fief, petit ou grand, subsistant ou ayant subsisté dans la famille maternelle de l'auteur de la *Henriade*; si encore l'on ne préfère admettre que « Voltaire » soit tout simplement l'anagramme de son nom « Arouet L.-J. (le jeune) [1]. »

1. *Lettres Champenoises* (1820), t. II, p. 288. L'abbé Nonnotte avait dit avant elles : « Il blâme le pape Martin V, qui étoit de la maison des princes de *Cologne*, d'avoir changé son beau nom pour celui de *Martin*. Pour lui il a été bien plus adroit, en changeant son nom bourgeois d'*Arouet*, pour l'ennoblir à l'aide d'un anagramme et de l'addition de deux lettres, et en faire le nom de Voltaire. » L'abbé Nonnotte, *les Erreurs de Voltaire* (Lyon, 1770), t. I, p. 198, 199. L'auteur des *Souvenirs de la marquise de Créqui*, dit que « Veautaire » transformé en « Voltaire » était une petite ferme située dans la paroisse d'Asnières-sur-Oise, à dix lieues de Paris, d'un revenu de deux cents livres. Il ajoute que le poëte en avait hérité d'un sien cousin appelé Gromichel. Nous avons serré cette famille d'assez près pour pouvoir assurer que ce personnage est de pure invention et n'a jamais existé que dans l'imagination de ce fabricateur de *Souvenirs*. Mais, puisque les hypothèses les moins sérieuses ont trouvé place ici, c'est le lieu de signaler une singularité qui a bien sa curiosité. Il existe une tragédie de la moitié du dix-septième siècle, intitulée *Balde, reine des Sarmates*. Le personnage le plus important s'appelle « Voltare. » Ce Voltare, placé à peu de choses près dans la situation d'OEdipe, ne trouve d'autre soulagement que le blasphème ; il s'emporte contre les dieux, et parle d'acheter à prix d'or les oracles de leurs prêtres. Ce qui est à remarquer, c'est que *Balde* est dédiée au président de Maisons, le grand père de l'ami de Voltaire. Qui sait si l'auteur de la *Henriade*, en quête d'un nom, n'a pas trouvé plaisant d'emprunter le sien à ce hardi blasphémateur? « Voltare » était dur à l'oreille : le poëte en aurait fait « Voltaire. » Jobert, *Balde, reine des Sarmates*, tragédie en cinq actes et en vers (Paris, Augustin Courbe, 1651), p. 92, 96, 97. — *Catalogue de la Bibliothèque de Soleinne* (Paris, 1843), t. I, p. 285.

# V

VOLTAIRE A VAUX-VILLARS. — ÉPRIS DE LA MARÉCHALE.
POISSON. — *ARTÉMIRE*. — LETTRE A FONTENELLE.

Voltaire, depuis longtemps, ne demeurait plus chez son père; il logeait, comme on l'a vu, dans une maison garnie de la rue de la Calandre, quand on vint l'arrêter pour le mener à la Bastille. Si l'on a la preuve qu'il faisait une pension à son fils [1], il est plus que probable que M. Arouet ne soutenait qu'insuffisamment de ses deniers une vie de désordre qui le désespérait. Bien que le jeune poëte dînât et soupât en ville, encore se demande-t-on quels étaient ses moyens d'existence. Les deux mille francs que lui avait légués mademoiselle de Lenclos pour acheter des livres eurent-ils en effet cet emploi, ou bien, allant au plus pressé, Arouet les fit-il passer dans des dépenses d'une urgence plus actuelle? C'est ce que nous ne saurions dire. Il lui restait la ressource des usuriers et des prêteurs à la petite semaine, et il ira plus d'une fois gratter à leur porte. Précoce en cela comme en toute chose, dès l'âge de treize ans, il se mettait dans leurs mains et souscrivait des billets dont on comptait bien se servir à sa majorité.

1. Inventaire, liasse 70. Quittances relatives aux sommes accordées à son fils « pour ses pensions, depuis qu'il est sorti du collége. »

Mêlé à toute sorte de monde, tant grands seigneurs qu'hommes en places et hommes d'affaires, séduisant par son entrain, ses saillies, un esprit qui ne montrait qu'à bon escient ses griffes de jeune chat et faisait patte de velours avec les puissances, le petit Arouet s'était recruté des amis un peu partout et dans tous les camps. Le hasard l'avait lié de bonne heure avec des gens de finance, auxquels il eut la chance d'être agréable dans une passe critique pour eux. La Régence, aux abois, pour faire rentrer quelque argent dans les caisses de l'État, n'avait pas trouvé d'autre moyen que d'établir une Chambre de justice à l'imitation de celle de 1666. Les résultats les plus clairs de ce premier tribunal avaient été la ruine de quelques traitants célèbres, arrivés par les vexations et les rapines à des fortunes scandaleuses; quant aux avantages pécuniaires qu'on en attendait, ils furent à peu près nuls. Il en devait être de même de la Chambre de justice, inaugurée par l'édit du 12 mars 1716 et qui tenait ses séances au couvent des Grands-Augustins[1]. Bien des familles furent inquiétées, il y eut quatre mille quatre cents dix financiers taxés assez arbitrairement. Cette saignée produisit un chiffre de plus de 160 millions, dont il ne rentra guère au Trésor que soixante-dix millions[2]. Le peuple, qui avait battu des mains, en s'a-

---

1. Archives impériales. *Registre du secrétariat de la maison du Roy*, de l'année 1716, p. 194.

2. « ... On aurait en Perse empalé ces soixante et trois seigneurs, dit Voltaire en souvenir de cette chambre de justice, dans son conte de *Zadig*; *en d'autres pays*, on eût fait une chambre de justice qui eût consommé en frais le triple de l'argent volé, et qui n'eût rien remis dans les coffres du souverain. » *OEuvres complètes* ( Beuchot),

percevant que les rentrées ne se faisaient pas au profit
du roi, et que les roués et les maîtresses du Régent se
partageaient la proie, finit par comprendre qu'il n'avait
point intérêt à ces rigueurs. Ainsi, le marquis de La
Fare, gendre de Paparel, trésorier de la gendarmerie,
s'était fait adjuger par le duc d'Orléans les biens confisqués de son beau-père, condamné à mort, et se vau-
trait dans cette énorme fortune, sans donner un morceau de pain à l'infortuné traitant, qu'on n'avait
épargné que pour le laisser périr de faim ; ce qui ne
devait pas empêcher le marquis de mourir avec cinq
cent mille livres de dettes, après avoir dévoré plus de
quatre millions[1]. Dans ces recherches de fortunes sus-
pectes, la convoitise avait trop beau jeu pour que la
délation, cet instrument terrible, ne fût pas un cou-
teau incessamment suspendu sur la tête de tous, une
épée de Damoclès dont nul n'était à l'abri, pour peu
qu'on eût touché, de près ou de loin, aux finances de
l'État.

> Le délateur, monstre exécrable,
> Est orné d'un titre honorable,
> A la honte de notre nom ;
> L'esclave fait trembler le maître ;
> Enfin nous allons voir renaître
> Les temps de Claude et de Néron...
> Une ordonnance criminelle
> Veut qu'au public chacun révèle

---

1. XXXIII, p. 109. Le montant originel des taxes s'éleva à la
somme de 219,478,391 livres, somme égale aux deux septièmes de
la masse des biens imposés. Mais on dut renoncer à la perception in-
tégrale de cet énorme total. Barbier, *Journal* (Charpentier), t. I,
p. 14.
  1. Le marquis d'Argenson, *Mémoires* (Jannet), t. IV, p. 102. —
*Vie privée de Louis XV* (Londres, 1785), t. I, p. 22, 23.

> Les opprobres de sa maison ;
> Et, pour couronner l'entreprise,
> On fait, d'un pays de franchise,
> Une immense et vaste prison [1].

Ces vers sont tirés d'une *Ode sur la Chambre de justice*, « le tribunal infâme » qui jetait l'épouvante et la consternation dans tout Paris. L'auteur, comme on en peut juger, le prend de bien haut, et son enthousiasme pindarique force un peu trop les cordes. En somme, Rousseau, qu'on s'est ostensiblement efforcé d'imiter, est sévère pour cette pièce, qui n'est pas sans idées pourtant et sans beaux vers. Brossette la lui avait envoyée, en lui disant qu'on l'attribuait au jeune Arouet. « Je n'ai guère vu, lui répondit-il, rien de plus grossier, de plus platement enflé. Le caractère emporté et séditieux de cet ouvrage ne peut plaire qu'à des petits esprits, sans goût et sans jugement [2]..... » L'auteur n'était pas pressé, et on le conçoit, de donner son nom, et le public en était réduit aux conjectures; Maurepas le suppose être le fruit de la minerve d'un M. Gourdon de Bache, un Toulousain, neveu du poëte Campistron. S'il se trompe sur ce point, est-il mieux renseigné sur le reste? Il prétend que l'ode fut demandée par MM. Paris et Héron, receveurs des finances de Champagne, qui trouvaient que cette Saint-Barthélemy de traitants avait assez duré [3]. Cela est d'autant

---

1. Voltaire, *OEuvres complètes* (Beuchot), t. XII, p. 412.
2. *Lettres de Rousseau sur différents sujets de littérature* (Genève, 1750), t. II, p. 151, 158, 159. Lettre de Brossette à Rousseau; Lyon, 19 mars 1717. Lettre de Rousseau à Brossette; à Vienne, le 19 avril 1717.
3. Maurepas, *Mémoires* (Paris, 1792), t. I, p. 150.

plus probable que ce Paris est un des quatre Paris auxquels, plus tard, Voltaire sera redevable de la majeure partie de sa fortune[1]. De tels services se payent, rendus surtout à des gens d'argent; et, si Arouet, qui deux ou trois mois après entrait à la Bastille, ne fut pas à portée de ressentir sur l'heure l'effet de la reconnaissance des deux receveurs de Champagne, il ne devait, sans doute, rien perdre pour attendre.

Si Vaux[2] n'était plus le théâtre de ruineuses folies, il n'avait pas cessé d'être un séjour enchanté où toute la bonne société se pressait, attirée par l'illustration du maréchal, et tout autant, sinon plus, par la grâce, la séduction de l'aimable duchesse. Le vaniteux Villars ne nous le laisse pas ignorer : « Je partis pour Villars, où j'avais bonne et grande compagnie... » Une autre fois : « J'allai coucher le premier avril chez le premier président, et, le jour d'après, à Villars, où beaucoup de gens vinrent me voir... » A cet autre endroit : « Je me rendis dans mon château de Villars, où j'eus toujours très-grande compagnie... » C'est la phrase invariable

---

1. Les quatre frères furent taxés à 1,216,000 fr., nous apprend Dangeau, *Journal*, t. XVII, p. 26 ; 17 février 1717. Héron (Jean-Louis) fut taxé, pour sa part, à 335,000 fr. Liste des gens d'affaire qui ont été taxés. Huitième rôle, du 2 janvier 1717. *Vie privée de Louis XV* (Londres, 1785), t. I, p. 257.

2. Scudéri, *Clélie* (Paris, 1661), t. X, p. 1099-1142. — D'Argenville, *Voyage pittoresque aux environs de Paris* (Paris, 1768), p. 261. — Dulaure, *Nouvelle description de Paris et de ses environs* (Paris, 1790), t. II, p. 267. — Hurtaut et Magny, *Dictionnaire historique de la ville de Paris et de ses environs* (Paris, 1779), t. IV, p. 776. Voir aussi les nombreuses vues de Vaux, d'Israël Silvestre. Vaux, originairement Vaux-le-Vicomte, puis Vaux-Villars, puis Vaux-Praslin, est actuellement la propriété de MM. de Choiseul.

et sacramentelle[1]. La maréchale, à la première représentation d'*OEdipe*, avait voulu connaître l'auteur; elle se l'était fait présenter, et l'avait honoré, comme on l'a vu, de l'accueil le plus flatteur. Voltaire fût engagé à venir à Villars, et il n'eut garde de ne pas se rendre à une invitation qui faisait trop le compte de son amour-propre. Mieux eût valu pourtant qu'il fût demeuré chez lui avec ses livres et sa *Henriade* ébauchée. Il s'éprenait tout aussitôt de cette jolie Maréchale si entourée, si adorée, si galante. Madame de Villars n'était pas toute jeune. Jeanne-Angélique Roque de Varengueville, fille de l'ambassadeur de Venise et sœur cadette de madame de Maisons, la mère du dernier président[2], était unie depuis dix-sept ans (1702) à l'illustre guerrier qui, déjà vieux, parut un peu inquiet, au début, de la garde de ce dangereux trésor. Il voulut l'emmener à l'armée contre tous les usages, en arracha la permission au roi, mais ne put obtenir un passeport du prince de Bade. En cela il donna un peu à causer et à se moquer à une cour frivole qui n'eut bientôt qu'à battre des mains à ses succès[3]. Quoique les années fussent venues, la beauté de la maréchale avait résisté. « Elle étoit d'une figure admirable, grande, de bon air, et le ton qui se prenoit à la cour et que l'on reconnoît aujourd'hui dans celles qui y ont été, » nous dit

1. Maréchal de Villars, *Mémoires* (Michaud et Poujoulat), t. XXXIII, p. 276, 282 et 284.
2. La Chesnaye des Bois, *Dictionnaire de la noblesse*, t. XII, p. 798. Elles étaient nièces de l'abbé Courtin, par leur mère *Lettres de madame de Sévigné* (Hachette), t. VI, p. 201, 202.
3. Dangeau, *Journal*, t. IX, p. 214, 216, 336; 15 et 17 juin, 31 octobre 1703.

le président Hénault, très au fait des secrets de la maison. La contenance de madame de Villars avec Voltaire fut celle d'une coquette qui sait irriter la passion sans la satisfaire, et cela avec tant de bonhomie apparente, de grâce, tant de franche affection, que le poëte, malgré le peu de progrès qu'il faisait, continuait à soupirer, à se dépiter, à se désespérer, sans trouver le courage de secouer ses chaînes, bien que sachant qu'il n'obtiendrait que ce que le premier venu rencontrait à Villars : de la bienveillance, des égards, une hospitalité raffinée, et « de petits soupers où l'on buvait très-frais [1]. » Faudrait-il attribuer les rigueurs de la maréchale à la rigidité de ses principes, au sentiment de ce qu'elle se devait à elle-même? Nous ne demanderions pas mieux. Mais la maréchale n'était rien moins qu'insensible. Elle eut des faiblesses qui ne furent que trop connues. « Ils ont eu une fille qui s'est faite religieuse, ajoute le président Hénault; sa mère en a été bien soulagée. Ça été le cas de la duchesse de Longueville, qui se consola de la mort de son fils [2]. » Tout le monde sait ce que cela veut dire. Quand parut Voltaire, madame de Villars n'avait pas encore abdiqué, et la chronique scandaleuse, quelques années après, lui donnait l'abbé de Veauréal, « mauvais prêtre mais aimable abbé, » que lui disputait la duchesse de Gontaut, et qui ne devait pas tarder à être nommé à l'évêché de Rennes [3]. Mais, si on se soucie peu de l'amour

---

1. Voltaire, OEuvres complètes (Beuchot), t. XIII, p. 50. Épître à madame la maréchale de Villars (1719).
2. Président Hénault, *Mémoires* (Dentu, 1855), p. 411, 412.
3. Bibliothèque impériale. Manuscrits. Jamet jeune, *Stromates* ou

de Voltaire, il en est autrement de sa personne, qu'on sait apprécier ce qu'elle vaut. La maréchale le retrouvait chez son neveu, à Maisons; elle le retrouvait encore à Sulli, où la société était toujours nombreuse, et elle se servait de sa plume et de ses petits vers pour correspondre avec ses amies [1]. Quand il tardait trop à reparaître à Villars, on le relançait dans sa solitude, et il se laissait faire, tout en sentant, quoiqu'il se dise guéri, que c'était perpétuer cet état de fièvre et de trouble si peu compatible avec les spéculations de l'intelligence.

... On a su, écrit-il à la marquise de Mimeure, me déterrer dans mon ermitage, pour me prier d'aller à Villars ; mais on ne m'y fera point perdre mon repos. Je porte à présent un manteau de philosophie dont je ne me déferai pour rien au monde...

Je vous prie de m'envoyer le petit emplâtre que vous m'avez promis pour le bouton qui m'est venu sur l'œil. Surtout ne croyez point que ce soit coquetterie, et que je veuille paraître à Villars avec un désagrément de moins. Mes yeux commencent à ne me plus intéresser qu'autant que je m'en sers pour lire et pour écrire. Je ne crains plus même les yeux de personne... [2].

Et cette autre lettre à la même marquise, sans date comme celle qui précède, mais qui a dû la suivre de près :

---

*Miscellanea*, t. I, p. 245; 15 juin 1732. — Bibliothèque de l'Arsenal. Manuscrits. B. L. n° 2258. *Sottisier ou Recueil de chansons, poésies et autres pièces satyriques*, t. II. Chanson contre la maréchale de Villars, faite par la duchesse de Gontaut; octobre 1731. Chanson sur les affaires du temps; mai 1732.

1. Voltaire, *Pièces inédites* (Didot, 1820), p. 38-41. Lettre au nom de la maréchale de Villars à madame de Saint-Germain; du château de Sulli, 1719.

2. Voltaire, *OEuvres complètes* (Beuchot), t. LI, p. 58. Lettre de Voltaire à la marquise de Mimeure, 1719.

Je vais demain à Villars ; je regrette infiniment la campagne que je quitte et ne crains guère celle où je vais.

Vous vous moquez de ma présomption, madame, et vous me croyez d'autant plus faible que je me crois raisonnable. Nous verrons qui aura raison de nous deux. Je vous réponds, par avance, que, si je remporte la victoire, je n'en serai pas fort enorgueilli.

Je vous remercie beaucoup de ce que vous m'avez envoyé pour mon œil ; c'est actuellement le seul remède dont j'ai besoin ; car soyez bien sûre que je suis guéri pour jamais du mal que vous craignez pour moi. Vous me faites sentir que l'amitié est d'un prix plus estimable mille fois que l'amour. Il me semble même que je ne suis point du tout fait pour les passions. Je trouve qu'il y a en moi du ridicule à aimer, et j'en trouverais encore davantage dans celles qui m'aimeraient. Voilà qui est fait ; j'y renonce pour la vie[1].

Quoique Voltaire ne se trompât que de moitié en se disant nullement fait pour les passions, il était encore de bonne heure, à vingt-cinq ans, pour prendre l'engagement de ne plus aimer, et madame de Mimeure n'a pas si grand tort de douter d'une guérison aussi rapide. En réalité, le poëte fut plus d'un jour à reconquérir son calme. Il avait mal pris ses mesures pour guérir vite. Il était aimable, spirituel, à cet âge où la gaieté, la bonne humeur, l'imagination, la verve sont dans toute leur fleur et leur épanouissement : c'était un concertiste dont l'absence faisait trou, et qu'on tâchait de retenir le plus possible. Il finit par étouffer cet amour mal sonnant ; mais ce ne fut que tard, après une assez longue période de fièvre, d'incurie, d'inaptitude au travail. Et, chez une organisation aussi essentiellement laborieuse, cette perte de temps est le témoignage

1. Voltaire, OEuvres complètes (Beuchot), t. LI, p. 59. Lettre de Voltaire à la marquise de Mimeure.

le plus éloquent de la vivacité de sa passion. « Il n'en parla jamais depuis, nous dit Condorcet, qu'avec le sentiment du regret et presque du remords [1]. »

Voltaire, jusque-là, ne s'était pas montré un ami chaud du Régent; sa liaison avec Richelieu, même avec le maréchal de Villars fort en suspicion, avec la cour de Sceaux et le baron de Gortz, ce brouillon audacieux si bien fait pour être le compère d'un Alberoni, ne devait pas le mettre en bonne odeur auprès du duc d'Orléans. Les *Philippiques* parurent : on voulut qu'elles fussent de Voltaire [2]. A l'époque où ces horribles strophes furent répandues, il était tout simple de l'en croire l'auteur; il y avait dans cette œuvre d'enfer l'énergie, le feu, la colère d'un Perse et d'un Juvénal. On avait les yeux attachés sur lui, l'on se souvenait de ses premiers vers, et l'on était très-disposé à le rendre responsable des noirceurs quelconques qui se débiteraient. Le doute suffit donc pour faire prendre ses sûretés à son égard, et un troisième exil lui fut infligé. La Grange Chancel, le véritable auteur de cette satire abominable, a dit, à ce propos, dans l'une de ses *Philippiques* :

> On punit les vers qu'il peut faire
> Plutôt que les vers qu'il a faits.

Dans les circonstances où se trouvait le gouvernement, entouré d'ennemis, sous le coup des calomnies

---

[1]. Voltaire, *OEuvres complètes* (Beuchot), t. I, p. 131. *Vie de Voltaire*, par Condorcet.

[2]. Marais, *Journal et Mémoires* (Didot, 1864), t. I, p. 286; février 1719.

les plus odieuses, les faiseurs de noëls et de ponts-neufs n'étaient pas ceux qui avaient le moins d'action sur l'opinion, et une mesure comme celle dont Voltaire était l'objet se conçoit, même quand elle frappe à tort. L'auteur d'*OEdipe* payait pour l'auteur du *Puero regnante*, et il faut convenir que son passé autorisait suffisamment les soupçons. C'est pourtant ce que Voltaire n'eût pas admis : il n'était pour rien dans tous les vers parus ou colportés sous son nom contre le Régent et la duchesse de Berri; non-seulement il ne s'était pas mêlé à ce concert abominable, mais si, plus tard, une voix protesta en faveur de « ce bon Régent qui gâta tout en France[1], » déposa contre « ces archives d'horreur, ces vers impurs appelés *Philippiques*, » ce fut la sienne.

Que la satire couvre d'opprobres un prince, cent échos répètent la calomnie, je l'avoue ; mais il se trouve toujours quelque voix qui s'élève contre les échos, et qui, à la fin, les fait taire : c'est ce qui est arrivé à la mémoire du duc d'Orléans, Régent de France. Les *Philippiques* de la Grange et vingt libelles secrets, lui imputaient les plus grands crimes : sa fille était traitée comme l'a été Messaline par Suétone. Qu'une femme ait deux ou trois amants, on lui en donne bientôt des centaines. En un mot, des historiens contemporains n'ont pas manqué de répéter ces mensonges ; et, sans l'auteur du *Siècle de Louis XIV*, ils seraient encore aujourd'hui accrédités dans l'Europe[2].

Quand ces lignes furent écrites, le « bachelier en théologie » qui en est l'auteur était un vieux bache-

1. Voltaire, *Œuvres complètes* (Beuchot), t. XIII, p. 99. Épître à madame la marquise du Châtelet, sur la Calomnie, 1733.
2. *Ibid.*, t. XLIV, p. 430. *Le Pyrrhonisme dans l'histoire, par un Bachelier en Théologie*, 1768.

lier de soixante-quatorze ans, dont la mémoire ne pouvait être aussi présente qu'aux beaux jours de sa jeunesse. A l'entendre, le chantre de la *Henriade* serait l'homme auquel la réputation du Régent eût été le plus redevable. Nous n'ignorons pas que Voltaire se plut, dans sa maturité, à rendre pleine justice à ce prince, et, notamment, auprès de Frédéric, qui s'était laissé impressionner défavorablement par la légende[1]. Cela expie des torts, d'ailleurs bien anciens, mais ne saurait empêcher qu'ils aient existé. Voltaire, en cette circonstance comme en mille autres, se figure qu'il lui suffit de nier, et que la postérité le croira sur parole.

Ce fut la perpétuelle naïveté de cet homme, dont le défaut n'était pas pourtant d'être naïf. Mais la postérité ne veut pas être trompée à l'égard même de ses favoris, elle veut tout connaître, le mal comme le bien; et, pourvue des éléments qui, le plus souvent, font défaut aux contemporains, elle arrive à pénétrer bien des mystères qu'on pensait lui dérober. Cela a sa moralité et son enseignement, et il est, philosophiquement, très-salutaire que ceux qui espèrent vivre dans la mémoire des hommes soient convaincus que leurs moindres actes ne sauraient échapper à l'investigation de l'histoire.

Il a été question plus haut de mademoiselle de Livry, cette tête ardente qui, après s'être laissée prendre aux belles paroles du poëte, n'avait su résister davantage

---

1. Voltaire, *Œuvres complètes* (Beuchot), t. LIII, p. 216, 239, 240. Lettre de Voltaire à Frédéric; Cirey, le 5 auguste 1738. Lettre de Frédéric à Voltaire; à Remusberg, ce 11 septembre 1738.

à la bonne mine du sémillant Génonville. Nous avons fait remonter ses amours avec Arouet par delà le séjour de celui-ci à la Bastille; nous avons dit nos raisons, sans prétendre qu'elles fussent indiscutables. Ce qui rend la date de l'infidélité de la demoiselle difficile à préciser, c'est qu'il ne s'ensuivit point de rupture, comme on le sait déjà, et que Voltaire les vit, elle et lui, avec la même amitié, après comme avant la trahison. Mademoiselle de Livry se croyait la vocation du théâtre, parce qu'elle en avait l'amour; elle attendait de Voltaire qu'il lui ouvrît l'accès de cet empire féerique qui, comme la plupart des choses de ce monde, est bon à voir d'un peu loin. Le poëte ne trompa point ses espérances; il obtint pour sa protégée un ordre de début, et ce fut dans le rôle de Jocaste et celui de Lisette des *Folies amoureuses* qu'elle tenta la fortune (23 avril), avec peu de bonheur, à ce que nous apprennent le chevalier de Mouhy[1] et, d'une façon autrement piquante, une lettre autographe de l'un des Caumartin, Caumartin de Boissy. Cette lettre est précieuse, et l'on excusera son peu de bienveillance à l'endroit d'un protégé et d'un ami de la famille, parce qu'elle vient résoudre un problème que nous avions jusqu'ici cherché vainement à éclaircir. Rousseau, qui oublie les coups de bâton qu'il a reçus en signalant les horions distribués à l'ennemi, parle, dans un factum contre Voltaire, de certaine correction infligée à l'au-

---

[1]. Chevalier de Mouhy, *Abrégé de l'Histoire du théâtre françois* (Paris, 1780), t. II, p. 447. — *Dictionnaire des Théâtres de Paris* (Paris, 1756), t. III, p. 277. La recette de la soirée fut de 1584 liv. 10 sous.

teur d'*OEdipe* par le comédien Poisson[1]. Si l'injure ne fut pas effective, au moins est-il vrai qu'il fut l'objet, comme on va le voir, d'une menace outrageante :

> Autre grande querelle plus sérieuse. Connaissez-vous mademoiselle Livry que le sieur de Volter adore. Les Mercures galans, depuis quelques mois, ont fait retentir son nom jusqu'aux deux bouts de l'univers. Vous devinerez aisément que la bienaimée d'un grand poëte doit devenir grande comédienne, et le poëte son bretteur pour soutenir ses grâces, sa déclamation, etc. Les représentations de cette pièce (*OEdipe*) ont recommencé depuis quinze jours. Dans les deux premières, le rolle de Jocaste luy a esté très-imprudemment départi. Le succès de l'hauteur n'a point passé à celle qu'il honnoroit de sa couche. Il a senti que cette besogne estoit trop forte pour un commencement ; il a fallu du tragique la faire passer au comique. Quelques accens nouvellement apportés des bords de la Loire, malgré toutes les instructions du maître, faisoient quelquefois rire ceux à qui elle se vouloit agréger. Il y a trois ou quatre jours, Poisson prit cette liberté comme les autres. De cela, notre petit ami en colère se lascha en propos. Poisson, qui est bretteur comme un chien, l'atendit au sortir du spectacle et luy proposa l'escrime. Le poëte, plus hardy en parolle qu'au combat, dit qu'un homme de sa considération ne se batoit pas contre un comédien. Poisson, à haute et intelligible voix, lui proposa des coups de bâton. Harouet fit sa plainte chez un commissaire, et le lendemain se transporta à sa porte et envoya un messager

---

1. Élie Harel, *Voltaire. Particularités curieuses de sa vie et de sa mort* (Paris, 1817), p. 43. — Le souvenir de ce prétendu soufflet de Poisson a été consacré par une calotine intitulée *le Char du triomphe* :

> Tirons donc vers la comédie :
> Là sont peints en effigie
> Poisson le fils, et Beauregard,
> Dont Arouet, avec un dard,
> Pourra balafrer la peinture,
> En troc de certaine blessure
> Que son visage eut de leur part.

Maurepas, *Mémoires* (Paris, 1792), t. III, p. 36.

en haut luy dire que Hoguere[1] l'attendoit chez mademoiselle Desmars. Poisson se douta du fait et envoya son valet voir ce qui se passoit dans la rue. L'on luy dit qu'Arouet estoit près de la porte avec deux bretteurs. La compagnie parut trop nombreuse au commédien qui, depuis, fait informer. Harouet vint hier nous voir pour nous conter le fait à sa mode, il nous nia les deux compagnons : nous lui demandâmes pourquoi, s'il se vouloit battre, il ne s'estoit pas battu la veille, lorsque Poisson luy avoit dit de si vilaines parolles. Il nous dit qu'il n'en avoit pas plus d'envie que le lendemain, qu'il l'avoit voulu faire descendre pour luy casser la teste, avec deux pistolets qu'il avoit dans sa poche. Que ne l'ayant pas fait, et se trouvant insulté par ce comédien, qu'il nous prioit de demander justice à M. de Machaut, pour qu'il fût chassé de la comédie et mis dans un cachot. Vous voyez que rien n'est plus raisonnable, il sera bien heureux s'il en est quitte pour avoir été menacé de coups de baston à la porte de la comédie et qu'on ne lui fasse pas faire son procest comme un assassineur[2].

D'après ce récit, on voit que M. de Boissy ajoute plus foi à ce qui lui a été rapporté d'autre part qu'à ce qu'Arouet lui en a dit. Peut-être avait-il raison de ne pas croire celui-ci sur parole; mais il nous semble présenter systématiquement les faits sous un jour défavorable au jeune poëte. Ainsi, Poisson fait informer, et son adversaire sera fort heureux si son procès ne lui est pas fait « comme à un assassineur. » Les choses,

---

1. Hoguère. Il ne quittait pas la maison de la Desmares, l'ancienne maîtresse du Régent; nous voyons même, dans la *Correspondance de madame de La Cour*, qu'il l'épousa deux ans après (t. VI, lettre 53). Boisjourdain assure, de son côté, qu'elle devint la femme de Poisson. Il résulte au moins de cela, que Poisson et Hogguère étaient ses intimes, et que ceux-ci pouvaient se donner mutuellement des rendez-vous chez elle. Boisjourdain, *Mélanges*, t. I, p. 209.

2. Bibliothèque Mazarine. Manuscrits. *Correspondance de la marquise de La Cour*, t. IV, lettre 33 ; à Paris, ce 3 may 1719.

cependant, loin de prendre ce chemin, tournèrent au contentement, sinon à la gloire du dernier. Arouet s'adressa, en effet, à M. de Machault, qui entra dans ses raisons et crut devoir châtier le comédien : seulement ce ne devait être qu'une question de forme et il n'entendait pas laisser pourrir Poisson dans un cachot. Voici ce que M. de Boissy même écrit à sa sœur, quinze jours après :

> Harouet a obtenu que Poisson seroit mis en prison, ce qui a été fait. Machault a stipulé que Harouet luy écriroit une lettre pour luy demander qu'il en sortit. Machault luy a dit à peu près ce qu'il faloit qu'il luy mandât. Nostre fol a escrit toutes sortes de gentillesses de son cru dans sa lestre, et ce qu'il y a de beau, c'est qu'après que Machault luy a eu lavé la teste (à Poisson), Harouet a donné des copies à qui l'a voulu, dont Machaut est très en colère[1].

Pour ce qui est de ce dernier trait, nous sommes moins éloigné d'y croire. Il est dans l'âge et aussi dans l'humeur étourdie et vantarde de notre poëte qui, bien plus tard, gâtera trop souvent ses affaires pour ne savoir point se contenir, garder le silence et attendre à distance que les démarches de ses amis aboutissent. Quoi qu'il en soit, il faut admettre qu'il avait pris chaudement et fort à cœur les intérêts de celle qui, à notre avis, n'était plus qu'une amie. Cette épreuve devait être rude pour une fille bien née, et que les louanges avaient enivrée. Mais Suzanne, à défaut de génie, avait l'obstination ; elle se pensait méconnue, la querelle de Voltaire avec Poisson pouvait à la rigueur donner quelque apparence à la supposition

[1] Bibliothèque Mazarine. Manuscrits. *Correspondance de la marquise de La Cour*, t. IV, lettre 36 ; à Paris, ce 18 may 1719.

d'une cabale, dont son amour-propre, fort probablement, ne se refusa point le soulagement. Aussi ne sera-ce point l'unique fois que nous la verrons tenter ces terribles hasards, si, malgré ce qu'on a dit et répété, elle ne fut pour rien dans l'échec qu'allait essuyer le nouvel ouvrage du poëte.

Ce fut vers les derniers jours de mai que Voltaire eut ordre sans doute de quitter Paris. Au moins, Brossette mandait-il à Rousseau, à la date du 25 juin : « Depuis trois semaines M. de Voltaire est à Sulli, où il passera le reste de l'été dans le dessein d'y composer une nouvelle tragédie, dont il m'a expliqué le sujet et le plan. Elle sera intitulée *Artémire*[1]. » Brossette était à Paris, à la piste de la moindre nouvelle, et s'il était au courant de la chronique parisienne, dans la ville de Lyon, sur les lieux mêmes, avec ses mille relations, il n'était guère probable que rien pût lui échapper. Cependant il ne fait aucune mention de la nouvelle disgrâce du poëte, et ne semble pas supposer que ce séjour à Sulli ne fût pas tout à fait volontaire. Aussi, serions-nous disposé à croire qu'Arouet ne reçut aucune injonction formelle, et qu'on se borna à lui faire entendre que ce qu'il avait de mieux à faire, dans les conjonctures présentes, était de s'absenter et d'aller jouir, à la campagne, des premiers beaux jours de l'été, sans lui désigner expressément un lieu plus qu'un autre[2], sans même lui interdire absolument de mettre le pied

---

1. *Lettres de Rousseau sur différents sujets de littérature* (Genève, 1750), t. II, p. 298, 299. Lettre de Brossette à Rousseau; Paris, 25 juin 1719.
2. Duvernet, *la Vie de Voltaire* (Genève, 1786), p. 43.

dans Paris. En conséquence, le verra-t-on se partager entre Sulli, Le Bruel, terre du vieux duc de La Feuillade, et Vaux-Villars. « Je passe ma vie de château en château[1], » dit-il à la marquise de Mimeure. Mais c'est à Sulli que sont ses plus longs séjours :

> Avec l'abbé Courtin je vis ici tranquille,
> Sans aucun regret de la ville[2].

Il y achèvera son *Artémire*, et y passera l'automne et le commencement de l'hiver. Si sa correspondance de cette époque est sans dates précises, nous avons des preuves, assez curieuses même, de sa présence à Sulli. Il avait appris que, profitant de son éloignement, on l'actionnait pour un billet qui lui avait été extorqué à l'âge de treize ans et qu'il supposait anéanti ; afin de neutraliser l'effet des poursuites, il se transporta chez le notaire de la ville pour protester de nullité, arguant de sa condition actuelle de mineur. Nous citerons, tout au long, la minute de l'acte retrouvée récemment parmi les dossiers d'un notaire de Sulli :

Par-devant le notaire royal de la ville, duché et pairie de Sully-sur-Loire, soussigné, est comparu le sieur François-Marie Arouet de Voltaire, fils mineur du sieur Arouet, trésorier de la Chambre des Comptes, demeurant ordinairement à Paris, et étant de présent à Sully.

Lequel a déclaré et déclare qu'il proteste de nullité du billet qu'il a suby à l'âge de 13 ans, au profit d'une femme nommée Thomas, de la somme de cinq cents livres, sans aucune datte

---

1. Voltaire, *Œuvres complètes* (Beuchot), t. LI, p. 62. Lettre de Voltaire à la marquise de Mimeure : à Villars, 1719.

2. *Ibid.*, t. LI, p. 61. Lettre de Voltaire à M. de Génonville, 1719.

(dette?) ny cause, et n'en pouvoir avoir pour lequel le dit billet a été fait, puisqu'il est certain qu'il n'a emprunté aucune chose de la dite femme nommée Thomas, et qu'elle a surpris ce billet du dit sieur Arouet. Cette surprise a été, depuis qu'il a été suby, si bien reconnue, que cette femme Thomas a fait entendre au dit sieur Arouet qu'elle l'avoit jetté au feu ; néantmoins il est surpris qu'aujourd'hui cette femme ait mis ce billet entre les mains du nommé Texier, marchand de bois à Paris, et sur ce billet ont été faites plusieurs poursuites contre le dit sieur de Voltaire, contre lesquelles poursuites il proteste aussi de nullité. Et pour faire signifier les présentes à qui il appartiendra, le dit sieur de Voltaire a fait et constitué son procureur général et spécial le porteur d'icelles, auquel il donne tous les pouvoirs de ce faire et promet avoir le tout pour agréable, obligeant, etc.

Fait et passé à Sully, en l'étude du dit notaire, l'an mil sept-cent-dix-neuf, le dix-neuf octobre, après midi, en présence du sieur Jean Damond, bourgeois de Sully, et de Éthiet Peigné, praticien à Sully, y demeurant, témoins qui ont, avec le dit sieur comparant et le notaire, signé

Arouet de Voltaire, Damond, Peigné, Frogier *notaire*.

Contrôlé au bureau de Sully, le 19 octobre 1719. Reçu treize sols.

POUGIN [1].

Il s'agissait, comme on le voit, d'un billet de cinq cents livres qu'on lui avait fait signer à un âge où l'on ne saurait contracter rien de sérieux et où, par conséquent, aucun engagement n'a de valeur. Ce n'était pourtant pas un simple chiffon de papier dans les mains de l'honnête détentrice, qui comptait bien, à la majorité du signataire, lui donner une valeur en l'antidatant. On laissa dormir l'effet, qu'on ne lança dans

1. *Bulletin de la Société archéologique de l'Orléanais* (Orléans, 1859), n° 23, p. 199.

le commerce que lorsque le moment sembla venu. Mais on se pressa trop et, comme Arouet n'avait pas ses vingt-cinq ans révolus (il s'en fallait d'un peu plus d'un mois), sa déclaration passée par-devant le notaire de Sulli et les témoins dont il s'était fait accompagner, devait suffire pour déconcerter l'honnête dame et rendre vaines et même dangereuses toutes poursuites. Dans cette circonstance, Voltaire voulut bien s'appuyer sur son acte de baptême, daté du 22 novembre 1694, et qui le fait naître « le jour précédent. »

C'est tout ce que l'on sait de cette petite chiffonnerie, dont Voltaire dut sortir avec les honneurs de la guerre. Il avait au moins eu des rapports avec cette femme Thomas; même à treize ans, on ne souscrit pas un billet de cinq cents livres sans une raison quelconque : on sait qu'on s'engage, on sait que l'on donne, et ce doit être en échange de quelque chose, si peu de chose que ce soit. Voltaire avait l'esprit singulièrement éveillé dès cet âge, et, certes, il agissait en connaissance de cause. Mais il était de bonne heure pour se mettre dans les mains des usuriers; car cette dame Thomas ne pouvait être qu'une prêteuse sur gages. Cela était la conséquence de la position qu'avait faite à celui-ci l'abbé de Châteauneuf en le répandant dans la bonne compagnie. Cette vie créait des besoins auxquels il fallait satisfaire, et l'on battait monnaie, à la mode des fils de famille, en s'adressant à quelque juif. Nous ne calomnions pas Voltaire, qui convient volontiers du fréquent usage qu'il faisait de ces providences à quinze et vingt pour cent, quand, encore, elles n'emportaient pas le gage, comme cela arriva pour lui, au moins en une circonstance :

Je me souviens, raconte-t-il, qu'étant un jour dans la nécessité d'emprunter de l'argent d'un usurier, je trouvai deux crucifix sur la table, je lui demandai si c'étaient des gages de ses débiteurs ; il me répondit que non ; mais qu'il ne fesait jamais de marché qu'en présence d'un crucifix. Je lui repartis qu'en ce cas un seul suffisait, et que je lui conseillais de le placer entre les deux larrons. Il me traita d'impie, et me déclara qu'il ne me prêterait pas d'argent. Je pris congé de lui ; il courut après moi sur l'escalier, et me dit en faisant le signe de la croix, que, si je pouvais l'assurer que je n'avais point eu de mauvaises intentions en lui parlant, il pourrait conclure mon affaire en conscience. Je lui répondis que je n'avais eu que de très-bonnes intentions. Il se résolut donc à me prêter sur gages à dix pour cent pour six mois, retint les intérêts par-devers lui, et au bout de six mois il disparut avec mes gages, qui valaient quatre ou cinq fois l'argent qu'il m'avait prêté [1].

En dépit des conseils de ses amis, qui eussent voulu le voir achever son poëme de la *Ligue* [2], Voltaire stimulé par le prodigieux succès d'*OEdipe*, travaillait avec ardeur à son *Artémire*. Ce n'est pas qu'il fût le seul à s'illusionner sur le mérite de l'œuvre ; tout le monde en attendait merveille [3]. La Lecouvreur était dans l'enthousiasme, et l'abbé de Bussi, qui assistait

1. Voltaire, *OEuvres complètes* (Beuchot), t. VIII, p. 345. Préface du *Dépositaire*. Nous avons eu sous les yeux un livre de prix décerné à Voltaire, lorsqu'il était en rhétorique. C'était, si nous ne faisons erreur, l'*Histoire d'Italie*, de Guichardin. Vers le milieu du volume, sur une marge, étaient écrits ces deux vers qu'on supposait de sa main :

De mes premiers succès, illustre témoignage,
Pour trois livres dix sous, je te mis en otage.

2. Duvernet, *Vie de Voltaire* (Genève, 1786), p. 44.
3. Dangeau, *Journal*, t. XVIII, p. 235 ; jeudi 15 février 1720.

à une lecture chez la tragédienne, s'était enrhumé à force de pleurer [1]. Rien ne démontre plus la vanité des triomphes de société et de coterie. *Artémire*, jouée le 15 février 1720 [2], reçut du public un accueil bien différent. Si Duvernet raconte que le premier acte fut sifflé, M. de Boissy, qui était présent, assure qu'il fut fort applaudi [3]. En tous cas, l'auteur n'y devait rien perdre, et la pauvre *Artémire* fut traitée avec si peu d'égards que Voltaire, ne se possédant plus, bondit de la loge où il se tenait sur le théâtre, et se mit à prendre à partie et à haranguer le parterre. Lorsqu'on sut que c'était lui, les clameurs s'apaisèrent; il s'exprima avec tant d'adresse, d'éloquence, de pathétique même que les murmures se convertirent en bravos [4]. Tant de fables ont été colportées sur *Artémire*, qu'on ne sait trop à quoi se fixer. On veut que mademoiselle de Corsembleu, qu'on a crue jusqu'à ce jour une personne distincte de mademoiselle de Livry, après avoir étudié, répété et joué la pièce de son amant à Sulli, encouragée par les applaudissements qu'elle y avait reçus, se fût décidée à monter sur un véritable théâtre et à y venir chercher des acclamations qui lui semblaient assurées. Mais le résultat n'eût pas sanctionné ces belles promesses, et l'actrice n'eût pas moins été sif-

---

1. Lettre inédite du président Hénault à madame Denis; 24 juin 1755. Collection Dentu.
2. Duvernet indique le 20 mai, les derniers éditeurs de Voltaire le 15, et Quérard le 12 février. Ce sont les éditeurs de Voltaire qui ont raison.
3. Bibliothèque Mazarine. Manuscrits. *Correspondance de la marquise de La Cour*, t. V; à Paris, ce 17 février 1720.
4. Duvernet, *la Vie de Voltaire* (Genève, 1786), p. 44, 45.

flée que la pièce ; c'eût été même la dureté d'un pareil traitement qui eût poussé le poëte à interpeller les spectateurs dont il avait espéré mieux et pour elle et pour lui. Nous avons assisté plus haut aux véritables débuts de la jeune fille, qui ne furent guère plus heureux que ceux qu'on lui prête très-gratuitement dans la seconde tragédie de Voltaire. Rien ne s'opposait, à la rigueur, à ce qu'elle prît sa revanche dans *Artémire*, et son amant eût pu en faire la condition de l'abandon de sa pièce. Il y a trois rôles de femmes, qui furent remplis par la Lecouvreur, Quénault-Dufresne et Salley, dans les huit représentations qu'obtint *Artémire*. Duvernet et Condorcet, qui écrivaient la vie de Voltaire plus d'un demi-siècle après ces événements, se sont donc mépris. Eux seuls signalent les débuts d'une maîtresse de Voltaire dans *Artémire*, et les contemporains, qui ont parlé de cette soirée pleine d'orages, ne font nulle mention d'une débutante. Il est une chose plus concluante que les récits les plus autorisés, c'est le registre de la comédie, que nous avons consulté et qui ne nous a laissé aucun doute à cet égard [1].

Voltaire avait d'abord retiré l'ouvrage. « Vous avez sçu, écrivait Brossette à son illustre ami, que l'*Artémire* de M. Arouet de Voltaire étoit tombée dès la première représentation, à n'en jamais relever. J'avois prédit à l'auteur que cette tragédie, dans laquelle il n'étoit soutenu que par son seul génie, n'auroit pas la destinée de son *OEdipe*. C'est trop d'ouvrage à la fois,

---

1. Archives de la comédie française. Registre de l'année 1718 à 1720.

surtout pour un jeune homme, que d'avoir à inventer la fable, les caractères, les sentiments et la disposition, sans parler de la versification [1]. » Si l'arrêt du public avait été sévère, Voltaire l'avait accepté pleinement ; loin d'en appeler, il le tenait pour bon, et déclarait nettement que sa pièce ne reparaîtrait plus. C'était compter sans Madame, la mère du Régent, à laquelle il avait dédié *Œdipe*, et qui voulut absolument la revoir. Le poëte obtint quelque répit pour remanier l'ouvrage ; mais il eût eu besoin de bien plus de temps qu'il ne lui en était laissé. « Il fait ses protestations que quoiqu'il y ait beaucoup de changé, il n'a pas assez changé encore, qu'il faudroit plus d'un mois pour y faire les changements nécessaires et que l'on n'en peut rien faire de bon. Un auteur ne peut mieux se rendre justice [2]. » Sans doute, et c'est là un mérite assez rare pour être signalé. M. de Caumartin de Boissy, auquel nous empruntons ces lignes, ne paraît pas autrement édifié de cette rigueur du poëte envers son œuvre ; et comme Voltaire, qui était sincère, ne voulait point permettre que l'on continuât les représentations d'*Artémire* et se prononçait à cet égard avec sa vivacité habituelle, malgré l'accueil plus encourageant du public, il se moque du petit Arouet, qu'il trouve et fort extravagant et fort ridicule. « Il dit toutes les sottises du monde au maréchal de Villeroy sur ce

---

1. *Lettres de Rousseau sur différents sujets de littérature* (Genève, 1750), t. II, p. 307, 308. Lettre de Brossette à Rousseau ; Lyon, 26 mai 1720.

2. Bibliothèque Mazarine. Manuscrits. *Correspondance de la marquise de La Cour*, t. V, lettre 37 ; à Paris, ce 21 février 1720. — Dangeau, *Journal*, t. XVIII, p. 239 ; vendredi 23 février 1720.

qu'il vouloit (le maréchal) que l'on la rejouât devant le roy. Il veut absolument la raccommoder encore et se met en fureur contre quiconque luy propose de la faire rejouer [1]. » Mais cela nous semble assez raisonnable et assez légitime, n'en déplaise à M. de Boissy. Ce fut le 23 février que la pièce reparut, après de notables corrections, pour être jouée en tout huit fois [2]. On attribua l'interruption finale de la tragédie à la parodie qu'en donna Dominique aux Italiens, sous le même titre d'*Artémire* [3]. Mais Voltaire, avant l'éclosion de la parodie, avait pris son parti. Le plus souvent le poëte, mécontent des spectateurs, se retourne vers le lecteur, ce qui est toujours, il est vrai, un recours périlleux. « Si l'auteur d'*Artémire* s'avise de faire imprimer sa pièce, déclare l'Aristarque du *Mercure*, peut-être nous

1. Bibliothèque Mazarine. Manuscrits. *Correspondance de la marquise de La Cour*, t. V, lettre 38 ; à Paris, ce 26 février 1720. — Le président Bouhier raconte de son côté que le poëte n'ayant pu empêcher qu'on reprît sa pièce, avait comploté, lui et une petite troupe de ses amis, de l'interrompre par leurs clameurs, ce que les comédiens, avertis, s'étaient mis en mesure de prévenir, en lui faisant refuser l'entrée. Il força alors la garde et se mit à crier au milieu du parterre qu'il priait tout le monde de s'en retourner, et que c'était une chose indigne de jouer une pièce malgré l'auteur. L'exempt des gardes voulut le faire sortir. Arouet, ayant fait quelque résistance, fut maltraité et mis dehors par les épaules, sans que personne osât prendre ouvertement sa défense. Et *Artémire*, représentée contre son gré, fut applaudie presque d'un bout à l'autre. Cela n'est pas sérieux. Si Voltaire eût songé à faire cet éclat ridicule, il n'eût pas retouché sa pièce. Ce qui reste vrai, c'est qu'il avait dû s'incliner devant le désir de gens qu'on ne refuse point. Bibliothèque impériale. Manuscrits, fonds Bouhier, 178. *Recueil de particularités, bons mots*, etc., p. 258, 259.

2. La huitième et dernière représentation eut lieu le 8 mars. On fit 2,353 livres de recette. La première avait rapporté 5,167.

3. *Parodies du nouveau théâtre italien*, t. 1er.

*aviserons-nous* d'en donner un extrait ¹. » Il n'eut pas cette peine. Voltaire garda son manuscrit; il se borna plus tard à utiliser dans *Mariamne* le peu de vers qui lui semblèrent dignes de survivre au naufrage de sa tragédie.

Si *Artémire* ne devait rien ajouter à la réputation de l'auteur d'*Œdipe*, au moins Voltaire lui fut-il redevable de son retour à Paris, où sa présence était nécessaire aux répétitions de l'ouvrage. A cette date, le Régent savait à qui attribuer les vers des *Philippiques*; il savait aussi que, malgré ses liaisons avec la cour de Sceaux, avec le baron de Gortz et Richelieu, Voltaire était demeuré étranger à toutes leurs menées. Dès sa sortie de la Bastille (1718), le poëte avait adressé au prince une lettre curieuse, à laquelle on a déjà fait allusion, où, après lui avoir demandé la permission de lui dédier *Œdipe*, il le suppliait de vouloir bien entendre quelque jour des morceaux d'un poëme épique sur celui de ses aïeux auquel il ressemblait le plus ². C'est du poëme de la *Ligue* qu'il est question. En 1720, l'ouvrage, bien que fort loin encore d'avoir revêtu sa forme définitive, était achevé. L'auteur charge Thiériot de faire copier pour le Régent ces neuf chants ³ qui devaient lui être remis par M. de Fargès, conseiller d'État ⁴. Il n'était pas à Paris, il était à Richelieu. « Je

---

1. *Mercure.* Mars, 1720, p. 101.
2. Voltaire, *OEuvres complètes* (Beuchot), t. LI, p. 57. A monseigneur le duc d'Orléans, Régent; 1718.
3. Les premières éditions de la *Henriade* ne renfermèrent que neuf chants.
4. Voltaire, *Lettres inédites* (Didier, 1857), t. I, p. 6, 7. Deux lettres de Voltaire à Thiériot; 1720.

suis actuellement, marquait-il à son ami, dans le plus beau château de France. Il n'y a point de prince, en Europe, qui ait de si belles statues et en si grand nombre. Tout se ressent ici de la grandeur du cardinal de Richelieu. La ville est bâtie comme la place Royale. Le château est immense ; mais ce qui m'en plaît davantage, c'est M. le duc de Richelieu, que j'aime avec une tendresse infinie, pas plus que vous, cependant [1]. » Le jeune duc, qui avait été arrêté le 29 mars 1719, était sorti de prison le 30 août suivant, bien qu'au dire du Régent, il y eût dans son cas à lui faire couper quatre têtes, s'il les avait eues [2]. Il était en commerce avec Alberoni, auquel il avait promis de livrer Bayonne. Ce fut la fille même du duc d'Orléans, mademoiselle de Valois, qui le tira d'affaire, et qui, pour le sauver, consentit, tout en l'aimant jusqu'à la fureur, à épouser le duc de Modène. Il fut d'abord exilé à Conflans, où il passa quinze jours, puis, par lettre de cachet, à Saint-Germain [3], enfin en son château où Voltaire ne tarda pas à le retrouver.

Après ce séjour à Richelieu, le poëte était retourné passer quelques jours à Sulli ; il s'était ensuite arrêté à la Source, chez lord Bolingbroke, où nous le verrons faire plus d'une étape, allant de gîte en gîte, mais polissant et repolissant son poëme de la *Ligue*, dont Thiériot faisait des lectures en son absence et préparait la réputa-

1. Voltaire, *Lettres inédites* (Didier, 1857), t. I, p. 8. Lettre de Voltaire à Thiériot ; à Richelieu, ce samedi 25...., 1720.
2. Marquis d'Argenson, *Mémoires* (Jannet), t. I, p. 189. — Duclos, *Mémoires* (Michaud et Poujoulat), t. XXXIV, p. 550. — Dangeau, *Journal*, t. XVIII, p. 23, 24, 116.
3. 10 septembre 1719.

tion dans les salons. « Mandez-moi, écrivait-il de chez l'illustre lord, comment mon fils (*Henri IV*, le poëme de la *Ligue*) réussit dans le monde, s'il a beaucoup d'ennemis, et si on me croit toujours son véritable père [1]. » Voltaire, lui-même, faible devant les sollicitations de ses amis, ne se refusait pas à ces sortes de complaisances qui tournent toujours, du reste, au triomphe de l'écrivain. Exceptionnellement, le poëte, un jour, au lieu d'éloges sans réserves, rencontre des critiques vétilleuses. Il froisse son manuscrit et le jette dans la cheminée en s'écriant : « Il n'est donc bon qu'à être brûlé. » Sans le président Hénault, c'en était fait de son poëme : « Je courus après et je le tirai du milieu des flammes, en disant que j'avois plus fait que ceux qui n'avoient pas brûlé l'*Énéide*, comme Virgile avoit recommandé de le faire : j'avois tiré du feu la *Henriade* que Voltaire alloit brûler de sa propre main. Si je voulois, j'ennoblirois cette action, en rappelant ce beau tableau de Raphaël au Vatican, qui représente Auguste empêchant Virgile de brûler l'*Énéide*. Mais je ne suis point Auguste, et Raphaël n'est plus [2]. » Le président était assez glorieux de cet heureux coup de main, et y faisait volontiers allusion. « Souvenez-vous, écrivait-il à Voltaire dans une de ses lettres, que c'est moi qui ai sauvé la *Henriade*, et qu'il m'en a coûté une belle paire de manchettes [3]. » Voltaire fait passer cette scène émou-

1. Voltaire, *Lettres inédites* (Didier, 1857), t. I, p. 9. Lettre de Voltaire à madame de Bernières; à la Source... 1720 (plutôt 1722).
2. Président Hénault, *Mémoires* (Dentu, 1855), p. 34.
3. Voltaire, *Œuvres complètes* (Beuchot), t. XLVIII, p. 321. *Commentaire historique*. Même ressouvenir, dans deux autres lettres inédites de l'aimable président : « ... Est-il possible que nous ne vi-

vante chez le président de Maisons. Duvernet, qui prétend tenir l'anecdote du galant auteur de l'*Abrégé chronologique*, dit pareillement que la lecture avait eu lieu chez M. de Maisons [1]. Laissons de côté le récit de ce dernier, qui ne fut ni acteur, ni témoin. Est-il bien possible, au bout même de la vie la plus longue, d'oublier les détails et le théâtre d'une pareille aventure? et le souvenir n'en doit-il pas demeurer aussi vif que le premier jour? Eh bien! voilà Voltaire qui parle du château de Maisons, et le président Hénault, tout aussi affirmativement, qui nous transporte chez La Faye où il dînait : et c'eût été La Faye qui, selon lui, par une mauvaise plaisanterie, eût provoqué ce violent mouvement de dépit. Quant à l'époque, Duvernet donne à entendre que cette tentative d'auto-da-fé précéda de peu l'impression de *Henri IV;* l'auteur du *Commentaire historique*, au contraire, la sépare de quelques années de l'apparition de son épopée. Heureusement, ces petites variantes sont plus étranges qu'elles ne sont de conséquence.

L'Anacréon du Temple, le vieux Chaulieu, venait de s'éteindre à l'âge de quatre-vingt-un ans. C'était à

---

vions plus, écrit-il à madame Denis, avec le plus beau génie de nos contemporains, et qu'il ne nous reste plus que la vanité de dire à nostre jeunesse : il m'a aimé, il m'a quelquefois fait l'honneur de me consulter, c'est cette main qui a arraché des flammes la *Henriade*, que Voltaire avoit jettée dans le feu pour une mauvaise plaisanterie de Lafaye... » (24 novembre 1755). Et à Voltaire, à la date du 3 mars 1765 : « ... Pour moy, j'y ai ma place comme vostre ami, qui ai eu l'honneur de tirer la *Henriade* de la cheminée de Lafaye, ce sera ma place dans la vie d'un homme de lettres et que personne ne peut me disputer. » (Collection Dentu.)

1. Duvernet, *la Vie de Voltaire* (Genève, 1786), p. 52, 53.

l'hôtel de Boisboudrand que le jeune Arouet, patronné par Châteauneuf, avait fait son entrée dans le monde. Cette société du Temple, qui se mourait de vieillesse, mais non d'ennui, quand il y fut introduit, s'était dépeuplée petit à petit. Châteauneuf était mort en décembre 1708 ; La Fare était parti en 1712, Servien finissait comme il avait vécu, en 1716, en pleine débauche, chez le danseur Marcel [1]. Chaulieu, tout aveugle qu'il fût, fit des vers, but et aima jusqu'à sa dernière heure ; et l'on a des témoignages charmants et touchants de sa dernière passion, dans les *Mémoires* et les *Lettres* de mademoiselle Delaunay, qui se laissait aimer et même y trouvait un vif attrait [2]. Voltaire, dans une épître en vers à M. de Sulli, qui avait aussi passé sa jeunesse au Temple et n'avait pas été le moins intrépide de ces intrépides viveurs, raconte la fin de ce patriarche de la volupté, d'un ton dégagé qui a quelque chose de choquant comme une note discordante. L'on ne parle pas de cette façon de la mort de celui qu'on a appelé son maître. Jean-Baptiste, très-bienveillant alors, mais converti, ne peut se défendre de condamner cette tournure d'esprit qui trouve à plaisanter sur ce qui y prête le moins. « Je reconnois celui du défunt dans la façon cavalière dont il traite trois de nos plus augustes sacrements, écrit Rousseau à Brossette, et je m'étonne qu'il n'ait pas reconnu dans le commerce de celui dont il fait une si belle oraison funèbre, combien fastidieuse chose c'est qu'un vieux badin, qui confond

---

1. Dangeau, *Journal*, t. XVI, p. 469 (addition de Saint-Simon); mardi 6 octobre 1716.
2. Gustave Desnoiresterres, *les Cours galantes*, t. IV, p. 114 à 125.

tous les sujets dans le même badinage ¹. » La fin de cette épître si peu sérieuse est consacrée « au petit Génonville, » cet ami qu'il n'était pas prudent de laisser en tête à tête avec une maîtresse dont on n'eût pas voulu être débarrassé :

> Pour notre petit Génonville,
> Si digne du siècle passé
> Et des feseurs de vaudeville,
> Il me paraît très empressé
> D'abandonner pour vous la ville.
> Le Système n'a point gâté
> Son esprit aimable et facile ;
> Il a toujours le même style,
> Et toujours la même gaieté ².

Voltaire fait à Génonville un grand mérite de ne s'être pas laissé gagner par la contagion universelle, par cette soif de l'or qui s'assouvissait avec du papier : « Le Système n'a point gâté son esprit aimable et facile. » Il n'était pas vulgaire, en effet, d'avoir su se garantir de cette frénésie qui avait envahi la nation comme un seul homme. Mais ce mérite rare, auquel il applaudit, il le partage avec son ami ; il n'a pas donné dans le délire de tous, qu'il ne comprend pas, dont le premier effet sera une perturbation générale, en attendant peut-être la ruine commune. Aussi écrivait-il à ce frivole et aimable compagnon, trop absorbé par ses plaisirs pour n'être pas indifférent sur tout le reste :

1. *Lettres de Rousseau sur différents sujets de littérature* (Genève, 1750), t. II, p. 332, 333. Lettre de Rousseau à Brossette ; Vienne, 18 juin 1721.
2. Voltaire, *Œuvres complètes* (Beuchot), t. XIII, p. 52, 53. Épître à M. le duc de Sulli ; 1720.

Il est beau, mon cher ami, de venir à la campagne, tandis que Plutus tourne toutes les têtes à la ville. Êtes-vous réellement devenu tous fous à Paris? je n'entends parler que de millions; on dit que tout ce qui était à son aise est dans la misère, et que tout ce qui était dans la mendicité nage dans l'opulence. Est-ce une réalité? est-ce une chimère? la moitié de la nation a-t-elle trouvé la pierre philosophale dans les moulins à papier? Law est-il un dieu, un frippon ou un charlatan qui s'empoisonne de la drogue qu'il distribue à tout le monde? se contente-t-on de richesses imaginaires? C'est un chaos que je ne puis débrouiller, et auquel, je m'imagine, que vous n'entendez rien. Pour moi, je ne me livre à d'autres chimères qu'à celle de la poésie [1].

Il n'avait pas été séduit, et l'écroulement du Système ne l'atteignit pas dans sa petite fortune, puisqu'il avait déjà une petite fortune. Peut-être aussi la haine des Paris, ses protecteurs, contre Law, ne fut-elle pas sans contribuer à le rendre circonspect et à le maintenir, malgré les tentations, dans une salutaire abstention. En France on rit de tout. Ce n'était pas trop le cas ici de plaisanter; mais le moyen de ne pas laisser échapper une saillie qui pend au bout des lèvres? A propos de la suppression des billets, Voltaire disait : « On réduit le papier à sa valeur intrinsèque [2]. » C'était là l'oraison funèbre du Système. Mais cette monnaie de passage, les habiles s'étaient empressés de la réaliser, et l'on vit le prince de Conti jeter ces chiffons de papier à la Banque, et en retirer, en un jour, trois fourgons chargés d'argent [3]. Combien ces trois fourgons pou-

1. Voltaire, OEuvres complètes (Beuchot), t. LI, p. 60, 61. Lettre de Voltaire à M. de Génonville; 1719.
2. Marais, Journal et Mémoires (Paris, 1863), t. I, p. 469; octobre 1720.
3. Maurepas, Mémoires (Paris, 1792), t. I, p. 158.

vaient-ils contenir? Maurepas ne le dit pas; mais un autre chroniqueur parle de quatorze millions. C'est onze millions de moins que n'en fit enlever, dans le même temps, le prince de Bourbon [1]. L'on ne goûte guère ce genre d'habileté dans un prince du sang. La réputation du prince de Conti en souffrit comme celle de son cousin, et ses déplorables débats avec sa femme ne firent qu'ajouter à la désaffection qu'il s'attira. Étant à la Comédie, à une représentation d'*OEdipe*, il se mit à battre des mains à l'entrée en scène de mademoiselle Lecouvreur. C'était un hommage mérité au talent de la grande actrice; aussi le signal fut-il électrique, et le public de claquer à toute outrance. Voltaire était dans la loge du prince. « Monseigneur, lui dit-il, vous ne croyiez pas avoir tant de crédit [2]; » allusion trop diaphane au peu de popularité de M. de Conti depuis ses tripotages à la Banque de Law, et ses démêlés conjugaux.

Villars alors était, avec Sulli, une des étapes privilégiées du poëte. On le retrouve dans ce premier gîte au mois de juin 1721. Dans ces chaleurs de l'été, les nuits valent les jours, elles sont aussi limpides, avec plus de fraîcheur; au moins, était-ce le sentiment des hôtes de cette délicieuse demeure, qui passaient, à errer dans le parc, un temps qu'on consacre d'ordinaire au sommeil. Comme à Sulli, ils avaient leurs nuits *blanches*, à l'instar de madame du Maine,

---

1. Buvat, *Journal de la Régence* (Paris, 1865), t. II, p. 43, 44; dimanche 3 mars 1720.
2. Marais, *Journal et Mémoires* (Didot), t. I, p. 268, 269; juin 1720.

nuits employées tout autrement qu'on eût pu le supposer en ces temps de galanterie effrénée.

Fontenelle avait officieusement mis la science à la portée du beau sexe, et son livre de *la Pluralité des Mondes* avait popularisé l'astronomie; il était du bel air de s'inquiéter de ce qui se passait dans Saturne et dans Jupiter, et d'aller interroger ces mondes qui ouvraient le champ à toutes les rêveries et à toutes les chimères. La marquise avec laquelle disserte le docte académicien, était madame de la Mésangère, la fille de madame de la Sablière, l'amie de Bernier et de La Fontaine; mais quand un auteur s'adresse à une femme dans un livre imprimé et qu'on achète, c'est à toutes qu'il s'adresse : toutes dévorèrent, en effet, son livre, et se firent astronomes, comme auparavant elles avaient été cartésiennes, comme plus tard elles devaient se faire naturalistes avec *les Epoques de la Nature*, et femmes sensibles avec l'*Émile*; un peu à l'aveuglette, par genre, sans y entendre grand'chose.

> Le soir, sur des lits de verdure,
> Lits que de ses mains la nature,
> Dans ces jardins délicieux,
> Forma pour une autre aventure,
> Nous brouillons tout l'ordre des cieux :
> Nous prenons Vénus pour Mercure,
> Car vous saurez qu'ici l'on n'a,
> Pour examiner les planettes,
> Au lieu de vos longues lunettes,
> Que des lorgnettes d'opéra [1].

On veillait la nuit, il fallait bien dormir la grasse

---

[1]. Voltaire, *Œuvres complètes* (Beuchot), t. LI, p. 64. Lettre de Voltaire à Fontenelle ; de Villars, juin 1721.

matinée. Durant cela, le monde céleste avait beau faire des siennes, la séance était close. Et puis, quoi observer, le jour, sauf le soleil? Il est vrai que le soleil vaut bien la peine qu'on se préoccupe de ses allures et pour son importance propre, et pour ce que pourrait avoir de grave, par rapport à nous, la moindre irrégularité dans sa marche.

Comme nous passons la nuit à observer les étoiles, nous négligeons fort le soleil, à qui nous ne rendons visite que lorsqu'il a fait près des deux tiers de son cours. Nous venons d'apprendre tout à l'heure qu'il a paru de couleur de sang tout le matin; qu'ensuite, sans que l'air fût obscurci d'aucun nuage, il a perdu sensiblement de sa lumière et de sa grandeur : nous n'avons su cette nouvelle que sur les cinq heures du soir. Nous avons mis la tête à la fenêtre, et nous avons pris le soleil pour la lune, tant il était pâle...

C'était au galant auteur même de *la Pluralité des Mondes* que Voltaire mandait ces nouvelles dans une lettre moitié vers, moitié prose, un peu cherchée et quintessenciée, et qui, pour cette cause, devait avoir un succès auquel Voltaire n'était pas sans s'attendre un peu. « Renvoyez-moi ma lettre à M. de Fontenelle et ses réponses, écrivait-il à Thiériot; tout cela ne vaut pas grand'chose, mais il y a dans le monde des sots qui les trouveront bonnes[1]. » Il oubliait que, dans sa lettre d'envoi à son ami, il disait : « Je viens d'écrire une lettre à M. de Fontenelle, à l'occasion d'un phénomène qui a paru dans le soleil hier, jour de la Pentecôte. Vous voyez que je suis poëte et physicien.

---

1. Voltaire, *OEuvres complètes* (Beuchot), t. LI, p. 67. Lettre de Voltaire à Thiériot; 1721.

J'ai impatience de vous voir pour vous montrer ce petit ouvrage, dont nous grossirons notre recueil[1]. » L'on pensait donc un peu comme les sots? De pareilles lettres étaient faites pour passer de main en main avec plus ou moins de fortune. Fontenelle était un bon correspondant pour un semblable but; et, quelques années auparavant, c'était en lui écrivant, au sujet des sorcelleries de mademoiselle Testard, que mademoiselle Delaunay s'était révélée et était sortie de la position subalterne où l'avait plongée sa mauvaise étoile (1713). Voltaire fait allusion aux réponses de Fontenelle; nous n'en connaissons qu'une, un aimable et facile badinage où il plaisante doucement ces désœuvrés auxquels son livre n'a rien appris.

> Vous dites donc, gens de village,
> Que le soleil à l'horizon
> Avoit assez mauvais visage. —
> Eh bien quelque subtil nuage
> Vous avoit fait la trahison
> De défigurer son image...[2].

1. *Voltaire à Ferney* (Didier 1860), p. 229. Lettre de Voltaire à Thiériot; 2 juin 1721.
2. Fontenelle, *OEuvres complètes* (édit. Belin, 1818), t. III, p. 203. Réponse à une lettre de M. de Voltaire, écrite de Villars le 1er septembre 1720 (cette date est inexacte, c'est celle que donne Voltaire qui est la vraie), sur ce que le soleil avoit perdu de sa lumière et de sa grandeur, sans que l'air fût obscurci d'aucun nuage.

# VI

LE CARDINAL DUBOIS. — LE PONT DE SÈVRES. — VOYAGE
EN HOLLANDE. — RUPTURE AVEC ROUSSEAU.

On s'est longtemps perdu en conjectures sur l'époque exacte de la mort du père de Voltaire : les uns l'ont fait mourir en 1721, les autres en 1723 ou 1724 [1]; le *Mercure de France* de janvier 1722, qui parle de la mort récente de M. Arouet [2], eût dû mettre sur la voie. Il mourut d'hydropisie [3] le 1er janvier et fut inhumé le 2, en présence de ses fils et de son gendre [4]. Cependant Voltaire, s'il fallait en croire la date d'une lettre

1. M. Louis du Bois, *OEuvres de Voltaire* (Delangle), t. I, p. 20 ; et Beuchot dans son édition, t. I, p. 119.
2. *Mercure de France*, 1722; janvier, p. 168. — Bibliothèque Mazarine. Manuscrits. *Correspondance de la marquise de La Cour*, t. VII, lettre 8 ; à Paris, le 14 janvier 1722.
3. *Lettre inédite de Destouches à Madame\*\*\**; 28 août 1753.
4. Archives de la ville. *Registre des décès de la paroisse Saint-Barthélemy*, du 2 janvier 1722, p. 77. Arouet était mort le jour précédent, « âgé d'environ soixante-douze ans » porte l'acte. Cette évaluation approximative est une preuve du peu de créance qu'il faut accorder aux déclarations d'âge. Le père Arouet, quand il mourut, avait dix-neuf mois et vingt et un jours de plus qu'on ne lui en donne ici, comme le prouve son acte de baptême. Archives de la ville. *Registre des actes de naissance de la paroisse de Saint-Germain-l'Auxerrois*, pour l'année 1649; dimanche 22 août, p. 144.

à Thiériot, se fût trouvé le 2 à Blois [1]. En 1722, par l'état des chemins et les procédés peu hâtifs de locomotion en usage, il était impossible, la cérémonie se fût-elle faite au petit matin, d'assister à un convoi dans l'église Saint-Barthélemy, et de se trouver, le même jour, aussi tard que ce fût, dans une ville distante de Paris de quarante lieues. Il y a là, de toute évidence, erreur, qu'elle vienne de Voltaire qui n'est rien moins que sûr, comme nous aurons lieu de le constater trop souvent, ou des copistes qui auront pris un chiffre pour un autre. Ainsi, c'est à l'année suivante qu'il faut reporter les quelques lettres écrites de Blois, de la Source et d'Ussé. Dans cette première, datée de Blois, le jour même de l'enterrement du père Arouet, Voltaire mandait à Thiériot, à propos de *Henri IV :* « A l'heure qu'il est, M. de Canillac le lit et me juge. Je vous écris en attendant le jugement. » Mais comment un favori, un roué du Régent se trouve-t-il, en plein hiver, éloigné de la cour, éloigné de Paris, au fond d'une ville de province où il ne peut que mourir d'ennui? Cela est au moins étrange. Heureusement les mémoires du temps nous donnent-ils le mot de l'énigme. Canillac, sacrifié aux rancunes de Dubois qu'il avait poussé à bout et « qui lui rompit le cou, » nous dit Saint-Simon [2], se vit brusquement chassé et exilé à Blois, d'où il ne devait plus sortir tant que vivrait son ennemi [3]. Ce petit incident de palais se passait en

---

1. Voltaire, *OEuvres complètes* (Beuchot), t. LI, p. 69. Lettre de Voltaire à Thiériot; 2 janvier 1722 (lisez : 1723).
2. Saint-Simon, *Mémoires* (Chéruel), t. XIV, p. 198.
3. Barbier, *Journal* (Charpentier), t. I, p. 221, 222. — Marais, *Journal et Mémoires* (Didot), t. II. p. 299.

juin 1722, ce n'était donc qu'en janvier 1723 que Voltaire pouvait soumettre en plein Blaisois son poëme au jugement de ce délicat; pour le moment, il n'avait pas quitté Paris, où son devoir et ses affaires le retenaient également.

La mort de leur père ne devait pas contribuer à établir l'union et les bons rapports entre les deux frères, qui s'aimaient peu. Les questions d'intérêt vinrent les séparer de plus en plus, et changèrent leur froideur en aigreur, et bientôt en guerre déclarée. Disons, à la décharge de Voltaire, qu'il ne faisait que se défendre. Il écrivait à Thiériot, plus de deux ans et demi après le décès de M. Arouet : « Je vous avertis que nos affaires de la chambre des comptes vont très-mal, et que je cours risque de n'avoir rien du tout de la succession de mon père[1]; » et, à madame de Bernières, quelques jours plus tard : « La mienne (ma fortune) prend un tour si diabolique à la chambre des comptes, que je serai peut-être obligé de travailler pour vivre, après avoir vécu pour travailler[2]. » Une année s'écoule encore : les affaires de la succession étaient moins avancées que le premier jour, et l'on était décidé à s'en remettre aux juges du soin de démêler cet écheveau. « Une foule d'affaires m'est survenue ; la moindre est le procès que je renouvelle contre le testament de mon père[3]. » Sur cela, Lepan ne semble pas

1. Voltaire, OEuvres complètes (Beuchot), t. LI, p. 123. Lettre de Voltaire à Thiériot; 26 septembre 1724.
2. Ibid., t. LI, p. 127. Lettre de Voltaire à la présidente de Bernières; à Paris, octobre 1724.
3. Ibid., t. LI, p. 146. Lettre de Voltaire à la présidente de Bernières; Paris, ce 23 juillet 1725.

supposer que ces contestations entre les deux frères pussent avoir d'autres causes que les dispositions de M. Arouet, qui eût effectué ses menaces si souvent répétées de déshériter un fils dont la conduite le désespérait. Ce n'est pas que M. Arouet ne trouvât qu'à louer dans l'aîné. Comme tout ce qui touchait de près ou de loin à la magistrature, le payeur des épices de la chambre des comptes était janséniste, mais avec cette modération d'un esprit sensé auquel répugne tout excès. Son fils Armand l'était bien autrement, en fanatique, en effréné, et donnait dans toutes les extravagances des enfants perdus du parti. Aussi, l'ancien notaire de dire plaisamment et tristement : « J'ai pour fils deux fous, l'un en prose et l'autre en vers[1]. » Ce qui ne l'empêchait point, après vingt ans d'exercice, de se démettre de sa place de receveur alternatif et triennal des épices, vacations et amendes de la chambre des comptes, en faveur de cet aîné, qui en obtint la commission le 29 décembre 1721[2], deux jours seulement avant sa mort.

Si Voltaire ne fut pas déshérité, il est clair que certaines clauses du testament ne lui agréaient point, puisqu'il l'attaqua à deux reprises, et que ces contestations entre les deux frères duraient encore après trois années. Comment finirent-elles? Nous ne saurions le dire au juste, car il n'en est plus reparlé dans la correspondance ; mais, à part l'antipathie des goûts et des opinions, cet antagonisme d'intérêts n'avait sans doute

---

1. Duvernet, *la Vie de Voltaire* (Genève, 1786), p. 30.
2. Lepan, *Vie politique, littéraire et morale de Voltaire* (Paris, 1825), p. 7.

pu qu'aggraver un éloignement qui subsista autant qu'Arouet. En somme, tout porte à croire que le testament ne dépouilla point le poëte. L'acte même de décès nous apprend qu'Armand et Voltaire demeuraient alors chez leur père. Ce dernier, chassé à plusieurs reprises pour ses fredaines, avait eu plus d'un gîte. Cette réintégration du plus jeune de ses fils sous le toit paternel paraîtrait indiquer, entre l'ancien notaire et François-Marie, une situation moins tendue. N'a-t-on pas dit que le bonhomme s'était laissé vaincre par le succès d'*OEdipe?* Mais il fallait assurer sa charge à l'aîné, et cela ne put se faire probablement sans léser les intérêts de l'autre [1]. Lorsque M. Arouet prit possession de son office, il versa « pour la sûreté de sa commission » la somme de deux cent quarante mille livres [2]. En se substituant celui-ci, il était logique qu'il ne déplaçât point un cautionnement indispensable. Sans doute n'était-ce pas là toute sa fortune. Ainsi sa fille, madame Mignot, avait reçu en dot, entre autres valeurs, les maisons de la rue Saint-Denis et de la rue Maubuée [3]. Mais on conçoit que la somme enfouie à la Chambre des comptes devait être la forte part de l'héritage et qu'Armand, dans l'impossibilité de rembourser une moitié du capital, ne put s'entendre avec son cadet, qui, spécula-

1. Le revenu de cette charge était de 13,485 livres 14 sous 6 deniers, comme nous l'apprend une quittance sur parchemin de M. Arouet, à la date du 18 février 1702, pour le compte de l'année 1700 (ce doit être 1701). Laverdet, *Catalogue d'autographes* du 6 juin 1849, p. 143, n° 1112.

2. Inventaire d'Arouet; 20 janvier 1722. La quittance du greffier en chef de la chambre des comptes est en date du 11 mars 1701.

3. *Ibid.*, coté quarante-six et quarante-neuf.

teur déjà, ne se contenta point d'en toucher l'intérêt. Nous en sommes aux hypothèses. Mais il y a toute vraisemblance à attribuer à ces difficultés un débat qui n'était point encore terminé, comme on l'a vu plus haut, en juillet 1725.

Voltaire lui-même dément implicitement la supposition d'une complète spoliation. « J'ai eu, nous dit-il, quatre mille deux cent cinquante livres de rentes pour patrimoine; mes partages chez mes notaires en font foi [1]. » Les divers historiens ne s'accordent point entre eux et avec Voltaire pour la part qui dut lui revenir. Luchet la veut considérable; Duvernet, Condorcet et Laharpe nous semblent plus dans le vrai en la faisant médiocre [2], et ils ont l'avantage de se rapprocher du chiffre accusé par le poëte. Au fort de ses tiraillements avec son frère, il s'écrie qu'il sera peut-être obligé de travailler pour vivre, après avoir vécu pour travailler; mais sa position, si elle ne s'amende pas, ne va pas jusqu'à empirer. Du vivant du payeur des épices de la chambre des comptes, il avait sa petite fortune, dont il avait constitué son père le caissier. Elle consistait en trois actions de la compagnie des Indes et cinq billets de banque de mille francs chacun. M. Arouet lui avait souscrit en échange une reconnaissance que Voltaire n'eut qu'à produire à l'inventaire pour rentrer

---

[1]. Voltaire, *Œuvres complètes* (Beuchot), t. LVI, p. 419. Lettre de Voltaire à M***; 12 mars 1754.

[2]. Luchet, *Histoire littéraire de Voltaire* (Cassel, 1781), t. I, p. 61. — Duvernet, *la Vie de Voltaire* (Genève, 1786), p. 9. — Longchamp et Wagnière, placés peut-être mieux que personne pour savoir le chiffre exact, ne sont pas plus d'accord. Voir *Mémoires sur Voltaire*, t. I, p. 330; t. II, p. 24.

dans ses valeurs[1]. Après sa sortie de la Bastille, le Régent lui avait accordé une pension de douze cents francs, et quelques jours seulement après la mort de M. Arouet, on apprenait qu'une nouvelle pension lui était accordée, grâce à l'intervention du même prince. « M. Arouet de Voltaire, dit le *Mercure*, de qui le père est mort depuis peu, a obtenu du roi, par la protection de M. le duc d'Orléans, une pension de deux mille livres[2]. » Il y a là plus qu'il ne faut pour travailler à ses heures et sans y être contraint par les inexorables exigences de la vie.

Voltaire avait un commerce de lettres avec Rousseau, qu'il traitait comme le peut faire un disciple « tendrement attaché à son maître. » On a vu avec quelle franche sympathie le lyrique avait applaudi à ses premiers essais, et les éloges sans réserve qu'il avait donnés à la tragédie d'*OEdipe*. De pareils encouragements étaient trop flatteurs pour que le jeune Arouet n'entretînt pas cette bienveillance par des témoignages de déférence et d'admiration, dus à l'âge et au talent du poëte sacré. Il est fâcheux que leur commune correspondance ne se soit pas retrouvée; c'eût été une chose piquante d'opposer cet échange de louanges et d'encens aux outrages et aux calomnies qu'on se renverra dans la suite. Ce qui nous en reste, après tout, édifie pleinement sur ce que tous deux pensaient l'un de l'autre, avant une rupture qui changea

---

1. Inventaire d'Arouet; 20 janvier 1722. Coté soixante et onze.
2. *Mercure de France*; janvier 1722, p. 168. — Bibliothèque Mazarine. Manuscrits. *Correspondance de la marquise de La Cour*, t. VII, lettres 6 et 8 : Paris, 10 et 14 janvier 1722.

leurs rapports en la haine la plus active, et disons le, la plus atroce. Si Voltaire était sincère avec Rousseau, il avait, toutefois, des liaisons d'amitié avec ses ennemis, et il fallait vivre bien avec tout le monde. De là des concessions, de petites lâchetés occultes, dont un caractère loyal se scandalisera, mais qui sont la monnaie courante des gens du monde condamnés à louvoyer, à nager entre deux eaux, à sourire, à prendre part à une méchanceté dite par l'ami présent sur l'ami absent. Dans une lettre à La Faye, l'ennemi implacable de Rousseau avec Lamotte et Saurin, Voltaire, pour flatter sa haine, fait bon marché de l'exilé, et comme écrivain et comme honnête homme[1]. Si c'était là son sentiment sur Rousseau, pourquoi alors correspondre avec lui, tenir à son jugement, à ses avis, à ses applaudissements? Au fond, il lui rendait pleine justice et savait à quelle énorme distance il était de Lamotte. La *Henriade* était achevée; il ne peut résister à l'envie de le consulter, et lui en envoie le plan avec une lettre des plus soumises et des plus affectueuses, et qu'il termine par une promesse d'aller le relancer dans les Pays-Bas, où le bruit court que Jean-Baptiste se rendra l'été prochain. « Si on ne peut espérer de vous revoir à Paris, lui dit-il, vous êtes bien sûr que j'irai chercher à Bruxelles le véritable antidote contre le poison des Lamotte. Je vous supplie, monsieur, de compter toute votre vie sur moi, comme sur le plus zélé de vos admirateurs[2]. » C'était là une menace obli-

---

1. Voltaire, *Œuvres complètes* (Beuchot), t. LI, p. 53, 54. Lettre de Voltaire à M. de La Faye; 1716.

2. *Ibid.*, t. LI, p. 71, 72. Lettre de Voltaire à J.-B. Rousseau; 23 janvier 1722.

geante qu'il ne croyait pas, sans doute, réaliser si tôt, enchaîné comme il l'était au tourbillon parisien, et qui s'effectuera, grâce à des combinaisons étrangères au désir d'ailleurs très-sincère de rendre visite à l'illustre proscrit.

Voltaire était toujours le bienvenu à Villars. Le maréchal lui faisait grand accueil, et eût voulu le voir plus souvent. Mais le poëte, qui devait pousser si loin sa laborieuse existence, se dira mourant, se plaindra, se soignera, sera dans les remèdes toute sa vie. Il avait promis d'aller à Vaux, mais c'était compter et décider sans son médecin, sans Vinache, qui ne le lâchait point. Ce Vinache était un médecin empirique fort à la mode, et dans les mains duquel Voltaire s'était mis. Il fallait, qu'à ses yeux, l'air qu'on respirait à Vaux fût nuisible à la santé de son malade. Voltaire écrivait à madame de Bernières : « J'attends votre retour avec la plus grande impatience du monde. Je prends du Vinache et né vas point à Villars ; voilà trois choses dont je vous ai vu douter un peu, et qui sont très-vraies[1]. » Pour s'excuser, le poëte envoie une belle épître au vieux maréchal[2], qui lui répond aussitôt par une charmante lettre où il se montre trop à son avantage, pour que nous ne cédions pas à l'envie de la reproduire dans sa presque intégralité.

1. Voltaire, *Lettres inédites* (Didier, 1857), t. I, p. 1. Lettre de Voltaire à la présidente de Bernières; Paris, mercredi matin... 1718. Il y a là erreur de quatre ans. Cette lettre qui a été écrite à la même époque que celle de Villars, est incontestablement de mai 1722, ainsi que les trois lettres qui la suivent dans le même recueil.

2. Voltaire, *OEuvres complètes* (Beuchot), t. XIII, p. 53, 54. Épître à M. le maréchal de Villars, 1721 (lisez 1722).

Si vous m'en croyez, lui écrit-il, vous ne vous abandonnerez pas à Vinache, quoique ses discours séduisants, l'art de réunir l'influence des sept planètes avec les minéraux et les sept parties nobles du corps, et le besoin de trois ou quatre javottes, donnent de l'admiration[1].

Venez ici manger de bons potages à des heures réglées, ne faites que quatre repas par jour, couchez-vous de bonne heure, ne voyez ni papier ni encre, ni biribi, ni lansquenet, je vous permets le trictrac : deux mois d'un pareil régime valent mieux que Vinache.

Je vous rends mille grâces de vos nouvelles ; le marquis[2] a vu avec douleur le théâtre fermé, et sur cela il prend la résolution d'aller à son régiment ; ma chaise de poste, qui le ménera à Paris samedi, vous raménera ici dimanche.

Nous avons ouvert un théâtre ; la marquise l'a entrepris avec une ardeur digne de ses père et mère[3] ; elle s'est chargée de mettre du rouge à deux soldats du régiment du roi, qui faisaient *Pauline* et *Stratonice*, et bien-qu'ils en fussent plus couverts qu'un train de carrosse neuf, elle ne leur en trouvait pas assez. Mademoiselle Ludière, qui est la modestie même, a été assez embarrassée à mettre des paniers sur les hanches nues des deux grenadiers, parce que..... (nous passons le reste).

Nos nouvelles ne sont pas si intéressantes que les vôtres : Une pauvre servante s'est prise de passion pour un jardinier. Sa mère, plus dragonne que madame Dumay, et qui s'est mariée en secondes noces à Maincy, s'est opposée au mariage. Madame la Maréchale s'en est mêlée ; mais elle a mieux aimé gronder la

---

1. « Il est, dit-on, frère ou cousin de Vinache, qui, du vivant du feu roi, fut mis à la Bastille. Ce Vinache travailloit avec le Régent à la pierre philosophale. On ne sçait ce qu'il est devenu. Celui dont il s'agit ici est très-habile chimiste et fondeur. Il s'est avisé de donner un elixir, qui, ayant réussi pour quelques personnes, lui a fait gagner plus de cent mille livres... » *Mémoires pour servir à l'histoire de la Calotte*. A Moropolis ; 1735, I<sup>re</sup> partie, p. 99. Brevet de médecin empirique pour le sieur Vinache.

2. Le fils du maréchal, né le 4 octobre 1702. Amateur forcené de théâtre. Il jouera plus tard sur la scène de Ferney.

3. Amable-Gabrielle, seconde fille du maréchal de Noailles. Leur mariage datait du 5 août 1721.

mère que faciliter les noces par payer la dot, ce qui n'est pas de sa magnificence ordinaire.

Benoit a eu la tête cassée par le cocher du marquis, en se disputant la conduite d'un panier de bouteilles de cidre ; Bajet a raisonné scientifiquement sur la blessure. Le curé de Maincy est interdit, parce qu'il ne parle pas bien de la Trinité.

Voilà, mon grand poëte, tout ce que je puis vous dire en mauvaise prose, pour vous remercier de vos vers. Je vous charge de mille compliments pour M. le duc et madame la duchesse de Sully, auxquels je souhaite une bonne santé et qui leur permette de venir faire un tour ici. Il y a présentement bonne et nombreuse compagnie, puisque nous sommes vingt-deux à table; mais une grande partie s'en va demain[1].

Cette lettre est charmante et sur le pied de la plus parfaite égalité. Les petits commérages qui la grossissent ont le mérite de nous initier à l'existence de la haute société à la campagne, dans ses châteaux. Cette accusation d'avarice accidentelle portée contre la Maréchale est d'autant plus piquante que l'accusateur passait pour être très-rapace et très-avare. On sait sa réponse plaisante aux députés de la Provence qui, en lui présentant la bourse remplie d'or qu'il était de tradition d'offrir au gouverneur à la prise de possession de son gouvernement, lui insinuaient que le duc de Vendôme, en pareil cas, l'avait refusée : « Ah ! M. de Vendôme était un prince inimitable; » et il empochait l'argent[2]. Tout en soignant sa santé, le poëte soignait sa fortune, et, menacé dans son patri-

1. Collection Rathery. Lettre du maréchal de Villars à Voltaire; à Villars, le 28 mai 1722. Elle est de la main d'un secrétaire, mais la signature est du maréchal. M. Sainte-Beuve l'a reproduite dans les *Causeries du Lundi* (1858), t. XIII, p. 105, 106.

2. Gustave Desnoiresterres, *les Cours galantes* (Dentu, 1865), t. I, p. 216, 217.

moine, songeait prudemment à se créer d'autres ressources. Nous le voyons déjà mêlé à des affaires de finances, et nous avons sous les yeux de ses lettres qui décèlent des tripotages considérés alors comme très-naturels, et qui, de nos jours, ne se consommeraient pas impunément. « Vous m'avez laissé, en partant, votre mari au lieu de vous, mande-t-il à la présidente de Bernières dans cette lettre même où il dit qu'il prend du Vinache et ne va point à Villars : voilà qu'il me vient prendre dans le moment que je vous écris pour me mener chez des gens qui veulent se mettre à la tête d'une nouvelle compagnie. Pour moi, madame, qui ne sais point de compagnie plus aimable que la vôtre, et qui la préfère même à celle des Indes, quoique j'y aie une bonne partie de mon bien, je vous assure que je songe bien plutôt au plaisir d'aller vivre avec vous à votre campagne, que je ne suis occupé du succès de l'affaire que nous entreprenons. » Des gens haut placés, qui le protégent, ont trouvé le moyen, sans qu'il leur en coûtât personnellement, de lui rendre les meilleurs offices. Quant au procédé, il était ancien et fort en usage : il suffisait d'établir celui-ci l'intermédiaire obligé dans quelque affaire de fournitures ou dans le renouvellement de quelque bail. Mais tout s'explique par les lignes qui suivent. « On m'a écrit que M. le Régent a donné sa parole, mande-t-il à la Présidente, de Villars où l'avait ramené la chaise de poste du marquis ; et comme j'ai celle de la personne qui l'a obtenue du Régent, je ne crains point qu'on se serve d'un autre canal que le mien ; je peux même vous assurer que, si je pensais qu'ils eussent

dessein de s'adresser à d'autres, mon peu de crédit auprès de certaines personnes serait assez fort pour faire échouer leur entreprise... Vous me mandez que, si je ne suis pas à Paris aujourd'hui jeudi, la chose est manquée pour moi. Dites à vos messieurs qu'elle ne sera manquée que pour eux, que c'est à moi qu'on a promis le privilége, et que, quand je l'aurai une fois, je choisirai la compagnie qui me plaira[1]... » Et, dans la lettre suivante, sans quantième, mais du même temps et écrite de Vaux : « Je resterai encore sept ou huit jours à Villars, où je bois du cidre et mange du riz tous les soirs, dont je me trouve fort bien. Messieurs des gabelles peuvent bien retarder leur affaire de huit jours. La personne que vous savez a parole réitérée de M. le Régent pour la plus grande affaire[2]... »
Il y en a donc deux au moins. Mais est-il possible d'être d'une plus superbe impertinence? Remarquons que Voltaire est rentré en grâce auprès du Régent. Sa haine pour le prince s'était tout à fait dissipée, et le satirique avait fait place au poëte courtisan. En juillet 1721, il avait rimé un madrigal pour accompagner un ceinturon que madame d'Averne offrait au duc d'Orléans[3], et cette petite galanterie l'avait mis en bonne odeur. On s'étonne qu'il n'eût pas cherché à pénétrer dans l'intimité du duc d'Orléans, ce qui sans doute eût

---

1. Voltaire, *Lettres inédites* (Didier, 1857), t. I, p. 84. Lettre de Voltaire à la présidente de Bernières ; Villars, 1718 (1722).
2. *Ibid.*, t. I, p. 4. Lettre de Voltaire à la présidente de Bernières ; Villars, 1718 (1722).
3. Bibliothèque impériale. Manuscrits. *Recueil de chansons historiques*, t. XV, f. 476. — Voltaire, *Pièces inédites* (Didot), p. 42. — Marais, *Journal et Mémoires* (Didot), t. II, p. 182 ; 20 juillet 1721.

été facile. Mais il ne le vit guère qu'accidentellement, un soir, entre autres, au bal de l'Opéra, où le prince dans une conversation toute littéraire, prit la défense de Rabelais, pour qui le poëte professait alors le plus souverain mépris, mépris sur lequel il revint avec l'âge, la maturité et plus de lecture [1].

Voltaire n'a pas le génie qui invente, mais le génie d'appropriation et d'assimilation, l'esprit qui propage et vulgarise. Il s'est attaqué à tout, il a tout embrassé, et, s'il n'a point fait faire de pas à la science, il l'a rendue intelligible, il l'a rendue facile, pénétrable, accessible à tous. Pour créer, il faut se concentrer au lieu de s'étendre ; et sa mission, comme sa nature, n'était pas d'être seulement ou poëte, ou historien, ou métaphysicien, mais cela tout ensemble. On se demande ce qu'il n'eût pas été s'il lui eût été donné de tout entreprendre. Chez nos voisins, dans cette Angleterre dont il admirera et enviera les institutions, la condition d'hommes de lettres, loin d'être un obstacle, était une recommandation et un titre qui avaient ouvert la carrière à plus d'un homme politique. Aussi, ne constate-t-il pas sans amertume l'ostracisme dont on frappait ceux de sa condition. « M. Addison, en France, eût été de quelque académie, et aurait pu obtenir, par le crédit de quelque femme, une pension de douze cents livres, ou plutôt on lui aurait fait des affaires sous prétexte qu'on aurait aperçu dans sa tragédie de *Caton* quelques traits contre le portier d'un homme

1. Voltaire, *OEuvres complètes* (Beuchot), t. LVIII, p. 199, 200. Lettre de Voltaire à madame du Deffand ; aux Délices, 13 octobre 1759.

en place; en Angleterre, il a été secrétaire d'État.
M. Newton était intendant des monnaies du royaume :
M. Congrève avait une charge importante; M. Prior
a été plénipotentiaire; le docteur Swift est doyen d'Irlande, et y est beaucoup plus considéré que le primat[1]... » Il insiste sur ce contraste à toute occasion.
« On n'imaginait pas, en France, dit-il encore, que
Prior, qui vint de la part de la reine Anne donner la
paix à Louis XIV avant que le baron Bolingbroke vînt
la signer; on ne devinait pas, dis-je, que ce plénipotentiaire fût un poëte[2]. » Voltaire se croyait autant de
finesse, de jugement, de coup d'œil, de vues que bien
des gens qui s'étaient fait une réputation de savoir-
faire et d'habileté, et il n'eût pas demandé mieux qu'à
être mis à même de donner sa mesure. Il fera tout
pour être employé, et n'épargnera rien, dès l'abord,
pour gagner les bonnes grâces d'un homme qui pouvait plus que le Régent, de Dubois. Il adresse, au sujet
de la double alliance espagnole, une belle épître au
cardinal, où il fait intervenir l'âme de Richelieu qui,
devant tant de sagesse et de supériorité, « pour la première fois, a connu la jalousie, » et dans laquelle
Alberoni n'est également évoqué qu'à la plus grande
gloire de son heureux rival.

De ses vastes projets l'orgueilleuse étendue
Occupait l'univers saisi d'étonnement :

---

1. Voltaire, Œuvres complètes (Beuchot), t. XXVII, p. 264. Lettres philosophiques, XXIII. Sur la considération qu'on doit aux gens de lettres. T. III, p. 148. Zaïre, épître dédicatoire à M. Falkener, 1733.
2. Ibid., t. III, p. 247, 248. Lettres philosophiques, XXII. Sur M. Pope et quelques poëtes fameux.

Ton génie et le sien disputaient la victoire ;
Mais tu parus, et sa gloire
S'éclipsa dans un moment.

Les éditeurs de Kehl, un peu honteux de voir le poëte prostituer sa muse à un Dubois, cherchent à en pallier l'énormité du mieux qu'ils peuvent : « Voltaire, disent-ils, était jeune lorsqu'il fit cette épître ; Fontenelle, Lamotte, alors les deux premiers hommes de la littérature, ont loué Dubois avec autant d'exagération. Il avait, à leurs yeux, le mérite réel d'aimer la paix, la tolérance et la liberté de penser, et de n'être jaloux ni de la réputation, ni des talents. Avant de condamner ces éloges, il faut se transporter à cette époque, où le souvenir du père Le Tellier inspirait encore la terreur [1]. » Puisqu'on s'autorise de Fontenelle et de Lamotte pour faire pardonner les flatteries de Voltaire à l'égard du cardinal, pourquoi ne pas leur adjoindre le mystique auteur du poëme de *la Grâce*, Louis Racine, qui écrivait sans scrupule à celui-ci : « Mes vers seront bientôt oubliés. Ceux qui ont le talent d'en faire de beaux ont présentement assez de sujets que Votre Excellence leur procure, et votre ministère causera sans doute bien des veilles aux poëtes ? » Et le vertueux Massillon qui consentait à assister Dubois à son sacre et à signer l'attestation de vie et de mœurs dont celui-ci avait besoin pour parvenir au cardinalat [2]! Sous un régime monarchique, comme celui de la

1. Voltaire, *Œuvres complètes* (Beuchot), t. XIII, p. 57. Épître au cardinal Dubois ; 1721.
2. D'Alembert, *Œuvres complètes* (Belin, 1821), t. III, p. 229. *Eloge de Massillon.*

France d'alors, c'était dans les mains du ministre que résidait le sort de l'État, qu'il s'appelât Dubois ou Fleury; c'était au ministre qu'il fallait s'adresser pour servir le pays, aussi bien que pour obtenir des grâces. Nous n'avons pas ici à juger Dubois, perdu de mœurs comme son maître et comme son époque; nous n'avons même pas à décider s'il ne fut point à certains égards vendu à l'Angleterre, comme on l'a prétendu. Ce qu'on ne peut lui refuser, ce sont de notables parties d'un grand ministre : la facilité du travail, les expédients, un coup d'œil juste, et même le sens du vrai et du bien, quand son intérêt ou ses passions ne venaient pas à l'encontre. Sorti de bas, au moins n'avait-il point de préjugés, et ne demandait-il pas de parchemins aux capacités. Quasi homme de lettres, il n'était pas éloigné d'employer les gens de lettres dans les affaires. Ce fut un poëte comique, l'auteur du *Dissipateur*, Destouches, esprit intelligent autant qu'honnête, à qui il confia le soin de nos intérêts et de sa politique auprès du cabinet de Saint-James. Voltaire, plein de bonne volonté, d'envie de joindre à son lustre de poëte l'importance que donnent les charges, s'était mis à la disposition de Dubois. Il avait déterré un juif nommé Salomon Lévy, natif de Metz, employé d'abord par Chamillard, puis par les ennemis à titre de munitionnaire de l'armée impériale en Italie, d'où il faisait passer au maréchal de Villeroy tous les avis qui pouvaient lui servir, « ce qui ne l'empêcha pas d'être pris dans Crémone. » On voit quelle espèce d'homme c'était. A Vienne, le même juif avait ensuite été fort utile au maréchal de Villars, et, en

1713, à M. de Torcy, en l'instruisant de toutes les démarches de Marlborough. Ce n'étaient pas là, il s'en fallait, ses seuls exploits; mais nous renverrons, pour un plus ample informé, au mémoire de Voltaire[1].

Ce Salomon Lévi, qui avait des rapports avec toute la terre, en avait notamment avec un certain Willar, secrétaire du cabinet de l'Empereur, et c'était en vue de ce dernier, on le sent, qu'il pouvait être précieux de se l'acquérir. Voltaire avait flairé dans tout cela une occasion d'être utile, et c'est ce qu'il s'efforçait de démontrer au cardinal dans la lettre qu'il avait jointe à son mémoire.

> Je peux, plus aisément que personne au monde, passer en *Allemagne* sous le prétexte d'y voir *Roussau*, à qui j'ai écrit il y a deux mois, que jauois envie d'aller montrer *mon poeme* au *prince Eugène* et à luy. J'ai même des lettres du prince Eugène dans l'une desquelles il me fait l'honneur de me dire qu'il seroit bien aise de me uoir. Si ces considérations pouvoient engager uotre éminence *a memployer à quelque chose*, je la suplie de croire quelle ne seroit pas mécontente de moy et que jaurois une reconnoissance éternelle de m'auoir permis de la servir[2].

Il nous faut nous arrêter sur une aventure fâcheuse qui arriva à Voltaire vers ce temps, et qui l'occupa plus d'une année de la façon la plus irritante. L'on a donné connaissance du rapport de police qui avait déterminé l'embastillement d'Arouet; nous savons par

---

1. Voltaire, *OEuvres complètes* (Beuchot), t. LI, p. 73, 74. Mémoire touchant Salomon Lévi.
2. *Ibid.*, t. LI, p. 72. Lettre de Voltaire au cardinal Dubois; 28 mai 1722. Nous reproduisons ce fragment d'après le *fac-simile* publié par Dupont (*Lettres inédites*, 1826).

qui il fut livré, nous savons que le misérable qui le
dénonça était un officier du nom de Beauregard, capitaine dans le régiment de Provence. Il ne fut pas
difficile à la victime de démêler la vérité : elle n'avait
guère le choix qu'entre ce Beauregard et M. d'Argental; ce dernier étant au-dessus du soupçon, il n'y
avait pas à hésiter, et le poëte ne douta point qu'il
ne fût redevable de sa captivité à la trahison d'un
homme admis trop légèrement dans son intimité.
Quelques années d'ailleurs s'étaient écoulées, et Voltaire avait eu le temps d'oublier sa mésaventure. Il
l'avait oubliée en effet; mais, un jour, à Versailles, le
hasard les mit en présence : à l'aspect de son délateur,
l'auteur d'*Œdipe* ne put se contenir, et les mots de
malhonnête homme et d'espion furent articulés assez
haut pour être ramassés par celui auquel ils s'adressaient. Beauregard, qui avait de bonnes oreilles, lui
dit qu'il l'en ferait repentir. M. Le Blanc le recevait
familièrement, bien qu'il eût ses raisons pour ne pas
ignorer le métier du personnage. Voltaire, capable de
tout oser quand la passion l'emportait, ne craignit pas
de dire à ce dernier : « Je savois bien qu'on payoit
les espions, mais je ne savois pas encore que leur récompense fût de manger à la table du ministre. »
Quelque extraordinaire que puisse paraître un pareil
oubli du respect de soi et des autres, le fait n'était
pas sans précédent chez ce ministre de la guerre ; et le
maréchal de Villars nous apprend qu'il admettait également à sa table un nommé Menge, « le chef de ses
espions, » qui avait été dégradé des armes par la main
du bourreau, reconnu pour fripon et à demi con-

vaincu d'assassinat[1]. Beauregard, furieux, était très-résolu à ne s'en pas tenir aux menaces; il fit part même de son projet à M. Le Blanc, qui, loin de l'en détourner, lui eût répondu : « Fais donc en sorte qu'on n'en voye rien[2]. » En effet, ayant arrêté la chaise de Voltaire au pont de Sèvres, il le contraignit à descendre, le bâtonna à outrance et le marqua même au visage. Tel est du moins le récit de Marais, dans lequel nous avons plus confiance, on le concevra sans peine, que dans le poétique galimatias de Saint-Hyacinthe, que nous citerons en son lieu pour le succès qu'il obtint et le grand souci qu'il causa à l'impressionnable et trop sensible poëte.

On comprend la fureur et la rage de Voltaire : sur sa requête, le bailli de Sèvres délivre un décret de prise de corps contre l'assassin, qui s'était hâté de rejoindre son régiment[3]. Rien ne l'arrête, rien ne le rebute pour atteindre le misérable ou par lui-même ou par la justice[4]. Il lui intente un procès criminel au Châtelet, qu'il poursuit avec une ténacité, une volonté inébranlables, de loin comme de près. Ce sera son

1. Villars, *Mémoires* (Michaud et Poujoulat), t. XXXIII, p. 303. — Barbier, *Journal* (Charpentier), t. I, p. 351, 352 ; avril, 1724.

2. Marais, *Journal et Mémoires* (Didot), t. II, p. 311, 312 ; juillet 1722.

3. Bibliothèque Mazarine. Manuscrits. *Correspondance de la marquise de La Cour*, t. VII, lettre 115; à Paris le 27 juillet 1722.

4. Nous trouvons dans un recueil que nous avons déjà cité un mot du duc d'Orléans, auquel nous ne croyons guère. Voltaire, éperdu, courut à Versailles se plaindre à ce prince qui, après l'avoir écouté froidement, lui répondit : « Monsieur Arouet, vous êtes poëte et vous avez reçu des coups de bâton ; cela est dans l'ordre, et je n'ai rien à vous dire. » Bibliothèque impériale. Manuscrits. Fonds Bouhier 178, f. 365.

affaire capitale; ses travaux et ses plaisirs ne viendront qu'après. Est-il absent, il prie ses amis d'agir pour lui. «S'il y a des nouvelles, écrit-il de Cambrai à Thiériot, écrivez-m'en bien vite, et faites un peu venir qui vous savez avec des menottes[1].» Et, dès le lendemain, de Bruxelles : « A l'égard de l'homme aux menottes, je compte revenir à Paris dans quinze jours, et aller ensuite à Sulli. Comme Sulli est à cinq lieues de Gien, je serais là très à portée de faire happer le coquin, et d'en poursuivre la punition moi-même, aidé du secours de mes amis. Je vous avais d'abord prié d'agir pour moi dans cette affaire, parce que je n'espérais pas pouvoir revenir à Paris de quatre mois; mais mon voyage étant abrégé, il est juste de vous épargner la peine que vous vouliez bien prendre[2]. » Il veut, il lui faut une vengeance. Il n'épargnera rien pour l'obtenir. « Je vais dans la Sologne, à la piste de l'homme en question, mande-t-il de chez M. de la Feuillade à l'éternel Thiériot. Cependant j'ai chargé Demoulin de poursuivre criminellement l'affaire, afin que, si je ne puis avoir raison par moi-même, la justice me la fasse[3]. »

En bon français, cela veut dire qu'il se battra, et qu'il se fera peut-être tuer. L'on est très-peu disposé à prendre une telle déclaration au sérieux. Voltaire brave, cela paraît plus que paradoxal. Ses meilleurs

1. Voltaire, *Lettres inédites* (Didier, 1857), t. I, p. 432. Lettre de Voltaire à Thiériot; à Cambrai, 10 septembre 1722.
2. Voltaire, *Œuvres complètes* (Beuchot), t. II, p. 77. Lettre de Voltaire à Thiériot; à Bruxelles, 11 septembre 1722.
3. *Ibid.*, t. LI, p. 83. Lettre de Voltaire à Thiériot; au Bruel, 1722.

amis ne croyaient guère à son courage, et le marquis d'Argenson a dit de lui, sans y entendre malice et par une distinction qui, en définitive, a dans sa pensée la valeur du plus grand éloge : « Il y a longtemps qu'on a distingué le courage de l'esprit de celui du corps. On les trouve rarement réunis. *Voltaire* m'en est un exemple. Il a dans l'âme un courage digne de Turenne, de Moïse, de Gustave Adolphe; il voit de haut, il entreprend, il ne s'étonne de rien; mais il craint les moindres dangers pour son corps, et est poltron avéré[1]... » Disons que les natures nerveuses sont capables de toutes les surexcitations, et que si l'exaltation n'est pas durable, au moins, tant qu'elle subsiste, il leur arrive de donner des marques d'audace et d'intrépidité qui feraient honneur à la valeur la plus éprouvée; mais c'est à de telles organisations qu'est essentiellement applicable le proverbe espagnol. Une fois encore, nous verrons pourtant Voltaire aiguiser son épée et très-résolu à croiser le fer, sans que ses bonnes intentions soient suivies, il est vrai, d'aucun effet.

On sait avec quelle lenteur tout se traitait alors : la justice et les gens de loi n'étaient alertes que pour vider la bourse des plaideurs; quant au reste, cela arrivait sur le tard, si le crédit de l'une des parties ne parvenait point à enterrer l'affaire. Voltaire, à la fin de décembre, n'était guère plus avancé que le premier jour. « Demoulin poursuit en mon nom la condamnation de Beauregard, je suis ruiné en frais. Pour comble, il me mande que le lieutenant-criminel a envoyé

---

1. Marquis d'Argenson, *Mémoires* (Jannet), t. V, p. 144.

chercher toutes les pièces chez mon procureur ; je ne sais si c'est pour rendre ou pour me dénier sa justice ; j'attends en paix l'événement [1]. » Ces appréhensions étaient permises : Beauregard avait dans le ministre de la guerre un soutien déclaré ; heureusement les affaires de Le Blanc lui-même étaient en assez mauvais chemin. « A l'égard de l'homme en question, écrit encore Voltaire à madame de Bernières, cette fois à la date du 15 janvier 1723 [2], je l'ai cherché et fait chercher inutilement. J'ai pris le parti de faire continuer, à Paris, son malheureux procès ; la chute prochaine de son protecteur m'y a entièrement déterminé... » Quelques mois après, les intrigues de madame de Prie, les tripotages de la Jonchère dont on fit assumer la responsabilité au ministre, amenaient l'exil de M. Le Blanc à quatorze lieues de Paris, à Doux, près Coulommiers ; et l'on nommait à sa place M. de Breteuil, le cousin germain de la docte Uranie [3]. L'on avait fini par mettre la main sur Beauregard, qui se trouvait écroué au Châtelet. Pour le coup, Voltaire tient sa vengeance. « Je fais recommencer son procès, et j'espère qu'il ne sor-

1. Voltaire, Œuvres complètes (Beuchot), t. LI, p. 88. Lettre de Voltaire à Thiériot ; Fin décembre, 1722.
2. Voltaire, Lettres inédites (Didier, 1857), t. I, p. 10, 11. Lettre de Voltaire à madame de Bernières ; Ussé, 15 janvier 1722 (sic). Évidemment, c'est 1723 et non 1722 qu'il faut lire. Marais écrivant ses notes au jour le jour, n'aurait pas parlé comme d'un fait nouveau, d'une aventure qui eût eu au moins sept mois de date ; d'ailleurs, ce ne fut qu'en juillet 1723 qu'éclata la disgrâce de Le Blanc, et c'eût été y voir de très-loin que de l'annoncer comme imminente, dix-sept mois à l'avance.
3. Voltaire, Œuvres complètes (Beuchot), t. LI, p. 97. Lettre de Voltaire à la présidente de Bernières ; ce samedi (juillet) 1723. —Marais, Journal et Mémoires, (Didot) t. II, p. 472, 473, 474.

tira pas sitôt de prison. Il a des lettres de rappel qui pourront bien lui devenir inutiles, attendu que je ferai tous mes efforts pour le faire condamner à une peine plus conforme à son crime et aux lois, qu'un simple bannissement [1]. » Dix jours plus tard, il écrivait derechef à la présidente : « Beauregard est toujours au Châtelet ; j'ai envie de le laisser là un peu de temps [2]. » A partir de ce moment, il n'est plus trace de cette affaire, et l'on en est à savoir quand elle finit et comment elle finit. Une note de Desfontaines apposée au bas de la lettre de Rousseau, en réponse « aux calomnies répandues contre lui par le sieur Arouet de Voltaire, » donne à entendre que ce dernier se crut amplement dédommagé par les mille écus que son avarice reçut pour consoler son honneur [3]. Nous estimons, au contraire, que Voltaire eût volontiers tiré de sa poche ces mille écus pour obtenir une vengeance plus complète [4]. Quoi qu'il en soit, cette triste affaire fut

---

1. Voltaire, *Lettres inédites* (Didier, 1857), t. I, p. 23, 24. Lettre de Voltaire à la présidente de Bernières ; à Maisons, ce 20 octobre 1723.

2. *Ibid.*, t. I, p. 25, 26. Lettre de Voltaire à madame de Bernières ; à Maisons, 30 octobre 1723.

3. Elie Harel, *Voltaire, Particularités curieuses de sa vie et de sa mort* (Paris, 1817), p. 40, 41.

4. Et c'est ce dont témoignent les chansons du temps :

> Du Châtelet
> Vous n'êtes pas, mon cher Voltaire,
> Trop satisfait,
> Il vous donne un cruel soufflet :
> Thémis paraît dans cette affaire,
> Moins déesse que la mégère
> Du Châtelet.

Bibliothèque Mazarine. *Recueil de chansons, anecdotes satiriques et historiques.* L. 2056, t. XVII, f. 247, 248. — Delort. *Histoire de*

un des plus cruels moments de sa longue carrière et dont le souvenir lui fut le plus pénible, comme il y paraîtra bien, lorsque Desfontaines se fera un malin plaisir de reproduire en 1736, dans la *Voltairomanie*, le fantastique récit de l'auteur du *Chef-d'œuvre d'un inconnu*.

Le cardinal Dubois recevait Voltaire et semblait favorablement disposé pour lui. Un mois après ses communications sur le juif Salomon et des offres de service qu'il aurait bien voulu voir accepter, le poëte adressait une autre lettre au ministre, de sa ville épiscopale de Cambrai, alors dans toute la fermentation et l'attente d'un congrès. Il n'y était pas venu seul; il y avait été amené par une belle dame des amies du cardinal.

> Une beauté qu'on nomme Rupelmonde,
> Avec qui les amours et moi
> Nous courons depuis peu le monde.

Cette madame de Rupelmonde était fille du maréchal d'Aligre et la veuve alors d'un riche seigneur de Flandre auquel elle avait été mariée en 1705, et qui, sept ans plus tard, fut tué à l'attaque de Brihuega, ce qui valut à la jeune comtesse une pension de dix mille livres du roi d'Espagne [1]. Elle avait décidé Voltaire, dont elle goûtait l'esprit, à la suivre en Hollande, et celui-ci n'y avait mis d'autre condition qu'un séjour à Bruxelles où il savait que se trouvait Rousseau. La sé-

---

la *détention des philosophes et des gens de lettres à la Bastille et à Vincennes* (Paris, 1819), t. II, p. 32.

[1]. *Mercure*, janvier 1705, p. 349, 394. — Dangeau, *Journal*, t. X, p. 239, 240; t. XIII, p. 344.

duction d'un voyage d'agrément en si charmante compagnie et l'envie d'embrasser l'Horace français n'étaient pas, en somme, les seules causes déterminantes de cette invasion chez les Bataves, comme on le verra bientôt, et les deux voyageurs n'étaient pas tellement pressés d'arriver, qu'ils dussent se refuser aux divertissements, aux plaisirs qu'ils rencontreraient sur leur route. Le congrès était sur le point de s'ouvrir; la ville avait un air de fête qui ne laissait pas soupçonner qu'on y pût débattre des intérêts aussi graves. « Nous arrivons, Monseigneur, écrit Voltaire au cardinal, dans votre métropole, où je crois que tous les ambassadeurs et tous les cuisiniers de l'Europe se sont donné rendez-vous. Il semble que tous les ministres d'Allemagne ne soient à Cambrai que pour faire boire à la santé de l'empereur. Pour messieurs les ambassadeurs d'Espagne, l'un entend deux messes par jour, l'autre dirige la troupe des comédiens. Les ministres anglais envoient beaucoup de courriers en Champagne et peu à Londres[1]. » Le tableau, pour être piquant, n'a rien que d'exact. Dubois disait de ce congrès : « Nous verrons le congrès de Cambrai employer la moitié de sa durée à régler son cérémonial, l'autre moitié à ne rien faire, jusqu'à ce que des incidents inattendus le fassent dissoudre[2]. » Personne, en effet, n'était pressé de conclure, et les préliminaires se prolongèrent jusqu'au 24 janvier 1724. Faute d'autre activité, les plénipo-

---

1. Voltaire, *Œuvres complètes* (Beuchot), t. LI, p. 75. Lettre de Voltaire au cardinal Dubois; de Cambrai, juillet 1722.
2. Comte de Seilhac, *l'Abbé Dubois; premier ministre de Louis XV* (Amyot, 1862), t. II, p. 200.

tentiaires donnaient fêtes sur fêtes et ne laissaient échapper aucune occasion de faire, par leur magnificence, honneur au souverain et à la nation qu'ils représentaient. A peine le mariage de l'infant don Carlos est-il déclaré avec mademoiselle de Beaujolais, que le comte de Saint-Estevan donne repas somptueux, bal, illuminations à tout ce qu'il y a de considérable dans la ville, et fait couler deux fontaines de vin dans les rues à la discrétion du public. Dix jours après, c'était le tour du comte de Vindisgratz, qui célébrait la fête de l'empereur son maître avec non moins de faste et magnificence [1]. Les deux survenants ne pouvaient arriver mieux. Ils furent accueillis avec l'empressement le plus flatteur. On se les disputait, il n'était pas de bonnes parties où ils ne figurassent. A un souper chez madame de Saint-Contest, la femme de notre premier plénipotentiaire, tout le monde témoigne le désir de voir jouer *OEdipe*, le lendemain, en présence même de l'auteur. Mais le programme avait été arrêté, et les *Plaideurs* de Racine désignés, à la requête du comte de Vindisgratz; ce qui prouve, en passant, que l'ambassadeur d'Espagne ne s'était pas réservé le droit exclusif d'intervenir dans les affaires de la comédie. Il était désormais de toute impossibilité de modifier la représentation sans l'agrément de l'Excellence. Voltaire se chargea de l'obtenir, et, séance tenante, il rima un placet où le diplomate était supplié, « au nom de Rupelmonde, » de consentir à ce changement. Il fit plus, il le remit lui-même. La négociation n'était pas

1. *Gazette de Hollande*, numéros des 25 et 29 septembre 1722; Cambrai, 15 septembre, et Bruxelles, 24 septembre 1722.

de celles où l'on échoue, et il rapporta son placet avec les vers suivants en apostille, également de sa façon, cela va sans dire :

> L'amour vous fit, aimable Rupelmonde,
> Pour décider de nos plaisirs ;
> Je n'en sais pas de plus parfait au monde
> Que de répondre à vos désirs ;
> Sitôt que vous parlez, on n'a pas de réplique :
> Vous aurez donc *Œdipe*, et même sa critique.
> L'ordre est donné pour qu'en votre faveur
> Demain l'on joue et la pièce et l'auteur [1],

c'est-à-dire *Œdipe*, et, après, l'*Œdipe travesti*, de Dominique. La lettre de Voltaire à Dubois était de ce même style cavalier avec lequel il parlait aux puissances, mais toujours, dans son audace, approprié au caractère et au génie de celui auquel il s'adressait. Voltaire savait bien que Dubois, qui prenait de sa dignité ce qu'elle avait d'humainement considérable, abandonnait (et c'est, il est vrai, ce qu'il avait de mieux à faire), la pratique de son ministère à des mains plus dignes et plus pures; aussi ne craignait-il pas de le fâcher en lui donnant le conseil goguenard de se faire bénir de la France, sans donner à Cambrai de bénédictions. Pourtant, voyons-nous, au moins une fois, Dubois intervenir dans les affaires spirituelles de son diocèse, vers ces mêmes temps. Ses vicaires généraux avaient refusé certaines dispenses de carême. Les ambassadeurs catholiques du congrès réclamèrent contre cette rigueur, sous l'étrange prétexte qu'ils seraient

---

1. Voltaire, *OEuvres complètes* (Beuchot), t. XIV, p. 325. Impromptu à M. le comte de Vindisgratz; 1722.

taxés d'orgueil par leurs confrères dissidents s'ils se piquaient d'une plus grande perfection chrétienne ; le bon archevêque entra dans leurs raisons, cassa l'ordonnance, et les plénipotentiaires se dispensèrent du carême « par humilité[1]. »

Voltaire terminait la même épître en manifestant le regret de ne pouvoir pas entretenir le cardinal autant qu'il le souhaiterait, et jouir d'une conversation qui était pour lui la chose qu'il goûtait le plus au monde. Cela indique sans doute une certaine fréquentation et une notable familiarité ; mais l'esprit était bien une recommandation auprès de ce débauché spirituel, qui, comme le Régent, voulait s'amuser après les affaires, et n'y épargnait rien. En prenant congé de lui, le poëte, qui ne perdait pas ses projets de vue, disait au ministre : « Je vous prie, monseigneur, de ne pas oublier que les Voiture étaient autrefois protégés par les Richelieu[2]. » Le chroniqueur qui rapporte cela trouve plaisante la prétention du poëte de se comparer à un Voiture. Mais Voltaire eût été modeste, s'il eût pu être sincère. Au fond, il estimait peu cette gloire de l'autre siècle qu'il déclarait plus propre à endormir qu'à réveiller l'esprit[3].

On s'est demandé ce que pouvaient être, l'un à l'é-

1. Lémontey, *Histoire de la Régence*, t. II, p. 17. — Comte de Seilhac, *l'abbé Dubois, premier ministre de Louis XV* (Amyot, 1862), t. II, p. 267, 269. Mandement de S. Em. Mgr le cardinal Dubois, archevêque, duc de Cambrai, principal ministre du royaume ; Versailles, février 1723.

2. Marais, *Journal et Mémoires* (Didot), t. II, p. 358 ; septembre 1722.

3. Jordan, *Histoire d'un voyage littéraire, fait en 1733, en France, en Angleterre et en Hollande* (La Haye, 1735), p. 118.

gard de l'autre, et ce poëte de vingt-huit ans et cette belle dame cheminant tête à tête, sans paraître se soucier de ce qu'en penserait le monde, et qui n'arrivaient à la Haye que vers la mi-septembre, six semaines au plus tôt après leur départ de Paris. Madame de Rupelmonde était dans l'âge où l'on ne se contraint plus ; elle était libre de sa personne et de ses démarches, assez grande dame pour qu'on lui tolérât bien des choses, avec une réputation de galanterie que les vaudevilles et les noëls du temps ont consacrée. Elle était blonde, piquante, et « rappelant son buveur[1]. » Dans sa première jeunesse, placée auprès de la duchesse de Berry, sous l'œil de madame de Maintenon, de toutes les chasses du roi qu'elle suivait à cheval avec cinq ou six autres, elle n'avait pas trop donné prise à la médisance. Une chanson sur les dames de la cour l'appelle « Sainte-Nitouche, » étrange surnom qu'on lui fait partager, du reste, avec madame de Parabère[2]. Mais après la mort de Louis XIV, l'on n'allait plus avoir besoin de dissimulation et de mensonge; et la chronique ne tardait pas à s'évertuer sur le compte de la jeune femme, et à lui

---

1. Bibliothèque impériale. Manuscrits. *Recueil de chansons historiques*, t. XV, f° 296. *Vins de la cour, en novembre* 1720. — Saint-Simon est sur son compte d'une crudité de touche qui dépasse même le cynisme des sottisiers du temps : « Sa fille, (il est question plus haut de madame d'Alègre, mère de madame de Rupelmonde), rousse comme une vache, avec de l'esprit et de l'intrigue, mais avec une effronterie sans pareille, se fourra à la cour, où avec les sobriquets de *la blonde* et de *vaque-à-tout*, parce qu'elle était de toutes foires et marchés, elle s'initia dans beaucoup de choses, fort peu contrainte par la vertu et jouant le plus gros jeu du monde... » Saint-Simon. *Mémoires* (Cheruel), t. IV. p. 419.

2. *Ibid.*, t. XIII, f° 49. Chanson sur les dames de la cour, 1715.

donner, entre autres amants, M. de Villequier[1]. Pour nous en tenir au moment présent, mieux valait sans doute voyager avec un garçon d'esprit que seule, lors même que le tête-à-tête serait complétement désintéressé. Malheureusement, la vraisemblance est du côté de la médisance. Voltaire était beau diseur, on lui laissait tout le temps de battre en brèche des scrupules qui ne devaient pas être excessifs, et, s'il ne gagna pas sa cause, nous n'en ferons pas trop honneur à la résistance de l'ennemi. Affirmer qu'il s'arrêta à mi-chemin paraîtrait sans doute naïf; et cependant, certains vers adressés à la marquise donneraient à penser que le poëte ne se conduisit point en Richelieu[2]. A cet indice, nous pourrions en joindre un autre d'une nature bien différente, et qui nous semblerait aussi concluant. Voltaire raconte à son ami Thiériot une aventure à laquelle nous ferons allusion sans la pouvoir citer, et qui ne dénote point, en tout cas, un homme envahi par une passion exclusive. La visite qu'il décrit confidemment à son *fidèle Achates* en vers dignes d'un meilleur thème, paraîtrait indiquer une parfaite possession de soi, et le droit d'user de sa personne de la façon la moins pardonnable[3]. On comprendra que nous n'insistions pas davantage sur un épisode peu exemplaire, mais qui, par contre, aidé, ce nous semble, aux présomptions d'innocence que les âmes charita-

1. Bibliothèque impériale. Manuscrits. *Recueil de chansons historiques*, t. XIII, f° 329 (1716); t. XIV, f° 185. *Noëls*, 1717.
2. Voltaire, *OEuvres complètes* (Beuchot), t. XIV, p. 327. *Les deux Amours*, à madame la marquise de Rupelmonde.
3. *Ibid.*, t. II, p. 80. Lettre de Voltaire à Thiériot; à Bruxelles, 11 septembre 1722.

bles pourraient émettre sur les mutuels rapports des deux voyageurs.

Quoique galante, madame de Rupelmonde, devançant un peu son époque, s'évertuait à philosopher. Elle n'avait pas, il s'en fallait, la foi du charbonnier; à un moment où les esprits, perplexes mais croyants, flottaient entre la bulle et les réserves jansénistes, la marquise, se demandant où était Dieu, et ne trouvant pas de réponse satisfaisante à ses doutes, cherchait autour d'elle qui la sortirait de ses incertitudes. Elle s'adresse à Voltaire. Celui-ci, pour répondre à sa confiance, compose cette fameuse épître, connue d'abord sous le titre d'*Épître à Julie*.

> Tu veux donc, belle Uranie,
> Qu'érigé par ton ordre en Lucrèce nouveau,
> Devant toi, d'une main hardie,
> Aux superstitions j'arrache le bandeau ;
> Que j'expose à tes yeux le dangereux tableau
> Des mensonges sacrés dont la terre est remplie,
> Et que ma philosophie
> T'apprenne à mépriser les horreurs du tombeau
> Et les terreurs de l'autre vie ?.....

L'on ne peut nier qu'il ne règne une très-grande éloquence dans cette pièce, où Voltaire n'osait tant que parce que ce n'était qu'une réponse confidentielle aux questions d'un esprit ardent, aventureux, amoureux de l'abîme. « Cet ouvrage, nous disent les éditeurs de Kehl, a le mérite singulier de renfermer dans quelques pages et en très-beaux vers, les objections les plus fortes contre la religion chrétienne; les réponses que font à ces objections les dévots persuadés et les dévots politiques, et enfin le plus sage conseil qu'on puisse donner à un homme raisonnable qui ne veut connaître sur ces objets que ce qui est nécessaire pour se bien conduire. La fameuse profession de foi du vicaire Savoyard n'est presque qu'un commentaire éloquent de cette épître, et de quelques morceaux du poëme de *la Loi naturelle.* » Mais cette *Épître à Uranie,* le titre sous lequel elle fit invasion par la suite, n'est elle-même que le commentaire de la philosophie révoltée qui se professait aux banquets du Temple. Elle l'est si complétement, que, lorsqu'elle transpira, Voltaire, effrayé de l'effet qu'elle produisait et de l'orage qui s'amoncelait sur sa tête, ne trouva rien de mieux, pour se tirer d'affaire, que de la faire endosser par le défunt abbé de Chaulieu.

Le poëte était accueilli, dans la ville archiépiscopale de Dubois, avec une considération dont il était redevable, sans doute, pour une part, à madame de Rupelmonde, mais à laquelle ne nuisirent pas la réputation qui l'avait devancé et les saillies d'un esprit que mettaient en verve les applaudissements de ce monde diplomatique. « Je suis dans ce moment à Cambrai, écrit-il à Thiériot, où je suis reçu beaucoup mieux que je ne l'ai jamais été à Paris. Si cela continue, j'abandonnerai ma patrie assurément, à moins que vous ne me promettiez de m'aimer toujours[1]. » Mais il faut bien s'arracher à cette vie enchantée, et prendre le chemin de Bruxelles.

Je ne puis m'empêcher de raconter ici de quelle manière

---

[1]. Voltaire, *Lettres inédites* (Didier, 1857), t. 1, p. 432. Lettre de Voltaire à Thiériot; à Cambrai, ce 10 septembre 1722 (ne serait-ce pas plutôt ce 1er?).

je fus informé de son arrivée (l'arrivée de Voltaire). M. le comte de Lannoy, que je trouvai à midi chez M. le marquis de Prié, me demanda ce que c'étoit qu'un jeune homme qu'il venoit de voir à l'église des Sablons, et qui avoit tellement scandalisé tout le monde par ses indécences, durant le service, que le peuple avoit été sur le point de le mettre dehors. J'appris le moment d'après, par un compliment de V***, que c'étoit lui-même qui étoit arrivé dans la ville à minuit, et qui avoit commencé à signaler son entrée par ce beau début.

Quand Rousseau écrivait cela, ils étaient en pleine guerre, aussi ne faudra-t-il pas croire l'un plus que l'autre dans leurs mutuelles diatribes. Toutefois, en cette circonstance, Voltaire ne s'inscrit point en faux ; il plaisante, il ricane, et convient du fait assez cavalièrement.

Il est vrai que j'accompagnai, vers l'an 1720[1], une dame de la cour de France, qui allait en Hollande. Rousseau peut dire, tant qu'il lui plaira, que j'allai à la suite de cette dame : un domestique emploie volontiers les termes de son état, chacun parle son langage. Nous passâmes par Bruxelles ; Rousseau prétend que j'y entendis la messe très-indévotement, et qu'il apprit avec horreur cette indécence de la bouche de M. le comte de Lannoy ; car il a cité toujours de grands noms sur des choses peu importantes. Je pourrais, en effet, avoir été un peu indévot à la messe. M. le comte de Lannoy dit cependant que Rousseau est un menteur, qui se sert de son nom très-mal à propos pour dire une impertinence. Je ne parlerai pas ainsi. Il se peut, encore une fois, que j'aie eu des distractions à la messe ; j'en suis très-fâché, messieurs. Mais, de bonne foi, est-ce à Rousseau de me le reprocher? Trouvez-vous qu'il soit bien convenable à l'auteur de tant d'épigrammes licencieuses, à l'auteur

---

1. On voit qu'avec Voltaire il ne faut pas se fier aux dates; il n'a nul intérêt ici à induire son lecteur en erreur, et, bien qu'il ne s'exprime qu'approximativement, c'est trop que de se tromper de deux années.

des couplets infâmes contre ses bienfaiteurs et ses amis, à l'auteur de la *Moïsade*, etc., de m'accuser d'avoir causé dans une église, il y a seize ans[1]?

Mais à l'heure où nous sommes, Rousseau et Voltaire sont les meilleurs amis du monde, ils se font fête, ils ne se quittent point. C'était une rare fortune pour le premier de trouver un compatriote qui lui rappelât la patrie, et ces centres intelligents où jadis il était recherché pour son mérite, sa réputation, sa malignité. Rousseau se mourait d'ennui, malgré l'accueil qui lui était fait dans quelques grandes maisons, au milieu de ces braves Flamands sérieux, monotones, épais. On ne pouvait pas l'importuner; il se cramponnait tout au contraire à vous, usant et abusant du moment présent, sentant bien qu'après votre départ il allait retomber de tout son poids dans cette existence terne et décolorée qui faisait ressembler toutes ses journées à autant de jours de pluie. Lors des deux voyages de Piron à Bruxelles, le premier en 1738, le dernier en 1740, Rousseau emboîtera le pas avec lui, l'accompagnera, le suivra partout, ne le quittra point d'une semelle, comme celui-ci nous l'apprend plaisamment, l'obsédant presque[2]. Il ne devait pas se montrer plus froid à l'égard de l'auteur d'*OEdipe*, dont les saillies, la gaieté, l'esprit constant le subjuguèrent. A l'entendre, il en eût été tout autrement. Mais laissons-le faire lui-même,

1. Voltaire, *OEuvres complètes* (Beuchot), t. LII, p. 287, 288. Aux auteurs de la *Bibliothèque française*; à Cirey, ce 20 septembre 1736. Il n'y aurait donc que quatorze et non seize ans.
2. Piron, *OEuvres inédites* (Poulet-Malassis, 1859), p. 38; Bruxelles, juillet.

dans l'intérêt de sa haine, l'historique du premier séjour à Bruxelles.

> Je l'allai voir l'après-dînée, et dès le lendemain, je ne manquai pas de le produire chez M. le marquis de *Prié*, qui gouvernoit alors, chez madame la princesse de Latour, et dans les autres maisons où j'étois reçu, et où, à ma grande confusion, il ne débuta pas mieux qu'il n'avoit fait dans l'église des Sablons. Son séjour fut d'environ trois semaines, pendant lesquelles j'eus à souffrir, pour l'expiation de mes péchés, tout ce que l'importunité, l'extravagance, les mauvaises disputes d'un étourdi fieffé, peuvent causer de supplice à un homme posé et retenu.
>
> Mais comme Dieu m'a doué d'une patience, qui souvent tourne plus à mon dommage qu'à mon profit, je ne lui en témoignai rien, et je continuai à le combler de toutes sortes de civilités et de complaisances. Il me confia son poëme de la *Ligue*, que je lui rendis deux jours après, en l'avertissant, en ami, d'y corriger les déclamations satiriques et passionnées, où il s'emporte à tout propos contre l'Église romaine, le pape, les prêtres séculiers et réguliers, et enfin contre tous les gouvernements ecclésiastiques et politiques; le priant de songer qu'un poëme épique ne doit pas être traité comme une satire, et que c'est le style de Virgile qu'on s'y doit proposer pour modèle, et non celui de Juvénal. Je lui donnai en même temps les louanges que je crus qu'il méritoit sur plusieurs caractères qui m'avoient paru bien touchés[1]...

Rousseau ne fut pas autant à plaindre, et Voltaire lui donna moins de soucis qu'il ne l'affirme. A l'en croire, il fut le patron de Voltaire près de la haute société de Bruxelles, et il n'eut que médiocrement à se louer de ce rôle d'introducteur officieux. A cette prétention, celui-ci de répliquer : « Il dit qu'il me présenta chez

---

1. Élie Harel, *Voltaire, Particularités curieuses de sa vie et de sa mort* (Paris, 1817), p. 46, 50. Lettre de M. Rousseau au sujet des calomnies répandues contre lui par le sieur Arouet de Voltaire.

M. le gouverneur des Pays-Bas. La vanité est un peu forte. Il est plus vraisemblable que j'y ai été avec la dame que j'avais l'honneur d'accompagner. Que voulez-vous? les hommes remplacent en vanité ce qui leur manque en éducation. » Et Voltaire a raison; il n'avait pas besoin de Rousseau, et il n'eut pas à user et à se réclamer de lui; et fût-il venu seul, qu'il eût trouvé les portes ouvertes. Il donne son adresse à Thiériot chez le comte de Morville, notre second plénipotentiaire[1] : celui-là pouvait l'introduire dans la société officielle mieux qu'un réfugié et un banni. Et puis, ces pages écrites dans la colère, au fort d'une guerre où des deux parts on se déconsidère comme à plaisir, ces pages, Rousseau ne songe pas qu'il leur a donné ailleurs le plus complet démenti. Mais songe-t-on à tout? Ce qu'on a écrit pour l'intimité, comment soupçonner que la postérité, cette curieuse obstinée, y viendra mettre le nez, et ira jusqu'au plus caché de vos pensées et de vos secrets, trop souvent petits et misérables, et parfois honteux? Jean-Baptiste, pleinement sous le prestige alors de ce séduisant esprit qui voulait le conquérir et y parvint, écrivait à l'un de ses correspondants parisiens :

> M. de Voltaire a passé ici onze jours, pendant lesquels nous ne nous sommes guère quittés. J'ai été charmé de voir un jeune homme d'une si grande espérance. Il a eu la bonté de me confier son poëme pendant cinq ou six jours. Je puis vous assurer qu'il fera un très-grand honneur à l'auteur. Notre nation avoit besoin d'un ouvrage comme celui-là : l'économie en est

---

1. *Voltaire à Ferney* (Didier, 1860), p. 303. Lettre de Voltaire à Thiériot; 6 septembre 1722.

admirable, et les vers parfaitement beaux à quelques endroits près, sur lesquels il est entré dans ma pensée ; je n'y ai rien trouvé qui puisse être critiqué raisonnablement[1].

Quoi de plus opposé que les deux récits? Quoi de plus concluant que ce dernier? On a dû remarquer que Rousseau, dans son libelle, parle d'un séjour d'environ trois semaines, et que dans sa lettre à M. Boutet il n'est question que de onze jours. La contradiction n'est qu'apparente. Si Rousseau et Voltaire vécurent ensemble trois semaines durant, à Bruxelles, ce ne fut pas d'une haleine. Ces premiers jours furent tout lait et tout miel, et l'on se promit bien de se revoir au retour; car on n'a pas oublié que La Haye était le but du voyage des deux touristes. L'auteur d'*OEdipe*, qui, plus tard, fera un maussade portrait de la Hollande et de ses habitants, ne la vit alors pas de cet œil désenchanté et chagrin. Il était jeune, il se portait si bien, « qu'il en était étonné, » dit-il; il était le cavalier d'une belle dame qui lui faisait honneur, voilà bien des raisons pour trouver autour de soi tout charmant et radieux, en dépit du brouillard ou d'un ciel tant soit peu gris.

Je resterai encore quelques jours à La Haye pour y prendre toutes les mesures nécessaires sur l'impression de mon poëme, et je partirai lorsque les beaux jours finiront. Il n'y a rien de plus agréable que La Haye, quand le soleil daigne s'y montrer. On ne voit ici que des prairies, des canaux et des arbres verts : c'est un paradis terrestre depuis La Haye jusqu'à Amsterdam. J'ai vu avec respect cette ville, qui est le magasin de l'univers.

1. *Lettres de Rousseau sur différents sujets de littérature* (Genève, 1750), t. I, p. 128. Lettre de Rousseau à M. Boutet le fils ; Bruxelles, 20 septembre 1722.

Il y avait plus de mille vaisseaux dans le port. De cinq cent mille hommes qui habitent Amsterdam, il n'y en a pas un d'oisif, pas un pauvre, pas un petit-maître, pas un insolent. Nous rencontrâmes le pensionnaire à pied, sans laquais, au milieu de la populace. On ne voit là personne qui ait de cour à faire. On ne se met point en haie pour voir passer un prince. On ne connait que le travail et la modestie. Il y a à La Haye plus de magnificence et plus de société par le concours des ambassadeurs. J'y passe ma vie entre le travail et le plaisir, et je vis ainsi à la hollandaise et à la française[1]...

A en croire Rousseau, ce séjour à La Haye ne se fût point passé pourtant sans quelque chiffonnerie due à l'esprit brouillon, querelleur du poëte. « Il fit avec madame de Rupelmonde le voyage de Hollande, d'où on me manda, peu de temps après son départ, une infâme tracasserie de sa façon, qui avoit pensé mettre les armes à la main à M. Basnage et à M. Le Clerc, et qui alloit produire un fâcheux éclat entre ces deux sçavants, si un éclaircissement venu à propos n'avoit fait bientôt après retomber leur indignation sur l'auteur de l'imposture. » L'accusation est aussi vague que grave, et nous n'avons rien trouvé dans l'histoire du temps qui la confirmât[2]. Toutefois, elle valait bien la peine d'un démenti; et Voltaire, si attentif à répondre à chaque paragraphe du factum du Lyrique, a eu grand tort, ce nous semble, de la laisser sans réplique. Faut-il accorder plus de créance à cette anecdote d'une source

---

1. Voltaire, *OEuvres complètes* (Beuchot), t. LI, p. 81, 82. Lettre de Voltaire à Thiériot; à La Haye, 7 octobre 1722.
2. Nous n'avons cependant rien négligé pour en savoir davantage. Nous nous sommes enquis aux lieux mêmes; M. W. Holtrop, le savant bibliothécaire de La Haye, s'est mis à notre discrétion, avec un zèle dont nous lui sommes reconnaissant, mais sans aucun résultat.

autrement équivoque encore? Nous venons de voir Voltaire accusé d'impiété par Rousseau. Une calotine, rimée en son honneur, nous le montre, à ce même voyage, dans une synagogue d'Amsterdam, se moquant des postures burlesques des enfants d'Abraham, qui, indignés d'un pareil outrage, se ruent sur lui et l'accablent de coups [1]. Mais alors l'on ne faisait pas un couplet, une épigramme sur un poëte sans y mêler les coups de bâton. Heureusement ne recevaient-ils pas, et Voltaire, notamment, tous ceux qu'on leur prêtait et qu'ils se prêtaient à tour de rôle.

Rousseau parle de certaine lecture que Voltaire lui eût faite à son premier séjour à Bruxelles, et qui l'eût mal disposé à le bien recevoir à son retour. Il s'agit de cette fameuse *Épître à Julie*.

... Tout alloit encore assez bien entre nous, lorsqu'un jour, m'ayant invité à le mener à une promenade hors de la ville, il s'avisa de me réciter une pièce de vers, de sa façon, portant le titre d'*Épître à Julie*, si remplie d'horreurs contre ce que nous avons de plus saint dans la religion, et contre la personne même de Jésus-Christ, qui étoit qualifié partout d'une épithète dont je ne puis me souvenir sans frémir; enfin si marquée au coin de l'impiété la plus noire, que je croirois manquer à la religion et au public même, si je m'étendois davantage sur un ouvrage si affreux, que j'interrompis enfin, en prenant tout à coup mon sérieux, et lui disant que je ne comprenois pas comment il pouvoit s'adresser à moi pour une confidence si détestable.

Il voulut ensuite entrer en raisonnement et venir à la preuve de ses principes. Je l'interrompis encore, et je lui dis que j'allois descendre de carrosse, s'il ne changeoit de propos.

---

1. *Monsieur de Voltaire peint par lui-même* (Lausanne, 1769), p. 22. *Requeste au nom de Roy qui demande une place dans le régiment de la Calotte*, pour Voltaire, son confrère.

Il se tut alors et me pria seulement de ne point parler de cette pièce. Je le lui promis, et je lui tins parole.

« Je m'aperçus depuis ce jour-là qu'il étoit plus réservé avec moi qu'à l'ordinaire, et il partit enfin, prenant son chemin par Marimont, où chassoit M. le duc d'Aremberg, que j'allai quelques jours après trouver à Mons.

S'il y a du vrai dans tout cela, s'il est très-vraisemblable que Voltaire ne put résister à la démangeaison de communiquer à Jean-Baptiste une pièce qui, fort répréhensible au point de vue du chrétien, est d'ailleurs un chef-d'œuvre de verve et d'éloquence, il n'est pas aussi exact que l'indignation de Rousseau se formula avec cette énergie, et que, dès lors, leurs mutuels rapports en souffrirent. Le Lyrique fixe cette lecture avant le départ pour La Haye, et déclare que l'impression qu'elle lui avait laissée l'avait mal disposé à le bien accueillir au retour. Mais il ne faut que lire la lettre à M. Boutet, que nous avons citée, lettre dont il n'y a pas à révoquer la sincérité, pour voir qu'aucun nuage n'avait assombri même pour un peu leurs mutuelles relations. Il a promis, alléguera-t-on, de garder le silence sur cette communication, et il tient parole; mais on sentirait le désenchantement, et, encore une fois, le charme subsiste malgré le scandale des Sablons, malgré l'odieux de cette composition abominable. Rousseau est converti et repentant, il est sincèrement religieux, et nous ne voulons aucunement suspecter la solidité de sa piété. Mais nous pensons que, sans applaudir à cette thèse audacieuse, il prit les choses avec plus de sang-froid, de modération, et qu'il faut chercher ailleurs la cause de leur rupture. Rousseau entendait la plaisanterie, tout dévot qu'il fût, et il en faisait quelquefois qui dénotaient en lui un reste de licence dans le propos. Piron, qui, comme on l'a dit déjà, fit deux voyages à Bruxelles, et passa la majeure partie de son temps dans la familiarité du poëte, semble croire que ce dernier outre ses sentiments, et il cite à l'appui un exemple plaisant, d'autant plus en situation ici que cela n'est comique que parce que Voltaire et l'*Épître à Julie* servent de repoussoirs à la seconde partie de l'historiette.

Hier, il nous racontoit qu'étant un jour à une promenade en carrosse avec *le petit coquin d'Arouët*, celui-ci lui lisoit une ode très-impie et telle qu'il fut contraint de lui dire (paroles qu'il nous prononça avec le ton et la grimace d'un saint) : Monsieur, si vous ne finissez, je serai contraint de descendre et de vous laisser là. Une minute au plus après ce pieux récit, il nous dit que M. de Malézieu lisant un soir la Bible à M. le duc du Maine, et en étant à un endroit où il y avoit : « Dieu lui apparut *en songe*, » il lut : Dieu lui apparut *en singe*, » parce que l'*o* se trouvoit effacé. Sur quoi le prince lui dit : — Malézieu, vous lisez mal : il doit y avoir *en songe*. — Pourquoi, dit l'auteur, n'y auroit-il pas *en singe*? N'est-il pas loisible à Dieu d'apparaître dans la forme qu'il lui plaît? Et là-dessus, Rousseau de rire sans aucun scrupule. Le voilà peint. Jugez-en maintenant, et voyez s'il y a à s'y fier[1].

Lorsque les deux poëtes se quittèrent ils étaient en-

---

1. Piron, *OEuvres inédites* (Poulet-Malassis, 1859), p. 39, 40. Lettre de Piron à mademoiselle de Bar; ce dimanche, 20 juillet 1738. Quelques jours auparavant, Piron disait à la même correspondante, celle qui devait être sa femme plus tard, en parlant de Rousseau : « Une de ses maladies est peut-être de vouloir passer pour dévot. » Bruxelles, 13 juillet. *Ibid.*, p. 35. — L'abbé Le Blanc écrivait, de son côté, au président Bouhier sur sa conversion : « Je crois pourtant qu'un saint de la trempe de Rousseau deshonoreroit le paradis,

nemis, ennemis irréconciliables. A entendre Rousseau, leur inimitié n'eut pas d'autre origine que la lecture de cette infâme épître : c'eût été, de sa part, prendre à l'excès les intérêts du ciel. Mais il garde le silence sur les véritables motifs d'une rupture que le temps et les circonstances ne firent qu'envenimer. Voltaire, dans les *Mémoires pour servir à l'histoire de Jean-Baptiste Rousseau*, manifestement de lui, observe la même réserve. Il est vrai qu'il n'eût pu révéler ce qui s'était passé dans le tête-à-tête, sans se dévoiler tout à fait. « Je ne sçaurois dire positivement quel fut le sujet de l'inimitié si publique entre ces deux hommes célèbres. Il y a grande apparence qu'il n'y en eut point d'autre que cette malheureuse jalousie, qui brouille toujours les gens qui prétendent aux mêmes honneurs[1]. » Sans doute les mutuels ombrages de deux vanités intraitables suffisaient et au delà pour changer les bons rapports en une guerre à mort. Cependant, on a pu le constater, au début et jusqu'à ce jour, Rousseau avait applaudi de la meilleure grâce aux succès de son jeune émule, et il est assez vraisemblable que ses sentiments n'eussent subi aucune altération si Voltaire n'y eût travaillé, d'une façon ou d'une autre. Duvernet rapporte fort au long les circonstances qui amenèrent cet éclat. C'est sous la dictée même de Thiériot qu'il en a

---

et c'est pour le coup que les honnêtes gens se croiroient bien fondés à n'y pas vouloir aller. » Bibliothèque impériale. Manuscrits. *Correspondance du président Bouhier*, t. IV, p. 506. Lettre de l'abbé Le Blanc à Bouhier ; Paris, ce 26 décembre 1738.

1. *Mémoires pour servir à l'Histoire de M. de Voltaire* (Amsterdam, 1785), première partie, p. 134.

consigné les détails que Thiériot ne tenait, cela va sans dire, que de M. de Voltaire.

o

Dans une de leurs promenades, raconte-t-il, et madame la comtesse de Rupelmonde seule en tiers, Rousseau lut son *Ode à la postérité*, et ensuite le *Jugement de Pluton*. Ce dernier ouvrage était une satire violente contre le Parlement de Paris qui l'avait privé de sa patrie, et contre l'avocat-général qui avait conclu au bannissement. Voltaire interrogé sur cette satire répondit : « Ce n'est pas là, notre maître, du bon et du grand Rousseau. »

L'amour-propre du vieux rimeur qui ne quêtait qu'un suffrage, s'offensa de cette franchise. Voltaire appuya son sentiment de quelques raisons; et ces raisons déplurent autant que si elles avaient été des leçons. « Prenez votre revanche, lui dit Voltaire; voici un petit poëme que je soumets au jugement et à la correction du père de *Numa*. »

La lecture du poëme n'était pas encore achevée. Rousseau d'un ton chagrin, dit : « Épargnez-vous, monsieur, la peine de lire davantage. C'est une impiété horrible. » Voltaire remet le poëme dans son portefeuille en disant : « Allons à la comédie, je suis fâché que l'auteur de la *Moïsade* n'ait pas encore prévenu le public qu'il s'était fait dévot. »

« Après la comédie, Voltaire lui parla de son *Ode à la postérité*, et, d'un ton caustique lui dit en le quittant : « Savez-vous, notre maître, que je ne crois pas que cette ode arrive jamais à son adresse[1] ? »

1. Duvernet, *la Vie de Voltaire* (Genève, 1786), p. 47, 48. — Voltaire, *Œuvres complètes* (Beuchot), t. LIII, p. 382. Lettre de Voltaire à d'Argens; le 2 janvier 1739. — Paillet de Warcy, *Histoire de Voltaire*, t. I, p. 28. Piron s'est rencontré dans la même saillie; on lit ce qui suit dans la première lettre du poëte bourguignon à mademoiselle de Bar, datée de Bruxelles, le 13 juillet 1738 : « Il m'a dit que pour fermer sa carrière, il composoit une *Ode à la postérité*. Gare que cet écrit *in extremis* n'aille pas à son adresse. » Sur cela, M. Honoré Bonhomme veut que cette plaisanterie soit à Piron et non pas à Voltaire. « Ce bon mot a été attribué à Voltaire, dit-il, il est évidemment de Piron, attendu que Voltaire n'a pu le dire qu'après la publication de l'ode, que J.-B. Rousseau communiqua à Piron à l'*état*

A en croire Rousseau, le premier soin de Voltaire à Marimont, fut de déblatérer contre lui : il le fit même d'une manière si indigne, à Mons, à l'hôtellerie, que toute la table d'hôte en fut outrée « et que jamais homme ne fut plus près d'être jeté par les fenêtres. » Et si l'exécution n'eut pas lieu, ce fut uniquement par considération pour M. d'Aremberg, duquel il s'était réclamé. A cela, Voltaire répondra avec cette ironie sans générosité comme sans mesure, qui est la sienne, qu'il se défende ou qu'il attaque : « Je ne sçais pas ce qu'il entend par *une manière indigne*. Si j'avais dit qu'il avait été banni de France par arrêt du Parlement, et qu'il faisait de mauvais vers à Bruxelles, j'aurais, je crois, parlé d'une manière très-digne. »

A dater de ce voyage qui semblait fait pour resserrer une affection fondée sur une estime et une admiration réciproques, ce sera une guerre terrible, implacable, d'abord sourde, occulte, souterraine, puis effrénée, sans pitié, sans pudeur comme sans scrupules. « J'appris à mon retour d'Angleterre, ajoute Rousseau, qu'il tenoit à Paris les mêmes discours, et ce fut dans ce

---

de projet. » *OEuvres inédites de Piron* (Poulet-Malassis, 1859), p. 35, 36. Mais cette ode, Rousseau l'avait déjà communiquée à l'*état de projet* à Voltaire, en 1722, et le mot de Voltaire aurait sur celui de Piron une priorité de seize années. Au reste, rien n'est moins extraordinaire qu'une pareille rencontre, car le titre de l'ode semble provoquer la saillie. Nous devons à l'obligeance de M. Rathery la communication d'un recueil de pensées et notes manuscrites, tant de mademoiselle de Lespinasse que de d'Alembert. Ce dernier, qui connaissait bien Fontenelle, attribue quelque part le mot à l'élégant auteur de *la Pluralité des Mondes*. Fontenelle, lui aussi, peut bien s'être permis cette plaisanterie contre un poëte dont il n'avait pas à se louer, on le sait. L'épigramme est même assez dans la tournure mesurée de sa malignité.

temps-là qu'il me favorisa de ce joli mot de *germanisme*, dont il fait depuis douze ans son épée de chevet pour combattre tous mes écrits passés, présents et à venir [1]. » En effet, Voltaire opposera constamment, à tout ce que le lyrique produira désormais, ses œuvres d'autrefois. « On cultive les lettres en Allemagne, mais ce n'est pas là qu'il faut faire des vers français [2]. » Ce n'est que trop vrai à tous points de vue, et il est également dangereux de ne plus pratiquer sa langue ou de la pratiquer à l'étranger. Plus tard, en Prusse et en Suisse, Voltaire parlera et écrira le français le plus français, le français du meilleur alloi; et il ne tiendra qu'à lui de s'appliquer le vers de Sertorius :

Rome n'est plus dans Rome, elle est toute où je suis.

Mais peu d'écrivains, peu d'artistes, comme peu de gens du monde, subissent impunément des années d'éloignement, et le reproche que Voltaire adressait à Rousseau, tout dicté qu'il fut par la haine, n'était pas dénué de fondement. La faiblesse des dernières œuvres, qu'on l'attribue à l'envahissement de l'âge; mais le style, mais la langue ne se ressemblent plus, et il y a effectivement du « tudesque » dans le *Jugement de Pluton* et dans les épîtres au P. Brumoy, à Rollin et à *Thalie*.

1. Élie Harel, *Voltaire, Particularités de sa vie et de sa mort* (Paris, 1817), p. 55, 56. Lettre de M. Rousseau au sujet des calomnies répandues contre lui par le sieur Arouet de Voltaire; Enghien, ce 22 mai 1736.
2. *Le Temple du Goust* (chez Hierosme, Print-all, 1723), p. 22.

## VII

LORD BOLINGBROKE. — ÉPITRE AU ROI. — L'HOTEL
DE MIMEURE. — PIRON. — LA RIVIÈRE-BOURDET.

Dans sa lettre du 2 octobre 1722, à Thiériot, Voltaire annonçait son retour pour le 14[1]; mais il ne revint guère avant la fin du mois, comme cela résulte d'une autre lettre écrite de Marimont, à la date du 27[2]. Il demeura probablement une partie de novembre à Paris; après quoi il partit pour Ussé, où il était arrivé dès le 5 décembre, et qu'il ne quitta, dans les derniers jours du même mois, que pour aller à la Source, chez lord Bolingbroke. « J'ai trouvé dans cet illustre Anglais toute l'érudition de son pays, et toute la politesse du nôtre. Je n'ai jamais entendu parler notre langue avec plus d'énergie et de justesse. Cet homme, qui a été toute sa vie plongé dans les plaisirs et dans les affaires, a trouvé pourtant le moyen de tout apprendre et de tout retenir[3]... »

---

1. *Voltaire à Ferney* (Didier, 1860), p. 305. Lettre de Voltaire à Thiériot; à La Haye, le 2 octobre 1722.
2. Voltaire, *Lettres inédites* (Didier, 1857), t. I, p. 432. Lettre de Voltaire à Thiériot; à Marimont, le 27 octobre 1722.
3. Voltaire, *Œuvres complètes* (Beuchot), t. LI, p. 68. Lettre de Voltaire à Thiériot; 2 janvier 1722 (1723).

Proscrit, fugitif, il s'était installé avec madame de Villette, à la fin de 1719, en Anjou, dans une propriété d'une médiocre étendue, mais au sein d'un paysage ravissant. Cette fidèle compagne de sa solitude, était, de son nom, Marsilly. Recherchée dans sa jeunesse par le chevalier de Villette-Mursay et prête à s'unir à lui, elle s'était ravisée et avait préféré être sa belle-mère et celle de cette spirituelle et toute charmante comtesse de Caylus qu'elle avait connue à Saint-Cyr. Elle devenait par cette alliance parente de madame de Maintenon, dont son mari était cousin germain. Si le marquis était vieux déjà, il était aimable; c'était un cœur résolu, un marin intrépide et qui a laissé des Mémoires sur nos luttes maritimes auxquelles il prit une part héroïque[1]. Lorsque madame de Villette le perdit, en 1707, elle n'était plus jeune, et depuis longtemps; elle avait quarante-deux ans, ce qui est habituellement pour les femmes l'âge de l'apaisement bien plus que des passions. Ce ne fut, pourtant, que dix ans plus tard, vers le commencement de 1717, que Bolingbroke la connut et s'éprit d'elle avec une ardeur toute juvénile, des emportements, des ombrages dignes d'un Othello. Mais l'estime, la sécurité finirent par dissiper tous ces orages et faire de cette liaison, d'abord troublée, un perpétuel enchantement. Si madame de Villette était veuve, lord Bolingbroke avait encore sa femme en Angleterre. Il la perdait, il est vrai, en novembre 1718, et il n'allait plus dépendre que des deux intéressés de régulariser une union qu'on ne s'était

1. Marquis de Villette, *Mémoires* (1844), publiés par M. de Monmerqué.

donné guère le souci de céler. La marquise avait, dans le voisinage de Nogent-sur-Seine, son château de Marsilly, où Saint-Jean l'accompagnait. Il s'en était constitué l'architecte et s'y comportait comme chez lui. « L'architecture de Marsilly, écrivait-il à madame de Ferriol, est très-peu de chose. On n'y fait que des projets à gens qui cherchent la simplicité par goût et la frugalité par raison. On songe à se mettre à l'abri du mauvais temps, sans courir risque d'être écrasé. Nous l'aurions vraisemblablement été, si nous avions différé à démolir une vieille tour, dont toutes les poutres se sont trouvées pourries aux deux bouts[1]... » Ces réparations, ces frais, ne leur profitèrent que peu. Bolingbroke, séduit par la beauté du site, achetait bientôt après La Source (à la fin de 1719) et s'y fixait à demeure, avec madame de Villette. Bien que l'époque précise de leur mariage soit assez difficile à déterminer, on pense qu'il eut lieu en mai 1720, durant un voyage à Aix-la-Chapelle ; du moins, fut-ce à son retour qu'il avoua pour femme sa compagne, tout en continuant à l'appeler par habitude : « la marquise. »

Il était enchanté de son acquisition. « J'ai trouvé à la fin une habitation, un chez-moi, où j'irai dès que je serai de retour en France. C'est une retraite où la nature a beaucoup fait et où je m'amuserai à la seconder par l'art, si je reste en France[2]. » Même engouement, à une année de distance : « Je m'amuse assez agréa-

---

1. Bolingbroke, *Lettres historiques, politiques, philosophiques et particulières* (Paris, 1808), t. III, p. 36. Lettre de Bolingbroke à madame de Ferriol ; 20 juillet 1719.
2. *Ibid.*, t. III, p. 50. Lettre de Bolingbroke à l'abbé Alari ; à Aix-la-Chapelle, ce 7 mai 1720.

blement à mettre la dernière main à ma petite maison : j'y vivrai et j'y mourrai peut-être. Si les affaires tournent autrement, la dépense qui s'y fait ne sera pas en pure perte; elle sera le monument de mon exil[1]... » Il devient ambitieux pour sa chère chartreuse. « J'ai dans mon bois, dit-il au docteur Swift, la source la plus belle et la plus claire qui soit peut-être en Europe; elle forme avant de sortir du parc, une rivière beaucoup plus belle qu'aucune de celles qui coulent dans les vers grecs ou latins. J'ai une foule de projets sur cette source, et entre autres un qui exigera du marbre; or le marbre, comme vous savez, excite aux inscriptions, et si vous voulez corriger celle-ci, que je n'ai pas encore rédigée définitivement, elle sera gravée, et servira peut-être à remplir un jour les tablettes des futurs Spon et Misson[2]... »

Bolingbroke, très-versé dans notre littérature, ne fut pas indifférent au succès d'*Œdipe*. « Je vous serai très-obligé, chère madame, écrivait-il à madame de Ferriol, de la lecture que vous voulez bien me procurer de la tragédie de M. Arouet. Si je n'avais pas entendu parler avec éloge de cette pièce, je ne laisserais pas d'avoir une grande impatience de la lire. Celui qui débute, en chaussant le cothurne, par jouter contre un tel original que M. Corneille, fait une entreprise

---

1. Bolingbroke, *Lettres historiques, politiques, philosophiques et particulières* (Paris, 1808), t. III, p. 88. Lettre de Bolingbroke à l'abbé Alari; 18 juin 1721.

2. *Ibid.*, t. III, p. 127. Lettre de Bolingbroke au docteur Swift; 28 juillet 1721. — On trouve une description très-détaillée de ce riant asile dans le t. XIII p. 71, 72 de l'*Histoire d'Angleterre*, de Rapin Thoyras (La Haye, 1738).

fort hardie, et peut-être plus sensée qu'on ne pense communément. Je ne doute pas qu'on n'ait appliqué à M. Arouet ce que M. Corneille met dans la bouche du Cid. En effet, son mérite n'a pas attendu le nombre des années, et son coup d'essai passe pour un coup de maître[1]. » Ce fut peu de temps après que Voltaire lui fut présenté. Madame de Ferriol était la mère d'Argental, ce camarade des Jésuites qui fut l'ami le plus solide du poëte. Arouet se trouva tout naturellement introduit dans cette famille étrange, si célèbre par l'esprit et les vices, où une douce et touchante figure contrastait, par sa suavité et son honnêteté, avec madame de Ferriol d'une conscience si large, et madame de Tencin de mœurs si épouvantables. Bolingbroke, que des couplets satiriques font, à une époque plus reculée, l'amant de la dernière[2], était en grande liaison avec eux tous, et ce fut probablement par le *seigneur Prudence* (un surnom qui peint bien d'Argental), que Voltaire connut Saint-Jean et madame de Villette. Il fut des mieux accueilli par l'aimable couple; il leur faisait des lectures de son *Henri IV* et savourait avec ivresse l'approbation enthousiaste de ces deux intelligences d'élite[3]. Ceux-ci n'hésitaient pas à mettre ce poëme au-dessus de tout ce qui avait été publié en France. « Mais je sais, ajoutait modestement Voltaire, ce que je dois rabattre de ces louanges outrées. » Aussi, dans un moment d'élan, aura-t-il l'idée de dédier son épo-

---

1. Bolingbroke, *Lettres historiques, politiques, philosophiques et particulières* (Paris, 1808), t. III, p. 7. Lettre de Bolingbroke à madame de Ferriol; 3 février 1719.
2. *Ibid.*, t. II, p. 433, 434.
3. Marais, *Journal et Mémoires* (Didot), t. II, p. 377; décembre 1722.

pée à l'illustre lord, comme on le verra plus tard. Ces relations étaient, en tous cas, trop flatteuses pour n'être pas entretenues activement; elles eurent aussi leur côté d'utilité, lorsque les orages de sa destinée le forcèrent d'aller chercher un refuge dans la patrie de Milton et de Newton, où l'amitié et les recommandations de Bolingbroke devaient lui être d'un si puissant secours.

De la Source, Voltaire revint à Ussé. Situé au confluent de l'Indre et de la Loire, ce château était encore une de ses haltes de prédilection. M. d'Ussé en était alors à sa seconde femme. La première, qu'il avait perdue en 1713, fille du maréchal de Vauban, s'était fait une affreuse réputation et avait été accusée de mœurs inqualifiables; ce serait elle que Rousseau eût chantée dans *la Volière*. La seconde n'avait donné aucun prétexte à la médisance : elle était sage, nous dit Marais. Mais, à coup sûr, elle n'était ni prude, ni bégueule. Parmi les habitués se trouvait un terrible homme et un terrible poëte, l'auteur de *Philotanus*, le trop célèbre abbé de Grécourt. Il semblerait qu'il fallût y regarder à deux fois avant de se mettre à la discrétion du chanoine de Tours. La marquise, étant un jour à la chasse vêtue en cavalier, lui demande une chanson, qui ne se fait pas trop attendre; mais quelle chanson [1]! À cette époque, les plus contenues ne trouvaient qu'à rire à pareilles licences. Les femmes, à l'heure qu'il est, n'ont pas cette vaillance, et il faut en féliciter nos mœurs. Voltaire implorait la protection de M. d'Ussé auprès du

---

1. Marais, *Journal et Mémoires* (Didot), t. II, p. 274, 275; avril 1722.

Régent, lors de son premier exil; le marquis qui aimait les poëtes et était un peu poëte aussi, ne fit pas moins d'accueil au jeune Arouet qu'il n'en avait fait jadis à Jean-Baptiste. « D'Ussé, nous dit le président Hénault, est un homme d'esprit, d'une humeur charmante; aussi distrait que le Ménalque de La Bruyère: la bonté même; il a une plaisante idée de lui : il s'imagine n'avoir été créé que pour les autres; il auroit eu du talent pour la guerre; le meilleur comédien que j'aie vu dans ce que nous appelons troupe bourgeoise, s'il avoit eu plus de mémoire[1]. » Voltaire était également l'ami de ses amis, de madame de Mimeure entre autres, à laquelle il donnait rendez-vous à Ussé[2]. Il passa chez le marquis environ six semaines coupées par l'excursion à la Source, se livrant aux délices de cette existence seigneuriale comme l'entendaient si bien nos pères, sans que ses travaux en souffrissent, limant son *Henri IV* et adoucissant « les endroits dont les vérités trop dures révolteraient les examinateurs. »

Tout national que fût un pareil poëme, il s'attendait à des difficultés : et, pour avoir ses coudées plus franches, il avait conçu le dessein de le faire imprimer en Hollande, sans se préoccuper autrement de ce qu'en penseraient, à Paris, les badauds et les oisifs. Il recommande à Thiériot de faire entendre que son voyage dans les Pays-Bas n'a que ce seul but. « Je vous prie, lui écrit-il le 2 octobre, de répandre que je n'ai été en Hollande que pour y prendre des me-

---

1. Président Hénault, *Mémoires* (Dentu, 1855), p. 182.
2. Voltaire, *OEuvres complètes* (Beuchot), t. LI, p. 42. Lettre de Voltaire à la marquise de Mimeure; à Sulli, 1716.

sures sur l'impression de mon poëme, et point du tout pour voir M. Rousseau[1]. » Le libraire de la Haye, Charles Le Viers, avait fait insérer dans la *Gazette de Hollande* un projet de souscription à : « *Henri IV ou la Ligue, poëme héroïque de Voltaire*, en neuf chants, avec des notes historiques et critiques, pour servir à l'intelligence de l'ouvrage et à l'histoire de l'époque. » Le volume in-quarto, sur grand papier royal, avec douze très-belles figures représentant les principaux chefs et les plus remarquables événements de la Ligue, dessinées par Detroi, Galloche et Coipel, d'après la pensée du poëte[2]. La souscription devait être ouverte du vingt octobre 1722 à la fin de mars 1723, passé lequel temps, elle était irrévocablement close. L'impression commencerait le 1er avril 1723 et serait achevée six mois après, de façon à ce que les souscripteurs fussent servis dans les premiers jours de novembre de la même année. L'annonce finissait ainsi : « Les souscriptions se feront, non-seulement à la Haye, chez le sieur Le Viers, mais encore à Paris et dans les provinces de France, chez les principaux libraires, et dans les autres pays, chez les libraires des principales villes[3]. » Cette forme de publication ne fût pas approuvée de tout le monde à Paris[4]; et le théâtre de la Foire trouva dans cette

---

1. *Voltaire à Ferney* (Didier, 1860), p. 304. Lettre de Voltaire à Thiériot; à Bruxelles, 11 septembre 1722.
2. Voltaire, *Œuvres complètes* (Beuchot), t. LI, p. 77, 78, 79. Lettre de Voltaire à Thiériot; à Bruxelles, 11 septembre 1722.
3. *Gazette de Hollande* des 6, 16, 23 octobre 1722. — *Mercure*, novembre 1722, vol. 11, p. 134, 135.
4. Voltaire, *Lettres inédites* (Didier, 1857), t. I, p. 14. Lettre de Voltaire à Moncrif; à Ussé, 1722.

nomenclature ambitieuse de tous les libraires de l'Europe, matière à des plaisanteries au gros sel qui firent la fortune de la parodie du *Persée* de Quinault, jouée le 18 décembre de cette année[1]. Mais le poëte prétend qu'elles glissèrent sur lui sans l'entamer. « La parodie de *Persée*, dit-il, n'a point aigri l'amertume que j'ai dans ma vie depuis longtemps : je pardonne volontiers aux gredins d'auteurs de ces trivelinades[2], c'est leur métier ; il faut que chacun fasse le sien : le mien est de les mépriser[3]. »

Si Voltaire pressentait quelques obstacles, il ne doutait pas alors qu'on ne laissât vendre publiquement l'ouvrage. Il mandait à Moncrif, qui s'était gracieusement chargé de lui trouver des souscripteurs : « Je vous supplie d'assurer vos amis, que mon poëme se débitera en France avec privilége[4]. » Et cela était si sincère de sa part qu'il avait composé une épître dédicatoire à Louis XV, dont le ton n'était pas celui des dédicaces ordinaires.

« Sire, tout ouvrage où il est parlé des grandes actions de Henri IV doit être offert à Votre Majesté. C'est le sang de ce héros qui coule dans vos veines. Vous n'êtes roi que parce qu'il a été un grand homme, et la France, qui vous souhaite autant de vertus[5] et plus de bonheur qu'à lui, se flatte que le jour et le trône que vous lui devez vous engageront à l'imiter...

1. *Parodies du nouveau Théâtre-Italien*, t. I, p. 170 à 173. *Arlequin Persée*, comédie représentée le vendredi 18 décembre 1722, acte I, scène II.
2. L'auteur de celle-ci était Fuzelier.
3. Voltaire, *OEuvres complètes* (Beuchot), t. LI, p. 90. Lettre de Voltaire à Thiériot, ce 3 janvier 1723.
4. Voltaire, *Lettres inédites* (Didier, 1857), t. I, p. 14, 15. Lettre de Voltaire à Moncrif, déjà citée.
5. Louis XV n'avait guère plus de douze ans.

« Heureux d'avoir connu l'adversité, il compatissait aux malheurs des hommes, et il modérait les rigueurs du commandement que lui-même il avait ressenties. Les autres rois ont des courtisans, il avait des amis; son cœur était plein de tendresse pour ses vrais serviteurs.

« Ce roi, qui aimait véritablement ses sujets, ne regarda jamais leurs plaintes comme des séditions, ni les remontrances des magistrats comme des attentats à l'autorité souveraine... Le dirai-je, Sire? Oui, la vérité me l'ordonne ; c'est une chose bien honteuse pour les rois que cet étonnement où nous sommes, quand ils aiment sincèrement le bonheur de leurs peuples. Puissiez-vous un jour nous accoutumer à regarder en vous cette vertu comme un apanage inséparable de votre couronne! Ce fut cet amour véritable de Henri IV pour la France qui le fit enfin adorer de ses sujets... »

Ce discours, dont Voltaire accusait l'existence dans sa lettre à Thiériot du 3 janvier 1723, ne ressemble pas à tous les morceaux de ce genre; il s'en sépare généreusement par l'allure de respectueuse liberté qui y règne. Ce n'est pas là le langage d'un courtisan, c'est le ton patriotique d'un véritable citoyen. Dirons-nous que le peu de jours qu'il passa en Hollande ne fut pas sans influence sur une façon « républicaine » de penser et de sentir que les deux années d'exil en Angleterre achèveront de fortifier et de développer? Cette épître eût-elle été bien reçue? nous en doutons fort. Avancer que Henri IV ne regarda jamais les remontrances de ses magistrats comme des attentats à l'autorité souveraine, quand le parlement avait été naguère exilé à Pontoise pour avoir usé de ce qu'il considérait comme son droit et son devoir (1720), c'était courir grands risques de déplaire. Il est vrai que cette épreuve fut épargnée à son discours et à lui. Voltaire apprenait qu'il n'avait point à compter sur une permission, et que tout privilége lui serait refusé. Dès lors, l'Épître au roi devenait sans objet, et le poëte prescrivit à Thiériot, auquel il avait remis la minute originale, de la détruire. Celui-ci ne le fit pas. Mais, ce qui revenait au même, et ce qui valait mieux pour nous, en la conservant, il garda le secret à l'auteur; et si cette pièce nous est parvenue, un peu moins de cent ans après avoir été écrite, c'est qu'elle se trouvait parmi les papiers qu'il remettait quelque temps avant sa mort à l'un de ses amis [1].

Ce ne fut que plus tard que Voltaire acquit la certitude des intentions du ministère. A la fin de 1722, à Ussé, où nous l'avons laissé, il avait rencontré un ancien comédien nommé Durand, qui de mauvais acteur était devenu assez bon peintre, et auquel il avait confié les fleurons et les vignettes destinés à l'édition de Hollande [2]; et il n'était pas désabusé même au commencement de 1723, comme le prouve sa lettre du 3 janvier. Le refus de la censure allait rendre ses engagements avec l'éditeur de la Haye de nul effet, et il ne lui resterait plus qu'à restituer l'argent des souscripteurs. Voltaire qui, comme le fait observer très-judicieusement Beuchot, n'avait pas enfanté un poëme pour le garder en portefeuille, prit le parti de le publier clandestinement. La ville de Rouen était à une distance

---

1. Voltaire, *Pièces inédites* (Didot, 1820), p. 8, 9.
2. Voltaire, *Œuvres complètes* (Beuchot), t. LI, p. 86, 87. Lettre de Voltaire à Thiériot; à Ussé, 5 décembre 1722. — *Lettres inédites* (Didier, 1857), t. 1, p. 16, 18. Lettres de Voltaire à Thiériot; à Ussé, ce 12 et 19 décembre 1722.

suffisante de la capitale, ni trop près ni trop loin, et avait pour lui l'avantage de renfermer des amis sûrs et influents. C'était à Rouen que demeurait son ancien camarade de collége, Cideville, conseiller au parlement de Normandie; c'était à Rouen également que résidait le président de Bernières, ou, ce qui revenait au même, à sa maison de la Rivière-Bourdet, dans la commune actuelle de Quevillon, à environ trois lieues au-dessous de la cité normande, sur la rive droite de la Seine. Thiériot, que le poëte avait introduit près des deux époux, les suivait à leur campagne, et, de cette façon, pouvait surveiller l'impression, sans éveiller l'attention. Voltaire se confia à Viret pour cette besogne souterraine.

En revenant de la Source, il était allé soumettre son épopée au jugement de M. de Canillac [1], alors exilé à Blois. Mais le 15 janvier, nous le trouvons encore à Ussé. Il gardait rancune à la grande ville où il savait ses succès contestés, où la malveillance s'efforçait de faire expier à cette nature si étrangement nerveuse sa réelle supériorité. « Voici bientôt le temps où vous reviendrez à Paris, écrit-il à madame de Bernières, je ne sais si vous m'y reverrez de sitôt. Le goût de l'étude et de la retraite ne me laissent plus aucune envie d'y revenir. Je n'ai jamais vécu si heureux que depuis que je suis loin de tous les mauvais discours, des tracasse-

---

1. Voltaire, *Œuvres complètes* (Beuchot), t. LI, p. 69. Lettre de Voltaire à Thiériot; à Blois, 2 janvier 1723 (et non 1722, comme l'indique Beuchot). Barbier, *Journal* (Charpentier), t. I, p. 221. — Marais, *Journal et Mémoires* (Didot), t. II, p. 299. — Bibliothèque Mazarine. Manuscrits. *Correspondance de la marquise de La Cour*, t. VII, lettre 92.

ries et des noirceurs que j'ai essuyées[1]... » Quoi qu'on dise, et quelque amertume qu'on se sente, il faut bien à la fin remettre le pied dans ce Paris où se trouvent aussi des admirateurs, des gens qui nous aiment, nous épaulent, et font de notre gloire leur propre affaire. Voltaire y revint donc, et nous l'y rencontrons de nouveau le 23 février notamment, au jeu de Francisque, à la première représentation d'*Arlequin - Deucalion* de Piron.

Les comédiens français, que les succès des théâtres forains empêchaient de dormir, avaient tout fait pour rendre ces tréteaux impossibles. Pour l'instant, il n'était permis à ces derniers de mettre en scène qu'un acteur *parlant*, ce qui réduisait ces canevas à un monologue perpétuel, en attendant qu'on leur retranchât même cette franchise et les réduisît à la troupe de bois, rigueur que leur devait attirer le succès de *Tirésias*, autre pièce de Piron. Il eût été plus loyal de balayer tout d'abord ces pauvres diables des deux foires et de leur déclarer qu'ils ne seraient pas tolérés davantage. Mais rien ne décuple le zèle et les forces comme l'obstacle. Ces petits théâtres se savaient aimés du peuple et de la bonne compagnie même qui s'y amusait fort, et c'était assez pour leur inspirer le courage de résister à toute outrance. Des gens d'esprit

---

[1]. Voltaire, *Lettres inédites* (Didier, 1857), t. I, p. 11. Lettre de Voltaire à madame de Bernières; à Ussé, 15 janvier 1722. Lisez encore 1723. Cette lettre ne peut être de janvier 1722, puisqu'elle parle de « l'homme en question, » Beauregard, l'auteur de ce guet-apens du pont de Sèvres qui eut lieu en juillet de la même année. On comprend quel embarras, quelles causes d'erreurs sont ces inexactitudes de dates et l'importance de les relever à l'occasion.

les secondaient dans cette lutte inégale où leur faiblesse leur venait en aide. Les auteurs, dédaignés ou maltraités par l'orgueilleuse comédie, enchantés de faire sentir ce qu'ils pouvaient à ces histrions grands seigneurs, prêtaient volontiers leur concours aux jeux des foires Saint-Germain et Saint-Laurent, qui ne s'en trouvaient pas plus mal. L'auteur de *Turcaret* lui-même les avait laissés pour la Curiosité, comme le lui reprocha aigrement l'acteur Legrand. Piron, dont le sel bourguignon était une mine inépuisable, inconnu alors, avait fait des coquetteries à Francisque qui l'avait tenu à distance jusque-là. Mais cette dernière rigueur avait découragé et dégoûté les auteurs ; Dorneval et Fuzelier avaient refusé de travailler dans ces conditions inacceptables. Ces désertions rendirent le directeur plus abordable, les rôles même changèrent, et ce fut lui qui alla relancer le poëte.

Il n'eut pas de peine à le gagner à sa cause : deux jours après l'entrevue, Piron apportait à Francisque *Arlequin-Deucalion*. La malice du futur auteur de *la Métromanie* s'en prenait, dans cette chose sans nom, à tout ce qui avait pu intéresser le public, sûre de le faire rire également des traits lancés contre ses amis et ennemis, contre *Timon le misanthrope* de Delille, le *Romulus* de Lamotte, *Rhadamiste et Zénobie* de Crébillon, *la Mort d'Annibal* de Marivaux, l'*Artémire* de Voltaire ; contre Rousseau, contre Le Sage, sans oublier M. le commissaire chargé par les comédiens français de verbaliser « en cas de dialogue. » Tout cela, du reste, était plus fou et plus gai que méchant.

La tragédie d'*Artémire*, trépassée alors depuis trois ans, commençait par ces deux vers :

> Oui, tous ces conquérants rassemblés sur ce bord,
> Soldats sous Alexandre, et rois après sa mort...

C'était un beau début ; mais le difficile était de se maintenir à ce niveau, et, dès le cinquième vers, le ton n'était plus le même. Piron avait saisi ce défaut, et c'est sur lui que porte sa malice. Arlequin est monté sur Pégase qu'il pique et repique ; il veut faire du beau, du grand, du tragique : c'est alors qu'il déclame le pompeux distique. Mais il n'a pas consulté ses forces, il trébuche, culbute sur le dos, se relève pesamment, éclopé et désarçonné de telle sorte qu'il n'y a plus lieu de tenter davantage l'escalade de la double cime. « Jarnibleu ! c'est bien dommage, murmure-t-il piteusement en se frottant l'échine, j'allais beau train [1]. » Y avait-il bien là de quoi fâcher un poëte qui, quelques jours auparavant, se déclarait avec un dédain superbe si complétement cuirassé contre les traits de ces « trivelinades ? » S'il faut en croire le biographe de Piron, il ne fut, pourtant, rien moins qu'insensible à cet innocent lardon d'un esprit narquois, qui se vengeait un peu.

« Comme Piron traversoit le théâtre, à la fin de la première représentation, la marquise de Mimeure et la marquise de Calandre [2] l'appelèrent pour lui faire compliment sur le succès de

---

1. *Arlequin-Deucalion*, acte II, scène IV.
2. Sœur de MM. d'Argenson. M. d'Argenson a dit d'elle : « On peut nous définir ainsi dans notre famille : le cœur excellent, l'esprit moins bon que le cœur, et la langue moins bonne que tout cela. Ceci convient surtout à ma sœur et encore mieux à elle qu'à mon frère et à moi. » Marquis d'Argenson, *Mémoires* (Jannet), t. I, p. 217.

sa pièce, et lui demander en même temps, comme certain cardinal à l'Arioste, où il avoit pris tant de folies. Il alloit leur répondre, lorsqu'il aperçut par-dessus la tête de ces deux dames un auteur élevant subitement la sienne, et qui l'apostropha ainsi : « Je me félicite, Monsieur, d'être pour quelque chose dans votre chef-d'œuvre. » Vous, Monsieur, lui répondit Piron! Eh! quelle part, s'il vous plait, pouvez-vous y avoir? « Quelle part? Qu'est-ce que ces deux vers que vous faites dire à votre Arlequin, lorsque vous le faites tomber de dessus Pégase? » Je l'ignore, dit Piron ; je les possédois de réminiscence, et craignant d'en fâcher l'auteur, avant de les employer, j'ai demandé à tout venant d'où ils étoient, à qui ils appartenoient, et personne, je vous jure, n'a pu me le dire, ni voulu se les approprier : je les ai hasardés comme deux inconnus, seroient-ils malheureusement de vous? « Quittons le sarcasme, Monsieur, interrompit l'auteur en colère, et dites-moi ce que je vous ai fait pour me tourner ainsi en ridicule? » Pas plus, répondit Piron, que La Motte à l'auteur du *Bourbier*. » A cette réplique, l'auteur baissa la tête et disparut en disant : « *Ah! je suis embourbé*[1]! »

Ce petit tableau peut être vrai, quant au fond; mais, à coup sûr, la couleur en est fausse. Rigoley rapporte ce que lui a conté Piron, à la distance de plus de quarante années ; il ne sait même pas au juste à quelle tragédie de Voltaire l'auteur d'*Arlequin-Deucalion* a voulu s'en prendre. Il cite, en note, *Eryphile* au lieu d'*Artémire*. Il exagère aussi le courroux de Voltaire; s'il eût été aussi irrité qu'on le représente, il l'eût témoigné, et mesdames de Mimeure et de Calandre qu'il accompagnait, n'eussent pas appelé Piron pour amener une altercation désagréable pour tout le monde. Ce qui est à croire, c'est que le poëte, avec un sourire forcé, put se féliciter de lui avoir fourni l'occasion

---

1. Alexis Piron, *OEuvres complètes* (Paris, 1776), t. I, p. 50 et 51. Notice de Rigoley de Juvigny.

d'une turlupinade. Quant à la répartie de Piron, elle n'est pas dans la mesure acceptable; elle est impertinente et déplacée devant sa protectrice, qui est pour Voltaire une amie de vieille date. Quoique plus âgé que ce dernier, il n'était alors qu'un petit garçon en train de conquérir sa première palme à la foire. On le savait pétillant d'esprit, et il était reçu comme tel à l'hôtel de Mimeure; mais il ne pouvait prétendre à marcher de pair avec l'auteur d'*Œdipe*, et il en était si éloigné que Voltaire, malgré ses grands airs, disons-le même, son peu de politesse, avait conservé aux yeux de celui-ci tout son prestige. Et on verra qu'avant de devenir son ennemi et son Zoïle, le poëte bourguignon restera longtemps encore son admirateur et son flatteur. Comment admettre, d'ailleurs, que Voltaire, se reconnaissant le vaincu dans cette prise de langue, baisse la tête et disparaisse en s'écriant : « *Ah! je suis embourbé !* »

Voltaire était un ancien commensal de la maison de Mimeure. Dès 1715, nous avons une lettre de lui à la marquise, qui est, à proprement parler une vraie gazette. M. de Mimeure, homme de mérite, joignait au titre de maréchal de camp celui de membre de l'Académie française, où il avait été reçu, en 1707, à la place du président Cousin [1]. La marquise, d'une excellente famille de Picardie, avait l'esprit aimable, cultivé, voyait bonne compagnie, était liée avec ce que Paris et la cour comptaient de plus distingué et de plus illustre. Leur hôtel, situé rue des Saints-Pères,

---

1. Il faisait agréablement les vers. Voir une *Ode à Vénus* de sa façon, dans *les Amusements du cœur et de l'esprit* (Amsterdam, 1740), t. V, p. 373 à 377.

était ouvert aux artistes et aux gens de lettres, pour lesquels madame de Mimeure eut toujours un faible. Le jeune Arouet, déjà le familier des princes, fut accueilli à bras ouverts par tous les deux, et il se trouva dès l'abord sur le pied de la plus grande intimité. Si nous n'avons que trois lettres de lui à la marquise, il est probable qu'il s'en est égaré un assez bon nombre. Il lui demande pardon quelque part d'avoir été six semaines sans lui écrire; et en revanche, il se pique qu'on néglige de lui répondre, quand on répond à Roi, Roi le poëte, un parasite des Mimeure comme sera Piron, l'un des faiseurs de *calotines*, l'un des frêlons qui agaceront le plus Voltaire de leur aiguillon. Le marquis avait plus d'un gîte, puisque le poëte demande au mari et à la femme la permission d'aller leur rendre ses devoirs dans l'un de leurs châteaux [1]; il est vrai que le Système se mêla de leurs affaires comme de celles de bien d'autres, et y fit une brèche sensible. « Vous méritez, écrit Voltaire à madame de Mimeure à propos de quelque perte essuyée, une autre fortune que celle que vous avez; mais encore faut-il que vous en jouissiez tranquillement, et qu'on ne vous l'écorne pas. Quelque chose qui arrive, on ne vous ôtera point les agréments de l'esprit. Mais, si on y va toujours du même train, on pourra bien ne vous laisser que cela; et franchement ce n'est pas assez pour vivre commodément, et pour avoir une maison de campagne où je

---

1. Voltaire, *OEuvres complètes* (Beuchot), t. LI, p. 33. Lettre de Voltaire à la marquise de Mimeure; 1715, probablement en juillet.

puisse avoir l'honneur de passer quelque temps avec vous [1]. »

Ces craintes étaient sans doute exagérées, et madame de Mimeure, jusqu'à la fin, aura la maison la plus honorable. Le marquis de Mimeure était mort peu de temps auparavant, à Auxonne, son pays (mars, 1719). Saint-Simon parle de lui avec une considération d'autant plus flatteuse qu'il ne la prodigue guère : « Il étoit fils, nous dit-il, d'un président au parlement de Dijon. Je ne sais par quelle protection il avoit été attaché à Monseigneur dès sa jeunesse, chez qui il avoit les entrées... Son esprit souvent plaisant sans songer à l'être, et l'ornement de son esprit joint à beaucoup de modestie et de savoir-vivre, l'avoit mêlé avec le grand monde et fait désirer dans les meilleures compagnies. Il étoit aimé et estimé sur un pied agréable, et le méritoit; il étoit honnête homme et fort brave, sans se piquer de rien, et fort doux, aimable et sûr dans le commerce; il servit toute sa vie et fut regretté de beaucoup d'amis [2]. » Cette faveur rejaillit sur sa veuve et nous en avons un témoignage piquant et même historique. Les lois somptuaires avaient été ressuscitées : costume, vaisselle, tout avait été frappé de réforme. L'on ne devait plus avoir de plats d'argent, d'habits galonnés que de laine [3]. La défense est du 4 février

---

1. Voltaire, *OEuvres complètes* (Beuchot), t. LI, p. 62, 63. Lettre de Voltaire à la marquise; à Villars, 1719.

2. Saint-Simon, *Mémoires* (Chéruel), t. XVII, p. 150 et 151. — Dangeau, *Journal*, t. XVIII, p. 13 et 14; 8 mars 1719.

3. Bibliothèque impériale. Manuscrits. *Correspondance de la marquise de La-Cour*, t. V, lettre 30; ce samedi, 16 ou 17 février 1720.

1720. On comprend quel coup ce fut pour les vanités, pour les femmes surtout; car les prescriptions s'étendaient aux bijoux, aux pierreries. Madame de Mimeure le ressentit aussi vivement qu'aucune autre, quoiqu'elle eût alors cinquante-trois ans, et elle se servit si bien et du souvenir de son mari et de sa propre considération, qu'elle réussit à obtenir du duc d'Orléans un brevet de dispense qui lui permettait, en dépit de la Déclaration, « de porter des diamants, perles et autres pierres précieuses[1]. »

Elle survécut à son mari de vingt bonnes années, qui furent troublées, les dernières surtout, par les atteintes croissantes d'une maladie cruelle et sans remède. La mort du marquis ne chassa pas les poëtes ni la bonne compagnie de son salon. Voltaire, toujours bien reçu, était là comme chez lui, et se fût, à l'exemple de tous les favoris, volontiers ombragé des moindres politesses faites à de nouveaux venus. L'introduction de Piron dans le sanctuaire à titre de compatriote, car M. de Mimeure était comme lui Bourguignon, lui fut particulièrement désagréable, et leur première entrevue chez la marquise est tout une scène de comédie des plus réjouissantes. Piron, fraîchement débarqué de sa province, était un franc Allobroge, simple, rond, peu soucieux de la forme, modeste, tout en sachant ce qu'il valait, très-pauvre, très-dénué, mais sans besoins,

---

[1]. Charles Muteau, *La Bourgogne à l'Académie française* (Dijon, 1862), p. 93, 94. *Valon de Mimeure.* — Cette prohibition durait encore en 1726, et nous trouvons une permission accordée au fameux orfèvre Germain, qu'a illustré Voltaire, de fabriquer de la vaisselle d'argent pour le service de Bolingbroke. Archives impériales. *Registre du secrétariat de la maison du Roy*, de l'année 1726, p. 437.

vivant de rien, rêvant de gloire plus que de fortune, et se croyant à l'abri de toutes les vicissitudes quand il avait dans ses poches un morceau de pain et un flacon de vin. Il aimait les longues courses, et, ainsi lesté, il s'enfonçait tous les matins dans les solitudes du bois de Boulogne, où il lui arrivait de s'oublier parfois jusqu'au soir. Un jour, qu'il se dirigeait vers sa promenade de prédilection, se trouvant en face de l'hôtel de sa protectrice, il entre pour lui faire sa cour. « Soyez le bienvenu, lui dit la marquise, vous désiriez depuis longtemps de faire connaissance avec A\*\*\* (Arouet) : le hasard vous sert à merveille ; il est ici, entrez dans ma chambre, vous le trouverez auprès du feu qui m'attend. » Piron ne se le fait pas répéter, impatient, en vrai provincial qu'il est, de se trouver en face de l'astre parisien.

Celui-ci était aux trois quarts perdu dans un large fauteuil, les jambes écartées, les pieds sur les chenets, dans cette molle béatitude du frileux devant un très-bon feu. Piron ne regarde pas aux salutations ni aux révérences ; Voltaire, moins prodigue, se contente d'une légère inclinaison, et semble rentrer dans sa voluptueuse torpeur. L'accueil n'était pas encourageant : le survenant ne perd pourtant pas contenance, il approche un fauteuil et s'assied le plus près possible de la cheminée. Que faire maintenant? Piron, qui avait salué le premier, engage le premier la conversation ; mais l'on est tout aussi avare de ses phrases qu'on se l'était montré de révérences, et l'on se borne à quelques monosyllabes qui semblaient protester contre l'indiscrétion et l'importunité du pauvre Piron. Pour le coup, notre homme, humilié de ce dédain trop manifeste, trouve qu'il en a fait assez et trop, et renonce à sortir le rêveur de son mutisme. Voltaire, qui avait voulu être maussade et y avait pleinement réussi, sentit qu'à moins de ronfler, il ne pouvait s'éterniser dans cette immobilité. En se prolongeant, la situation devenait également fausse pour tous les deux, et allait donner lieu à une mimique qui eût été la comédie pour un tiers, s'il s'en fût trouvé là. L'un regarde l'heure, l'autre se bourre le nez de tabac; celui-ci se mouche, celui-là éternue. Il était à craindre que l'on ne retombât bientôt dans les redites, quand Voltaire, plongeant les doigts dans son gousset, en retira une croûte de pain qu'il commença à grignotter entre ses dents avec le bruit d'un rongeur. Cela parut à Piron si extraordinaire, qu'il en fut presque interdit. Mais, comme il était avant tout homme de riposte, il met sur-le-champ la main à sa poche, et en retire son flacon de vin qu'il vide en un clin d'œil. « J'entends, monsieur, raillerie tout comme un autre, lui dit d'un ton sec et cassant l'auteur d'*OEdipe;* et votre plaisanterie, si c'en est une, est très-déplacée. » Piron pouvait lui répliquer que ce flacon de vin était le très-humble serviteur de sa croûte, et, qu'en somme, il n'avait fait que prendre exemple sur lui. Voltaire, qui le comprit, daigna lui donner la clef de cette apparente étrangeté : il sortait d'une maladie qui lui avait laissé un besoin incessant de manger. « Mangez, monsieur, répartit Piron, vous faites bien ; et moi je sors de Bourgogne avec un besoin continuel de boire; et je bois. » Le poëte daigna sourire, se leva et disparut.

Arrive madame de Mimeure : « M. de Voltaire, en sortant d'avec vous, m'a demandé, lui dit-elle, quel était ce grand fou d'ivrogne que j'avais auprès de mon feu. Auriez-vous bu si matin? » Piron raconta ce qui venait de se passer, avec son originalité habituelle, à la marquise, qui regretta sans doute de n'avoir point assisté à cette petite scène, et ne se préoccupa pas autrement de l'incident.

Il fallait bien, pourtant, se résigner à rencontrer un compagnon qui ne se laissait pas désarçonner aisément et que la maîtresse de la maison avait pris en affection. La marquise, auprès de laquelle les airs de candeur maligne d'Alexis avaient réussi, ne l'eût sans doute pas sacrifié à un caprice ou à une antipathie mal fondée; et Voltaire ne put avoir l'idée de le chasser d'un lieu où il avait si pleinement réussi dès l'abord, et où il ne tarda pas à trouver un auxiliaire de son humeur, une sorte de Rabelais et de Piron en jupons, à laquelle il finira par associer sa vie, une mademoiselle de Bar, demoiselle de compagnie et de confiance de madame de Mimeure. Ce qui n'est pas douteux, c'est que le succès de cet esprit franc d'allure à l'hôtel de la rue des Saints-Pères agaçait singulièrement l'auteur d'*Œdipe*, qui n'aimait pas trop (mais c'est là une faiblesse commune à bien des grands hommes) qu'on eût de l'esprit et du succès près de lui. Il avait pris en grippe Piron, qui avait pour lui autant d'égards, pourtant, que le comportait sa nature indisciplinable.

C'est vers ce temps qu'il faut placer un voyage à Rouen où l'appelaient les arrangements à prendre pour l'impression de son poëme. « On commencera, lundi prochain, ce que vous savez. Je suis actuellement à Rouen, où je ménage sourdement cette petite intrigue, et où d'ailleurs je passe fort bien mon temps. Il y a ici nombre de gens d'esprit et de mérite, avec qui j'ai vécu les premiers jours, comme si je les avais vus toute ma vie. On me fait une chère excellente; il y a de plus un opéra dont vous serez très-content; en un mot, je ne me plains à Rouen que d'y avoir trop de plaisir; cela dérange trop mes études, et je m'en retourne ce soir à la Rivière, pour partager mes soins entre une ânesse et *Mariamne*[1]. » Cette ânesse, placée là assez étrangement, fait songer à celle de *Jeanne*. Mais ce ne sera que quelques années plus tard (1730) que la fantaisie viendra au poëte de s'engager dans les mêmes sentiers que l'Arioste, et, pour l'heure, la seule ânesse à laquelle il eût affaire était celle dont sa poitrine absorbait le lait réparateur. Quoi qu'il en soit, Voltaire n'avait qu'à se louer de l'accueil qui lui était fait dans la ville normande; il y retrouvait un ancien camarade de Louis-le-Grand, conseiller au parlement de Rouen, cet aimable Cideville, avec lequel il conserva les rapports les meilleurs et les plus affectueux. Il y rencontrait M. de Formont, l'ami et le confrère de Cideville, homme d'esprit, trousseur, à l'occasion, de vers charmants, un de ces concertistes de salon dont aucune époque ne fut plus riche que le dix-huitième siècle. La haute société rouennaise était brillante; le parlement renfermait dans son sein de jeunes magistrats qui ne demandaient qu'à se divertir, très-lettrés comme il

---

1. Voltaire, *OEuvres complètes* (Beuchot), t. LI, p. 90, 91. Lettre de Voltaire à Thiériot; Rouen.

convenait à des compatriotes des deux Corneille et de leur neveu Fontenelle. Voltaire fut plein de coquetterie, de son côté, et n'épargna rien pour subjuguer son monde. « Mais vous jugez bien qu'un homme qui va donner un poëme épique a besoin de se faire des amis. »

Son poëme ne le préoccupait pas uniquement, il avait une revanche à prendre au théâtre. Si sa *Mariamne* n'était pas achevée, elle était plus que dégrossie; elle avait forme humaine déjà, et il comptait beaucoup et sur le sujet, et sur le parti qu'il en avait tiré. Il destinait le rôle principal à la Lecouvreur, qui avait créé *Artémire*, et à laquelle il devait bien cette indemnité. Mademoiselle Lecouvreur avait une santé chancelante, elle avait besoin de se soigner, et elle avait laissé espérer à Voltaire et à madame de Bernières qu'elle irait les rejoindre à Rouen, où elle prendrait aussi le lait; et le poëte prie Thiériot de l'exhorter à hâter son voyage. Rien ne démontre qu'elle se rendit à l'appel d'un ami qui, à une certaine heure, fut plus que cela, sans qu'on puisse préciser le moment le plus intime de leur liaison. Voltaire, pour échapper aux aimables importunités qui l'assaillaient, et rattraper le temps perdu, allait se réfugier, à trois lieues de Rouen, au dessus de la ville, sur la rive droite de la Seine, à la Rivière-Bourdet, la maison de campagne de M. et de madame de Bernières[1]. Très-bien avec le mari, il était encore mieux avec la femme. Marguerite-Madeleine de Moutier, marquise de Bernières, était alors une femme

---

1. Ce château appartient actuellement à madame la marquise de Montholon-Sémonville.

de trente-cinq ans, d'humeur un peu différente de cette autre madame de Bernières dont parle Tallemant[1], avec l'aplomb que donnent, à cet âge, une belle fortune et la considération attachée au rang de son mari, président à mortier au parlement de Normandie. Elle partageait son temps entre la Rivière et son hôtel du quai des Théatins, à l'angle de la rue de Beaune. Voltaire commençait à se détacher de madame de Mimeure, et ses préférences s'étaient reportées sur la présidente, qui lui donnait des preuves d'affection et de zèle auxquelles il ne pouvait être insensible. « Je commence à voir bien clairement, lui écrit-il dans un moment d'humeur noire, que je n'ai que vous de véritable amie[2]. » Ne fut-elle pour lui qu'une amie ; et un même logement, la même table, cette communauté de toutes les heures qui allait bientôt s'établir entre le poëte et la présidente, n'autorisent-ils pas un peu la malignité de certains soupçons ? Cette intimité déjà si étroite ne tardera pas à se resserrer encore, du consentement du magistrat qui donnait à bail, vers ce temps (mai 1723), un appartement que le poëte n'habitera toutefois que l'année suivante. Mais avons-nous bien le droit de nous montrer plus ombrageux que le

---

1. « Le maistre d'hostel d'une présidente de Rouen, appelée Mme de Bernière, voyant qu'elle faisoit servir trop longtems un poulet d'inde froid, luy dit : « Si vous ne le mangez, madame, les « vers le mangeront. » Elle le demanda le repas suivant. « Je l'ay « laissé, luy répondit-il, au bas de l'escallier ; il est venû icy tant de « fois qu'il en doit sçavoir le chemin. Il y viendra bien tout seul, s'il « luy plaist. » Tallemant des Réaux, *Historiettes* (Techener), t. VII, p. 451.

2. Voltaire, *Lettres inédites* (Didier, 1857), t. I, p. 10. Lettre de Voltaire à madame de Bernières ; à Ussé, 15 janvier 1722 (1723).

principal intéressé, qui avait sans doute ses motifs de sécurité?

Ce séjour à Rouen et à la Rivière-Bourdet ne devait pas dépasser, après tout, les derniers jours de mars, et nous voyons Voltaire assister, le 6 avril, à la première représentation de l'*Inès* de La Motte, à ce succès d'attendrissement et de sanglots, dont le vieux Baron pouvait à bon droit revendiquer sa part. « J'ai été à *Inès de Castro*, que tout le monde trouve très-mauvaise et très-touchante. On la condamne et on y pleure[1]. » A cette soirée, Voltaire avait à ses côtés le comte de Verdun, presqu'un centenaire, fort versé dans les choses du théâtre, et, comme tous les vieillards, *laudator temporis acti*. Ce dernier s'avisa de dire qu'il n'y avait de bonnes pièces espagnoles que le *Cid*, ce qui était, et devait, en tout cas, être assez indifférent à l'auteur futur d'*Alzire*. « Il me semble pourtant, repartit Voltaire, avoir ouï dire qu'à la première représentation du *Cid*, où vous étiez, vous ne trouvâtes point les deux premières scènes bonnes. » Comme il y avait quatre-vingt-neuf ans que le *Cid* était venu transporter toutes les têtes d'alors, c'était dire au comte qu'il était un vieux radoteur; c'était, de gaieté de cœur, se rendre coupable d'une impertinence qui pouvait être châtiée. Aussi l'avocat Marais de s'écrier : « Gare la répétition des coups de bâton[2]! » Il n'en résulta rien, que nous sachions, pour les épaules du poëte, qui devait encore

---

1. Voltaire, *OEuvres complètes* (Beuchot), t. LI, p. 91, 92. Lettre de Voltaire à madame de Bernières; avril 1723.
2. Marais, *Journal et Mémoires* (Didot), t. II, p. 441; 6 avril 1723.

une fois, mais quelques années plus tard, expier les intrépidités de son esprit.

Voltaire avait formé le projet de suivre M. de Richelieu aux eaux de Forges, pour lesquelles celui-ci partait dans la première moitié d'avril. Sa santé et ses affaires l'empêchèrent d'accompagner le brillant duc ; ce ne sera que l'année suivante qu'il réalisera ce projet[1]. Cette nécessité de rester malgré lui dans une ville qu'il déteste, s'il faut l'en croire[2], devait lui valoir une compensation qu'il sembla apprécier. La destinée de Bolingbroke commençait à s'éclaircir. L'Angleterre lui était rouverte au moins de fait, car ce ne fut que le 7 mai que le roi Georges lui accorda son pardon scellé le 8 juin de la même année. Il est vrai que ce retour de fortune avait bien ses côtés attristants pour les nombreux amis de l'illustre proscrit. « Il sera aujourd'hui à Paris, et j'aurai la douleur de lui dire adieu, peut-être pour toujours. » Ce voyage eut lieu un peu plus tard. Bolingbroke arrivait le 11 juin à Calais, et s'embarquait pour Londres. En tout cas, Voltaire s'était trop hâté de se désespérer, l'exilé ne trouva point les choses aussi avancées qu'il l'eût souhaité ; l'amnistie ne s'étendait pas jusqu'aux biens, dont la confiscation demeurait maintenue ; les honneurs et les exercices de la pairie ne lui étaient pas rendus. Dans de telles conditions, la patrie n'était plus la patrie, et, en attendant qu'il obtînt la grâce complète, il se décida à aller aux

---

1. C'est donc à l'année 1724 qu'il faut reporter les deux lettres publiées à la date du 2 juillet 1722, l'une à madame de Bernières, l'autre à Thiériot. *Lettres inédites*(Didier, 1857), t. I, p. 22, 434, 435.

2. *Voltaire à Ferney* (Didier, 1860), p. 300, juillet 1722. Lettre de Voltaire à madame de Bernières ; avril 1723.

eaux d'Aix-la-Chapelle. Après quoi, il revenait en France et s'établissait à nouveau dans sa chartreuse de la Source[1].

Voltaire, dont c'est un peu la manie de se plaindre, gémit sur sa santé et sur ses affaires. Il est à Paris, et voudrait bien être à la Rivière-Bourdet. « J'étais né pour être faune et sylvain. » Thiériot et madame de Bernières s'occupaient, en Normandie, de son poëme; il était tout simple qu'il leur rendît à Paris mille menus offices. La présidente désirait fort certaine petite loge à l'Opéra, et elle l'avait chargé de négocier cet arrangement avec Francine. Voltaire n'épargnera rien pour réussir; il ira même jusqu'à promettre un opéra pour pot de vin. « Si je suis sifflé, lui dit-il, il ne faudra s'en prendre qu'à vous[2]. » Il songe aussi à Thiériot, auquel il voudrait voir une situation, et qu'il essaye de placer de son mieux. Il s'adresse aux frères Pâris qui, pressentant apparemment le peu d'application du candidat, se font prier et tiennent bon dans leur résistance. Voltaire ne se laisse pas rebuter et agit en ami chaleureux. Il n'est pas le seul à assiéger ces gros bonnets de la finance; Génonville, le président de Maisons, même madame de Villars, s'intéressent à Thiériot et portent leurs coups, mais sans

1. Bolingbroke, *Lettres historiques, politiques et philosophiques de Bolingbroke* (Paris, 1808), t. I, p. 152. Essai historique sur Bolingbroke.
2. Voltaire, *OEuvres complètes* (Beuchot), t. LI, p. 95. Lettre de Voltaire à madame de Bernières; juillet 1723. — *Voltaire à Ferney* (Didier, 1860), p. 308. Lettre de Voltaire à Thiériot, 1723. Ces deux lettres sont de la seconde moitié de juillet, puisqu'il est question, dans la première, des *Fêtes grecques et romaines* de Fuzelier, représentées le 13 juillet 1723.

grands succès. Le poëte persiste. Il mettra en jeu les grands moyens. « Je profiterai de mon loisir pour en faire une en vers (une lettre) aux Pâris, où je serai inspiré par mon amitié, qui est assurément un Apollon assez vif [1]. » Ces vers, il lui marque plus tard qu'il les a faits ; ils manquent toutefois à ses Œuvres, comme nombre de poésies légères, de bagatelles charmantes qu'il faut regretter, bien qu'elles n'eussent rien ajouté à sa gloire. Six mois après, Voltaire écrivait à Thiériot : « J'ai eu avec M. Pâris l'aîné une longue conversation à votre sujet ; je l'ai extrêmement pressé de faire quelque chose pour vous. J'ai tiré de lui des paroles positives, et je dois retourner incessamment chez lui pour avoir une dernière réponse [2]. » Mais c'était encore un leurre, une espérance trompeuse, et Thiériot restait sans emploi comme devant. A quoi attribuer chez les Pâris cette inflexibilité, contre laquelle se brisent les recommandations les meilleures ? Ceux-ci n'étaient pourtant rien moins qu'inabordables ; ils étaient généreux, sensibles tant par penchant que par politique. Thiériot, nous en avons grand'peur, devait être le principal obstacle au bien qu'on lui eût voulu faire. Les Pâris se connaissaient en hommes, et, sans doute, virent-ils dès la première heure qu'il n'y avait pas moyen d'utiliser ce paresseux aimable, fait pour être le complaisant des grands, « manger beaucoup et aimer à boire du vin longtemps sur le soir, en chantant de mauvais

---

1. Voltaire, *OEuvres complètes* (Beuchot), t. LI, p. 87. Lettre de Voltaire à Thiériot ; à Ussé, ce 5 décembre 1722.
2. *Ibid.*, t. LI, p. 93. Lettre de Voltaire à Thiériot ; Paris, juin 1723.

couplets des chansonniers modernes[1], » mais incapable de la moindre discipline. Qui sait si, au moment où l'on se donnait pour lui tout ce mal, Thiériot ne souhaitait pas de tout son cœur de voir échouer les tentatives et les efforts de ses amis? On sera à même, dans la suite, d'apprécier au moins son peu d'empressement à saisir une occasion très-acceptable et très-honorable d'échapper à cette condition de parasite, dont s'accommodait alors, il est vrai, cette classe trop nombreuse d'aventuriers unissant à l'envie de ne rien faire le besoin et la volonté de vivre de la vie large des grands et des privilégiés de ce monde.

Ce ne fut qu'en septembre que le père de *Henri*, las de Paris, put réaliser un vœu qu'on recontre dans toutes ses lettres de cette époque, celui de humer un air frais à la Rivière-Bourdet. Le voilà enfin dans la patrie de Corneille, tantôt à Rouen, tantôt chez madame de Bernières, où il retrouvait ses anciens amis et les amis plus récents qui lui avaient fait fête à son précédent voyage, partageant ses heures entre le travail et les agréables et spirituelles distractions de la vie de château. Mais cette paix, cette tranquillité, cette existence sans souci n'allaient pas tarder, hélas! à être troublées par une nouvelle aussi foudroyante qu'imprévue.

La jeunesse de Genonville fut trop prématurément moissonnée pour qu'on lui retranche encore les deux dernières années de cette vie joyeuse dans laquelle il entrait à peine. Les éditeurs de Voltaire le font mourir

1. Voltaire, *Pièces inédites* (Paris, 1820), p. 197. Lettre de Voltaire à Thiériot.

vers 1720. Cependant, Voltaire, dans une lettre classée en 1721, disait à Thiériot : « J'ai retrouvé votre livre vert ; Génonville vous l'avait escamoté. » Et cela ne pouvait avoir été écrit au plus tôt qu'aux premiers jours de juin[1]. Des lettres publiées plus récemment viennent témoigner de sa pleine existence jusqu'en décembre 1722[2]. Il fut emporté le 9 septembre de l'année suivante par l'impitoyable fléau qui décimait alors la population ; et le *Mercure* constate, mais sans préciser la date, le décès de ce magistrat de vingt-six ans[3], qui, s'il ne pouvait être une calamité publique, fut un vrai deuil pour cette société spirituelle, aimable et frivole dont il était l'enfant gâté.

On le recherchait, on se le disputait, lui et ses petits vers. « Le petit Génonville m'a écrit une lettre en vers, qui est très-jolie, mande Voltaire à madame de Mimeure : je lui ai fait réponse, mais non pas si bien. Je souhaite quelquefois que vous ne le connaissiez point, car vous ne pourriez plus me souffrir[4]. » Si ces craintes

1. Voltaire, *OEuvres complètes* (Beuchot), t. LI, p. 67. Lettre de Voltaire à Thiériot, 1721. Comme il est question dans cette lettre de la lettre de Voltaire à Fontenelle, sur le phénomène qui se produisit dans le soleil, le jour de la Pentecôte ; elle doit être au plus tôt des premiers jours de juin 1721. Voir aussi *Voltaire à Ferney* (Didier, 1860), p. 299.

2. Voltaire, *Lettres inédites* (Didier, 1857), t. I, p. 16, 17. Lettres à Thiériot ; à Ussé, 12 et 17 décembre 1722.

3. *Mercure*, septembre 1723, p. 619. — Archives de la ville. *Registre des convois de l'église paroissiale de Saint-Sulpice*, pour l'année 1723, p. 43. Nicolas-Anne Lefèvre de la Faluère était fils d'Antoine-René Lefèvre de la Faluère, président à mortier au parlement de Bretagne et conseiller honoraire au parlement de Paris, et de dame Louise-Renée Duplessis de Génonville.

4. Voltaire, *Pièces inédites* (Didot, 1720), p. 157, 158, 159.

ne sont pas sérieuses, au moins sont-elles des plus obligeantes. La lettre à laquelle il fait allusion est pleine de caresses et de cordialité ; on dirait d'un frère aîné faisant bon marché de lui-même et s'effaçant pour ne pas nuire aux essais de son cadet. La pièce de Génonville a été retrouvée dans les papiers de Thiériot ; elle est, en effet, rimée avec aisance et grâce [1]. Il s'était introduit dans le plus grand monde, à Sulli, à Villars notamment, où il était sur le meilleur pied, sur un meilleur pied, avouons-le, qu'au parlement. « C'était un jeune homme de la plus grande espérance, nous dit l'abbé Duvernet, et qui eût fait honneur à la magistrature, si la philosophie ne lui eût pas attiré quelques disgrâces de la part de ses confrères, dont le plus grand nombre s'effrayait déjà du nom de philosophie [2]. » A l'époque où Duvernet écrivait, l'on était philosophe à bon compte. Si Génonville était philosophe, ce n'était certes pas de la secte de Zénon, et il n'avait mérité ni par l'austérité de ses mœurs ni par la rigidité de ses principes ce titre que l'abbé lui accorde si bénévolement. Mais sans avoir, c'est à croire, de grandes vertus morales, il plaisait et on l'aimait sans que peut-être il y mît beaucoup du sien. « Le gentil La Faluère, » dit de son côté le rustique Piron [3].

---

Lettre de M. de Génonville à M. de Voltaire. Il existe encore de lui dans l'*Elite des poésies fugitives* (Londres, 1764), t. III, p. 188, 189, 190, une épître de Génonville à M. le comte de P., à Metz.

1. Voltaire, *Œuvres complètes* (Beuchot), t. LI, p. 60, 61, 62. Lettre de Voltaire à M. de Génonville ; 1719. Lettre de Voltaire à madame de Mimeure ; à Villars, 1719.

2. Duvernet, *la Vie de Voltaire* (Genève, 1786), p. 45.

3. Longchamps et Wagnère, *Mémoires sur Voltaire*, t. II, p. 521.

Plus d'une fois, le souvenir attendri de son ami arrachera au poëte une plainte sincère. Dans des vers au docteur Gervasi, son sauveur, Voltaire s'écrie :

> Hélas! si comme moi, l'aimable Génonville
> Avait de ta présence eu le secours utile,
> Il vivrait, et sa vie eût rempli nos souhaits[1]...

Près de six ans se sont écoulés, et Voltaire adresse « aux mânes de Génonville » une épître qui est un retour mélancolique vers ce passé de leur jeunesse où la vie était si douce, si facile, si attrayante, grâce à l'amitié.

> Toi que le ciel jaloux ravit dans son printemps;
> Toi de qui je conserve un souvenir fidèle,
>  Vainqueur de la mort et du temps;
>  Toi dont la perte, après dix ans[2],
>  M'est encore affreuse et nouvelle...
> O mon cher Génonville! avec plaisir reçoi
> Ces vers et ces soupirs que je donne à ta cendre,
> Monument d'un amour immortel comme toi.
> Il te souvient du temps où l'aimable Égérie,

---

Épître de Piron à Voltaire sur sa convalescence, 1723. Ce caractère léger, frivole, étourneau, très et trop français, devait trouver des frondeurs non-seulement au parlement, mais parmi cette classe d'hommes sérieux qui, tout en aimant l'esprit, le veulent plus rassis et plus réfléchi. Bolingbroke écrivait à madame de Ferriol : « ... Pour M. de Génonville, il a été à Menard et à Sully, et a eu par conséquent à peine le temps de s'ennuyer chez un homme fort peu au fait du siècle, et qui pis est, grand admirateur des Anciens. » Bolingbroke, *Lettres historiques, philosophiques et littéraires* (Paris, 1808), t. III, p. 143. Lettre de Bolingbroke à madame de Ferriol; 2 novembre 1721.

1. Voltaire, *OEuvres complètes* (Beuchot), t. XIII, p. 61. Épître à M. de Gervasi; 1723.

2. Les éditeurs de Voltaire ont pris ces dix ans à la lettre, et c'est ce qui leur a fait supposer que M. de Génonville mourut vers 1720.

Dans les beaux jours de notre vie,
Écoutait nos chansons, partageait nos ardeurs.
Nous nous aimions tous trois : la raison, la folie,
L'amour, l'enchantement des plus tendres erreurs,
　　Tout réunissait nos trois cœurs.
Que nous étions heureux! même cette indigence,
　　Triste compagne des beaux jours,
Ne put de notre joie empoisonner le cours.
Jeunes, gais, satisfaits, sans soins, sans prévoyance,
Aux douceurs du présent bornant tous nos désirs,
Quel besoin avions-nous d'une vaine abondance?
Nous possédions bien mieux, nous avions les plaisirs!...
Nous chantons quelquefois et tes vers et les miens;
De ton aimable esprit nous célébrons les charmes;
Ton nom se mêle encore à tous les entretiens;
Nous lisons tes écrits, nous les baignons de larmes[1]!...

On fait si aisément bon marché de la sensibilité de Voltaire, on est si porté à le croire un esprit tout esprit, un être trop exclusivement artiste pour avoir de sérieuses et solides attaches, que c'était toute justice d'insister sur cette liaison si prématurément brisée. Convenons que l'homme qui a fait ces vers, qui, au bout de six ans, garde un souvenir désintéressé et ému à cette ombre si parfaitement oubliée, que cet homme était digne d'avoir des amis, et que si souvent il attend d'eux des services qu'il sait reconnaître, il les aime aussi, indépendamment des services, et pour eux. Encore une fois, son attachement pour ce compagnon de sa jeunesse et ses regrets viennent protester contre une sécheresse qu'on lui suppose et qu'il n'a point. Il avait besoin d'affection, il lui fallait des

---

1. Voltaire, OEuvres complètes (Beuchot), t. XIII, p. 72, 73. Épître aux mânes de M. de Génonville; 1729.

amis, ce sont là ses véritables maîtresses : il est avec eux caressant, indulgent, plein d'égards; il ne veut pas qu'ils l'oublient, il les relance, leur adresse de doux reproches, fait tout enfin pour que cette pure flamme ne s'éteigne pas dans l'indifférence faute d'aliment. Il est loin d'eux, mais il pense à eux; il leur écrit, tout absorbé qu'il est dans ses travaux, il ne regarde pas aux lettres. Que de charmantes, que d'affectueuses épîtres à Formont, à Cideville! nous allions dire à d'Argental, si celui-ci eût été et moins utile, et moins indispensable.

Voltaire, dans une lettre écrite de la Rivière et qui porte à tort la date du 24 septembre [1], témoigne, encore et avec le même accent pénétré, tout le deuil que lui cause la perte de La Faluère. « Il n'y avait, marquait-il à Moncrif, qu'une lettre aussi aimable que la vôtre et les assurances touchantes que vous me donnez de votre amitié qui pussent adoucir la douleur où je suis de la mort de notre pauvre ami. Je le regretterai toute ma vie; et toute ma vie, je serai charmé de retrouver dans la sensibilité de votre cœur et dans les agréments de votre esprit la consolation dont j'ai besoin. » Génonville n'est pas nommé, mais c'est incontestablement de lui qu'il est question ici. Voltaire, qui d'ailleurs ne négligera aucun moyen de se faire des prôneurs, se montre très-caressant envers Moncrif dont la position

---

1. Cette lettre doit être antérieure au 24, puisque d'Argenson, dont il y est question, fut nommé le 20 septembre chancelier du duc d'Orléans; elle a dû vraisemblablement être écrite le 11 ou le 12, puisque Génonville mourut le 9 septembre 1723. Voltaire, *Lettres inédites* (Didier, 1857), t. I, p. 18.

près d'un prince du sang, M. de Clermont, faisait un personnage, et qui était en grand crédit à la Comédie française. Il avait envoyé *Mariamne* à mademoiselle Lecouvreur; et il avait appris par elle que l'*Historiogriffe des chats* avait manifesté le désir d'assister à la lecture, au foyer de la comédie. « Ce n'est, lui écrit-il, qu'une ébauche imparfaite; les vers ne sont point faits, et cela ne vous fera pas grand plaisir; mais vous m'en ferez beaucoup de me dire votre avis et de me mander l'effet que vous croyez qu'elle fera, lorsqu'elle sera travaillée [1]. »

Nous ne pensons point que ce séjour à la Rivière-Bourdet ait dépassé de beaucoup les premiers jours d'octobre. Le procès que Voltaire avait intenté à Beauregard au grand Châtelet exigeait sa présence; c'est du moins l'excuse qu'il donne à madame de Bernières de ne pas la rejoindre aussi vite qu'il le souhaiterait et qu'il l'avait promis. Il n'était toutefois pas resté à Paris, il était aller passer quelques jours à Vaux où les plaisirs ne lui faisaient point perdre de vue « son cher enfant. » Une version heureuse se présente-t-elle; vite de l'envoyer et d'insister sur des corrections qui rendront le nouveau-né et plus beau et plus aimable. En quittant le château, il écrivait à son ami : « Je vais coucher ce soir à Maisons. Je compte trouver une lettre de vous à l'hôtel de Richelieu. J'en ai déjà reçu une à Villars, où vous me mandez de bonnes nouvelles de *Henri;* mais vous ne me parlez point des trois cartons. Songez, je vous prie, qu'ils sont tous trois d'une très-

---

1. Voltaire, *Lettres inédites* (Didier, 1857), t. I, p. 23. Lettre de Voltaire à Moncrif; à la Rivière, ce 23... (septembre) 1723.

grande conséquence. Mandez-moi à Maisons, par Saint-Germain, comment on s'y est pris [1]. » Durant ce temps, il travaillait à *Mariamne*, la remaniait, modifiait son plan et débarrassait son héroïne d'une passion malsonnante qui ne pouvait qu'affaiblir l'intérêt. Il était pour l'heure établi dans ce beau château de Maisons, resté debout malgré les révolutions, l'une des plus grandioses créations d'un maître qui ne savait rien inventer de médiocre, Mansart [2]. Il y était fêté, caressé, et peut-être eut-il trouvé dur de reprendre le chemin de la Normandie, quand il pouvait apercevoir Paris de sa fenêtre. Il n'allait avoir bientôt, en tous cas, que de trop bonnes raisons de se dispenser du voyage [3].

1. Voltaire, *Lettres inédites* (Didier, 1857), t. I, p. 21. Lettre de Voltaire à Thiériot; ce lundi... 1723.

2. *Ibid.*, t. I, p. 24. Lettres de Voltaire à madame de Bernières; à Maisons, les 20 et 30 octobre 1723.

3. D'Argenville, *Voyage pittoresque des environs de Paris* (Paris, 1768), p. 206. — Dulaure, *Nouvelle description des environs de Paris* (Paris, 1790), seconde partie, p. 55. — Bibliothèque impériale. Cabinet des estampes. Il y a tout un volume rempli de vues et de plans du château de Maisons.

## VIII.

VOLTAIRE EN DANGER. — INCENDIE DE MAISONS. — LA
LIGUE. — MARIAMNE. — FORGES. — L'ABBÉ NADAL.

Maisons, contemporain de Voltaire, était le petit-fils du chancelier d'Anne d'Autriche. Né en 1699, par conséquent plus jeune de cinq années que le poëte, il avait fait preuve, lui aussi, d'une grande précocité. D'Arnaud, dans une préface déjà citée, le fait le camarade de collége d'Arouet à Louis-le-Grand. Rien, pourtant, n'est moins exact. Mais, s'il fut élevé dans la maison paternelle à cause de sa santé délicate, son éducation n'en fut ni moins soignée ni moins solide. A douze ans, il lisait à livre ouvert les poëtes latins. Mais son goût pour les sciences et pour les lettres ne lui fit point négliger les études d'une profession dont il était destiné à occuper l'un des sommets. Il en fut récompensé par une faveur qui n'était pas petite : son père étant mort à cette époque, Louis XIV lui accorda la charge de président au parlement, « dans l'espérance, lui dit-il avec cette bonne grâce dont il avait le secret, qu'il le serviroit avec la même fidélité qu'avoient fait ses ancêtres. » Et, à ses dix-huit ans, le Régent, non moins bienveillant, accordait le droit de siéger et d'opiner au jeune magistrat qui se montra digne de tels priviléges. Convenons pourtant que Maisons était, avant tout, un esprit aimable, passionné pour les sciences, les arts, la poésie, les belles-lettres. Dès quatorze ans, il s'était plongé avec une vraie furie dans l'étude de la physique; et, avec l'âge, ce goût, déjà fort vif, ne fit que s'accroître. Joignant l'application à la théorie, il avait fait de véritables conquêtes; il avait réussi à fabriquer un bleu de Prusse auquel nul autre n'était à comparer. Il avait également créé dans son parc un jardin de plantes rares dignes d'un lieu « où tout ce qui n'auroit pas été magnifique auroit eu fort mauvaise grâce [1]. » C'est dans ce jardin qu'on vit le premier café venu à maturité en France.

L'aimable Longeuil, par ses relations et ses alliances, appartenait à la haute société de son temps. On l'a dit déjà, sa mère était sœur aînée de la maréchale de Villars, ce qui avait établi des rapports presque journaliers entre Maisons et Vaux. Cette circonstance, en multipliant pour Voltaire les occasions de rencontrer la duchesse, n'avait pas peu contribué à retarder sa guérison. Il est, après tout, des maladies autrement dangereuses que l'amour dont on ne meurt guère, et le poëte allait, à Maisons même, se voir aux prises avec un mal terrible qui ne pardonnait point alors. Depuis trois mois, Paris était décimé, dépeuplé par une petite vérole mêlée de pourpre, de la pire espèce : c'était de la petite vérole qu'avait péri La Faluère, trois mois aupara-

---

1. Fontenelle, OEuvres complètes (Belin, 1818); t. I, p. 462. Eloge du président de Maisons.

vant. « Il est mort une infinité de monde, dit Barbier, et le roi fait un gain considérable sur les rentes viagères où le père de famille a été obligé de mettre, pour sauver son propre bien, sur sa tête et sur celle de ses enfants[1]. » Le fléau frappait impitoyablement et sans compter : ainsi on vit périr, en quelques semaines, le duc et la duchesse d'Aumont, leur belle-fille, et leur fils. Ce dernier, un jeune homme de trente-deux à trente-cinq ans, aux prises avec le mal, disait à son médecin : « Docteur, irai-je faire la partie carrée à Saint-Gervais? ce seroit là un vilain quadrille[2]. » On devait être peu pressé de rentrer dans la grande ville métamorphosée en un vaste cimetière, et, pour sa part, Voltaire, comme il l'avait écrit à madame de Bernières, était d'avis de se tenir à la campagne un peu avant dans l'hiver[3]. Malheureusement le mal était partout. Le 4 novembre, le président et son hôte se sentirent indisposés; ils se firent saigner tous les deux, et Maisons ne s'aperçut plus de rien. Il n'en fut pas ainsi du poëte. Après deux jours de fièvre, une légère éruption se déclara : il se fit saigner de nouveau sans prendre conseil d'autre que de lui. On avait mandé Gervasi qui, connaissant le sujet, avait grand peur, après deux jours d'éruption et de remèdes insuffisants, de n'être pas le plus fort.

Il vint cependant, et me trouva avec une fièvre maligne; il eut d'abord une fort mauvaise opinion de ma maladie : les

1. Barbier, *Journal* (Charpentier), t. I, p. 302, 303.
2. Marais, *Journal et Mémoires* (Didot), t. III, p. 39, 43.
3. Voltaire, *Lettres inédites* (Didier, 1857), t. I, p. 25. Lettre de Voltaire à madame de Bernières; à Maisons, 30 octobre 1723.

domestiques qui étaient auprès de moi s'en aperçurent, et ne me le laissèrent pas ignorer. On m'annonça dans le même temps que le curé de Maisons, qui s'intéressait à ma santé, et qui ne craignait pas la petite vérole, demandait s'il pouvait me voir sans m'incommoder : je le fis entrer aussitôt, je me confessai, et je fis mon testament, qui, comme vous croyez bien, ne fut pas long. Après cela, j'attendis la mort avec assez de tranquillité, non toutefois sans regretter de n'avoir pas mis la dernière main à mon poëme et à *Mariamne*, ni sans être un peu fâché de quitter mes amis de si bonne heure. Cependant M. de Gervasi ne m'abandonnait pas d'un moment ; il étudiait en moi, avec attention, tous les mouvements de la nature ; il ne me donnait rien à prendre sans m'en dire la raison ; il me laissait entrevoir le danger, et il me montrait clairement le remède ; ses raisonnements portaient la conviction et la confiance dans mon esprit : méthode bien nécessaire à un médecin auprès de son malade, puisque l'espérance de guérir est déjà la moitié de la guérison. Il fut obligé de me faire prendre huit fois de l'émétique, et, au lieu de cordiaux qu'on donne ordinairement dans cette maladie, il me fit boire deux cents pintes de limonade. Cette conduite qui vous semble extraordinaire, était la seule qui pouvait me sauver la vie ; toute autre route me conduisait à une mort infaillible, et je suis persuadé que la plupart de ceux qui sont morts de cette redoutable maladie, vivraient encore s'ils avaient été traités comme moi[1].

S'il faut en croire Duvernet, la maladie de Voltaire ne pouvait arriver plus mal à propos ; des fêtes splendides qui devaient se prolonger durant trois journées, se préparaient à Maisons, des invitations nombreuses avaient été envoyées, et l'abbé de Fleury lui-même

1. Voltaire, *OEuvres complètes* (Beuchot), t. LI, p. 101, 102. Lettre de Voltaire à M. le baron de Breteuil. Cette lettre où Voltaire tranche en homme du métier ne fut pas du goût de tout le monde, et il y parut à une *Réponse de M. de N\*\*\* à la lettre de M. de Voltaire*, écrite à M. le baron de B\*\*\*, qui a été reproduite dans *les Amusements du cœur et de l'esprit* (à la Haye, 1742), t. III, p. 520 à 527.

avait promis d'assister à la lecture de *Mariamne*. Il fallut dépêcher un courrier au précepteur du roi[1] et contremander tout ce monde. Au milieu du sauve-qui-peut général, mademoiselle Lecouvreur, venue là dans un autre but, fit partir un exprès pour la Rivière-Bourdet où se trouvait Thiériot, et elle ne quitta la chambre de son ami que lorsque celui-ci fut arrivé. Ces préparatifs de fêtes, cette foule congédiée nous semblent une mise en scène de l'invention de l'abbé Duvernet; Voltaire, dans un récit des plus circonstanciés, n'en dit pas un mot. Au moins est-il vrai que, sur le bruit de la maladie, Thiériot était accouru en poste, et s'était installé au chevet du poëte dont il ne s'éloigna plus. Les soins les plus touchants lui furent également prodigués par M. et madame de Maisons. Leur dévouement, leurs attentions raffinées, l'autorité d'un médecin qui avait su, dès la première minute, gagner la confiance de son malade, avaient tout au moins une action salutaire sur le moral de Voltaire qui, d'ailleurs, n'était point sans motifs de sécurité. S'il devait mourir jeune, son heure n'était pas encore venue; et c'était l'année de grâce 1726 que le destin avait marquée comme le terme d'une vie aussi courte que bien remplie. « Je n'ai pas l'honneur d'être prince, dit-il quelque part; cependant le célèbre comte de Boulainvilliers, et un Italien nommé Colonne, qui avait beaucoup de réputation à Paris, me prédirent l'un et l'autre que je mourrais infailliblement

---

1. Duvernet, *la Vie de Voltaire* (Genève, 1786), p. 49, 50. — Fleury, n'en déplaise à Duvernet, qui fait déjà du précepteur du roi un premier ministre et un cardinal, ne sera l'un et l'autre que trois ans plus tard, en 1726.

à l'âge de trente-deux ans : j'ai eu la malice de les tromper déjà de près de trente années, de quoi je leur demande humblement pardon [1]. »

Voltaire en parle après trente ans bien à son aise. Mais dans le courant même de l'année qui suivit cette atteinte de la petite vérole, une circonstance qui se produisit sous ses yeux mêmes, dut lui donner à réfléchir et l'impressionner au moins désagréablement. C'est de madame de Nointel, la sœur de madame d'Angervilliers qu'il est question dans l'anecdote étrange que nous allons emprunter aux mémoires du marquis d'Argenson.

... M. A*** m'a donc raconté qu'il alla chez elle un mardi ; c'étoit en l'année 1724. Elle venoit de dîner, et s'en étoit même bien acquittée. En sortant de table, il lui avoit pris un petit mal à la tête. Il la trouva sur son canapé fort triste. Elle lui dit qu'elle alloit mourir. Elle venoit de rappeler à sa mémoire que dix ans auparavant, étant à *Nointel,* elle avoit prié MM. de *Boulainvilliers* et *Colonne* de travailler à son horoscope. Ils l'avoient ébauché, et l'avoient assurée que, tout près de l'âge de quarante ans, elle étoit menacée d'un très-grand malheur, et que si elle l'évitoit, elle vivroit vieille et heureuse. Depuis lors, elle s'étoit inutilement creusé l'esprit pour savoir plus exactement quel devoit être ce grand malheur ; mais elle pensoit que le plus grand malheur devoit être de mourir, et il ne s'en falloit que de deux mois qu'elle eût quarante ans. Elle avoit, en effet, un peu de fièvre. Par-dessus cela, elle n'avoit confiance qu'en *Gendron.* Elle venoit de l'envoyer chercher. Il n'étoit pas en ville. M. A*** se moqua d'elle. Le lendemain au soir, il rencontra *Gendron* qu'on avoit trouvé. Il lui demanda des nouvelles de madame de *Nointel.* Gendron répondit qu'il l'avoit vue le matin ; que c'étoit une femme morte ; qu'il n'y comprenoit rien,

---

1. Voltaire, *OEuvres complètes* (Beuchot), t. XXVII, p. 145. *Dictionnaire philosophique* : Astrologie.

mais qu'il l'avoit trouvée avec une fièvre de cette espèce que l'on n'arrête jamais; qu'elle avoit gagné le genre nerveux, et en effet elle mourut le jeudi[1].

Que trente ans plus tard, le poëte rie des présages menteurs de Boulainvilliers et de son compère, il est dans son droit. Mais cette mort de madame de Nointel précédait de deux années le terme prescrit par les mêmes oracles à sa propre existence, et, malgré lui, dut-il être frappé de ce hasard qui vérifiait un horoscope tiré dix ans auparavant. Boulainvilliers ne se rencontra pas moins heureusement, si c'est bien là le mot, à l'égard de la future madame de Bolingbroke à laquelle, dès 1715, il annonçait « qu'elle aurait un grand nombre de passions, qu'elle en éprouverait une plus grande que toutes les autres à cinquante-deux ans, et mourrait en terre étrangère, » ce qui se réalisa de point en point[2]. Il est vrai que, parfois, les verres s'embrouillaient, et que notre homme perdait toute lucidité, même pour les choses sur lesquelles il avait le plus intérêt à ne point se méprendre. A son second mariage, il cria bien haut qu'il serait l'auteur d'une nombreuse lignée; il ne pouvait plus mal rencontrer : cette union, loin d'ê-

---

1. Marquis d'Argenson, *Mémoires* (Jannet), t. I, p. 208, 209. Bien que d'Argenson se borne à donner l'initiale du narrateur, c'est, à n'en pas douter, Voltaire, qu'on appela longtemps chez les d'Argenson et les Caumartin « Arouet, ou le petit Arouet. » Voltaire, d'ailleurs connaissait beaucoup madame de Nointel, femme d'esprit, avec la réputation d'être un peu méchante, ce qu'il se garde d'indiquer dans un quatrain composé en son honneur. Voltaire, *OEuvres complètes* (Beuchot), t. XIV, p. 335.

2. Bolingbroke, *Lettres historiques, politiques, philosophiques et particulières* (Paris, 1808), t. I, p. 145, 146. Essai historique sur Bolingbroke.

tre féconde, fut en tout point stérile, et le comte de Boulainvilliers mourut sans héritiers de son fait [1].

Vers le 15, Voltaire était hors de danger et, quoique bien faible encore de corps et de tête, il reprenait ses études et ses travaux. Quels que fussent les témoignages d'affection et d'intérêt dont il était l'objet, il sentait l'embarras qu'il causait, se l'exagérait même, et se dépitait de la lenteur de la convalescence. Il n'avait cependant pas trop lieu de se plaindre : il se portait assez bien, le 1$^{er}$ décembre, pour remercier ses hôtes de tant de soins et se faire transporter à Paris, bien éloigné de soupçonner, toutefois, à quel péril il échappait et de quel désastre il serait la cause involontaire.

A peine suis-je à deux cents pas du château, qu'une partie du plancher de la chambre où j'avais été tombe tout enflammé. Les chambres voisines, les appartements qui étaient au-dessous, les meubles précieux dont ils étaient ornés, tout fut consumé par le feu. La perte monte à près de cent mille livres, et sans le secours des pompes qu'on envoya chercher à Paris, un des plus beaux édifices du royaume allait être entièrement détruit. On me cacha cette étrange nouvelle à mon arrivée : je la sus à mon réveil; vous n'imaginez point quel fut mon désespoir; vous savez les soins généreux que M. de Maisons avait près de moi; j'avais été traité chez lui comme un frère, et le prix de tant de bontés était l'incendie de son château. Je ne pouvais concevoir comment le feu avait pu prendre si brusquement dans ma chambre, où je n'avais laissé qu'un tison presque éteint. J'appris que la cause de cet embrasement était une poutre qui passait précisément sous la cheminée... La poutre dont je parle s'était embrasée peu à peu par la chaleur de l'âtre, qui portait immédiatement sur elle; et, par une destinée singulière, dont

1. Bolingbroke, *Lettres historiques, politiques, philosophiques et particulières* (Paris, 1808), t. II, p. 354. Boulainvilliers mourut à Paris, le 23 janvier 1722, dans la soixantième année de son âge.

assurément je n'ai pas goûté le bonheur, le feu, qui couvait depuis deux jours, n'éclata qu'un moment après mon départ.

La chambre affectée au poëte, quand il venait à Maisons, se trouvait au second étage, dans le pavillon du milieu. Si l'ascension en était notable, elle jouissait en revanche d'une vue splendide. Les curieux qui vont visiter ce beau château peuvent contempler encore dans cette pièce un ciel de lit du temps qui n'a d'autre mérite que d'avoir abrité le sommeil du poëte : le sujet est une Danaé, plus respectable par les années qu'elle accuse que par la modestie d'un déshabillé trop insuffisant. En tout cas, ce n'est pas sous l'âtre de cette chambre que l'incendie se déclara; ce fut au premier étage, dans une des ailes du château, comme le maintient la tradition et comme le confirme une lettre à madame de La Cour qui parle des grands dégâts qu'en éprouva « l'appartement de la reine[1]. » Cette contradiction n'est qu'apparente. Devant une maladie grave et qui menaçait de se prolonger, le service devenait d'autant plus difficile que Mansart ne s'était point préoccupé de faire des escaliers pour les appartements élevés du château, et que ceux-ci n'étaient et ne sont encore accessibles que par de vraies échelles à meunier. Et Voltaire, probablement, fut transporté dans une pièce plus à proximité des soins et des secours[2]. On se met à la place du poëte, après ce terrible événement, qui ne fût

1. Bibliothèque Mazarine. Manuscrits. *Correspondance de la marquise de La Cour*, t. VIII, lettre 84; de Paris, le 11 décembre 1723. L'on porte, dans cette lettre, la perte à près de cinq cent mille francs.
2. Henri Nicolle, *Le château de Maisons, son histoire et celle des principaux personnages qui l'ont possédé* (Paris, 1858), p. 38, 39.

pas arrivé s'il eût eu le bon esprit, en demeurant chez lui, de détourner des autres la fatalité qui s'attachait à sa personne. « Je n'étais pas la cause de cet accident, mais j'en étais l'occasion malheureuse ; j'en eus la même douleur que si j'en avais été coupable : la fièvre me reprit aussitôt, et je vous assure que, dans ce moment, je sus mauvais gré à M. de Gervasi de m'avoir conservé la vie. » M. et madame de Maisons furent admirables, ce furent eux qui consolèrent le poëte. Le président lui écrivit plusieurs lettres pleines d'un désintéressement qui ne se rencontre guère, à ce degré-là du moins. « Il semblait que ce fût moi dont il eût brûlé le château[1]. »

Son retour à la santé combla de joie ses amis, qui l'avaient cru mort. Cideville le célébra en jolis vers. Il ne fut pas le seul. Un autre poëte, qui n'était point de ses amis mais qui n'eût pas demandé mieux d'en être, chanta, lui aussi, sa convalescence dans une épître des plus louangeuses et des plus cordiales[2]. Ce poëte était Piron. Malgré le peu d'accueil de Voltaire, il n'avait point renoncé à l'espoir de l'apprivoiser : il avait tout l'esprit qu'il fallait pour apprécier cet esprit charmant et s'en laisser charmer ; et puis, Voltaire était déjà une puissance, et le pauvre poëte bourguignon, ignoré et sans crédit, eût été heureux de trouver dans l'auteur d'*OEdipe* un aide et un bienveillant point d'appui.

Une fois achevée, Piron va lui-même remettre son

---

1. Voltaire, *OEuvres complètes* (Beuchot), t. LI, p. 107. Lettre de Voltaire au baron de Breteuil ; décembre 1723.
2. Longchamp et Wagnière, *Mémoires sur Voltaire* (Paris, 1826), t. II, p. 521. Lettre de Piron à Voltaire ; décembre 1723.

chef-d'œuvre; mais le destinataire était absent. Il prend alors le chemin de l'hôtel de la rue des Saints-Pères, comptant sans doute y voir Voltaire, qu'il trouva en effet à la porte de madame de Mimeure. Le futur auteur de la *Métromanie* l'aborde avec empressement et lui apprend qu'il est allé lui présenter une épître en vers marotiques sur sa convalescence. « Je la crois bonne, lui répondit le poëte d'un air étrange, car je n'ignore pas ce que vous savez faire. Je viens dans le moment même d'en entretenir la marquise; entrez-y, vous serez bien reçu. » Nous emprunterons tout ce qui va suivre à l'historien de Piron. Encore là, si le gros de l'aventure est véritable, et nous faisons plus que d'en douter, répétons-le, la couleur donnée à l'anecdote nous semble des plus outrées et des plus fausses; on en pourra juger, du reste. Alexis, intrigué, quitte Voltaire et entre chez madame de Mimeure, qui le reçoit d'une façon à laquelle il n'était pas accoutumé et qui fit plus que l'étonner. Mais laissons la parole à Rigoley de Juvigny.

« Je songeois à vous faire fermer ma porte, lui dit la marquise en le voyant. — A moi, madame! qu'ai-je donc fait qui ait pu m'attirer votre disgrâce? — Une ode abominable, que ce fou d'A\*\*\*, à qui je ne le pardonnerai jamais, vient d'oser me réciter tout entière. — Ah! le traître! s'écria Piron, frappant des mains et courant comme un furieux par la chambre..... — Écoutez, reprit la marquise d'un ton plus radouci, vous voilà pour vous justifier. Vous êtes franc et naïf : peut-être cette ode n'est pas de vous; A\*\*\* est malin : je croirai ce que vous m'en direz; car je me sens disposée, sur la connaissance que j'ai de vos deux caractères, à croire que ce n'est qu'une imposture. — Dites une méchanceté, madame. Plût à Dieu que ce ne fût qu'une imposture! Oui, je le voudrois pour toutes choses au monde.; mais pour rien je ne voudrois vous avoir menti. Ne me disgraciez pas pour une première folie de ma jeunesse, hélas! bien criminelle. Je ne l'ai que trop expiée, et par le désaveu que la peur et la honte m'arrachèrent devant notre procureur général et par le repentir sincère que j'en conserve depuis quinze ans. » En prononçant ces mots, il étoit si pénétré, si ému, si tremblant, que la marquise en fut touchée. « Asseyez-vous là, grand nigaud, lui dit-elle ; dans le fond, j'en dois plus vouloir au délateur qu'au pénitent. Il est vrai, je l'avoue, qu'à votre air de simplicité, je ne vous aurois jamais cru capable d'un pareil écart, et il ne me falloit pas moins que votre aveu pour me désabuser. » Piron acheva de se justifier pleinement, en racontant à la marquise ce qui avoit donné lieu à cette pièce scandaleuse, qui faisoit et feroit toujours le tourment de sa vie[1].

On a compris qu'il est question ici de cette trop fameuse composition de sa jeunesse, sorte de gageure abominable, qu'il devait regretter amèrement et qui fut en effet la pierre d'achoppement, le perpétuel écueil de sa vie. On se demande comment elle était parvenue à la connaissance d'Arouet, auquel l'auteur, à coup sûr, ne l'avait pas communiquée. Mais qu'importe? Il ne l'eut pas plutôt en son pouvoir qu'il prit le chemin de l'hôtel de Mimeure, riant par avance de l'effet que produirait l'exhibition d'une telle pièce. La marquise tenait son protégé pour le garçon le plus candide, avec tout son esprit; elle chantait ses louanges à tout instant parce qu'elle était convaincue des solides qualités du poëte bourguignon et aussi parce que ces éloges excessifs semblaient agacer terriblement l'auteur d'*OEdipe*. C'était un petit divertissement qu'elle se

---

[1]. Alexis Piron, *OEuvres complètes* (Paris, 1776), t. I, p. 57. *Vie d'Alexis Piron*, par Rigoley de Juvigny.

donnait, et dont le résultat le plus net, auquel elle ne songeait point, devait être de développer l'antipathie que ces deux hommes allaient bientôt s'inspirer mutuellement. « Madame, voici du neuf, s'écrie Arouet dès la porte, il y a bien un peu de gravelure, mais un bon esprit comme le vôtre n'est pas à cela près. » La marquise, sortant de la stupéfaction où l'avait d'abord plongée la lecture de pareilles horreurs, commande à Voltaire de se taire ; c'est en vain. Il poursuit, couvre la voix de celle-ci de ses éclats de rire, ne lui fait grâce d'un vers du licencieux chef-d'œuvre, et tournant sur ses talons : « C'est pourtant, lui dit-il, l'ouvrage de cet innocent que vous appelez votre grand bénêt. »

Tout cela fût-il vrai, resterait à décider ce que voulait Voltaire. Prétendait-il chasser Piron de l'hôtel de la rue des Saints-Pères ? Ce qui nous semble concluant c'est que Piron ne le pensa point : il l'eût cru, qu'il n'était pas homme à ne pas rompre sur-le-champ avec Voltaire ; et cependant, en maintenant le récit de Rigoley, c'était au moment où Alexis lui portait l'ode sur sa convalescence, que Voltaire l'eût desservi si odieusement auprès de sa protectrice. En ce cas, le premier mouvement de l'offensé devait être de regretter un hommage si mal placé, et, dans l'impossibilité de revenir sur ce qui était fait, d'en demeurer là de politesses et de flatteries. C'est tout le contraire qui arrive. Piron attache un grand prix à l'opinion de l'auteur d'*OEdipe*, et entend avec soumission les observations et les critiques que ne lui ménage pas celui-ci ; et, au lieu de se cabrer, il reprend son ode et s'efforce docilement de corriger les taches, les choses faibles et d'un goût douteux qui lui ont été signalées. « La Bruyère, écrit-il à Arouet en lui retournant l'œuvre refondue, a dit quelque part que ceux qui écrivent avec trop d'ardeur sont sujets à retoucher leurs ouvrages. Il pouvoit, je crois, ajouter, et à y retoucher inutilement. Je vous ai obéi, monsieur, autant et du mieux que j'ai pu. J'ai bien peur d'avoir encore plus mal fait la seconde fois que la première. Vous en jugerez. Je n'ai pu me résoudre à réduire la pièce à son quart, comme vous le vouliez : l'*ainsi parlait* qui la suit semble en exiger la longueur; et puis, c'est l'endroit de la pièce qui fait le mieux votre éloge; ce n'est pas là des endroits à raccourcir [1]. » Piron se fût-il exprimé de la sorte, lui la nature la moins susceptible de dissimulation, s'il lui fût resté quelque chose sur le cœur, s'il eût été convaincu du dessein de Voltaire de le mettre à la porte de chez madame de Mimeure? cela n'est pas admissible. Disons que Rigoley de Juvigny, qui écrivait, en 1776, la vie du poëte bourguignon, avait signé en 1746, le mémoire de Travenol contre M. de Voltaire. Cette circonstance peut aider à interpréter les endroits équivoques de sa notice.

L'impression d'*Henri IV* était achevée depuis quelque temps déjà, puisque Voltaire, dès le mois de juin, à deux reprises, recommandait à Thiériot d'avoir soin que son enfant fût proprement habillé [2]. Mais ce

---

1. Longchamp et Wagnière, *Mémoires sur Voltaire* (Paris, 1826), t. II, p. 625. Lettre de M. Piron à M. de Voltaire; décembre 1723.

2. Voltaire, *OEuvres complètes* (Beuchot), t. LI, p. 94. Lettre de Voltaire à Thiériot; Paris, juin, 1723. — *Lettres inédites* (Didier, 1857), t. I. p. 436. Lettre de Voltaire à Thiériot.

n'était là tout d'avoir mené l'édition à terme, il fallait l'introduire dans Paris. Le poëte, qui connaissait le zèle de madame de Bernières, avait compté sur elle et ses fourgons pour ce trajet de Rouen à la capitale. C'est à Boulogne que le nouveau-né devra débarquer sans tambours ni trompettes[1]. Les instructions de Voltaire, à l'instant décisif, sont d'un père tendre et prudent qui a songé à tout, qui a tout prévu[2]. Le voyage ne se fit pas sans danger ; son bâtard, comme il le nomme, n'entra dans la ville « que par miracle[3] ; » et, une fois introduit, il lui fallut se glisser dans le monde où il ne fut pas reçu sans clameurs, si, d'autre part, son succès dut indemniser le poëte des mécomptes, des angoisses, des mille tracas qu'il avait eu à endurer avant d'en arriver là. Ce fut un événement et un très-grand. Il ne fut plus question que de cela. La difficulté apportée au débit du livre lui donna l'attrait inhérent aux choses prohibées et persécutées. L'on mettait de l'amour-propre à se le procurer et à en pouvoir parler. Les petites maîtresses voulurent l'avoir sur leur toilette, ce qui n'empêcha pas les arbitres plus compétents de lui rendre pleine justice. Nous citerons, comme une sorte de thermomètre de l'opinion, l'appréciation d'un esprit solide, lettré, d'un ami de Bayle, qui, en fait de goût, n'est ni un optimiste, ni un acclameur de parti

---

1. Voltaire, *Lettres inédites* (Didier, 1857), t. I, p. 11, 12. Lettre de Voltaire à madame de Bernières. Cette lettre, qui doit être de décembre 1723 est classée, bien à tort, entre janvier et septembre 1722.
2. Voltaire, *OEuvres complètes* (Beuchot), t. LI, p. 107, 108. Lettre de Voltaire à madame de Bernières ; 20 décembre 1723.
3. *Ibid.*, t. LI, p. 111. Lettre de Voltaire à Thiériot ; à Forges, juillet 1724.

pris, et dont la pente serait bien plutôt l'opposé d'un panégyrisme à outrance :

> Le poëme de *la Ligue*, par Arouet, dont on a tant parlé, se vend en secret. Je l'ai lu : c'est un ouvrage merveilleux; un chef-d'œuvre d'esprit, beau comme Virgile, et voilà notre langue en possession d'un poëme épique..... On ne sait où Arouet, si jeune, en a pu tant apprendre. C'est comme une inspiration. Quel abîme que l'esprit humain ! Ce qui surprend, c'est que tout y est sage, réglé, plein de mœurs; on n'y voit ni vivacité, ni brillants, et ce n'est partout qu'élégance, correction, tours ingénieux et déclamations simples et grandes, qui sentent le génie d'un homme consommé, et nullement le jeune homme. Fuyez, Lamotte, Fontenelle et vous tous, poëtes et gens du nouveau style. Sénèques et Lucains du temps, apprenez à écrire et à penser dans ce poëme merveilleux qui fait la gloire de notre nation et votre honte [1].

Cet enthousiasme ne se concevrait plus guère de notre temps. Mais c'est précisément le temps où parut la *Henriade* qu'il faut considérer pour être juste envers un effort très-vigoureux, après tout, très-remarquable chez un jeune homme qui était encore un enfant, quand il en rima les premiers chants. Ce qui, à nos yeux, manque à cet essai d'épopée, c'est l'élan, l'enthousiasme, le feu sacré, ce je ne sais quoi d'inspiré, de fou, qui dénonce le voisinage et le commerce du dieu. Lisez ce qu'en pense Chateaubriand, et ce qu'il voudrait y voir [2]. Mais, au dix-huitième siècle, on se souvenait trop des Anciens, on était trop sous le régime des traditions et des poétiques pour songer à se

---

1. Mathieu Marais, *Journal et Mémoires* (Didot), t. III, p. 89; février 1724.
2. Chateaubriand, *OEuvres complètes* (Lefèvre, 1836), t. III, p. 88. *Le Génie du Christianisme*, ch. V. *La Henriade.*

soustraire à la commune discipline; et voyez comme sont traités Fontenelle et Lamotte pour avoir voulu quelque peu secouer le joug! Il ne s'agit pas de rechercher où est le mieux et où est le vrai. C'est là une tout autre question. Ce qui est caractéristique ce sont les éloges mêmes que l'on donne à l'œuvre. Ce qu'on vante, ce n'est pas l'audace qu'on y chercherait en vain; c'est d'être sage, réglé, plein de mœurs, élégant, simple, correct, et, par contre, de s'être défendu de toute vivacité et de tout brillant. On croyait aux épopées alors, l'orgueil national était humilié de n'avoir pas son poëme épique, quand les Italiens, les Portugais, les Anglais avaient leur Homère ou leur Virgile. Les tentatives malheureuses d'un Chapelain et de cette pléiade piteuse des victimes de Boileau ne pouvaient être un argument sans réplique : Voltaire parut avoir comblé ce vide, et ce fut avec un véritable transport qu'on salua cette œuvre patriotique où, s'il était resté Grec et Romain, c'est-à-dire classique dans le procédé, il avait osé substituer à la donnée mythologique une fable empruntée à l'une des pages les plus considérables et les plus modernes de notre histoire.

Dans une œuvre de pure poésie aussi bien que dans un livre de dogme, il fallait alors que rien ne vînt choquer la susceptibilité pointilleuse de censeurs disposés, soit par peur, soit par scrupule, à trouver, là où l'auteur s'en serait douté le moins, des propositions malsonnantes, téméraires, attentatoires aux vérités de la religion. Si la *Henriade* n'encourut aucune condamnation juridique, ce ne fut pas la faute des théologiens zélés qui déclarèrent le poëme infecté des erreurs des semi-pélagiens[1]. Le nonce Maffei le dénonça à la cour de Rome et les jésuites, dans leur *Journal de Trévoux*, déclarèrent le neuvième chant entaché de l'hérésie janséniste[2]. « Vous savez depuis longtems que M. de Voltaire est un excellent poëte, dit l'abbé Desfontaines dans une des feuilles de son *Nouvelliste;* mais j'ignorois qu'il fût janséniste. C'est un fait que je viens d'apprendre depuis peu de jours, en lisant *la Bibliothèque janséniste ou Catalogue alphabétique des principaux livres jansénistes*[3]. » Voilà pour l'orthodoxie de l'œuvre. Les courtisans trouvaient, de leur côté, que le poëte traitait la royauté et la croyance avec la même impertinence. Voltaire avait bien osé faire l'éloge de l'amiral de Coligni; quel autre qu'un esprit dangereux et séditieux pouvait entreprendre la réhabilitation du chef du parti huguenot? Et comment l'auteur pouvait-il avoir songé un moment que le ministère, en lui accordant un privilége, voudrait assumer la responsabilité d'un ouvrage si répréhensible au double point de vue du respect dû au prince et à la religion? « On dit à l'ancien évêque de Fréjus, précepteur du roi, qu'il était indécent et même criminel de louer l'amiral de Coligni et la reine Élisabeth. La cabale fut si forte, qu'on engagea le cardinal de Bissi, alors président de l'assemblée du clergé, à censurer ju-

1. Voltaire, *OEuvres complètes* (Beuchot), t. IV, p. 159. Discours préliminaire de la tragédie d'*Alzire* (1736).
2. Lemontey, *Histoire de la Régence* (Paris, 1832), t. II, p. 216. — *Lettres juives* (la Haye, Paupie, 1766), t. II, p. 349.
3. *Le Nouvelliste du Parnasse* (Paris, 1731), t. II, p. 355, 356, 357. XXXI<sup>e</sup> lettre.

ridiquement l'ouvrage; mais une si étrange procédure n'eut pas lieu[1]. » Voltaire, on l'a dit, ne soupçonnait guère, dans l'origine, quelles chicanes lui seraient faites, et c'était de très-bonne foi qu'il croyait que rien ne viendrait empêcher la libre apparition de son *Henri IV*. En somme, l'ouvrage ne devait que gagner à cette demi-persécution, et son succès, comme c'est assez l'ordinaire, s'accrut en raison des entraves qu'il eut à essuyer. Mais, soyons justes, l'œuvre n'avait pas besoin de cette porte détournée, qui était celle des publications honteuses et des libelles prohibés, et par laquelle il lui fallut se glisser souterrainement. « J'ai trop recommandé dans mon poëme l'esprit de paix et de tolérance en matière de religion, j'ai trop dit de vérités à la cour de Rome, j'ai répandu trop peu de fiel contre les Réformés, pour espérer qu'on me permette d'imprimer dans ma patrie ce poëme composé à la louange du plus grand roi que ma patrie ait jamais eu[2], » s'écrie Voltaire, éclairé à la longue sur les crimes de son livre, et plein d'amertume contre un ostracisme dont il se fût cru plus que garanti par ses tendances patriotiques et toutes françaises. La cour de Rome, en effet, moins préoccupée de l'orthodoxie de l'œuvre que de ce qu'elle contenait d'hostile contre elle, avait demandé au cardinal Dubois d'en faire retrancher à l'auteur les portraits, et l'abbé Dubois avait été chargé par son oncle de voir ce qu'il était à propos

---

1. Voltaire, *OEuvres complètes* (Beuchot), t. XLVIII, p. 322. *Commentaire historique*.
2. Voltaire, *Lettres inédites* (Didier, 1857), t. I, p. 433. Lettre de Voltaire à M. Cambiagne; à Londres, 1723.

de faire. Le résultat aboutit à un refus de privilége [1].

La tragédie de *Mariamne* était achevée, étudiée, répétée, prête à jouer. Le poëte avait craint un instant que l'état de santé de mademoiselle Lecouvreur ne lui enlevât ce puissant auxiliaire [2]. Il en fut quitte pour la peur. Ce fut le lundi 6 mars 1724 que *Mariamne* fut représentée pour la première fois à la Comédie Française. L'auteur nous apprend lui-même qu'elle fut si mal reçue qu'à peine put-elle être achevée. Cet aveu ingénu et la critique rigoureuse qu'il en fait ne dénotent pas dans Voltaire cet entêtement d'un amour-propre aveugle. Il avait cru sa pièce pleine d'intérêt et de mouvement; la représentation lui démontra, tout au contraire, que son grand défaut était le manque d'intérêt. « J'étais à la première représentation, nous dit-il : je m'aperçus, dès le moment où Hérode parut, qu'il était impossible que la pièce eût du succès [3]... » Une de ces drôleries du parterre qui suffisent pour faire tomber les meilleurs ouvrages et dont Voltaire, pour sa part, sera plus d'une fois victime, devait porter le coup de grâce à la pauvre *Mariamne*. Le dénoûment, qui plus tard sera en récit, le poëte l'avait mis en action : Mariamne empoisonnée expirait sur la scène. Au moment où elle portait la coupe à ses lèvres, un plaisant s'écria : « La reine boit ! » Les chuchotements, une hi-

---

1. *Bibliothèque françoise ou Histoire littéraire de la France* (Amsterdam, Bernard, 1723), t. II, p. 144.

2. Voltaire, *Lettres inédites* (Didier, 1857), t. I, p. 11. Lettre de Voltaire à madame de Bernières; sans date. Elle doit avoir été écrite vers le 20 décembre 1723.

3. Voltaire, *OEuvres complètes* (Beuchot), t. II, p. 182, 183. Préface de *Mariamne*.

larité bruyante empêchèrent d'entendre une scène très-dramatique entre Hérode et sa femme défaillante : la pièce était morte avant l'héroïne [1].

Voltaire, s'il était un malade plaintif, n'était pas un malade imaginaire. Sa frêle et impressionnable machine n'était que trop souvent endolorie, et les trois quarts de sa vie se passeront à souffrir et à crier qu'il se meurt. Cela ne manquera pas de le mener loin et très-loin. Mais aussi que de précautions ! Il n'est point comme Molière, il croit aux médecins, aux ressources que fournit l'expérience aidée d'un grand tact. Ce ne sont pas des faiseurs de miracles, mais ils peuvent beaucoup, quand ils sont intelligents et qu'ils ne prennent pas le mal à rebours. Son état permanent de malaise et de souffrance lui avait fait une habitude des remèdes, et il en usait sans trop d'urgence et comme les petites maîtresses grignotent des friandises. Moncrif écrivait, bien plus tard, à Formey : « Celle de M. de Voltaire (sa santé), à ce que m'a dit madame sa nièce, n'est pas meilleure. Mais il y a lieu de croire que, pour peu qu'il se départe de sa conduite ordinaire comme médecin de lui-même, il pourra se rétablir. Madame de Rupelmonde vient de mourir sans avoir pu lui pardonner de lui avoir avalé, au chevet de son lit, par belle gour-

---

1. « Quelques personnes ont révoqué en doute cette anecdote ; elles racontent que le public se trouvant partagé sur le mérite de la pièce, le procès fut singulièrement jugé ; on donnait ce jour-là pour petite pièce, *le Deuil*. Un plaisant s'écria : *C'est le deuil de la tragédie nouvelle*...; le bon mot vole de bouche en bouche, et la cabale triomphe. Luchet, *Histoire littéraire de M. de Voltaire* (Cassel, 1781), t. I, p. 48. — Le registre de la comédie nous donne le chiffre de la recette, un chiffre presque inouï alors, 5539 livres. On ne pouvait tomber devant une chambrée plus complète.

mandise, une médecine qu'elle allait prendre par nécessité. La convoitise de cette espèce est rare : M. de Voltaire ne put pas y résister[1]... » Envisageons cela comme une plaisanterie ; il en résulte au moins que Voltaire tenait à sa guenille, tant guenille qu'elle fût, et ne se refusait pas aux soins qu'elle réclamait. Dès les premiers jours de septembre, sinon auparavant, on le voit installé à Forges, avec le duc de Richelieu qui allait y passer la saison et le traîne un peu à sa remorque. Mais Voltaire prend très-sérieusement les eaux qui l'enivrent et lui font tourner la tête, comme il le mande à Thiériot[2].

En somme, le traitement et le plaisir marchent de front. Toute la bonne compagnie s'est donné rendez-vous à Forges, elle y est, ou ne tardera pas à y venir. Le président de Bernières y avait une maison, mais il n'est même pas question que la présidente y fasse une apparition ; elle est à son château de la Rivière-Bourdet, où elle fait planter des bois et creuser des canaux, et où le poëte la met au courant de la chronique des bains. Madame de Béthune est arrivée ; on attend madame de Prie et madame de Guise, la future belle-mère du duc de Richelieu[3]. Rome n'est plus dans Rome,

---

1. Bibliothèque royale de Berlin. Manuscrits. Lettre de Moncrif à Formey ; à Versailles, ce 11 juin 1752. — Voltaire convient du fait, dans une lettre au même Formey : « Je suis très touché de la mort de la comtesse de Rupelmonde. Je voudrais bien encore lui voler des pilules ; elle en prenait trop, et moi aussi..... » Œuvres complètes (Beuchot), t. LVI, p. 116. Lettre de Voltaire à Formey ; juin 1752.
2. Voltaire, *Lettres inédites* (Didier, 1857), t. I, p. 434, 435. Lettre de Voltaire à Thiériot ; à Forges, ce 2 juillet 1724.
3. Voltaire, *Œuvres complètes* (Beuchot), t. LI, p. 109. Lettre de Voltaire à madame de Bernières ; Forges, juillet 1724.

MORT DU DUC DE MELUN.     305

elle est aux Eaux, elle est à Forges. « Plus de *Nouvelles à la main*, mon cher ami, ni de gazettes; on est à Forges, à la source des nouvelles[1]. » Après le premier étonnement, Voltaire croit sentir le bienfait des eaux et le proclame avec un tressaillement de bonheur qui n'est pas joué. « Les eaux me font un bien auquel je ne m'attendais pas. Je commence à respirer et à connaître la santé. Je n'avais jusqu'à présent vécu qu'à demi. Dieu veuille que ce petit rayon d'espérance ne s'éteigne pas bientôt[2]! »

Le poëte et Richelieu faisaient le meilleur ménage. Les deux amis comptaient quitter Forges à la fin du mois, et l'on avait écrit à madame de Bernières pour lui demander de donner la couchée dans son château de la Rivière-Bourdet à quatre voyageurs, Voltaire, le duc, l'abbé de Saint-Rémi et un médecin[3]. Mais tous ces plans allaient être renversés par un accident affreux qui plongea la cour dans la consternation. M. le Duc et le duc de Melun couraient le cerf à Chantilly dans une voie étroite. L'animal vint à eux; le prince eut le temps de se ranger, mais M. de Melun fut atteint d'un coup d'andouiller par la bête rendue furieuse. L'infortuné seigneur eut la rate coupée, le diaphragme percé et la poitrine refoulée. C'était un homme perdu, et il expi-

1. Voltaire, *Œuvres complètes* (Beuchot), t. LI, p. 110. Lettre de Voltaire à Thiériot; à Forges, 20 juillet 1724.
2. *Ibid.*, t. LI, p. 113. Lettre de Voltaire à madame de Bernières; Forges, 20 juillet 1724.
3. Voltaire, *Lettres inédites* (Didier, 1857), t. I, p. 22, 23. Lettre de Voltaire à madame de Bernières; à Forges, le 3 juillet 1723. Il y a ici erreur d'année et de date. Cette lettre est de la fin de juillet 1724, comme cela résulte évidemment de celle qui va suivre, et qui est des premiers jours d'août.

20

rait deux jours après, le lundi, 31 juillet [1]. Richelieu apprit ce malheur avec un véritable désespoir : ils étaient du même âge, se voyaient beaucoup et s'aimaient tendrement, malgré le peu d'analogie de leurs deux natures. Il faut saisir ces traces d'une sensibilité dont le futur héros de Port-Mahon ne sera point prodigue durant sa très-longue carrière. Il dut interrompre les eaux pour ne les reprendre que cette secousse un peu calmée; ce qui allait les retenir, le poëte et lui, une quinzaine de plus qu'ils ne l'avaient conjecturé, et modifier complétement leur itinéraire [2]. Après avoir éprouvé un grand bien-être, Voltaire crut s'apercevoir que les bains ne lui réussissaient point, et se hâta de les suspendre. Ses travaux, du reste, ne souffraient point de ces alternatives, pas plus que ses plaisirs. Ce fut pendant cette saison de Forges qu'il composa la petite comédie de l'*Indiscret*, dont nous aurons à parler l'année suivante [3]; ce fut durant ce même séjour, qu'il se fit étriller d'importance au pharaon, comme il l'écrit à son indulgente correspondante : « Puisque vous savez mes fredaines de Forges, il faut bien vous avouer que j'ai perdu près de cent louis au pharaon, selon ma louable coutume de faire tous les ans quelques lessives au jeu [4]. » Il était de retour, le 15 août, à Paris.

1. Marais, *Journal et Mémoires*, t. III, p. 126, 127 ; 1er août 1724. — Barbier, *Journal* (Charpentier), t. I, p. 366, 367.
2. Voltaire, *OEuvres complètes* (Beuchot), t. LI, p. 113. Lettre de Voltaire à madame de Bernières ; à Forges, août 1724.
3. *Ibid.*, t. LI, p.115. Lettre de Voltaire à Thiériot; 5 août 1724.
4. *Ibid.*, t. LI, p. 81. Lettre de Voltaire à madame de Bernières ; Paris, septembre 1722. Cette date est erronée, elle doit être du 16 août 1724.

Il avait prié madame de Bernières d'écrire à son tapissier de lui tenir un lit prêt dans son appartement ou celui de son mari, rue de Beaune. Ce fut dans l'appartement de la présidente, qui donne sur la rue, qu'il s'installa. Il ne soupçonnait pas à quel supplice il était voué. Le bruit infernal du quai ne lui laissa point de trêve : il le poursuivait, le jour dans son travail, la nuit dans son sommeil[1]. Il voulut lutter, se boucher les oreilles, tenir bon ; mais, au bout d'une semaine, il fallut bien se rendre et déguerpir, emportant une fièvre double-tierce, fruit de ces contrariétés. Il alla se réfugier dans un hôtel garni, au désespoir de déserter une maison dont l'acquisition s'était faite par son conseil, mais voulant achever son poëme de *la Ligue* dont le public n'avait qu'une ébauche. « Pour cela il faut un endroit tranquille, dit-il en gémissant, et dans la maison de la rue de Beaune, je ne pourrais faire que la description des charrettes et des carrosses[2]. » Il était arrivé déjà malade à son hôtel garni ; son état ne fit qu'empirer : « Je sors de la mort ; j'ai eu huit accès de fièvre[3], » écrit-il à la présidente, à laquelle il exagère

---

1. Voltaire, *Lettres inédites* (Didier, 1857), t. I, p. 13. Lettre de Voltaire à madame de Bernières ; à Paris, ce lundi... septembre 1722. Cette lettre doit être du 18 au 22 août 1724. Il y est parlé du meurtre d'un charretier et du procès des assassins, dont la Tournelle était saisie. Marais, *Journal et Mémoires* (Didot), t. I, p. 132 ; vendredi 5 août 1724. Du reste, la lettre qui la suit indique bien qu'elle ne saurait être que de cette époque.

2. Voltaire, *Œuvres complètes* (Beuchot), t. LI, p. 117. Lettre de Voltaire à Thiériot ; Paris, 24 août 1724.

3 Voltaire, *Lettres inédites* (Didier, 1857), t. I, p. 26, 27. Lettre de Voltaire à madame de Bernières. Cette lettre n'a pas de date, mais elle doit être des derniers jours d'août, puisqu'il y est question de la

peut-être ses souffrances pour se faire pardonner son absence. Le duc de Sulli l'était allé voir, il voulait l'emmener à son château; mais il n'y avait pas consenti. C'est vers la Rivière-Bourdet que ses préférences l'appelaient, bien que là encore il craignît la cohue, car il avait besoin avant tout de tranquillité et de solitude.

Aussitôt qu'il s'était senti un peu mieux, il avait quitté la maison garnie, qui lui avait fait apprécier davantage l'hôtel de la rue de Beaune, malgré ses très-réels inconvénients, et nous le voyons réinstallé dans ce dernier dès le 10 de septembre. Par un acte passé, le 4 mai 1723, mais dont les clauses ne furent mises à exécution que plus d'un an après, le président lui cédait un appartement dans sa maison, et le prenait en pension, lui et Thiériot. Voltaire, accusé par l'abbé Desfontaines d'être le parasite de M. de Bernières, déclare hautement et les pièces en main qu'il payait cette double hospitalité dix-huit cents francs [1]. L'appartement qu'il avait retenu était loin d'être en état, s'il faut l'en croire; il se plaint du temps que lui prennent les ouvriers, des dépenses d'ameublement qui le ruinent, sans parler du détournement de ses meubles, de ses hardes et de ses livres. Madame de Bernières tenait à avoir son suisse, « un animal avec un baudrier; » mais cette satisfaction avait bien ses mauvais côtés. Ce suisse donnait à boire, et transformait sa loge en un

---

petite vérole de mademoiselle de Sens et de la maladie du roi d'Espagne. Voir Marais, *Journal et Mémoires* (Didot), t. III, p. 136. — Barbier, *Journal* (Charpentier), t. I, p. 371.

1. Voltaire, *OEuvres complètes* (Beuchot), t. XXXVIII, p. 316, 349; t. LIII, p. 452.

méchant cabaret « hanté par une clientèle de porteurs d'eau [1]. »

Les Eaux de Forges, qu'il disait faites de vitriol [2], l'avaient épuisé. Elles avaient mis les humeurs en mouvement; une humeur éruptive s'était jointe au reste pour l'accabler, et l'avait rendu méconnaissable; ce qui n'empêche pas ses amis de le venir voir et de lui tenir fidèle compagnie. « Vous me trouverez avec une gale horrible qui me couvre tout le corps, écrit-il à madame de Bernières. Jugez de l'envie que j'ai de vous voir, puisque j'ose vous en prier dans le bel état où me voilà. Où en serais-je, si je n'avais voulu avoir auprès de vous que le mérite d'une peau douce? je suis bien réduit à ne faire plus de cas que des belles qualités de l'âme. Heureusement je vous connais assez de vertus et d'amitié pour souffrir encore un pauvre lépreux comme moi. Nous ne nous embrasserons point à votre retour; mais nos cœurs se parleront. » En dépit de son état languissant, il travaille avec le même zèle, la même ardeur, le même acharnement. Il a presque achevé un nouveau chant pour son poëme. Il a refait sa *Mariamne* des pieds à la tête, il soupçonne même qu'elle est pour beaucoup dans tous ses maux. « Je crois que c'est cette misérable qui m'a tué, et que

1. Voltaire, *OEuvres complètes* (Beuchot), t. LI, p. 98. Lettre de Voltaire à madame de Bernières; 28 novembre 1724 (et non pas 1723). Cette lettre qui commence par : « Je vous écris d'une main lépreuse... » a trompé les éditeurs, qui ont supposé qu'il ne pouvait être question que de la petite vérole qui le prit d'ailleurs le 4 novembre 1723. On va voir par ce qui suit que l'erreur est flagrante, et qu'avec un peu d'attention il était possible de n'y pas tomber.

2. *Ibid.*, t. LI, p. 122. Lettre de Voltaire à Thiériot; à Forges, 5 août 1724.

je suis frappé de la lèpre pour avoir trop maltraité les Juifs. »

Nous l'avons vu sérieusement préoccupé de l'état précaire de Thiériot et plus préoccupé à coup sûr que ne l'était celui-ci, médiocrement désireux de modifier un présent selon ses goûts et ses penchants de désœuvrement et de paresse. Dès le voyage de Forges, M. de Richelieu avait pressé Voltaire de l'accompagner à son ambassade de Vienne. Le poëte, qui déclina l'offre pour lui-même, crut faire acte d'ami chaud en proposant à sa place son « cher Esdras, » qu'on agréa. Il se hâte de faire part à Thiériot de cette bonne nouvelle et y joint toutes les considérations capables de triompher des indécisions de son ancien camarade. Mais Thiériot refuse : il ne veut pas être le domestique d'un grand seigneur. Serré de plus près, il objectera la dépense ; tous ses appointements passeraient en habits, en parures. Madame de Bernières était bien pour quelque chose dans la détermination de Thiériot. Thiériot, qu'elle avait toujours sous la main, qui l'accompagnait à la Rivière-Bourdet, lui était précieux ; elle s'était habituée à son bavardage, à l'intempérance de sa mémoire et de ses souvenirs, et elle ne vit pas de bon œil qu'on songeât à la priver de ce complaisant agréable. Voltaire, auquel elle en avait écrit, lui répondit franchement qu'il ne fallait point aimer ses amis pour soi, que l'on devait penser à eux et à leur plus grand bien, et ne pas être surtout un obstacle à leur avenir. « Je me flatte que vos bontés pour lui le dédommageront de ce qu'il veut perdre ; mais qu'il songe bien sérieusement qu'il doit mener la véritable vie d'un homme de lettres ;

qu'il n'y a pour lui que ce parti, et qu'il serait bien peu digne de l'estime et de l'amitié des honnêtes gens s'il manquait sa fortune pour être un homme inutile[1]... » Ces raisons ne laissent pas, toutefois, de jeter le trouble et l'hésitation dans l'esprit naturellement flottant de Thiériot. Il a peur d'avoir fait une sottise, il en arrive à sentir les avantages de la position qu'il a repoussée, il se ravise enfin et écrit sans plus de gêne qu'il accepte. Dans l'intervalle, l'abbé Desfontaines qui avait pensé à cette place pour lui-même, mais qui dut y renoncer, avait proposé à Voltaire un sien ami, appelé Davon, dont il se portait la caution et qui, sur sa présentation, avait été agréé au nom de M. de Richelieu. L'embarras du poëte ne fut pas médiocre à ce revirement inattendu. Cependant il n'hésita pas, malgré les apparences de duplicité qu'il pouvait se donner, à aplanir les obstacles, et se remua si bien qu'il inspira à l'ambassadeur le plus vif désir de s'attacher Thiériot. Il était, toutefois, difficile de se dégager pleinement, et il fut arrêté que M. Davon serait du voyage. « C'est à vous à vous décider. J'ai fait pour vous ce que je ferais pour mon frère, pour mon fils, pour moi-même. Vous m'êtes aussi cher que tout cela. Le chemin de la fortune vous est ouvert; votre pis-aller sera de revenir partager mon appartement, ma fortune et mon cœur[2]. » Et c'est ce pis-aller que le croupissant Thiériot préférera à des espérances très-fondées de fortune. Voltaire

---

1. Voltaire, *Œuvres complètes* (Beuchot), t. LI, p. 131. Lettre de Voltaire à madame de Bernières; octobre 1724.

2. *Ibid.*, t. LI, p. 136, 40. Lettre de Voltaire à Thiériot; octobre 1724.

était plus qu'autorisé à se cabrer devant une telle incurie et une telle insouciance ; il fait allusion doucement aux ennuis qui ont résulté pour lui de ces fluctuations, de ces incertitudes, dans sa lettre à son ami. « Vous m'avez causé, se borne-t-il à dire, un peu d'embarras par vos irrésolutions. Vous m'avez fait donner deux ou trois paroles différentes à M. de Richelieu, qui a cru que je l'ai voulu jouer. Je vous pardonne tout cela de bon cœur, puisque vous demeurez avec nous. Je faisais trop violence à mes sentiments, lorsque je voulais m'arracher de vous pour faire votre fortune. Votre bonheur m'aurait coûté le mien [1]... » N'est-ce pas là le langage de l'amitié la plus tendre, la plus indulgente et la moins personnelle, qui ne se dépite que par excès de zèle et s'accommode vite aux caprices, au naturel de celui pour qui l'on travaillait et dont le droit est bien de se refuser à un service importun?

Si, tant qu'ils sont nos amis, nous appartenons et nous nous devons à nos amis, il est des cas où les devoirs survivent à l'amitié éteinte et disparue. Voltaire avait cessé de voir madame de Mimeure. Leur rupture, faut-il l'attribuer à la scène plus qu'étrange racontée par Rigoley de Juvigny ? cela nous paraît peu soutenable, même en admettant son récit. Pourquoi se fût-elle montrée inexorable, lorsque le principal intéressé, lorsque Piron n'en tirait pas moins bas son chapeau à Voltaire auquel il adressait, à l'apparition de *Mariamne*, une seconde pièce de vers, où la flatterie est tout aussi excessive que dans sa première

---

[1]. Voltaire, *OEuvres complètes* (Beuchot), t. LI, p. 136. Lettre de Voltaire à Thiériot ; octobre 1724.

épître[1] ? Mais il était dans la nature absolue de Voltaire de ne pas souffrir de partage, son lot fût-il de beaucoup le meilleur, et probablement aima-t-il mieux céder la place que de voir rire à d'autres bons mots que les siens, applaudir à d'autres vers. S'il en fut ainsi, il compta sans l'avenir qui se plut, dans d'autres centres, à rapprocher l'ombrageux et nerveux poëte de celui qui avait le don d'érailler et d'irriter si particulièrement sa fibre. Il est, du reste, à croire que madame de Bernières ne fut pas étrangère à l'interruption de tous rapports avec l'hôtel de la rue des Saints-Pères. On peut être jalouse en amitié comme en amour, et si nous ne prétendons pas dire que la présidente fût liée au poëte par d'autres chaînes que l'amitié, au moins son affection était-elle exclusive et n'admettait pas plus de partage avec la marquise que Voltaire n'en voulait avec Piron ; et sans doute profita-t-elle de la moindre aigreur pour dégoûter Voltaire de madame de Mimeure et le faire consentir à ne plus se montrer chez elle. Elle travaillait à l'absorber, à ne plus séparer sa vie de la sienne, et il est clair que l'auteur de la *Henriade* ne proposa au président de lui céder un appartement pour lui et Thiériot dans son hôtel de la rue de Beaune, que parce qu'il y était encouragé et poussé par sa femme. Mais voilà madame de Mimeure qui, rongée depuis des années par une maladie terrible, n'a plus à reculer davantage devant une opération aussi inquiétante que douloureuse : on va lui couper le sein. En pareils cas, il n'est telles rancunes qui ne se taisent. « Madame de Mimeure a soutenu l'opé-

1. Lescure, *Des autographes en France et à l'étranger* (Paris, Gay, 1865), p. 321, 322, 323.

ration avec un courage d'Amazone; je n'ai pu m'empêcher de l'aller voir dans cette cruelle occasion. Je crois qu'elle en reviendra, car elle n'est en rien changée : son humeur est toute la même[1]. » Cette démarche ne fut pas du goût de la présidente, qui le manifesta. « Il faut que vous aimiez bien à faire des reproches, réplique Voltaire, pour me gronder d'avoir été rendre une visite à une pauvre mourante qui m'en avait fait prier par ses parents. Vous êtes une mauvaise chrétienne de ne pas vouloir que les gens se raccommodent à l'agonie... Cette démarche très-chrétienne ne m'engagera point à revivre avec madame de Mimeure ; ce n'est qu'un petit devoir dont je me suis acquitté en passant[2]... » Elle n'a donc qu'à se rassurer et demeurer convaincue qu'il n'aime qu'elle et que c'est avec elle qu'il voudrait traîner une existence maladive, à charge aux autres comme à lui-même. Depuis les Eaux de Forges, il ne s'était pas rétabli, il était toujours languissant et ne savait à quel saint se vouer. Pour l'heure, il s'était mis dans les mains de Bosleduc, qui ne devait pas être son dernier médecin[3].

Voltaire n'est pas le seul poëte qu'eût tenté et que devait tenter le sujet de *Mariamne*. Bien avant sa *Mariamne*, il y avait la *Mariamne* du vieux Tristan, dont

---

1. Voltaire, *Œuvres complètes* (Beuchot), t. LI, p. 125. Lettre de Voltaire à madame de Bernières ; octobre, probablement le 7 ou le 8, Voltaire annonçant, comme venant d'arriver, la mort de Dufresne, qui expira le 5 octobre 1724.

2. *Ibid.*, t. LI, p. 138. Lettre de Voltaire à madame de Bernières; de Paris, novembre 1724. Madame de Mimeure survécut quatorze ans à cette opération, et mourut en 1739, le 30 novembre.

3. *Ibid.*, t. LI, p. 132. Lettre de Voltaire à madame de Bernières; octobre 1724.

il fallait reconnaître sous ses airs de vétusté le très-réel mérite, mais sans chercher à exhumer de sa cendre une œuvre bien morte et qu'on ne pouvait songer sérieusement à restituer à la scène. Rousseau, que la haine aveuglait, en avait pourtant le dessein et y travaillait dans l'ombre. « Je vous dirai, écrivait-il à l'abbé d'Olivet, que, depuis votre départ, à l'aide de soixante ou quatre-vingts vers corrigés, d'un pareil nombre retranchés, et de vingt ou trente au plus suppléés, je viens de rendre cette tragédie le plus beau morceau de poésie dramatique qui soit peut-être dans notre langue... Je vous en demande le secret, mais je veux la faire imprimer et ensuite représenter ici l'année prochaine, pour faire voir que quand on a en main des ouvrages traités comme celui-là, et qu'il ne s'agit que d'en raccommoder ce que le temps a fait vieillir, ou qu'une délicatesse un peu scrupuleuse a pu rendre choquant, c'est une témérité de vouloir prétendre à en abolir la mémoire, en leur substituant d'autres ouvrages sur le même sujet, quand on n'a pas la force de faire mieux[1]. » L'ancien préfet au collége Louis-le-Grand, l'abbé d'Olivet, tout en continuant ses relations avec son élève, était au mieux avec le lyrique, vers lequel il penchait secrètement. Ce dernier, qui ne voulait pas mettre de retards dans l'impression de l'œuvre du vieux tragique, avait prié l'abbé d'en corriger les épreuves et d'en surveiller l'édition[2]. Nous ignorons quels obstacles vinrent

---

1. J.-B. Rousseau, *OEuvres complètes* (Paris, Lefèvre, 1820), t. IV, p. 401, 402. Lettre de Rousseau à l'abbé d'Olivet ; à Bruxelles, le 8 décembre 1724.

2. *Ibid.*, t. IV, p. 409. Lettre de Rousseau à l'abbé d'Olivet ; ce 2 février 1725.

neutraliser ce beau zèle et rejeter à huit ans au delà une résurrection dont l'amour de l'art n'était pas l'unique moteur, car ce ne fut qu'en 1733 que Rousseau, comme on le verra, publia la *Mariamne* de Tristan.

L'abbé Nadal, un abbé tragique, qui avait déjà donné au théâtre les *Machabées* et *Saül*, avait composé, lui aussi, une *Mariamne*, reçue à la Comédie Française et qui fut jouée en février. Quoique l'abbé ne fût pas un rude jouteur, cet antagonisme ne laissait pas d'être désagréable pour Voltaire qui était en train de remanier sa *Mariamne*, et songeait à la faire reprendre sous peu de mois. Une pièce simplement plate peut se traîner sans sifflets et avoir, en fin de compte, toutes les apparences d'un succès d'estime; et un succès d'estime obtenu par Nadal, quand l'accueil du public l'avait forcé, lui, à retirer sa pièce, c'eût été le comble de l'humiliation. La représentation de la *Mariamne* de l'abbé n'était donc pas un fait indifférent, et Voltaire n'y assista point sans une secrète émotion, car on y remarqua sa présence. Ses amis s'y trouvèrent aussi; et, s'il faut en croire son rival, ils firent tout ce qu'il fut en eux pour faire tomber sa tragédie. Le fait est que la *Mariamne* de Nadal tomba, quoiqu'il affirme qu'elle triompha de la cabale. Et comment n'eût-elle pas triomphé, quand l'action avait toutes ses parties, que les mœurs et les caractères y étaient vrais, que tous les incidents y naissaient du sujet[1]? On avoue bien quelques petites imperfections, mais on se sent fort à l'aise en présence des innombrables faiblesses de la

---

1. *Théâtre de M. l'abbé Nadal* (Paris, Briasson, 1738). Préface à S. A. R. le prince de Vendôme, p. 225.

*Mariamne* adverse. « On a de la peine à comprendre la préténtion de M. de V\*\*\* dans la négligence qu'il affecte pour la rime. Le grand Corneille et l'illustre Racine l'ont respectée. Il n'est point de beaux vers sans la richesse de la rime ; et la faculté qu'il y a à la trouver ne permet aucune excuse sur une singularité aussi bizarre... Quel est le poëte, à l'exception de M. de V\*\*\* qui, jusqu'ici, ait fait rimer *enfin* avec *asmonéen?*

> Souviens-toi qu'il fut prêt d'exterminer *enfin*
> Les restes odieux du sang *asmonéen*[1]. »

Le reproche était fondé, bien que le distique que cite Nadal ait complétement disparu de la pièce de Voltaire. *Mariamne* n'était pas encore imprimée, mais on en avait usé envers elle comme envers *Inès ;* on l'avait saisie au vol et l'on était parvenu, lambeau par lambeau, à la mettre, tant bien que mal, sur ses pieds, non sans quelque altération de texte. Avant l'édition donnée par l'auteur, trois éditions se succédaient, ce qu'il constate avec un dépit où perce toutefois une certaine satisfaction d'amour-propre. « Vous voyez, écrit-il à Thiériot, que l'honneur qu'on a fait à Lamotte d'écrire son *Inès* dans les représentations, n'est pas un hon-

---

1. *OEuvres mêlées de M. l'abbé Nadal* (Paris, Briasson, 1738), t. I, p. 286. La rime chez Voltaire fut toujours le côté négligé. Rousseau lui objectera toujours la faiblesse de ses rimes. Dans *le Temple du Goust*, de Romagnési, même reproche (scène vi); on fait dire au *Faux Goust* :

> Les traits de feu perdent tout leur éclat
> Quand un auteur est assez fat
> Pour ralentir l'ardeur qui le transporte,
> En s'attachant à la rime en forçat ;
> L'expression doit être la plus forte,
> Lorsque la rime la combat.

neur si singulier qu'il le prétend[1]. » Quoi qu'il en soit, la *Mariamne* de l'abbé fut si peu un triomphe que le parterre, séance tenante, demanda celle de Voltaire[2]. Mais ce parterre, aux yeux de Nadal, n'est autre qu'une cabale groupée et conduite par Thiériot, ce *facteur de bel esprit*, comme il l'appelle dans la préface de sa tragédie, qui fut supprimée par ordre. « C'était, nous dit Marais de cette préface, le style injurieux et avantageux de Pradon vantant sa *Phèdre* et accusant Racine d'avoir ameuté contre lui tout un public d'amis[3]. » Voltaire n'eût pas été Voltaire, s'il se fût dispensé de toutes représailles. Nadal s'en était pris à Thiériot; ce fut Thiériot qui lui répondit, et l'on devine par quelle plume et de quelle encre.

Vous accusez M. de Voltaire d'avoir fait tomber votre tragédie par une brigue *horrible et scandaleuse*. Tout le monde est de votre avis, Monsieur ; personne n'ignore que M. de Voltaire a séduit l'esprit de tout Paris, pour vous faire bafouer à la première représentation, et pour empêcher le public de revenir à la seconde. C'est par ses menées et par ses intrigues qu'on entend dire si *scandaleusement* que vous êtes le plus mauvais versificateur du siècle, et le plus ennuyeux écrivain. C'est lui qui a fait berner vos *Vestales*, vos *Machabées*, votre *Saül* et votre *Hérode* : il faut avouer que M. de Voltaire est un bien méchant homme, et que vous avez raison de le comparer à Néron, comme vous le faites si à propos dans votre belle préface.....

Il est vrai pourtant, et j'en suis témoin, qu'à la première représentation de votre *Mariamne*, il y avait une cabale dans le

---

1. Voltaire, *Lettres inédites* (Didier, 1857), t. I, p. 32. Lettre de Voltaire à Thiériot ; à Paris, 25 juillet 1725. — *Œuvres complètes* (Beuchot), t. II, p. 182. Préface de *Mariamne* de 1725.

2. Marais, *Journal et Mémoires* (Didot), t. III, p. 294. Lettre de Marais au président Bouhier ; à Paris, ce 17 février 1725.

3. *Ibid.*, t. III, p. 74, 317.

parterre ; elle était composée de plusieurs personnes de distinction de vos amis, qui pour vingt-cinq sous par tête, étaient venus vous applaudir. L'un d'eux même présentait publiquement des billets gratis à tout le monde ; mais quelques-uns de ces partisans, ennuyés malheureusement de votre pièce, rendirent publiquement l'argent en disant : nous aimons mieux payer, et siffler comme les autres.

Vous dites que je suis *entièrement* attaché à M. de Voltaire, et c'est à cela que je me suis reconnu. Oui, Monsieur, je lui suis tendrement dévoué par estime, par amitié, par reconnaissance...

Vous m'appelez *facteur de bel esprit* : je n'ai rien du bel esprit, je vous jure ; je n'écris en prose que dans les occasions pressantes, et jamais en vers ; car, on sait que je ne suis pas poëte non plus que vous, mon cher abbé...

Je ne vous cacherai rien de tout ce que j'entendais dire de vous lorsqu'on jouait votre *Mariamne*. Tout le monde y reconnut votre style ; et quelques mauvais plaisants, qui se ressouvenaient que vous étiez l'auteur des *Machabées*, d'*Hérode* et de *Saül*, disaient que vous aviez mis l'Ancien Testament en vers burlesques ; ce qui est véritablement *horrible et scandaleux*.

Il y en avait qui ayant aperçu les gens que vous aviez apostés pour vous applaudir, et les archers que vous aviez mis en sentinelle dans le parterre, où ils étaient forcés d'entendre vos vers, disaient :

> Pauvre Nadal, à quoi bon tant de peines !
> Tu serais bien sifflé sans tout cela.

Enfin, Monsieur, il n'y avait ni grand ni petit qui ne vous accablât de ridicule ; et moi qui suis naturellement bon, je sentais une vraie peine de voir un vieux prêtre si indignement vilipendé par la multitude ; j'en ai encore de la compassion pour vous, malgré les injures que vous me dites, et même malgré vos ouvrages[1].

« Ces combats d'auteurs, ajoute Mathieu Marais, ne

---

1. Voltaire, *OEuvres complètes* (Beuchot), t. XXXVII, p. 16. Lettre de Voltaire à M. l'abbé Nadal (sous le nom de Thiériot) ; Paris, 28 mars 1725.

laissent pas de réjouir[1]. » Voltaire avait intérêt à ce que la *Mariamne* de l'abbé n'en revînt pas; la fit-il siffler par ses amis? Rien ne le prouve. Mais il s'empressa de profiter de la maladresse de Nadal pour les noyer tous les deux, lui et sa pièce. Moins de quinze jours après, le mardi 10 avril, on reprenait la sienne qui, par les retouches, un remaniement presque complet, offrait tout l'imprévu, tout le piquant d'une œuvre nouvelle. Dans la première *Mariamne*, la mort de l'héroïne avait lieu sur le théâtre. La façon dont avait été accueilli le dénoûment, le décida à faire passer tout en récit. Ce n'était certes point un progrès, mais cela réussit pleinement, la tragédie alla aux nues : « C'est le plus grand poëte que nous ayons ! » s'écrie le même Marais[2].

1. Marais (Didot), *Journal et Mémoires*, t. III, p. 317.
2. *Ibid.*, t. III, p. 174. Il est à regretter que ce premier dénoûment ne se soit pas retrouvé. « Nous nous proposions, dit Palissot, de rétablir dans notre édition l'ancien dénoûment qui eût donné à l'ouvrage même un attrait piquant de nouveauté ; mais M. d'Argental et moi nous le cherchâmes vainement, soit dans les dépôts de la police, soit dans les archives de la comédie. » Palissot, *le Génie de Voltaire apprécié dans tous ses ouvrages* (Paris, 1806), p. 83.

## IX

L'ABBÉ DESFONTAINES. — LE MIRACLE DE MADAME
LA FOSSE. — SECONDE BASTILLE.

Il n'a été question, jusqu'ici, de l'abbé Desfontaines; plus tard, il ne sera que trop parlé de lui, de ses mœurs, de son besoin de médire, de son ingratitude envers son bienfaiteur et son libérateur. On voudrait sans doute rayer un pareil nom de ces pages; mais l'histoire a ses devoirs auxquels elle ne saurait se soustraire sans cesser d'être elle-même. Pierre-François Guyot Desfontaines naquit à Rouen, le 22 juin 1685, environ neuf ans avant l'auteur de la *Henriade*. Son père était conseiller au parlement; sa famille bien apparentée, était alliée à la marquise de Flavacourt, à la présidente de Lourailles et à M. de Bernières. Guyot fit ses études chez les jésuites et y demeura quinze ans dans le professorat. C'était un bien long bail pour une organisation aussi essentiellement indépendante. L'occasion de recouvrer sa liberté en assurant sa vie s'étant présentée, il n'eut garde de la laisser échapper. Il avait su gagner les bonnes grâces du cardinal d'Auvergne, et ce fut par lui qu'il obtint la cure de Thorigny, une petite ville de Basse-Normandie. Mais il fallait dire sa messe, lire son bréviaire, et Desfontaines trouva ces devoirs trop assujettissants; il se démit de ses bénéfices, « ne voulant pas en toucher les revenus sans les desservir, » nous dit l'abbé de Laporte, qui trouve le procédé fort honnête. Nous sommes de son avis; mais nous voyons moins en quoi cela fait honneur à la religion de l'abbé qui, une fois ordonné, n'avait pas plus à se dispenser de dire sa messe que de lire son bréviaire[1]. En tous cas, il quittait le certain pour l'incertain, une condition assurée et tranquille pour une carrière aussi orageuse que nécessiteuse, la carrière des lettres. Était-ce la vocation, ou le besoin de se faire des ressources qui l'y poussait? Nous ne croyons guère à la vocation d'un critique : on naît poëte, on devient critique; et cela est si vrai qu'il n'est guère de critique qui n'ait commencé par se croire poëte et troussé des vers. Desfontaines débuta par une ode *sur le Mauvais usage qu'on fait de la vie*, qui ne le posa pas en fils d'Apollon[2]. Il rima encore quelques psaumes, sans doute pour se bien convaincre qu'il n'y avait pour lui rien à gagner dans le commerce des neuf Sœurs. Il se le tint, en effet, pour dit, et non-seulement il ne fit plus de vers, mais il témoigna par la suite à l'égard de la poésie et des poëtes une sorte de répulsion incompatible avec le premier devoir du critique, qui est la bienveillance et l'impartialité. Ce qui le caractérise, c'est une bonne éducation classique, une certaine connaissance de l'Antiquité, un jugement net,

---

1. *L'Esprit de l'abbé Desfontaines* (Londres, 1757), t. I, préface.
2. Bruys, *Amusemens du cœur et de l'esprit*, t. VI, p. 127.

sain, du trait, une ironie mordante, frappant juste et dru. Mais le sentiment de l'idéal, l'élévation, le sens poétique, l'imagination, cette faculté aussi nécessaire au critique qu'au poëte et dont Diderot n'aura que de trop, tout cela manque complétement chez Desfontaines. Même de bonne foi, il verra étroitement et sera bien plus un peseur de mots, un pédagogue qu'un Aristarque de haut vol. Disons que le temps de la critique large et philosophique n'était pas encore venu ; et l'on est, maintenant, un peu étonné du bruit que firent Desfontaines et son successeur Fréron, quand on parcourt les *Observations sur les écrits modernes* et l'*Année littéraire*.

Ce fut dans ses lettres sur l'ouvrage de l'abbé Houtteville, *la Religion prouvée par les faits*, que Desfontaines se révéla ; un essai de critique épaisse où il n'y a point le plus petit mot pour rire ; et encore eut-il à en partager la paternité avec le père Hognan. Il ne revêtira sa forme définitive que dans ses *Paradoxes littéraires*, aux dépens d'*Inès*, de Lamotte, qu'il persifle d'un bout à l'autre avec une verve remarquable. Au moins était-il et devait-il être sincère dans l'antipathie que lui inspirait cet écrivain à systèmes, qu'on méprise sur parole et dont certaines visées, honnies de son temps, en matière de théâtre, ont triomphé de nos jours sans qu'il lui en revienne, il est vrai, le moindre profit. Mais si Desfontaines fut sincère dans ses diatribes, il fut encore plus passionné, et, partant, alla bien loin au delà de ce qu'autorise une critique qui ne veut pas se changer en satire. Il le reconnaîtra lui-même plus tard avec une franchise que l'on n'a guères d'habitude, qu'à l'égard des péchés des autres. « Il est certain que ceux qui ont écrit contre M. de Lamotte, ont quelquefois manqué d'attention, de modération, et peut-être de bonne foi dans leur critique. Ce reproche peut tomber principalement sur l'auteur des *Paradoxes littéraires*, petit ouvrage auquel on a fait plus d'honneur qu'il ne mérite, et sur celui de l'*Apologie de M. de Lamotte*, ouvrage trop ironique et trop long [1]. » Voilà qui est au mieux ; mais un critique est-il reçu à se tromper, et, s'il n'est pas infaillible, quelle autorité peut-il avoir ? Faire un pareil aveu, c'est donner le droit aux intéressés de révoquer des arrêts que le juge a pris soin de décrier lui-même. Il n'y a pas trop lieu, nous le pensons, de faire honneur à Desfontaines de ce semblant de franchise, qui n'est qu'une boutade. L'abbé n'était rien moins que converti à l'égard de Lamotte ; il l'était si peu que, sans nécessité, pour le seul plaisir de contenter son penchant à la satire, il glissait traîtreusement dans son édition du poëme de *la Ligue* (chant VI) ces deux méchants vers de sa façon :

> En dépit des Pradons, des Perraults, des H......,
> On verra le bon goût fleurir de toutes parts.

Le *Journal des Sçavants*, après une interruption de sept mois, venait de se reconstituer (janvier 1724). Le mérite reconnu de l'abbé engagea ses restaurateurs à se l'attacher, et ceux-ci n'eurent pas tort de compter sur la vigueur, le nerf, l'âcreté de sa plume. Tout eût été pour le mieux sans un de ces coups de foudre

---

1. *Le Nouvelliste du Parnasse* (1731), t. I, p. 224.

dont, certes, les collaborateurs de Desfontaines ne pouvaient avoir la première idée. Voltaire a raconté ces infortunes avec une intrépidité que nous ne nous sentons pas. Il s'agirait d'un de ces oublis abominables, d'une de ces infamies sans nom qui sont la honte de l'espèce humaine et qui, peu de temps après, menaient Deschauffours sur le bûcher. Desfontaines a toujours nié le crime qu'on lui imputait; ce qui ne prouve absolument rien, il est vrai. Il faut croire que s'il ne fut pas pris en flagrant délit, il existait au moins des charges suffisantes pour décider une mesure qui déshonorait tout un corps. Dans une lettre à d'Argental, destinée à édifier la religion du ministre, Voltaire dit que Desfontaines fut arrêté vers le mois de juin 1724, et enfermé au grand Châtelet, et, au mois d'août suivant, transféré à Bicêtre. Il n'était pas inutile, en cette circonstance, de vérifier l'assertion de Voltaire; nous avons compulsé avec soin les registres du grand Châtelet à cette double époque, sans y trouver trace du passage de l'abbé. Cela était d'autant plus étrange que Desfontaines n'a jamais nié qu'il ait été arrêté, et que nous allons citer une lettre de lui au poëte où il le remercie avec effusion de ses bons offices. Ce que les Archives de la police ne nous ont pas donné, nous l'avons trouvé aux Archives du Royaume. Ce premier ordre d'arrestation n'est pas de juin, comme l'assure Voltaire, mais du 18 décembre 1724, et l'abbé figure dans cette pièce sous le nom tant soit peu déguisé de « Duval Desfontaines, » au lieu de « Guyot[1]. » Quant

---

1. Archives impériales. *Registre du secrétariat de la maison du Roy,* année 1725, O.69, p. 133.

au second ordre, il est du mois d'avril, et se rencontre dans le registre d'écrou. Nous le reproduisons textuellement et sans toucher à l'orthographe :

De par le roy

Chers et bien amés nous vous mandons et ordonnons de recevoir à l'hopital le nome Guyot Desfontaines et de l'y garder jusques à nouvel ordre siny faittes faute car tel est notre plaisir. Donné à Versailles ce 25 avril 1725. *Signé* : Louis

*Et plus bas* PHILIPPEAU [1].

Il n'y avait pas matière à raillerie. Ces monstruosités n'étaient que trop à la mode et un exemple allait devenir indispensable. On commençait à instruire l'affaire et il était plus qu'urgent d'arrêter la procédure. Si Desfontaines avait des amis, il fallait qu'ils fussent ou peu empressés ou peu influents, puisque ce fut un ami de quinze jours, Voltaire, auquel il avait été présenté par Thiériot, qui prit l'initiative des démarches [2]. Il y avait déjà quelque mérite à s'entremettre en semblable occurrence ; et la vivacité, le zèle que témoigna le poète ne pouvaient que décupler la somme de reconnaissance dont l'abbé Desfontaines devenait le débiteur. Encore une fois, il y allait bel et bien du feu, puisque moins de

---

1. Archives de la préfecture de police. *Registre des ordres du Roy*, année 1725, t. III, p. 187.

2. Il s'adressa également au père Vinot, qui, sans le connaître beaucoup, rédigea une attestation de vie et de mœurs qu'il remit à d'Argenson, auquel Voltaire avait déjà parlé, et qui fit valoir de son mieux cette pièce à décharge. *Les Querelles littéraires* (Paris, 1761), t. II, p. 67. L'abbé Irail, qui en est l'auteur, avait été précepteur de M. de Fontaine, neveu de Voltaire. Bibliothèque impériale. *Catalogue raisonné des livres de M. l'abbé Goujet* (Manuscrit), t. IV p. 355.

deux ans après (24 mai 1726[1]), Deschauffours était brûlé en place de Grève pour le même crime dont le soupçon donnait présentement lieu à l'arrestation de l'ancien régent des Jésuites ; et c'est ce que ce dernier oublia trop par la suite. Si l'on prend au pied de la lettre ce que dit Voltaire, on le verra s'arracher de son lit mourant, ou de peu s'en fallait, pour se jeter aux pieds de Fleury, solliciter auprès de madame de Prie alors toute-puissante, et avec laquelle il avait fait connaissance aux Eaux de Forges. C'est toute une mise en scène dont il y a certainement à rabattre ; mais restent les faits, les démarches effectives auxquelles finalement l'inculpé fut redevable de sa liberté. Le 24 mai, nous trouvons l'ordre d'élargir « le sieur abé Desfontaines détenu à Bicêtre[2] ; » et nous constatons, six jours plus tard, qu'il est « sorty de l'ordre du roy ce 30 may 1725 avec relégation à 30 lieues de Paris[3]. »

Dès le lendemain, 31 mai, Desfontaines, heureux de se sentir libre et allégé d'un terrible poids, écrivait à son sauveur :

> Je n'oublierai jamais, monsieur, les obligations infinies que je vous ai. Votre bon cœur est encore bien au-dessus de votre esprit, et vous êtes l'ami le plus essentiel qui ait jamais été. Le zèle avec lequel vous m'avez servi me fait en quelque sorte plus d'honneur que la malice et la noirceur de mes ennemis ne m'a causé d'affront, par l'indigne traitement qu'ils m'ont fait souffrir. Il faut se retirer pendant quelque temps. *Fallax infamia terret.*
> J'ai une lettre de cachet qui m'exile à trente lieues de Paris.

1. Barbier, *Journal* (Charpentier), t. 1, p. 426.
2. Archives impériales. *Registre du secrétariat de la maison du Roy;* année 1725, 0,69, p. 155.
3. Archives de la préfecture de police. *Registre des ordres du Roy*, t. III, p. 187.

C'est avec plaisir que je vais chercher la solitude ; mais je suis bien fâché que cette retraite me soit ordonnée. C'est un reste de triomphe pour les malheureux auteurs de ma disgrâce. Je consens d'aller en province, et j'y vais très-volontiers. Mais, tâchez, monsieur, de faire en sorte que l'ordre du roi soit levé par une autre lettre de cachet en cette forme :

« Le roi informé de la fausseté de l'accusation intentée contre le sieur abbé Desfontaines, consent qu'il demeure à Paris. »

Si vous obtenez cet ordre de M. de Maurepas, c'est un coup essentiel. Au surplus, je promets, *parole d'honneur*, à M. de Maurepas, de m'en aller incessamment, et de ne point revenir à Paris qu'après lui en avoir demandé la permission secrètement.

Voilà, mon cher ami, ce que je vous prie à présent d'obtenir pour moi. Je vous aurai encore une obligation infinie de ce nouveau service. C'est, à mon gré, ce qu'on peut faire de plus simple pour réparer le scandale et l'injustice, en attendant que je puisse faire mieux, et que j'aie les lumières nécessaires pour découvrir les ressorts cachés de l'horrible intrigue de mes ennemis. Malgré la noirceur de l'accusation et le penchant du public à croire tous les accusés coupables, j'ai la satisfaction de voir les personnes même indifférentes prendre mon parti. Les Nadal, les Danchet, les de Pons, les Freret, sont les seuls, dit-on, qui traitent ma personne comme toute ma vie je traiterai leurs infâmes ouvrages et leur indigne caractère. *Genus irritabile vatum.*

J'ai un plan d'apologie qui sera beau et curieux, et que je travaillerai à la campagne. Je suis trop connu dans le monde pour qu'il convienne à un homme comme moi de me taire, après un si exécrable affront ; et je le ferai de façon que j'aurai l'honneur de le présenter à M. de Maurepas, pour le prier de me permettre de le faire paraître. On y verra tout ce qui m'est arrivé de malheureux, et mes malheurs toujours causés par les gens de lettres, surtout l'histoire de ma sortie des Jésuites [1].

De cette pièce triomphante, de cette apologie fou-

---

1. Voltaire, *Œuvres complètes* (Beuchot), t. I, p. 345, 346. Lettre de l'abbé Desfontaines à M. de Voltaire ; ce 31 mai 1724 ( c'est 1725 qu'il faut lire ).

droyante, il n'est nulle trace. Elle demeura à l'état de projet, à moins que ce document qui devait être soumis au ministre n'ait point obtenu l'octroi d'une publicité dont l'honneur de Desfontaines eût eu si bon besoin. Elle eût contenu, à part l'historique de ce fâcheux épisode de sa vie, des détails piquants sur sa biographie et les raisons qui le déterminèrent à rompre avec les Jésuites. Sa lettre est curieuse sous plus d'un rapport; on y voit un homme que les services n'embarrassent point et qui ne craint pas d'abuser. Il énumère ce qu'il veut avec une extrême aisance et donne jusqu'aux termes que le roi aura à employer dans la grâce qu'il réclame de sa bonté et de sa justice. Voltaire, qu'il a su intéresser vivement à son sort, suit docilement et de point en point ses instructions, va à Versailles, à la cour, et se remue comme il l'eût fait pour lui-même avec une activité qui ne dépose les armes qu'après avoir lassé la résistance. « Je compte, écrit-il à madame de Bernières, apporter une nouvelle lettre de cachet qui rende la liberté à notre pauvre abbé Desfontaines [1]. » Notre pauvre abbé Desfontaines ! Voltaire se fût-il exprimé autrement à l'égard de Cideville ? Cette lettre de cachet qu'il annonce le 3 juin, est accordée le 7 du même mois.

Permission au s$^r$ abé Desfontaines de revenir à Paris quand bon lui semblera, Sa Majesté révoquant à cet effet l'ordre de son exile [2].

[1]. Voltaire, *OEuvres complètes* (Beuchot), t. LI, p. 141. Lettre de Voltaire à madame de Bernières; ce lundi soir, juin 1725 (ce doit être le 3 juin, le 7 étant un vendredi).

[2]. Archives de l'empire. *Registre du secrétariat de la maison du Roy*, année 1725, 0,69, p. 176.

Mais ce n'est pas assez. Le poëte profite de son séjour à Fontainebleau, de son espèce de faveur pour essayer de relever les affaires de son ami malheureux. C'était encore trop tôt, et il échoua auprès de l'abbé de Fleury avec lequel il fallait compter. « J'ai bien parlé de vous à M. de Fréjus, écrit-il à Guyot ; mais je sais par mon expérience, que les premières impressions sont difficiles à effacer [1]. » Peut-on être servi plus chaudement et avec plus de zèle? Desfontaines, durant cela, était allé passer son exil chez M. de Bernières avec Thiériot, en compagnie d'aimables Normands au nombre desquels nous signalerons l'abbé d'Amfreville [2].

Cette méchante affaire, bien que terminée, avait soulevé les répugnances et les délicatesses très-légitimes de ses confrères du *Journal des Sçavants;* le lieutenant de police, aux regrets « de s'être laissé trop légèrement prévenir, d'avoir été, sans le sçavoir, l'instrument d'une basse vengeance, et de n'avoir pas connu plus tôt la naissance, le caractère et les mœurs de celui qu'il avoit inconsidérément et indignement maltraité [3], » s'interposa entre lui et ses ombrageux collaborateurs, et écrivit à l'abbé Bignon une lettre où le vertueux Desfontaines apparaissait blanc comme neige. Cette missive du magistrat fut lue solennellement dans l'assemblée du journal, et, les voix recueillies, l'abbé réintégré triomphalement. Mais si Voltaire, en prêtant

---

[1]. Voltaire, *Œuvres complètes* (Beuchot), t. LI, p. 163. Lettre de Voltaire à Desfontaines.

[2]. Homme d'esprit, qui passait pour avoir fait l'*apologie de M. le cardinal de Bouillon*. Président Hénault, *Mémoires* (Dentu, 1855), p. 17, 18.

[3]. *La Voltairomanie*, p. 12, 13.

son appui à l'auteur des *Paradoxes littéraires,* espéra
s'être acquis à tout jamais cette plume rude à plus
d'un, l'événement déjoua son calcul au delà de toute
vraisemblance. Ne l'en croyons pas sur parole, véri-
fions toutes les accusations dont il charge son Zoïle;
quelque mal qu'il se donne pour gâter sa cause et
rendre presque intéressant un pareil drôle, heureusement les faits sont là pour témoigner contre l'ingratitude de cet homme sans foi, sans honneur, qui fera
passer au trop impressionnable poëte plus d'une nuit
sans sommeil.

Le lendemain même de la sortie de Desfontaines de
Bicêtre (le jeudi 31 mai), un événement vraiment
étrange, auquel Voltaire allait être indirectement mêlé,
se passait en plein jour, à la procession de la grande
Fête-Dieu de la paroisse Sainte-Marguerite.[1]. Une femme
malade d'un flux de sang depuis des années, et qui ne
pouvait se remuer, avait été inopinément guérie à l'aspect du Saint-Sacrement, et s'était sentie en état de se
joindre à la foule des fidèles. C'est là tout un épisode et
des plus intéressants de l'histoire de ce siècle fécond en
miracles, du reste, et qui ne devait pas tarder à les voir
pulluler sur la tombe de saint Pâris. L'autorité ecclésiastique procéda avec beaucoup de prudence à une enquête où les témoins ne firent pas défaut, toute une
paroisse ayant assisté au prodige. « Le cardinal a ordonné l'information, dit Marais ; plus de cent témoins

---

1. L'église Sainte-Marguerite est située rue Saint-Bernard, entre
la rue de Charonne et la rue de Montreuil, dans le faubourg Saint-
Antoine. C'est dans cette même église que Vaucanson fut inhumé,
en 1782.

ont déjà été entendus ; on va vérifier le miracle dans les formes, et voilà les protestants confondus. Le poëte Arouet, qui se piquoit d'incrédulité, a voulu voir la femme et mettre le doigt, comme saint Thomas, dans le côté. Dieu l'a touché et converti et lui a dit : *Noli esse incredulus*[1]. » Qui s'attendait à rencontrer Voltaire dans cette affaire ? Les incrédules ne furent pas les moins aisés à convaincre ; les molinistes contestèrent le miracle, par la raison que le curé de Sainte-Marguerite était janséniste, qu'il était excommunié et qu'il n'avait pu consacrer cette hostie[2]. « Mais il est si avéré, dit l'avocat Barbier (un esprit fort!) que je suis obligé moi-même de le croire, ce qui n'est pas peu[3]. » L'objet de cette cure divine, Anne Charlier, était une femme de quarante-cinq ans, d'une conduite parfaite, ayant de l'instruction et parlant d'un très-bon sens comme il convenait à une cousine du célèbre Rollin[4]. Elle avait épousé un ébéniste, du nom de La Fosse, avec lequel elle faisait le plus parfait ménage. « L'hémorroïsse » se vit aussitôt le but des intrigues des deux partis qui divisaient l'Église, et le cardinal de Bissy lui envoya son grand vicaire pour lui faire accepter la Constitution ; Marais prétend qu'il y alla lui-même. « Votre mari n'est-il pas janséniste? lui dit-il. — Non, monseigneur, il est ébéniste, » lui répondit-elle ingénument[5]. « Voilà, fait encore remarquer Barbier, qui est dans le na-

---

1. Marais, *Journal et Mémoires* (Didot), t. III, p. 192 ; juin 1725.
2. Ce curé était l'abbé Goy, auteur de *la Vérité rendue sensible*.
3. Barbier, *Journal* (Charpentier), t. I, p. 391.
4. *Vie de madame La Fosse* (en France, 1769), p. 1.
5. Marais, *Journal et Mémoires* (Didot), t. III, p. 202.

turel d'une femme qui connaît son évangile et rien de plus[1]. » Quant au cardinal, il gagna à cette démarche d'être chansonné.

> A La Fosse disait Bissy,
> Vous vivez par miracle ;
> Heureuse que votre mary
> N'y mette aucun obstacle ;
> Car j'ai sceu par un directeur
> Qu'il était janséniste.
> Hélas ! dit-elle, monseigneur,
> Il n'est rien qu'ébéniste[2].

L'enquête faite, et après l'information des nombreux témoins, l'avis des théologiens et le rapport des médecins[3], l'archevêque de Paris fit publier, le 10 juin, un mandement très-circonstancié, très-bien fait, où se trouvent les détails les plus pathétiques du miracle, et dans lequel il ordonnait qu'il serait chanté, le jeudi 23, un *Te Deum* à Sainte-Marguerite, et fait le dimanche suivant, 26, une procession du clergé de cette paroisse à Notre-Dame. La femme La Fosse se trouva à cette cérémonie d'actions de grâces, un cierge à la main[4], et édifia tout le monde par sa tenue et sa piété, « et le peuple y était en foule comme à la procession de sainte Geneviève. » Ce fut là l'origine et la

---

1. Barbier, *Journal* (Charpentier), t. I, p. 392 ; juin, 1725.
2. Bibliothèque impériale. Manuscrits. *Recueil de chansons historiques* t. XVI. f. 241.
3. Les sieurs Afforty, Léaulté, Gelly, Geoffroy et Herment, anciens docteurs régents de la Faculté de médecine de l'Université de Paris. *Vie de madame La Fosse* (en France, 1769), p. 142.
4. Voir le portrait en tête de la *Vie de madame La Fosse*.

date d'une procession qui portait le titre de « Procession de madame La Fosse, » et à laquelle la Révolution française mit seule fin [1].

Comment Voltaire connaissait-il cette femme, et comment se trouva-t-il là pour constater le miracle ? C'est ce que nous ne saurions dire. Il avait eu à se meubler, dans l'appartement de la rue de Beaune, et nous avons cité, quelques pages plus haut, tous les ennuis que cela lui donnait; peut-être s'était-il adressé à l'ébéniste de la rue de Charonne, et avait-il eu occasion, de la sorte, de rencontrer madame La Fosse qui aidait son mari dans son commerce et dut même en assumer tout le poids après un accident survenu à ce dernier, en 1727. Ce qui n'est pas douteux et ce que ne nie point Voltaire, c'est sa présence, c'est sa coopération fortuite. « Tout le monde dit dans Paris que je suis dévot et brouillé avec vous, et cela parce que je ne suis point à la Rivière, et que je suis souvent chez la femme au miracle du faubourg Saint-Antoine. Le vrai, pourtant, est que je vous aime de tout mon cœur, comme vous m'aimiez autrefois, et que je n'aime Dieu que très-médiocrement, dont je suis très-honteux [2]. » Et plus tard : « Ne croyez pas, écrit-il à sa même correspondante, que je me borne à Paris à faire jouer des tragédies et des comédies. Je sers Dieu et le diable tout à la fois assez passablement. J'ai dans le monde un petit vernis de dévotion que le miracle du faubourg Saint-Antoine m'a donné. La femme au miracle est

1. Voltaire, Œuvres complètes (Beuchot), t. XX, p. 437.
2. Ibid., t. LI, p. 144. Lettre de Voltaire à madame de Bernières; ce mercredi 27 juin 1725.

venue ce matin dans ma chambre. Voyez-vous quel honneur je fais à votre maison, et en quelle odeur de sainteté nous allons être? M. le cardinal de Noailles a fait un beau mandement, à l'occasion du miracle; et, pour comble d'honneur ou de ridicule, je suis cité dans le mandement. On m'a invité, en cérémonie, à assister au *Te Deum* qui sera chanté à Notre-Dame en action de grâces de la guérison de madame La Fosse [1]. » Cité n'est pas le mot propre; car son nom ne figure point dans la lettre pastorale, et on l'y chercherait en vain; il faut même que nous sachions aussi parfaitement que c'est de lui dont on a voulu parler pour soupçonner que le passage suivant s'adresse au poëte : « Un homme connu dans le monde, sur qui le miracle avoit fait une vive impression, pressa le mari, par un mouvement de charité, de recevoir quelque argent: le sieur La Fosse, pénétré de reconnaissance de la grâce si surprenante faite à sa femme, répondit avec foi, qu'*il ne seroit pas dit qu'il eût vendu les dons de Dieu*. C'est ainsi que dans un siècle où l'on veut douter de tout, Dieu a voulu que tout concourût pour mettre dans une pleine évidence un miracle si avéré [2]. »

Le mandement de l'archevêque avait été écrit par son grand vicaire, cet abbé Couet, que Voltaire avait

---

1. Voltaire, *OEuvres complètes* (Beuchot), t. LI, p. 149. Lettre de Voltaire à madame de Bernières; à la Comédie, ce 20 août 1725.
2. *Mandement de Son Éminence Monseigneur le cardinal de Noailles* (Paris, Delespine, 1725), p. 12 (le 10 août). — *Hymnes latine et françoise sur le miracle opéré à la procession du Saint-Sacrement dans la paroisse de Sainte-Marguerite, le 31 mai 1725* (Paris, Thiboust, 1725), in-8°. L'hymne latine est de Coffin ; la traduction en vers français de Bernard de la Monnaye.

déjà rencontré sur son chemin et auquel il fait allusion dans l'épître à madame de G*** :

> Vous m'avez donc quitté pour votre directeur.
> Ah! plus que moi cent fois Couet est séducteur [1]...

Fut-ce un malin tour que l'abbé voulut jouer au poëte en compromettant le libre penseur dans un mandement? Ce dernier se fût bien passé, en tous cas, de la mention, et il s'en tira par une plaisanterie qui n'était ni très-orthodoxe, ni même très-convenable. Couet lui envoya le mandement; Voltaire riposta en lui adressant sa *Mariamne* avec ces quatre petits vers :

> Vous m'envoyez un mandement,
> Recevez une tragédie,
> Afin que mutuellement
> Nous nous donnions la comédie [2].

Voltaire avait été pris au piége. Il n'avait pu refuser sans doute de convenir de faits dont après tout il n'avait pas été le seul témoin, mais, il ne le pardonna ni au miracle, ni à l'abbé Couet qu'il introduit si incongrûment dans le *Dîner du comte de Boulainvilliers ;* et ce sera avec l'accent du persiflage le moins équivoque qu'il consignera cet événement singulier dans son *Siècle de Louis XIV.* « Le pauvre parti janséniste eut recours à des miracles; mais les miracles ne faisaient plus fortune. Un vieux prêtre de Reims, nommé Rousse, mort, comme on dit, en odeur de sainteté, eut beau guérir

---

1. Voltaire, *Œuvres complètes* (Beuchot), t. XIII, p. 33. Épître à madame de G***, 1716.
2. Jordan, *Histoire d'un voyage littéraire fait en 1733 en France, en Angleterre et en Hollande* (La Haye, 1735), p. 160. — Lémontey, *Histoire de la Régence* (Paris, 1832), t. II, p. 216.

les maux de dents et les entorses ; le Saint-Sacrement, porté dans le faubourg Saint-Antoine à Paris, guérit en vain madame La Fosse d'une perte de sang, au bout de trois mois, en la rendant aveugle [1]. » Le fait n'est pas exact; et, contrairement à l'assertion de Voltaire, madame La Fosse conserva bon pied et bon œil longtemps encore, puisque de 1725 à 1751, époque où ses infirmités la mirent hors d'état d'assister à la procession de l'octave, elle ne manqua pas une fois de figurer à cette cérémonie commémorative dont elle était l'héroïne et qui avait gardé son nom. Voltaire, à ce qu'il paraîtrait, ne fut pas le seul à calomnier le prodige ; et le père Terrasson, à son sermon d'anniversaire, accusait les incrédules d'avoir fait courir le bruit que madame La Fosse était plus infirme que jamais ou même morte [2]. Mais en voilà beaucoup, sinon trop, sur un événement qui devait inaugurer la série de miracles dont le dix-huitième siècle, ce siècle éminemment sceptique, se montra si prodigue.

On a vu Voltaire, tout en prenant les eaux de Forges, ébaucher un petit acte dont « l'impitoyable M. de Richelieu » se montrait assez content; le poëte profita de la reprise de *Mariamne* pour hasarder cette esquisse légère, qui fut reçue favorablement. « Cette petite pièce fut représentée avant-hier avec assez de succès ; mais

---

1. Voltaire, *OEuvres complètes* (Beuchot), t. XX, p. 437. *Siècle de Louis XIV*, ch. xxvii : du Jansénisme.

2. *Vie de madame La Fosse* (en France, 1769), p. 23, 31, 32. Elle mourut le 3 juin 1760, rue de l'Égout-Saint-Paul, et fut inhumée le lendemain à l'église de Saint-Paul, comme l'indique son billet d'inhumation. Bibliothèque impériale. *Catalogue raisonné des livres de M. l'abbé Goujet* (Manuscrit), t. II, p. 655.

il me parut que les loges étaient plus contentes que le parterre. Dancourt et Legrand ont accoutumé le parterre au bas comique et aux grossièretés, et insensiblement le public s'est formé le préjugé que les petites pièces en un acte doivent être des farces pleines d'ordures, et non pas des comédies nobles où les mœurs soient respectées[1]. » Marais, qui ne l'a pas encore vue, ne fait que rapporter l'opinion publique : « Voltaire vient de donner une petite comédie de *l'Indiscret*, à la suite de sa *Mariamne;* on dit qu'il y a beaucoup d'esprit : cependant elle a déplu à la chambre basse, qui y a trouvé peu de règles du théâtre, et à la chambre haute, qui s'y est trouvée trop bien dépeinte[2]... » La chambre haute, ce sont les loges, la haute société, la cour, un peu mécontentes des libertés que prenait l'auteur.

Si les Eaux tournèrent mal pour le poëte, au moins comme compensation leur fut-il redevable de l'amitié de madame de Prie, qui n'était pas à dédaigner. Avant de partir pour Fontainebleau, celle-ci lui avait donné un ordre pour le concierge de sa maison où elle lui accordait un appartement pour l'automne. Mais il affecte de n'attacher à une telle faveur qu'une médiocre importance : « Je verrai le mariage de la reine, écrit-il à sa correspondante habituelle, je ferai des vers pour elle, si elle en vaut la peine[3]. » Au fond, il était enchanté, il était ravi, il rêvait tout éveillé. Avant tout,

---

1. Voltaire, *Œuvres complètes* (Beuchot), t. LI, p. 148, 149. Lettre de Voltaire à madame de Bernières ; Paris, à la Comédie, ce 20 août 1725.

2. Marais, *Journal et Mémoires* (Didot), t. III, p. 217, 356, 358.

3. Voltaire, *Œuvres complètes* (Beuchot), t. LI, p. 148. Lettre de Voltaire à madame de Bernières ; Paris, ce 23 juillet 1725.

il fallait se faire bien voir de celle qui était la source des grâces, à laquelle la reine devait sa couronne, entretenir ce bon vouloir qui nous ouvrait et Versailles et la cour ; aussi se garda-t-on de laisser échapper l'occasion de témoigner sa reconnaissance et sa gratitude, et l'*Indiscret* était offert à la marquise avec un bouquet où les louanges et les flatteries n'étaient pas marchandées [1]. Voltaire partit pour Fontainebleau le dimanche 27 août. « Mon adresse est chez madame de Prie, » écrit-il à Thiériot [2]. La jeune reine, quoique sans beauté, plut à tout le monde par son air gracieux, sa simplicité, sa décence, sa politesse, et au roi plus qu'à personne. Le mariage eut lieu le mercredi 5 septembre, sur les dix heures du matin : elle s'évanouit un petit instant dans la chapelle, « mais seulement pour la frime. » Voltaire avait préparé un divertissement qui ne fut pas goûté par le duc de Mortemart : on préféra l'*Amphitryon* et le *Médecin malgré lui*, ce qui ne sembla pas d'un choix fort heureux pour la circonstance. Ce mécompte dégrisa un peu le poëte et le mit en défiance. « Je me garderai bien, écrit-il à madame de Bernières, dans ces premiers jours de confusion, de me faire présenter à la reine, j'attendrai que la foule soit écoulée, et que Sa Majesté soit un peu revenue de l'étourdissement que tout ce sabbat doit lui causer. Alors je tâcherai de faire jouer *OEdipe* et *Mariamne* devant elle ; je lui dédierai l'un et l'autre : elle m'a déjà fait dire qu'elle serait bien aise que je

---

1. Voltaire, *OEuvres complètes* (Beuchot), t. II, p. 281.
2. Voltaire, *lettres inédites* (Didier, 1857), t. I, p. 33. Lettre de Voltaire à Thiériot ; à Paris, ce vendredi 25 août 1725.

prisse cette liberté. Le roi et la reine de Pologne, car nous ne connaissons plus ici le roi Auguste, m'ont fait demander le poëme d'*Henri IV*, dont la reine a déjà entendu parler avec éloge ; mais il ne faut ici se presser sur rien [1]... »

Il ne devait rien perdre pour attendre. Bientôt c'est *OEdipe*, *Mariamne*, l'*Indiscret*, qu'on va jouer, qu'on joue et qui l'absorbent tout entier. S'il n'est déjà pas mal, comme il le dit, avec la reine, pourtant, il n'est qu'à moitié content. Il est inquiet, il se demande où ce métier de courtisan va le mener, et a peur de jouer un rôle de dupe. Si ce métier est si peu profitable, que ne le quitte-t-il? « Insensé que je suis ! je pars dans deux jours avec M. le duc d'Autun pour aller à Bellegarde voir le roi Stanislas ; car il n'y a sottise dont je ne m'avise. De là je retourne à Bélébat une seconde fois avec madame de Prie. Ce sera dans ces temps-là, à peu près, que mes affaires seront fixées ou manquées [2]. » Bélébat était une maison située entre Étampes et Fontainebleau, appartenant au marquis de Livry, qui l'avait cédée à la favorite. On a réuni aux œuvres de Voltaire un petit divertissement, l'ouvrage sans doute de plus d'un, de Voltaire d'abord, du président Hénault, de Bonneval et d'autres encore. Bélébat est sur la paroisse de Courdimanche ; cette paroisse avait alors un singulier curé, poëte de l'école du cocher de Verthamont, gourmand, ivrogne, aux trois quarts

1. Voltaire, *OEuvres complètes* (Beuchot), t. LI, p. 154. Lettre de Voltaire à madame de Bernières; à Fontainebleau, ce vendredi 17 septembre 1725.
2. *Ibid.*, t. LI, p. 157. Lettre de Voltaire à madame de Bernières; le 8 octobre 1725.

fou, qui fut le héros de la fête. Cette mascarade amusa beaucoup, quoique d'un goût étrange. Le curé, ivre-mort, faisait son testament, on le confessait (Dieu sait quels étranges péchés, sur l'air du *Confiteor!*) et c'était Voltaire qui recueillait l'héritage spirituel et devenait en son lieu et place curé de Courdimanche [1]. Ces plaisanteries-là ont perdu leur sel à près de cent cinquante ans de distance, et n'ont d'autre mérite que de donner une idée des mœurs du temps et de la tournure d'esprit de la bonne société de la Régence dont on sortait à peine. Notez que tout cela avait lieu en l'honneur d'une parente, de la marquise de Curzay qu'on venait d'unir à M. de Mauconseil, grand veneur du roi de Pologne, un aimable vaurien, tout aussi connu sous le sobriquet de *Royal-Biribi* qu'il devait à sa passion pour ce jeu [2]. Voltaire n'attendait pas grande gloire de ces folies. Mais ce sont de telles pauvretés qui mènent à la Fortune, quand les chefs-d'œuvre ne mènent qu'à l'hôpital. Madame de Prie pouvait tout, c'était à lui de plaire et de la faire son obligée.

Le poëte fut présenté à la reine. « Elle a pleuré à *Mariamne*, elle a ri à l'*Indiscret;* elle me parle souvent, elle m'appelle *mon pauvre Voltaire*. Un sot se contenterait de tout cela... on me donne tous les jours des espérances dont je ne me repais guère [3]. » Au sur-

---

1. Voltaire, *OEuvres complètes* (Beuchot), t. II, p. 322 à 343. *La Fête de Bélébat*, 1725.
2. Marais, *Journal et Mémoires*, t. III, p. 218, 377, 378. — Longchamp et Wagnière. *Mémoires sur Voltaire* (Paris, 1826), t. II, p. 451 à 472. *Nouveau dialogue des Morts*, par le président Hénault.
3. Voltaire, *OEuvres complètes* (Beuchot), t. LI, p. 158, 159. Lettre de Voltaire à Thiériot ; à Fontainebleau, ce 17 octobre 1725.

plus, il n'est pas le seul fils d'Apollon qui se soit égaré là : Saint-Didier est accouru, apportant son *Clovis*, le poëte Roi avec des plans de ballets : « La reine est tous les jours assassinée d'odes pindariques, de sonnets, d'épithalames. » Le moyen de faire face à tant de bouches affamées. Saint-Didier pressait fort pour avoir une pension, et le duc de Mortemart de lui répondre que, quand on faisait des vers, il les fallait faire comme Voltaire. « Je suis fâché de la réponse, nous dit l'auteur d'*OEdipe* avec des larmes de crocodile. Saint-Didier ne me pardonnera pas cette injustice de M. de Mortemart [1]. » Voltaire, qui commençait à se désespérer, fut réveillé par la plus agréable des nouvelles : « La reine vient de me donner, sur sa cassette, une pension de quinze cents livres, que je ne demandais pas : c'est un acheminement pour obtenir les choses que je demande. Je suis très-bien avec le second premier ministre, Duverney. Je compte sur l'amitié de madame de Prie. Je ne me plains plus de la vie de cour; je commence à avoir des espérances raisonnables d'y pouvoir être quelquefois utile à mes amis [2]... » Cela est plaisant et presque naïf. Comme une petite pension tombée à propos suffit à changer la couleur et le relief des choses! Hier encore on ne se croyait pas l'étoffe d'un courtisan, on était prêt à faire ses malles; aujourd'hui, ce qui était d'un gris sombre est devenu couleur de rose : la cour est le pays de Cocagne. On

---

1. Voltaire, *OEuvres complètes* (Beuchot), t. LI, p. 163, 164. Lettre de Voltaire à l'abbé Desfontaines.
2. *Ibid.*, t. LI, p. 161. Lettre de Voltaire à madame de Bernières; à Fontainebleau, 13 novembre 1725.

restera, si Dieu nous prête vie, et l'on y servira ses amis du mieux qu'on pourra. Mais il n'y a qu'à sourire à tout cela ; en somme, si ses amis ont besoin de lui, il ne leur fera pas défaut. On a vu le mal qu'il s'est donné pour l'abbé Desfontaines, cet ami de deux semaines, et il écrivait à Thiériot : « Soyez toujours moins en peine de mon cœur que de mon esprit. Je cesserai plutôt d'être poëte que d'être l'ami de Thiériot[1]. »

Le moment présent aura été un des plus heureux de cette longue existence si orageuse et si troublée. Voltaire est dans toute la séve de l'âge et du talent, il a trente et un ans; il est déjà le premier poëte de son temps ; sa carrière de courtisan est des mieux engagée : pensionné du roi, pensionné de la reine, protégé par la favorite qui a tout empire sur cette reine, sa créature, que peut-il désirer de plus? De la santé, sans doute ; mais il s'est presque habitué à s'en passer, et se plaint plus pour se plaindre que par un découragement réel. Il était ambitieux, il avait l'honorable prétention d'être un homme utile au roi et au pays, la carrière des affaires le tentait fort, et nous avons surpris ses démarches auprès du cardinal Dubois. Il est plus que présumable que l'ami de la maîtresse de M. le Duc, avait fondé sur son crédit toute une fortune politique. Encore un coup, ce rêve qui fut si longtemps la chimère de l'auteur de la *Henriade*, était-il donc si ridicule et si fou? Et Voltaire avait-il moins de vues, était-il moins intelligent, moins sensé, moins perspicace qu'un abbé de Bernis, qui ne

---

[1]. Voltaire, *Œuvres complètes* (Beuchot), t. LI, p. 163. Lettre de Voltaire à Thiériot.

dut plus tard son élévation qu'à la marquise de Prie de son temps, qu'à madame de Pompadour? Il n'est pas douteux que les phrases ambiguës citées plus haut n'aient trait aux chimères d'ambition que l'on caressait. Pour qu'elles se réalisassent, il ne fallait que vivre, ce qui n'était déjà pas trop facile à ce corps chétif qu'on croyait condamné; il fallait encore que M. le Duc demeurât toujours ministre, et madame de Prie toujours aimée. En somme, M. le Duc tombé, restait à Voltaire la protection d'une reine jeune, aimée et qui ne manquerait pas de conquérir une grande influence sur ce mari d'ailleurs trop peu soucieux de tout pour se donner l'ennui de la résistance. Donc, toutes les probabilités concouraient à enivrer le chantre du grand Henri des plus belles espérances; et l'on ne sait ce qui serait advenu de tout cela, si un de ces coups de foudre, que rien ne laisse prévoir, n'eût renversé ses châteaux en Espagne et coulé à fond le léger esquif du poëte, qui ne devait rien sauver du naufrage.

Voltaire pouvait bien faire de fréquents voyages à la cour; mais sa patrie c'était Paris, c'était la Comédie qu'il hantait fort à cette époque. Ses succès à Fontainebleau ne l'avaient pas rendu modeste, il parlait haut et croyait trop à la souveraineté de l'esprit et du talent, que le grand seigneur ne reconnaissait pas, il s'en fallait, d'une manière aussi absolue. On sait le mot du comte de Livry au comédien Dancourt, qui, dans une orgie, s'était montré éblouissant : « Je t'avertis, Dancourt, que si d'ici à la fin du souper tu as plus d'esprit que moi, je te donnerai cent coups de bâton[1]. » Et Dan-

---

1. Collé, *Journal historique* (Paris, 1805), t. I, p. 363.

court dut se le tenir pour dit et mesurer sa verve à celle de son noble compagnon de débauche. Voltaire se fût fait rouer sur place plutôt que de courber le front sous une pareille ignominie. Nous sommes parvenus à l'une des crises les plus sérieuses et les plus critiques de sa vie. Les incidents de ce véritable drame ont été racontés de plus d'une façon. C'était en décembre 1725. Voltaire et le chevalier de Rohan étaient ensemble à l'Opéra ; ce dernier, choqué sans doute du ton tranchant du poëte, lui dit avec une arrogance des plus outrageantes : « Mons de Voltaire, mons Arouet, comment vous appelez-vous ? » Voltaire, éperonné de la sorte, ne fut pas en reste de politesse avec M. de Rohan, comme on se l'imagine. Pour cette première fois les choses n'allèrent pas plus loin. Deux jours après, au chauffoir de la Comédie ou dans la loge de la Lecouvreur, mais dans l'un et l'autre cas en présence de la tragédienne, le chevalier et le poëte se trouvant en présence, M. de Chabot, qui était apparemment enchanté de son impertinence, récidiva la question ; Voltaire lui repartit qu'il avait fait sa réponse à l'Opéra. S'il faut en croire Duvernet, cette réponse eût été « qu'il ne traînait pas, lui, Voltaire, un grand nom, mais qu'il savait honorer celui qu'il portait ; » selon d'autres versions, « qu'il commençait son nom et que le chevalier de Chabot finissait le sien [1]. » Tout cela se vaut. Duvernet, qui fait

1. Élie Harel, *Voltaire, Recueil de particularités curieuses de sa vie et de sa mort* (Paris, 1817), p. 20. — Voltaire, fort probablement, s'est souvenu de cette réponse dans *Rome sauvée*. Il fait dire par Cicéron à Catilina :

> Mon nom commence en moi : de votre honneur jaloux,
> Tremblez que votre nom ne finisse dans vous.

passer cette querelle à la table même de M. de Sulli, ajoute que le chevalier se leva et disparut, et que les convives applaudirent à Voltaire; le duc de Sulli eût même dit hautement : « Nous sommes heureux si vous nous en avez délivrés[1]. » Il semblerait qu'il nous faut opter pour le récit de l'abbé ; il s'était adressé à Voltaire lui-même et avait eu de longs entretiens avec son ami Thiériot. Mais alors tous ces faits étaient déjà loin, et le souvenir en devait être confus à la distance de plus d'un demi-siècle[2]. Le maréchal de Villars, le président Hénault et Mathieu Marais sont d'accord pour faire passer ce conflit à la Comédie et devant mademoiselle Lecouvreur; leurs versions identiques sur ce point et d'ailleurs consignées sur le moment même, font pencher la vraisemblance de leur côté. A cette énergique riposte de Voltaire, le chevalier, à ce qu'il paraîtrait, leva sa canne, mais ne frappa pas, disant

1. Duvernet, *la Vie de Voltaire* (Genève, 1786), p. 55.
2. Voltaire, *OEuvres complètes* (Beuchot), t. LXVII, p. 335. Lettre de Voltaire à l'abbé Duvernet; le 13 janvier 1772. On a pu constater combien peu sûrs étaient les biographes de Voltaire, y compris Duvernet. Il serait injuste de s'en prendre exclusivement à eux. Ce dernier, pour sa part, s'était adressé à Voltaire, qui l'avait abouché avec Thiériot et le président Durey de Morsan. Il alla aussi frapper à la porte des amis du poëte, sans en tirer beaucoup de lumières. « Je reçois dans ce moment par la petite poste, écrit madame du Deffand, une lettre signée *l'abbé Duvernet*. Il fait, dit-il, la Vie de Voltaire, et il me prie de lui apprendre des faits, des anecdotes qui le regardent; il me demande de me venir voir. Je consentirai pour voir quel homme c'est; il ne recevra pas grande instruction de moi; je n'aimerais pas à être citée dans son ouvrage. » *Correspondance inédite de madame du Deffand* (Lévy, 1859), t. I, p. 255. Lettre de la marquise à l'abbé Barthélemy; 5 février 1771. C'est au siècle qui suit d'écrire l'histoire du siècle qui l'a précédé; et encore souvent est-ce trop tôt.

qu'on ne devait lui répondre qu'à coups de bâton; le maréchal de Villars ajoute que Voltaire voulut mettre l'épée à la main. C'était le cas pour l'actrice de s'évanouir; elle n'y manqua point, et cela mit naturellement fin à la querelle. A deux ou trois jours de distance, on vint dire au poëte que le duc de Sulli l'attendait à dîner. Il n'y avait pas là de quoi surprendre celui-ci qui « étoit à l'hôtel de Sulli comme l'enfant de la maison[1]. » Il s'y rend sans difficulté, s'assied à la table du duc, et dîne en homme dont la conscience est en repos. Un valet l'avertit qu'on le demande à la porte de l'hôtel : il descend, et se dirige d'un pas tranquille vers un fiacre qui stationnait dans la rue. Selon Duvernet, deux hommes vont à lui et le prient de monter à la portière, ce qu'il fit, croyant trouver dans la voiture la personne qui le cherchait. Mais, à peine eut-il posé le pied qu'il se sentit appréhendé par son habit, tandis qu'on lui appliquait d'autre part sur les épaules une grêle de coups de bâton. Sans se mêler au choc, et tout en se tenant à distance, le brave chevalier de Rohan surveillait l'exécution dans une seconde voiture, à portée de donner ses ordres. On prétend qu'il s'écria : « Ne frappez pas sur la tête, il en peut sortir quelque chose de bon[2], » et le peuple d'alentour de s'exclamer : « Ah! le bon seigneur[3]. » Le chevalier, plus tard, racontant à ses amis l'aventure, disait agréablement : « Je commandois les travailleurs[4]. »

1. Président Hénault, *Mémoires* (Didot, 1855), p. 88.
2. Marquis d'Argenson, *Mémoires* (Jannet), t. I, p. 191.
3. Marais, *Journal et Mémoires* (Didot), t. III, p. 393. Lettre de Marais au président Bouhier; 6 février 1726.
4. Élie Harel, *Voltaire, Recueil de particularités curieuses de sa vie*

Enfin Voltaire réussit à se débarrasser de ces misérables. Il rentre chez M. de Sulli dans l'état que l'on s'imagine, adjure le duc de prendre fait et cause dans un outrage qui rejaillissait d'ailleurs jusqu'à lui : il avait été lâchement assassiné, c'était aux lois à punir un pareil guet-apens. Il voulait l'entraîner chez un commissaire qui eût reçu leur déposition ; mais M. de Sulli se refusa à cette justice qui l'eût honoré, et abandonna pitoyablement celui qu'il traitait depuis dix ans en ami et qui avait si largement reconnu son hospitalité, en immortalisant dans ses vers le grand ministre du grand Henri encore mal apprécié ainsi que son maître. Ce n'eût pas été une petite affaire, il est vrai, de se mettre à dos toute la maison de Rohan, et il était plus simple de laisser le pauvre poëte s'en tirer comme il l'entendrait. Ces sortes d'exécutions n'étaient pas d'ailleurs aussi en dehors des mœurs qu'on le pourrait penser, et sans manquer de courage, on s'en remettait le plus souvent du soin de se venger à des gens à gages qui savaient gagner leur argent. Avait-on à punir un poëte, l'on ne s'y prenait guère autrement. On a fait un petit livre[1], et on en ferait un bien plus gros des coups de

---

*et de sa mort* (Paris, 1817), p. 20. Une tradition, qui s'est perpétuée dans le pays, fait passer ce véritable assassinat au château de Sulli. Cela ne souffre pas l'examen, et ce fut bien à Paris qu'eut lieu l'aventure, rue Saint-Antoine, devant l'hôtel de Sulli, qui existe encore, quoique un peu modifié dans sa façade, et porte le n° 143. Édouard Fournier, *Album chronologique de l'église abbatiale de Saint-Benoît-sur-Loire, de l'église de Germigny-des-Prés et des châteaux de Sulli et Châteauneuf* (Orléans, 1851), *Sulli*, p. 6. — *Revue Contemporaine* (1866), t. LIV, p. 399. *Voltaire au château de Sulli*, Jules Loiseleur.

1. Victor Fournel, *Du rôle des coups de bâton dans l'histoire littéraire* (Paris, Delahays, 1858).

bâton distribués à ceux-ci chez nos voisins comme chez nous. Le comte de Rochester charge son nègre Will de châtier Dryden qui avait écrit une satire contre lui, et ne s'en cache point[1]. Vingt-cinq ans plus tard, il était si bien reçu encore de s'en rapporter aux bras d'assassins salariés, que Marmontel nous dit, au sujet de son intrigue avec mademoiselle Verrières, la maîtresse du maréchal de Saxe : « J'étais dans des transes d'autant plus cruelles que j'étais résolu, au péril de ma vie, de me venger de lui s'il m'eût fait insulter[2]. » Il en fut quitte pour l'appréhension, mais l'appréhension était très-fondée et très-légitime. Ces brutales et odieuses violences, loin d'être réprouvées par l'opinion, n'avaient d'autre effet que de jeter sur la victime un ridicule analogue au ridicule attaché au mari trompé. C'était peu d'être battu, on était bafoué, et les amis n'étaient guère plus indulgents que les indifférents, que les ennemis même. A la nouvelle de ce véritable attentat, le prince de Conti disait que ces coups de bâton étaient bien reçus et mal donnés, le même prince de Conti qui avait, à l'apparition d'*Œdipe*, adressé au poëte des vers où il le plaçait entre Corneille et Racine[3]. L'évêque de Blois, l'abbé de Caumartin, l'un des membres de cette famille où Arouet avait été reçu comme un fils, disait de son côté : « Nous serions bien malheureux si les poëtes n'avaient pas d'épaules. » Marais, qui rapporte ce mot atroce, ajoute : « Le pauvre battu se montre

---

1. Horace Walpole, *Réminiscences* (Paris, 1826), p. 189, 190.
2. Marmontel, *Œuvres complètes* (Belin, 1819), t. I, p. 104. *Mémoires*.
3. Marquis d'Argenson, *Mémoires* (Jannet), t. 1, p. 191.

le plus souvent qu'il peut à la cour, à la ville, mais personne ne le plaint et ceux qu'il croyoit ses amis lui ont tourné le dos[1]. »

Voltaire, en sortant de l'hôtel de Sulli, vole à l'Opéra où il savait trouver madame de Prie, raconte son malheur, apitoie la dame, et l'on va demander justice à Versailles. « On attend, dit encore Marais, la décision de cette affaire qui ne ressemble pas mal à un assassinat. Mais les épigrammes assassines pourront faire excuser le fait. » Et la prévision ne se vérifia que trop[2]. Quant à cette démarche, Voltaire s'abusait s'il pensait obtenir quelque chose du ministre. « Le cardinal de Fleury n'eut pas même la petite politique, nous fait observer Condorcet, de donner à l'agresseur la plus petite marque de mécontentement. » Condorcet se trompe doublement; Fleury, qu'il appelle cardinal, ne le fut qu'en septembre, et il ne fut ministre également qu'au mois de juin, époque de la disgrâce de M. le Duc. C'est donc à M. le Duc que revient le blâme d'avoir toléré un aussi odieux abus de la force brutale. On a prétendu que les ennemis du poëte, pour neutraliser le bon vouloir de la favorite, produisirent des vers adressés par lui, dirent-ils, à madame de Prie:

> *Io*, sans avoir l'air de feindre,
> D'*Argus* sut tromper tous les yeux ;
> Nous n'en avons qu'un seul à craindre,
> Pourquoi ne nous pas rendre heureux?

On n'ignore pas que le prince était borgne.

---

1. Marais, *Journal et Mémoires* (Didot), t. III, p. 393.
2. Barbier, *Journal* (Charpentier), t. II, p. 159. — Piron, *Œuvres inédites* (Paris, Poulet-Malassis. 1859), p. 372.

Ces vers n'étaient pourtant pas de lui, ils étaient de Des Alleurs[1]. Mais Voltaire était très-capable de les avoir faits, et ils étaient, à s'y méprendre, dans sa manière. Au reste, sans rejeter cette anecdote, nous pensons que Voltaire était aux prises avec trop forte partie pour ne pas succomber, et que M. de Bourbon n'avait pas besoin de ce grief pour le sacrifier à tous les Rohan qui croyaient leur honneur engagé à prendre fait et cause pour l'un des leurs. Le chevalier de Rohan[2] n'était pas fort intéressant par lui-même. « C'était une plante dégénérée, dit l'abbé Duvernet. On lui reprochait un défaut de courage, et le métier d'usurier. » Nous ne savons jusqu'à quel point cette dernière accusation est fondée; pour la première, elle n'est que trop démontrée, et sa contenance dans cette affaire odieuse contraste assez étrangement avec ce grade de maréchal de camp qu'il avait alors : en 1734, il sera élevé au rang de lieutenant général, sans états de service autres que cette campagne contre le poëte, qu'encore il ne tint point sans auxiliaires. Voltaire n'avait pas le tempérament d'un héros, il avait l'organisation tout opposée. Grimm dit, en parlant de d'Alembert qui ne fit pas preuve de grande force d'âme devant la mort, qu'un géomètre, parce qu'il est géomètre, ne saurait être brave[3]. A l'analyser d'un peu près, la bravoure est bien moins le résultat d'une critique sérieuse qu'un

---

1. Duvernet, *Vie de Voltaire* (Genève, 1786), p. 57.
2. Guy-Auguste de Rohan-Chabot. Né en 1683. Il avait alors quarante-trois ans.
3. Grimm, *Correspondance littéraire* (Furne 1830), t. XI, p. 445; septembre 1783.

élan spontané et étourdi. Un homme sensé n'est héros et intrépide qu'à bon escient, parce qu'il le faut, par devoir, par haine, mais non inconsidérément et par amour de ferrailler. Voltaire, qui n'était pas un Ulysse, et encore moins un Achille, n'avait que dans l'esprit cette ardeur, cette fougue qui ne comptent pas plus l'ennemi qu'elles ne calculent les obstacles; il craignait pour sa peau, et était de ceux qui faisaient passer, et de beaucoup, la toge avant les armes. Mais, s'il n'avait pas le tempérament sanguin qui fait les braves, il avait le tempérament nerveux qui surexcite et pousse parfois au delà de la bravoure. On l'a vu déjà chercher l'homme qui l'avait outragé, et laisser entendre qu'il était résolu à tirer de lui une vengeance effective et à ne la demander aux lois que s'il ne pouvait se faire justice lui-même; et il ne se lassa point de poursuivre Beauregard, malgré la protection que ce dernier trouvait auprès du ministre. Ici, son énergie, sa résolution, sa volonté de se venger à tout prix redoublent. Il se sent déshonoré, l'objet des ponts-neufs, des calotines; il ne peut rester sous le coup de cet opprobre, et ses efforts pour se relever seront désespérés. Il n'eût pas été un ennemi redoutable, c'était à peine s'il savait tenir une épée : il apprendra. Il se livre à l'escrime avec une ardeur qui tenait de la rage, et ne néglige rien pour être en état de punir l'infâme qui l'a insulté. Les rapports de police nous révèlent de curieux détails sur sa vie décousue, errante, fiévreuse, durant la période de temps qui s'écoula entre l'insulte et l'arrestation du poëte. On connaissait ses projets; les Rohan, inquiets, avaient semé l'alarme et on suivait, heure par heure, ses démarches. Le lieutenant de police écrivait au commissaire du guet, à la date du 23 mars :

« Monsieur, S. A. S. est informée que M. le chevalier de Rohan part aujourd'hui ; et comme il pourroit avoir quelque nouveau procédé avec le sieur de Voltaire, ou celui-ci faire quelque coup d'étourdi, son intention est que vous le fassiez observer, de manière que cela n'ait point de suite[1]. »

L'abbé Granet mandait, plus tard, après l'arrestation de Voltaire, à un de ses correspondants : « Vous savez que Voltaire est enfermé à la Bastille, les nouvelles à la main disent qu'on l'a pris chez un maître en fait d'armes; vous sentez la plaisanterie. On dit que Voltaire vouloit s'y faire enfermer pour avoir lieu de dire qu'on l'a empêché de se venger. Le chevalier de Rohan est charmé de le voir en prison, Voltaire est pour lui un ennemi dangereux[2]. » L'abbé Granet, on le voit, n'avait pas grande opinion de la vaillance du poëte, et ce préjugé, disons-le, était assez général, même parmi ses amis : nous avons vu plus haut ce qu'en pensait M. d'Argenson, qui, certes, n'a pas l'intention de railler Voltaire sur sa couardise. La police, plus à même d'apprécier la vraie disposition de l'offensé, n'avait pas de lui cette méchante opinion, et on le supposait si bien capable de quelque tentative désespérée, qu'à tout événement, un ordre de l'arrêter et de l'enfermer à la Bastille avait été signé dès le 28 mars,

1. *Revue rétrospective* (1834), t. II, p. 128. M. Hérault, lieutenant général de police au sieur Duval, commissaire du guet ; 23 mars 1726.
2. Laverdet, *Catalogue d'autographes* du 11 mai 1861, p. 63, n° 576. Lettre de l'abbé Granet à l'abbé Conti ; Paris, 3 mai 1726.

quoique l'on ne dût s'en servir que vingt jours après[1].
Au lieu de calmer son ressentiment, l'attente n'avait eu d'autre effet que de l'accroître. Voltaire persévérait dans ses projets avec un acharnement incroyable. Les agents affectés à sa surveillance nous le transforment un peu en bandit, en homme de mauvaise compagnie ; ce sont là des appréciations de drôles qui font du zèle et d'ailleurs ne sont pas gens à saisir les nuances : Voltaire est capable de tout, sauf de s'oublier et de se vautrer. Cela dit, voici le rapport, qui doit être exact, quant au fond :

Il vient d'être informé par voie sûre que le sieur de Voltaire médite d'insulter incessamment et avec éclat M. le chevalier de Rohan. Il a changé plusieurs fois, depuis six semaines, de demeure et de quartier. On a avis qu'il est actuellement chez un nommé Leynault, maître en fait d'armes, rue Saint-Martin, où il vit en très-mauvaise compagnie. On prétend qu'il est en relation avec des soldats aux gardes, que plusieurs bretteurs fréquentent chez lui ; mais quoi qu'il en soit de ces faits, il est toujours constant qu'il a de très-mauvais desseins, et il est sûr qu'il a fait venir de province un de ses parens qui doit l'accompagner dans le combat. Ce parent est homme plus modéré que M. de Voltaire, et voudroit bien le calmer ; mais il ne lui est pas possible d'en venir à bout. Il est plus irrité et plus furieux que jamais dans sa conduite et dans ses discours. Tous ces éclaircissemens déterminent le lieutenant de police à faire mettre, dès cette nuit, s'il est possible, les ordres du roi contre le sieur de Voltaire, à exécution, jugeant qu'il est de son devoir de prévenir le désordre dont il est averti positivement[2].

Cette note ne fait aucun tort à Voltaire. Ce qu'il en

1. Archives impériales. *Registre du secrétariat de la maison du Roy*, de l'année 1726, 0,70, p. 105 ; 28 mars 1726.
2. *Revue rétrospective* (1834), t. II, p. 128. M. Hérault au ministre ; 16 avril 1726.

ressort de plus net, c'est qu'il veut se battre, et c'est ce dont on lui sait d'autant plus gré qu'il a moins de penchant à le vouloir sincèrement. Qu'il fasse des armes avec des soldats aux gardes, qu'il se frotte à des bretteurs de profession, c'est qu'il ne tient nullement à être tué comme un sot ; et l'amour qu'il a de la vie lui fait prendre tous les soins qui sont en lui pour la défendre. S'il vit en très-mauvaise compagnie, comme il est dit plus haut, ce n'est pas qu'il se soit pris subitement d'affection pour un pareil monde ; c'est, encore un coup, parce qu'il veut se fortifier dans le maniement des armes, et qu'il ne peut être en meilleure compagnie pour un semblable but. Duvernet raconte une scène de provocation dont il n'est nullement question dans le rapport précédent. La loge de mademoiselle Lecouvreur, que M. de Chabot hantait fort, en eût été le théâtre ; le poëte l'y fût allé relancer et lui eût dit : « Monsieur, si quelque affaire d'intérêt ne vous a point fait oublier l'outrage dont j'ai à me plaindre, j'espère que vous m'en ferez raison... » Thiériot, auquel revient la responsabilité de ce récit, se trouvait à la porte de l'actrice et merveilleusement placé pour tout entendre. Le chevalier accepta le défi pour le lendemain, sur les neuf heures, et choisit lui-même pour le lieu de la rencontre la Porte Saint-Martin ; mais il en instruisait en même temps sa famille, qui faisait sur-le-champ auprès de M. le Duc les démarches les plus pressantes pour empêcher ce duel[1]. En tout cas, cette intervention ne

---

1. On trouve ailleurs que Voltaire envoya par un garçon de Procope qu'il avait accommodé de façon à s'en servir comme d'un second, un cartel au chevalier qui accepta pour le lendemain et

fut un secret pour personne ; le maréchal de Villars, qui a accordé une place à ce petit épisode d'histoire littéraire dans ses Mémoires, termine son récit par ces quelques lignes pleines de sens et d'équité qui n'ont rien d'aimable pour M. de Rohan :

> Le chevalier étoit fort incommodé d'une chute qui ne lui permettoit pas d'être spadassin. Il prit le parti de faire donner en plein jour des coups de bâton à Voltaire, lequel, au lieu de prendre la voie de la justice, estima la vengeance plus noble par les armes. On prétend qu'il la chercha avec soin, trop indiscrètement. Le cardinal de Rohan demanda à M. le Duc de le faire mettre à la Bastille, l'ordre en fut donné, exécuté ; et le malheureux poëte, après avoir été battu, fut encore emprisonné. Le public, disposé à tout blâmer, trouva pour cette fois, avec raison, que tout le monde avoit tort : Voltaire d'avoir offensé le chevalier de Rohan ; celui-ci, d'avoir osé commettre un crime digne de mort, en faisant battre un citoyen ; le gouvernement de n'avoir pas puni la notoriété d'une mauvaise action, et d'avoir fait mettre le battu à la Bastille pour tranquilliser le batteur [1].

Voilà un noble langage. Un duc et pair, qui estime digne de la peine de mort le crime de guet-apens commis par un grand seigneur sur un « citoyen ! » Cela mérite bien d'être signalé à cette date, ainsi que le mot de citoyen, ce mot terrible qui, soixante-quinze ans plus tard retentira dans toute la France et sera la seule appellation du Français affranchi.

Voltaire fut arrêté la nuit du 17 avril et conduit à la Bastille. « Il a été trouvé muni de pistolets de poche,

---

dans la nuit le fit enfermer à la Bastille. Que ne dit-on pas ? — Victor Fournel, *Du rôle des coups de bâton dans l'histoire littéraire* (Paris, Delahays, 1858), p. 221.

1. Maréchal de Villars, *Mémoires* (Michaud et Poujoulat), t. XXXIII, p. 323.

dit le rapport de M. Hérault, et la famille, sur l'avis qu'elle a eu, a applaudi unanimement et universellement à la sagesse d'un ordre qui épargne à ce jeune homme la façon de quelque nouvelle sottise, et aux honnêtes gens dont cette famille est composée le chagrin d'en partager la confusion [1]. » Il se peut que la famille Arouet, qui d'ailleurs ne se composait que d'Arouet et de M. et madame Mignot, ne fût pas rassurée sur les conséquences d'une pareille affaire; il ne fallait, en effet, que posséder son La Fontaine pour savoir qu'il n'était pas de lutte possible pour le pot de terre contre le pot de fer, pour un fils de bourgeois contre un membre de l'une des plus puissantes maisons du royaume, ce fils de bourgeois fût-il, comme l'estime le maréchal de Villars, « le plus grand poëte de son temps. » A part ces appréhensions très-concevables, si quelque confusion était à redouter pour l'une des deux familles, à coup sûr, c'était moins pour celle de l'auteur d'*OEdipe* que pour celle de M. de Chabot. Au fond, bien qu'en signant l'ordre d'incarcération, l'on n'était pas sans en sentir l'indignité; le lieutenant de police que nous voyons traiter si cavalièrement le poëte, à trois jours d'intervalle, s'exprimait tout différemment, dans un billet qu'il écrivait à Condé, geôlier du roi à la Bastille.

Vous ne m'avez pas mandé, Monsieur, l'entrée à la Bastille du sieur de Voltaire, non plus que celle de madame de Tencin, quoique j'aie signé les ordres en vertu desquels on les y a conduits... Le sieur de Voltaire est d'un génie à avoir besoin de

---

[1]. *Revue rétrospective* (1834), t. II, p. 129. M. Hérault au ministre; 18 avril 1726.

ménagement. S. A. R. a trouvé bon que j'écrivisse que l'intention du roi est que vous lui procuriez les douceurs et la liberté de la Bastille, qui ne seront point contraires à la sécurité de sa détention [1].

Pour rendre plus plausible cette mesure odieuse, la famille de M. de Chabot avait prétendu que Voltaire était venu relancer son ennemi à Versailles, jusque dans l'hôtel du cardinal de Rohan. C'était tout simplement une allégation calomnieuse, s'il faut en croire l'auteur de la *Henriade*.

« Le sieur de Voltaire, écrivait-il au ministre du département de Paris, remontre très-humblement qu'il a été assassiné par le brave chevalier de Rohan, assisté de six coupe-jarrets, derrière lesquels il était hardiment posté ; qu'il a toujours cherché, depuis ce temps-là, à réparer, non son honneur, mais celui du chevalier, ce qui était trop difficile. S'il est venu dans Versailles, il est très-faux qu'il ait été demander le chevalier de Rohan-Chabot chez M. le cardinal de Rohan.

« Il lui est très-aisé de prouver le contraire, et il consent de rester toute sa vie à la Bastille, s'il impose. Il demande la permission de manger avec M. le Gouverneur de la Bastille et de voir du monde. Il demande avec encore plus d'instance la permission d'aller incessamment en Angleterre. Si on doute de son départ, on peut l'envoyer avec un exempt jusqu'à Calais [2]. »

Évidemment on avait été contraint, on avait eu la main forcée, l'on n'avait pu refuser cette marque de déférence à une famille puissante qui avait pour chef

---

1. *Revue rétrospective* (1834), t. II, p. 129. M. Hérault au sieur Condé, geôlier du roi ; 21 avril 1726.
2. *Ibid.*, t. II, p. 130. Au ministre du département de Paris ; avril 1726. Cette note est reproduite dans les diverses éditions, mais à la première personne ; ce qui nous a fait préférer cette version, c'est que le dernier alinéa n'existe pas dans les œuvres.

un prince de l'Église qui était aussi grand aumônier de France. On rendait au fond justice à Voltaire dont la vaillance avait plus étonné qu'indigné son monde. Au moins voulut-on adoucir, autant qu'il était possible, les ennuis de la captivité, et lui accorda-t-on des franchises assez rares en semblable lieu. Il mangea, comme il le souhaitait, à la table de M. de Launay, le gouverneur, et obtint la permission de recevoir la visite de quelques amis, au nombre desquels nous nommerons Patu, le comte de Goesbriant, Daumard le parent du poëte, peut-être ce témoin qui le trahit auprès du lieutenant de police à bonne intention et par effroi des suites d'une telle aventure. Citons encore l'homme chargé de ses intérêts, l'ancien commis de son père, Germain Dubreuil, avec lequel il pouvait avoir besoin de s'aboucher[1]. Voltaire, usant et abusant de ces facilités, crut qu'il pouvait donner audience à tout Paris. Il écrit à ceux de ses amis qui ne se sont pas encore rangés à leur devoir, et les exhorte à lui donner preuve de vie. « J'ai été accoutumé à tous les malheurs, mande-t-il à Thiériot, mais pas encore à celui d'être abandonné de vous entièrement[2]. Madame de Bernières, madame du Deffand, M. le chevalier Des Alleurs devraient bien me venir voir. Il n'y a qu'à demander permission

1. Laverdet, *Catalogue d'autographes*; 16 février 1859, p. 631, n° 633. Quatre lettres adressées à M. de Launay, gouverneur de la Bastille (24 avril au 2 mai 1726), donnant les ordres pour laisser communiquer diverses personnes avec Voltaire, prisonnier de l'ordre du roi, comme aussi de lui donner un domestique à son choix.

2. Ce reproche ne fut pas sans effet sur Thiériot qui s'était chargé de pourvoir son ami de livres anglais, et vint plusieurs fois partager son dîner. Voltaire, *OEuvres complètes* (Beuchot), t. LXVII, p. 335. Lettre de Voltaire à l'abbé Duvernet; le 31 janvier 1772.

à M. Hérault ou à M. de Maurepas [1]. » C'était un peu trop dire, et l'on fut forcé de restreindre cette permission illimitée qui ouvrait la Bastille à beaucoup trop de monde.

Lorsque j'ay permis, Monsieur, à M. de Voltaire de voir quelques-uns de ses amis, écrivait M. Hérault au gouverneur, je n'ay point entendu qu'il recevroit des visites de la part de tous ceux qui le connoissent, et mon intention a été de restreindre cette liberté à cinq ou six de ses amis; engagés-le à vous en donner les noms, afin qu'il ne voye que ceux qui seront compris dans son état, qui ne doit pas comprendre plus de six personnes. Je me compromettrois si les choses étoient autrement, et il est à propos que vous le luy fassiez sentir [2].

Cette lettre est datée du 1ᵉʳ mai. Dès le 29 avril, l'ordre de le mettre en liberté était signé [3]. Mais entre l'ordre d'élargissement et la liberté, il s'écoulait forcément quelques jours consacrés à des formalités bien longues pour un captif. Le 2 mai, de Launay recevait du lieutenant de police la notification de cet ordre de grâce avec les conditions que le ministre mettait à la sortie du prisonnier.

« Je viens de charger, Monsieur, le sieur Condé d'un ordre du roy pour faire sortir le sieur de Voltaire de la Bastille ; et M. le comte de Maurepas me marque en même temps, par sa lettre du 29 du mois dernier, que l'intention du roy et de S. A. S. Mgr le Duc, est qu'il soit conduit en Angleterre. Ainsi

---

1. Voltaire, *Lettres inédites* (Didier, 1857), t. I, p. 437. Lettre de Voltaire à Thiériot ; de la Bastille, avril 1726.

2. Delort, *Histoire de la détention des philosophes et des gens de lettres à la Bastille et à Vincennes* (Paris, 1819), t. II, p. 35, 36. Lettre de M. Hérault à de Launay ; ce 1ᵉʳ may 1726.

3. Archives impériales. *Registre du secrétariat de la maison du Roy*, de l'année 1726. O,70, p. 135.

le sieur Condé l'accompagnera jusqu'à Calais, et le verra embarquer et partir de ce port. Je vous suplie de faire faire au sieur de Voltaire une soumission par écrit de se conformer à ces ordres[1]. »

Voltaire devait partir en rasant Paris. Il écrivit en toute hâte à madame de Bernières pour qu'elle lui prêtât sa chaise que lui ramènerait Condé. Il la suppliait de venir le voir et de recevoir ses adieux, le lendemain mercredi, en compagnie de madame du Deffand et de Thiériot[2]. Dès le 5, il était à Calais[3]. Il descendit chez un M. Dunoquet, trésorier des troupes, l'ami de madame de Ferriol, à qui elle l'avait sans doute adressé.

Je suis ici chez M. Dunoquet, écrit-il à celle-ci, et je sens bien à la réception qu'il me fait, qu'il croit que vous m'honorez d'un peu d'amitié... Ayez la bonté d'assurer madame de Tencin, qu'une de mes plus grandes peines, à la Bastille, a été de savoir qu'elle y fût. Nous étions comme Pyrame et Thisbé : il n'y avait qu'un mur qui nous séparât, mais nous ne nous baisions point, par la fente de la cloison[4]...

Madame de Tencin n'est pas à faire connaître. Belle, jeune encore, audacieuse, de peu de mœurs et de peu de scrupules comme toute sa famille, pleine d'intrigue

1. Delort, *Histoire de la détention des philosophes et des gens de lettres à la Bastille et à Vincennes* (Paris, 1819), t. II, p. 36. Lettre de M. Hérault à M. de Launay ; ce 2 may 1726.
2. Voltaire, *Lettres inédites* (Didier, 1857), t. I, p. 437. Lettre de Voltaire à madame de Bernières ; avril 1726. Il écrivait le même jour à Thiériot : « On doit me conduire demain ou après-demain de la Bastille à Calais. Je vous attends, mon cher Thiériot, avec impatience, venez au plus tôt. C'est peut-être la dernière fois que nous nous verrons. Ce mardi. » Voltaire, *Pièces inédites* (Didot, 1820), p. 162.
3. *Voltaire à Ferney* (Didier, 1861), p. 310, 311. Lettre de Voltaire à Thiériot ; à Calais, ce 5 mai 1726, chez M. Dunoquet.
4. Voltaire, *Lettres inédites* (Didier, 1857), t. I, p. 437, 438. Lettre de Voltaire à madame de Ferriol ; Calais, 6 mai 1726.

et de manéges, recevant force monde, des grands seigneurs, des gens d'esprit, des gens de lettres qu'elle appelait *ses bêtes*, elle vivait dans Paris sur le meilleur pied, quand, tout à coup, la nouvelle se répand qu'un homme s'est fait sauter la cervelle dans sa propre maison (6 avril 1726). C'était Lafresnaye, son amant, conseiller au grand conseil, pauvre tête et non moins pauvre esprit, qui avait eu le soin, avant ce trait de démence, de rédiger son testament, un terrible réquisitoire contre la chanoinesse qu'il accuse d'être en commerce de galanterie avec le vieux Fontenelle et même d'Argental, l'un de ses neveux. A l'en croire, elle l'eût ruiné de fond en comble. « Après avoir eu avec moi, dit-il dans une lettre à l'archevêque d'Embrun, un commerce d'amour pendant trois ans, aux yeux de ses domestiques et des vôtres, elle s'est emparée de tout mon bien, abusant de la confiance que j'ai eue de le mettre sous son nom. Elle m'a mis dans la cruelle nécessité de périr [1]... » Quoiqu'il régnât dans tout cet écrit une exaltation voisine de la folie, la dame avait été décrétée de prise de corps, amenée d'abord au Châtelet, puis à la Bastille [2], où elle devait rester jusqu'à la conclusion de cette affaire scandaleuse dont elle fut quitte pour la peur ; car elle fut déchargée d'accusation, et, par contre, la mémoire du défunt condamnée, son nom rayé des registres du grand conseil, ses biens confisqués, son testament brûlé. C'eût

---

1. Marais, *Journal et Mémoires* (Didot), t. III, p. 417.
2. Archives impériales. *Registre du secrétariat de la maison du Roy*, de l'année 1726. O, 70, p. 125, 185. — Laverdet, *Catalogue de lettres autographes* ; octobre et décembre 1861, p. 36, n° 5836.

été alors sans doute, pour les deux captifs, un mutuel adoucissement de se voir ; mais la gravité des charges que l'on faisait peser sur madame de Tencin ne permettait pas de lui accorder la même liberté qu'à son voisin, si tant est qu'il n'y eût entre eux qu'une muraille, comme semble le dire Voltaire.

Le poëte dut rester quatre ou cinq jours à Calais, sous la surveillance de Condé dont le mandat était de s'assurer de son embarquement. Si le chevalier de Rohan fut heureux de ce départ, des sceptiques, peu convaincus de la sincérité des démonstrations de Voltaire, assuraient qu'il n'avait pas été fâché, lui non plus, d'une Bastille qui lui avait sauvé les périls d'une rencontre. C'était une erreur, pourtant. Rien n'avait calmé l'irritation du poëte, sa soif de vengeance était toujours la même, il en était si complétement obsédé et poursuivi qu'à peine débarqué, il regagnait la France où l'on devait être sans défiance sur son brusque retour. On trouve l'aveu de cette folie dans une lettre à Thiériot empreinte d'une profonde mélancolie et d'une grande amertume.

Je vous avouerai, mon cher Thiériot, que j'ai fait un petit voyage à Paris, depuis peu. Puisque je ne vous ai point vu, vous jugerez aisément que je n'ai vu personne. Je ne cherchais qu'un seul homme que l'instinct de sa poltronnerie a caché de moi, comme s'il avait deviné que je fusse à sa piste. Enfin la crainte d'être découvert m'a fait partir plus précipitamment que je n'étais venu. Voilà qui est fait, mon cher Thiériot ; il y a grande apparence que je ne vous reverrai plus de ma vie... Je n'ai plus que deux choses à faire dans ma vie : l'une de la hasarder avec honneur dès que je le pourrai ; et l'autre de la finir dans l'obscurité d'une retraite qui convient à ma façon de penser, à mes malheurs et à la connaissance que j'ai des hommes[1].

Il y a là l'accent d'un profond ressentiment de l'injustice qu'il a subie. Il a tenté tout ce qui lui était possible pour réparer l'outrage fait à son honneur, et l'on voit qu'il ne renonce pas encore à obtenir une satisfaction éclatante. Que pouvait-on attendre de plus, nous ne dirons pas de lui, mais de l'homme le plus virtuellement brave? Voltaire, a-t-on dit, avait la nature poltronne, c'est l'opinion de ses amis comme de ses ennemis; mais, à deux reprises pourtant, il aura su dompter le côté essentiellement prudent de son esprit et faire, par une volonté raisonnée, une détermination persistante, ce que d'autres ne font que par coups de tête et par emportement.

---

1. Voltaire, *Œuvres complètes* (Beuchot), t. LI, p. 165, 166. Lettre de Voltaire à Thiériot; le 12 août 1726.

# X

SÉJOUR EN ANGLETERRE. — VOLTAIRE ET LA SOCIÉTÉ ANGLAISE.

Les circonstances qui contraignaient Voltaire à chercher un refuge chez nos voisins devaient lui inspirer une grande sympathie pour des institutions où il n'y avait nulle place à l'arbitraire. « La raison est libre ici et n'y connaît point de contrainte. » On y respire un air plus généreux, l'on se sent au milieu de citoyens qui n'ont pas tort de porter le front haut, de marcher fièrement, sûrs qu'on n'eût pu toucher à un seul cheveu de leur tête, et n'ayant à redouter ni lettres de cachet, ni captivité immotivée. La première impression fut magique. Tout se prêta d'ailleurs au charme du mirage, et, dans la suite, l'exilé eut lieu de constater que la nature comme la population semblait avoir pris des airs de fête pour saluer sa venue.

Lorsque je débarquai auprès de Londres, c'était dans le milieu du printemps; le ciel était sans nuages, comme dans les plus beaux jours du midi de la France; l'air était rafraîchi par un doux vent d'occident, qui augmentait la sérénité de la nature, et disposait les esprits à la joie : tant nous sommes *machines*, et tant nos âmes dépendent de l'action des corps ! Je m'arrêtai près de Greenwich, sur les bords de la Tamise. Cette belle rivière, qui ne déborde jamais, et dont les rivages sont ornés de verdure toute l'année, était couverte de deux rangs de vaisseaux marchands durant l'espace de six milles; tous avaient déployé leurs voiles pour faire honneur au roi et à la reine qui se promenaient sur la rivière dans une barque dorée, précédée de bateaux remplis de musique, et suivie de mille petites barques à rames; chacune avait deux rameurs, tous vêtus comme l'étaient autrefois nos pages, avec des trousses et de petits pourpoints ornés d'une grande plaque d'argent sur l'épaule. Il n'y avait pas un de ces mariniers qui n'avertît par sa physionomie, par son habillement et par son embonpoint, qu'il était libre, et qu'il vivait dans l'abondance[1].

Oubliez qu'il soit fait mention de Greenwich et de la Tamise; ne se croirait-on pas nageant en pleines eaux de Naples, sous ce beau ciel bleu qu'il faut voir avant de mourir et que Voltaire ne vit point. C'était commencer par le lyrisme. Il fut vite ramené au vrai et put se convaincre que, là encore, le gouvernement et les hommes étaient loin d'avoir atteint cet idéal que rêvera longtemps la spéculation philosophique. Le morceau très-remarquable dont nous avons détaché le paysage riant qui précède, nous fait assister aux petits et fréquents mécomptes qu'apportent immanquablement le temps et une investigation plus attentive. Parfois même, un certain parti pris de sarcasme se fait sentir : l'humeur perce sous la plaisanterie, soit qu'il en veuille à ce peuple de s'être quelque peu mépris, soit, qu'à son insu, son patriotisme répugne à reconnaître la supériorité d'une nation rivale et trop souvent ennemie. Mais, en somme, il rend et rendra justice à ce que les institutions anglaises avaient déjà de protecteur et de libéral; ce n'était pas peu de choses, en effet, de n'avoir point à trem-

1. Voltaire, *OEuvres complètes* (Beuchot), t. XXXVII, p. 24, 25; à M\*\*\*; 1727.

bler pour son repos et pour sa liberté; et il trouvait en ce pays ce que le sien n'offrait pas plus aux étrangers qu'à ses propres nationaux. Le chevalier Van-Brugh, auteur comique et architecte tout ensemble, auquel on doit la lourde construction du château de Blenheim, ne s'aperçut que trop pour sa part du peu de sûreté qu'il y avait à nous visiter. Traversant la France, avant la guerre de 1704, il avait été mis à la Bastille, sans qu'il ait jamais su pourquoi il avait été arrêté et à quelles causes il dut d'avoir été relâché [1].

Bolingbroke, gracié et pardonné mais non jusqu'au point d'être rentré en faveur, heureux de fouler le sol de la patrie, avait quitté la France sans aucune idée de retour. Il se partageait entre son hôtel de Londres, à Pall-Mall, et Dawley, sa maison de campagne située non loin de Cranford, dans le comté de Middlesex. Mais c'était dans cette dernière résidence qu'il passait la plus grande et la meilleure partie de son temps. Dawley avait pris dans ses affections la place de son château de la Source, dont il voulait se défaire et pour lequel d'ailleurs il était en procès de l'autre côté du continent [2]. Quand les hommes nous quittent, on en revient à la nature, compagne accommodante et toujours souriante : « Je me propose d'y finir mes jours en repos, écrit-il à Swift en parlant de ce joli cottage, sans éprouver de vide, et je crois que j'irai rarement à Londres, si ce

---

1. Voltaire, *OEuvres complètes* (Beuchot), t. XXXVII, p. 236. *Lettres philosophiques*. Lettre xix, sur la Comédie.

2. Bolingbroke, *Lettres historiques, philosophiques et particulières* (Paris, 1808), t. III, p. 316. Lettre de Bolingbroke à d'Argental; Londres, ce 8 mai 1727.

n'est pour m'égayer de temps à autre de ce mélange de fripons et de sots ennuyeux[1]. » Il divisait ainsi sa vie, dans ses souhaits : deux tiers pour l'amitié, un tiers pour lui-même, et pas un moment pour le monde[2]; mais cela n'était peut-être pas aussi sincère au fond qu'il le pensait, et sa philosophie n'eût pas été sans doute à l'épreuve d'un retour de fortune. Voltaire le trouva plein d'accueil et de bienveillance. Il s'était pourtant conduit avec lui assez légèrement et de façon à le blesser, si l'illustre exilé qui connaissait les hommes, n'eût pas mieux aimé ignorer que se froisser d'un procédé équivoque. Le poëte, dans tout l'enthousiasme de son amitié pour les châtelains de la Source, avait eu l'idée un instant de dédier sa *Henriade* à Bolingbroke. Ce dernier ne pouvait être que flatté de l'intention, mais il avait deviné la versatilité de l'auteur d'*OEdipe* et, d'ailleurs, dans la situation délicate où il se trouvait, la manière dont on parlerait de lui ne devait pas lui être indifférente. Il n'avait à appréhender que des coups d'encensoir, mais c'était la nature de l'encens qui le préoccupait. Dans cette demi-perplexité, il s'en explique ouvertement avec madame de Ferriol :

Avez-vous reçu, lui mande-t-il, il y a quelque temps une lettre que je vous ai écrite, avec une seconde que j'ai écrite à Voltaire? Vous m'avez dit dans une des vôtres, qu'il vouloit me dédier son poëme. Un aussi bel ouvrage demande un patron plus considérable. Je suis prêt à lui rendre tous les services qui dépendent de moi ; l'amitié que j'ai pour lui, et le mérite réel

---

1. Bolingbroke, *Lettres historiques, philosophiques et particulières* (Paris, 1808), t. III, p. 296, 297. Lettre de Bolingbroke à Swift; le 17-28 février 1727.

2. *Ibid.*, t. III, p. 319. Lettre de Bolingbroke à Swift; le 18-28 mai 1727.

de son poëme, m'y engageront de reste, et je n'ai besoin d'aucun autre motif. Il se peut donc qu'il change de dessein : il se peut même qu'il ne l'ait jamais eu ; mais la grâce que j'ai à vous demander, c'est de le sonder de fort loin sur ce sujet, et de tâcher de me mettre au fait de ses intentions. Je vous en dirai tout naturellement la raison. Je serois curieux de savoir comment il veut parler de moi, par une raison tout opposée à celle qu'avoit Cicéron, quand il écrivoit à son ami Lucceius : *Je crains les louanges, parce que je crains le ridicule.* J'aurois d'autres choses à vous dire sur ce sujet, mais en voici assez pour le coup. Gardez-moi le secret, et répondez-moi à votre loisir [1].

Bolingbroke s'alarmait bien à tort de projets aussi vite abandonnés que conçus. Voltaire avait changé d'idée et ne songeait plus à mettre son poëme sous la protection du philosophe de la Source. Nous n'avons pas plus la réponse de madame de Ferriol que la lettre de Voltaire à laquelle il est fait allusion dans les lignes suivantes : « Ce que vous me mandez de Voltaire et de ses projets est dans son caractère, et tout à fait probable; ce qu'il me mande y est tout à fait contraire. Je lui répondrai dans quelque temps d'ici, et je lui laisserai toute la vie la satisfaction de croire qu'il me prend pour dupe avec un peu de verbiage [2]. » On voudrait avoir la lettre de Voltaire et son « verbiage; » mais jusqu'ici pas une de ses lettres à Bolingbroke ne s'est retrouvée, bien qu'il soit à croire qu'il lui en ait écrit plus d'une avant et depuis son voyage forcé en Angle-

---

1. Bolingbroke, *Lettres historiques, politiques, philosophiques et particulières* (Paris, 1808), t. III, p. 268, 269. Lettre de Bolingbroke à madame de Ferriol; aux bains (de Bath), ce 24 novembre 5 décembre 1725.
2. *Ibid.*, t. III, p. 274. Lettre de Bolingbroke à madame de Ferriol; Londres, ce 17-28 décembre 1725.

terre. Ce petit tort, dont il faut moins accuser la fausseté que l'irréflexion du poëte, Voltaire le réparait dignement en 1730, en dédiant à son illustre appui sa tragédie de *Brutus ;* mais alors Bolingbroke avait accru par l'accueil le meilleur et le plus affectueux ses droits à la reconnaissance de l'auteur de la *Henriade.*

Saint-Jean était lié avec les grandes intelligences de son temps. Bel esprit et philosophe autant qu'homme d'État, il avait cherché dans les lettres un refuge contre les déceptions et les mécomptes de la politique. Swift, Pope, Gay étaient ses amis; il les appelait familièrement *Jonathan, Alexandre, John* [1]. Il les voyait ou chez lui ou à Twickenham, la maison de campagne du second. Par lui, l'exilé allait avoir accès auprès de la société lettrée de l'Angleterre aussi bien que du monde officiel et de la cour même où, tout tory qu'il fût, il avait, sans y poser le pied, conservé des relations et de nobles amitiés. « Je suis très-bien recommandé en ce pays-là, et on m'y attend avec assez de bonté, » écrivait Voltaire à Thiériot [2].

Pour ses débuts, Voltaire éprouva un de ces revers trop fréquents, mais qui sur une terre étrangère déconcertent infiniment davantage. En partant de France, il avait pris une lettre de change de vingt mille francs sur un juif de Londres appelé d'Acosta. Il n'avait pas besoin d'argent et ne se pressa point de l'aller toucher. Quand il s'en avisa, il était trop tard. L'israélite lui dit

---

1. Bolingbroke, *Lettres historiques, politiques, philosophiques et particulières* (Paris, 1808), t. III, p. 290.
2. Voltaire, *Œuvres complètes* (Beuchot), t. LI, p. 166. Lettre de Voltaire à Thiériot ; le 12 août 1726.

qu'il avait déclaré sa faillite la veille, et il lui donna quelques guinées qu'il pouvait toutefois se dispenser de lui accorder, comme le remarque le poëte qui traite le procédé de généreux [1]. Au moins est-ce prendre son malheur d'humeur riante pour un homme qu'on taxe d'une avarice sordide, et ce sera le plus souvent la même philosophie devant la perte, bien qu'en mille autre cas, il accuse une âpreté au gain et un amour de l'or que nous n'essayerons pas de nier. Quoi qu'il en soit, le roi Georges, ayant eu connaissance de sa mésaventure, lui envoya cent guinées [2]. Cela arrivait à propos, la fortune de Voltaire n'était pas en hausse. Il ne touchait rien encore de l'héritage paternel, il venait de perdre toutes ses rentes sur l'Hôtel de Ville faute d'une formalité [3], et il ne pouvait espérer que l'on continuât dans l'exil les pensions du roi et de la reine [4].

Un chagrin très-réel et qu'il faut constater, parce que Voltaire n'a jusqu'ici que trop peu fait preuve d'affection de famille, c'est la mort de madame Mignot sa sœur [5]. Si une invincible antipathie de goûts et de caractère, à part l'antagonisme des intérêts qui était venu s'y

---

1. Voltaire, *OEuvres complètes* (Beuchot), t. XLVIII, p. 532. — *Lettres de quelques Juifs allemands et polonais à M. de Voltaire* (Paris, 1776), quatrième édition, t. II, p. 382.

2. Longchamp et Wagnière, *Mémoires sur Voltaire* (Paris, 1826), t. I, p. 23. — Baculard dit six mille livres; la préface de l'édition de 1745 (Londres, Jean Nourse, 1746), deux mille livres.

3. Voltaire, *Pièces inédites* (Didot, 1820), p. 169. Lettre de Voltaire à M. M*** 1726 (1728).

4. Voltaire, *OEuvres complètes* (Beuchot), t. LI, p. 166, 172. Lettres de Voltaire à Thieriot des 12 août 1726 et 2 février 1727.

5. Elle mourut vers le commencement de septembre 1726.

mêler, avait élevé une muraille de glace entre les deux frères, la sœur et son jeune frère avaient toujours eu l'un pour l'autre les meilleurs procédés. Voltaire aimait tendrement celle-ci ; au milieu des plus terribles moments, il a un souvenir pour elle. Si son sort n'a pas à l'inquiéter, il le préoccupe ; bien que rien n'indique qu'elle ne fût pas heureuse, il semble tenir à être au fait de sa vie, et voudrait avoir quelqu'un qui, au besoin, pût l'éclairer sur ce qui se passe dans l'intérieur du correcteur de la chambre des comptes. Du moins, n'y a-t-il guère d'autre moyen d'expliquer et sa sollicitude et ses instances auprès de Thiériot pour ne pas négliger celle-ci. « Je vous prie, lui écrivait-il, mon cher Thiériot, d'aller un peu chez ma sœur [1]... » Et, autre part, sur l'assurance que lui donnait sans doute son ami de le satisfaire à cet égard : « Je vous suis surtout très-obligé d'aller souvent chez ma sœur. Mon cœur a toujours été tourné vers elle ; je suis sûr que vous lui donnerez un peu d'amitié pour moi [2]. » Sa désolation fut vive en apprenant la mort de madame Mignot, et il s'épanche avec une sensibilité qui ne peut être jouée, à deux reprises, sur ce triste événement dont la nouvelle ne lui parvint qu'un mois après. « C'était à ma sœur à vivre, écrit-il à madame de Bernières, et à moi de mourir ; c'est une méprise de la destinée. Je suis douloureusement affligé de sa perte : vous connaissez mon cœur, vous savez que j'avais de l'amitié pour

---

1. Voltaire, *Lettres inédites* (Didier, 1857), t. I, p. 16. Lettre de Voltaire à Thiériot ; à Ussé, ce 12 décembre 1722.
2. Voltaire, *Œuvres complètes* (Beuchot), t. LI, p. 88. Lettre de Voltaire à Thiériot ; fin décembre 1722.

elle. Je croyais bien que ce serait elle qui porterait le deuil de moi[1]!.... » A ce moment, Voltaire n'eût pas demandé mieux, à ce qu'il semble, de se rapprocher de son frère. Dans une lettre du même temps à une amie, mademoiselle Bessières, on lit ces lignes, qui sont trop à sa louange pour être omises : « Je vous supplie, mademoiselle, d'avoir la bonté de remplir jusqu'au bout le zèle charitable que vous daignez avoir pour moi en cette occasion douloureuse ; ou engagez mon frère à me donner sans différer un seul moment, des nouvelles de sa santé, ou donnez-m'en vous-même. Il ne vous reste plus que lui de toute la famille de mon père, que vous avez regardée comme la vôtre. Pour moi, il ne faut plus me compter[2]... » Mais Armand ne paraît pas avoir partagé ces bons sentiments qui eussent pu rendre plus aisée la conclusion de leurs affaires ; et ses procédés envers son jeune frère, à en croire celui-ci, furent d'une inqualifiable dureté. Voltaire s'en explique avec une amertume réelle ; et, comme la lettre où se trouvent consignés ses griefs ne devait pas voir le jour, nous n'avons aucun motif d'en suspecter la sincérité. Il disait à Thiériot, à propos d'un voyage mystérieux qu'il allait être autorisé à faire en juin 1727 : « Il ne faut pas qu'on me soupçonne d'avoir mis le pied dans votre pays, ou même d'y avoir pensé. Mon frère, surtout, est le dernier homme à qui on pourrait confier un tel secret, autant à cause

---

1. Voltaire, *Œuvres complètes* (Beuchot), t. LI, p. 170. Lettre de Voltaire à madame de Bernières ; à Londres, 16 octobre 1726.

2. *Ibid.*, t. LI, p. 168. Lettre de Voltaire à mademoiselle Bessières ; à Wandsworth, le 15 octobre 1726.

de son caractère indiscret, que pour la vilaine manière dont il a agi avec moi depuis que je suis en Angleterre. J'ai essayé par toutes sortes de moyens d'adoucir la grossièreté pédantesque et l'insolent égoïsme dont il m'a accablé ces deux dernières années. Je vous avoue, dans l'amertume de mon cœur, que son insupportable conduite envers moi a été une de mes plus vives afflictions [1]. » Thiériot était à même de savoir à quoi s'en tenir sur tous les deux, et il eût été difficile à Voltaire de lui donner le change. Nous aurons, d'ailleurs, occasion de parler d'Arouet, dont les ardeurs de sectaire étaient voisines de la monomanie et de la folie. Il considérait l'auteur d'*Œdipe* comme un réprouvé, et l'évitait avec une sorte d'horreur. Tout ce qu'il put faire en sa faveur ce fut d'offrir à Dieu, pour le rachat de son âme, un *ex-voto* qu'on voyait encore, en 1786, dans l'église Saint-André des Arts, au-dessous de la chaire du prédicateur [2].

Bolingbroke ne fut pas le seul à ouvrir sa maison à l'exilé. Voltaire trouva l'hospitalité la plus cordiale chez un riche négociant de Londres qui avait à Wandsworth une propriété charmante. La plupart de ses lettres d'alors sont datées de Wandsworth; c'est à Wandsworth qu'il se recueille, qu'il oublie ses chagrins, qu'il pense, qu'il travaille; c'est là que, tout imbu de la littérature anglaise, impressionné par la lecture de Shakespeare, il écrivait en prose anglaise le premier acte de son *Brutus*. Son hôte, M. Falkener,

1. Voltaire, *Pièces inédites* (Didot, 1820), p. 184. Lettre de Voltaire à Thiériot; Wandsworth, 14 juin 1727.
2. Duvernet, *la Vie de Voltaire* (Genève, 1786), p. 12.

était un homme intelligent qui, après avoir agrandi et fait prospérer ses propres affaires, devait être chargé plus tard de celles de son pays, phénomène tout vulgaire même alors en Angleterre, mais qui ne devait pas se produire en France de sitôt. Il aimait les arts, il aimait les lettres, et prouva sa haute estime des spéculations de l'esprit par sa générosité, ses procédés honorables envers le poëte français qui, hâtons-nous de le dire, en conserva le souvenir le plus reconnaissant. Tout souffreteux, tout accablé qu'il fût par mille mécomptes attachés à sa condition d'exilé, loin de se laisser abattre, ce dernier s'était roidi contre la mauvaise fortune, sans autant de mérite qu'on le pourrait croire. Son amour de l'étude, sa soif de sociabilité intellectuelle lui faisaient perdre le reste de vue. A peine a-t-il posé le pied dans Londres, qu'il va rendre visite à ses savants, à ses poëtes, à ses lettrés. Newton existait encore, mais il touchait à sa fin [1]; il fallut renoncer à l'espérance de contempler le plus beau génie de son pays et de tous les pays. Il s'adressa à l'ami, au disciple, au commentateur de ce grand homme, au curé de Saint-James, Samuel Clarke, qui l'éblouit un instant par l'audace de ses vues.

Je ne trouvai pas, à la vérité, cette anatomie circonspecte de l'entendement humain, ce bâton d'aveugle avec lequel marchait le modeste Locke, cherchant son chemin et le trouvant; enfin cette timidité savante qui arrêtait Locke sur le bord des abîmes. Clarke sautait dans l'abîme, et j'osai l'y suivre. Un jour, plein de ces grandes recherches qui charment l'esprit par leur immen-

[1]. Newton mourait à Londres le 20 mars 1727, à l'âge de quatre-vingt-cinq ans.

sité, je dis à un membre très-éclairé de la société : « M. Clarke est un bien plus grand métaphysicien que M. Newton. — Cela peut être, me répondit-il froidement ; c'est comme si vous disiez que l'un joue mieux au ballon que l'autre. » Cette réponse me fit rentrer en moi-même. J'ai depuis osé percer quelques-uns de ces ballons de la métaphysique, et j'ai vu qu'il n'en est sorti que du vent. Aussi, quand je dis à M. de S' Gravesande, *vanitas vanitatum, et metaphysica vanitas;* il me répondit : Je suis bien fâché que vous ayez raison [1]. »

Voltaire, qu'il dût ou non prendre racine sur cette terre de la libre pensée, voulait, autant que cela était donné à un étranger, pénétrer à fond les usages, la philosophie, la littérature de ce peuple républicain qui ne voyait dans son roi qu'un homme d'affaires, un premier commis et, en aucun cas, son maître. Il va rendre visite à Congrève, le poëte comique le plus remarquable de l'Angleterre ; celui-ci envisagea cette démarche comme un hommage à sa naissance. Le futur comte de Ferney et Tourney sentit tout le ridicule d'une pareille prétention et répondit à ce poëte qui faisait si bon marché de sa profession : « Si vous n'étiez qu'un simple gentilhomme, je n'aurais pas aujourd'hui l'honneur de venir chez vous [2]. » Voltaire ne dédaignait pas ces vanités, et on le verra jouer le seigneur de paroisse avec un sérieux admirable. Mais, avant tout, il était homme de lettres, il était poëte, il était philosophe, et il n'eût pas échangé sa personnalité contre celle d'un Rohan, même

---

1. Voltaire, *OEuvres complètes* (Beuchot), t. XXXVIII, p. 526, 527. *Courte réponse aux longs discours d'un docteur allemand*, 1740.
2. Samuel Johnson, *The lives of the most eminent english poets with critical observations of their works* (London, 1783), t. III, p. 55. Congrève.

pour avoir le droit de restituer à M. de Chabot ses coups de bâton. En somme, il avait la conscience de son importance dans le présent et dans l'avenir, et il n'était pas assez modeste pour ne se croire que l'égal d'un gentilhomme, tout en rendant extérieurement, avec un tact exquis, au rang et à la naissance ce qu'était en droit d'exiger la société aristocratique au milieu de laquelle il était né. Avec la recommandation de Bolingbroke, il ne pouvait manquer d'être bien accueilli des « très-excellents triumvirs du Parnasse, Swift, Pope et Gay. » Il vécut notamment, durant trois mois, dans la maison de lord Peterborough[1], avec le premier, qu'il appelle le Rabelais de l'Angleterre et dont il a tracé un curieux portrait[2]. Mais ses préférences littéraires sont pour Pope, « le poëte le plus élégant, le plus correct, et le plus harmonieux qu'ait eu l'Angleterre. » Sa netteté, sa clarté, son élégance, le côté philosophique de son talent le charment. A bien des égards, il y a parenté, cousinage d'esprits, ils sont de la même famille : tous deux nerveux, susceptibles, irascibles, sarcastiques, emporte-pièces, et d'une vanité implacable.

Le séjour de prédilection de l'auteur de l'*Essai sur l'homme* était sa maison de campagne, Twickenham, où ses amis allaient le visiter et où Voltaire fit plus d'une apparition, quoiqu'il n'en parle point. Bien des fables ont été racontées sur les rapports de celui-ci avec Pope et les beaux esprits de Londres, et on lui fait jouer à plaisir le rôle d'un brouillon, d'un fou et d'un sot, ce qui est trop : heureusement pour Voltaire, à leur absur-

---

1. Voltaire, *OEuvres complètes* (Beuchot), t. LXV, p. 474.
2. *Ibid.*; t. XXXVII, p. 256, 257. *Lettres philosophiques*, lettre XXII.

dité viennent se joindre plus d'un anachronisme, qui, sans rendre le fond de l'histoire impossible, édifient sur le peu de sûreté de chroniqueurs manifestement hostiles. Un jour, à un dîner chez Pope, et où assistaient Addisson (mort depuis six ou sept ans alors[1]), Steele et Johnson, il se permit sur la religion des plaisanteries d'une telle nature que la mère de Pope, catholique comme lui, se leva et quitta la table : le poëte anglais, qui adorait sa mère, cessa dès lors toutes relations avec Voltaire[2]. Il fallait bien renchérir sur le récit de Johnson[3]. Ce qu'il y a de plus véritable dans cette anecdote malveillante, c'est l'affection de Pope pour sa mère qu'il aima jusqu'à la fin avec idolâtrie. Quelques années après le séjour de Voltaire en Angleterre, l'auteur du poëme de la *Boucle de cheveux* glissait ces lignes attendries dans une lettre de Bolingbroke à Swift :

Milord vient de parler de sa femme, pourquoi ne vous parlerais-je pas de ma mère? C'était hier le jour de sa naissance, et le premier de sa quatre-vingt-onzième année ; sa mémoire a fort baissé ; mais ses autres facultés intellectuelles très-peu ; sa vue et son ouïe se soutiennent bien. Dormir assez bien, manger sobrement, boire de l'eau et prier Dieu, voilà tout ce qu'elle fait. J'ai bien sujet de rendre grâces au ciel de m'avoir conservé aussi longtemps une bonne et tendre mère, et de m'avoir permis de

---

1. Addison mourut à Holland-House, le 17 juin 1719.
2. Hennet, *Poétique anglaise* (Paris, 1806), t. II, p. 335. — Châteauneuf, *Les divorces anglais ou Procès en adultère jugés par le banc du roi et la cour ecclésiastique d'Angleterre* (Paris, 1821), t. I, p. xxxvii. Notions préliminaires.
3. Samuel Johnson, *The lives of the most eminent english poets with critical observations of their works* (London, 1783), t. IV, p. 97. Pope.

lui rendre, durant quelques années, des soins qui lui sont actuellement aussi nécessaires que les siens me l'ont été. Un pareil objet, en s'offrant journellement à nos yeux, attendrit trop l'âme, pour qu'on soit tenté de former d'autres liaisons domestiques [1].

De tels sentiments chez un poëte acerbe, virulent, peu tendre, valent bien des beaux vers et font pardonner la cruauté de ceux que la vanité et la passion littéraires ont pu inspirer. Pope aimait sincèrement sa mère, il aimait sincèrement la campagne : il pouvait avoir l'esprit méchant, mais non le cœur. Revenons à Voltaire. L'on ajoute que les convives de Pope, indignés de voir celui-ci blasphémer de la sorte, lui répondirent par des injures et l'appelèrent *dog*, *scoundrel*, et allèrent jusqu'à le taxer d'espion du ministère de France. Johnson déteste Voltaire; il ne laisse point échapper l'occasion de le maltraiter dans sa *Vie des poëtes anglais*, et dit, en effet, que l'auteur de l'*Essai sur l'homme* le tenait pour un espion de la cour et pour un homme auquel il n'y avait point à se fier; comme s'il eût été supposable que lord Bolingbroke eût osé introduire dans la société anglaise un étranger dont il n'eût pu se faire sciemment le garant. Voltaire, de son côté, ne parle à une certaine heure de Samuel qu'avec une sorte de dédain; ce qui indique bien chez l'un et chez l'autre une commune antipathie. Mais c'est le seul des écrivains anglais qu'il ne traite pas, quand le cas s'en présente, avec estime et affection. Cette scène violente eût été la

---

1. Bolingbroke, *Lettres historiques, politiques, philosophiques et particulières* (Paris, 1808), t. III, p. 362. Lettre de Bolingbroke à Swift; 29 mars-9 avril 1731. *Post-Scriptum* de Pope.

cause déterminante du départ de Voltaire [1]. De l'humeur dont nous le connaissons, il n'eût pas été homme à pardonner l'injure, encore moins à garder un bon souvenir à ceux qui l'eussent si gravement, si grossièrement outragé. Et Pope, dans la maison duquel avait eu lieu l'offense, ne devait pas à ce compte avoir conservé dans sa pensée une place souriante. C'est pourtant tout le contraire qui existe. Quatre à cinq ans après, l'auteur de la *Henriade* donnait à Thiériot, qui partait pour Londres, des lettres pour tous les amis qu'il y avait laissés, et, entre autres, pour Pope, sir *Homère-Pope*. « Vous n'ignorez pas que j'ai pour eux (Pope, et Gay, qu'il appelle *sir Ovide*) le sentiment de la plus haute estime. J'admire leurs ouvrages, j'aime leurs personnes ; je voudrais de tout mon cœur pouvoir vivre avec eux... Buvez à ma santé avec le *gourmand* Pope [2]. » Quand il se liera avec madame du Châtelet, il s'empressera de la mettre en rapport avec Pope qui lui enverra civilement l'*Essai sur l'Homme ;* et la marquise, dans sa lettre de remercîment, comptera au nombre des obligations qu'elle a à M. de Voltaire, celle de lui avoir procuré son amitié : « il m'a toujours parlé de vous avec une estime infinie [3]... » Cela n'est-il pas significatif ? La vénérable et catholique madame Pope devait être habituée, d'ailleurs, à entendre d'étranges

---

1. Voltaire, *Pièces inédites* (Didot, 1820), p. 244, 245, 246. Lettre de Voltaire à Thiériot ; Paris, 26 mai 1732.
2. Châteauneuf, *Les Divorces anglais ou Procès en adultère jugés par le banc du roi et la cour ecclésiastique d'Angleterre* (Paris, 1821), t. I, p. XXXVII.
3. Charavay, *L'Amateur d'autographes* (1er mars 1865), 4e année, p. 78. Lettre de madame du Châtelet à Pope ; Cirey, 12 mai 1732.

conversations en matière de religion, et si, malgré ses
vieux ans, elle était aussi alerte à battre en retraite devant un mot impie, ce ne dut point être l'unique fois
qu'elle déserta la table; Bolingbroke, Swift, en dépit, ce
dernier, de sa dignité de doyen d'une cathédrale, n'avaient pas sans doute moins d'audace dans le propos
que dans leurs livres, et ils durent mettre la rigidité et
l'orthodoxie de la bonne dame à de cruelles et fréquentes
épreuves. Quant à Voltaire, s'il faut l'en croire, il était
loin de jouer le personnage qu'on lui prête; il écrivait
à l'époque de la publication de la *Henriade*, édition de
Londres : « Vous verrez par quelques notes ajoutées à
mon livre et appuyées sur le témoignage d'un lord
anglais, que je suis ici le défenseur de la religion catholique[1]. » On ne lui en eût certes pas tant demandé.

Voltaire écoutait, il questionnait, il donnait même
son avis de ce ton décisif qu'on lui a vu dès le collége.
Un jour, l'entretien roulait sur Milton, il ne put se
taire sur ce qu'il pensait de l'allégorie du Péché et de
la Mort, dans le *Paradis perdu*, qu'il n'a pas craint de
taxer de « dégoûtante et abominable histoire. » Young,
qui faisait partie de l'assemblée, frappé à la fois de cette
verve, de cette audace et de cette grimace satanique, improvisa les deux vers suivants, qu'il se garda
de lui communiquer, mais qui n'eussent peut-être pas
offensé le poëte autant qu'il le pouvait croire :

You are so witty, so profligate and thin,
At once we think you Milton, death, and sin [2].

1. Voltaire, *Pièces inédites* (Didot, 1820), p. 168. Lettre de
Voltaire à M\*\*\*. 1726 (1728).

2. « Vous êtes si spirituel, si licencieux et si maigre, que nous

Voltaire s'était appliqué sérieusement à apprendre et à écrire la langue anglaise. Toutes les lettres qu'il adresse en France sont en anglais. Il est vrai que, de la sorte, il déjouait les indiscrétions et n'avait guère à appréhender qu'on abusât de sa correspondance. « Mon cher Thiériot, je vous écris en anglais par la même raison que l'abbé Boileau écrivait en latin, c'est-à-dire afin de n'être point compris par les gens trop curieux[1]. » Bien qu'il semble à cette époque douter que la France lui fût rouverte de sitôt, il était loin, en réalité, d'avoir perdu tout espoir de fouler le sol natal. Mais savait-il quand il lui serait donné de revoir et d'embrasser ses amis ? Les raisons qui l'avaient fait éloigner subsistaient toujours, ainsi que l'influence d'une famille trop puissante pour ne pas peser souverainement sur la volonté du ministre. Le poëte prenait ses mesures à tout événement. Il était dans sa nature de s'acclimater promptement et d'agir partout comme s'il eût été chez lui. Rien ne le prouve mieux que la publication, en anglais, quelques mois après son arrivée, de l'*Essai sur la poésie épique*[2]. Desfontaines prétend que Voltaire avait d'abord composé cette esquisse en français et qu'il l'avait ensuite traduite, tant bien que mal, et donnée à corriger à son maître de langue[3]. Cela est de toute fausseté, et, s'il en eût été ainsi, l'auteur n'eût eu

---

vous croyons à la fois Milton, la Mort et le Péché. » Samuel Johnson, *The lives of the most eminent english poets with critical observations of their works*. (London, 1783), t. IV, p. 374. Young.

1. Voltaire, *Pièces inédites* (Didot, 1820), p. 190. Lettre de Voltaire à Thiériot ; Londres, 21 avril 1728 (en anglais).
2. *Essay on epic poetry*, 1726, in-12.
3. *La Voltairomanie*, p. 26, 27.

aucun motif d'en confier la traduction à l'abbé. Mais pourquoi s'en remettre à celui-ci d'un soin qu'il pouvait prendre et, à coup sûr, avec plus de succès ? Cela ne manque pas d'être étrange. Voltaire renonçait-il à écrire dans sa langue ? C'eût été, de sa part, une de ces bouderies d'amant qui ne tiennent guère. Ce qu'il assure, c'est que, tant qu'il fut en Angleterre, il ne parla et n'écrivit qu'en anglais, au point même de perdre quelque peu le maniement de son propre idiome.

Je vous avoue, mylord, dit-il à Bolingbroke dans sa dédicace de *Brutus*, qu'à mon retour d'Angleterre, où j'avais passé près de deux années dans une étude continuelle de votre langue, je me trouvai embarrassé lorsque je voulus composer une tragédie française. Je m'étais presque accoutumé à penser en anglais ; je sentais que les termes de ma langue ne venaient plus se présenter à mon imagination avec la même abondance qu'auparavant : C'était comme un ruisseau dont la source avait été détournée ; il me fallut du temps et de la peine pour le faire couler dans son premier lit[1]...

Voltaire avait senti vite la nécessité de s'assimiler la langue de ses hôtes. Sa première entrevue avec Pope, qui baragouinait le français, fut gênante pour tous les deux. L'auteur de la *Henriade* employa son séjour à Wandsworth à étudier l'anglais et ne reparut à Londres que lorsqu'il se crut assez fort pour le parler en toute aisance[2]. Bien lui en prit : un jour qu'il cheminait à pied dans les rues de la haineuse Albion, la populace, qui n'avait pas eu le temps, malgré les efforts de rappro-

---

1. Voltaire, *OEuvres complètes* (Beuchot), t. II, p. 349. *Brutus*, discours sur la tragédie, à mylord Bolingbroke.
2. Duvernet, *la Vie de Voltaire* (Genève, 1786), p. 59.

chement des deux gouvernements, d'oublier des griefs qu'un siècle et demi écoulé depuis n'a pas complétement effacés, l'insulta, et se préparait à lui jeter de la boue. Voltaire, au lieu de fuir, monte résolûment sur une borne, et du haut de cette tribune improvisée, il s'écrie en anglais : « Braves Anglais, ne suis-je pas déjà assez malheureux de n'être pas né parmi vous ? » et continue sur ce ton, et avec un tel succès que le même peuple, qui allait le couvrir de fange, voulait le porter à son domicile sur ses épaules, charmé de voir un étranger parler si bien anglais [1].

Madame de Genlis, parce qu'elle hait Voltaire, ne veut pas qu'il sache l'anglais. Elle prétend tenir de Wilkes qu'il le parlait et l'écrivait horriblement.

Je dînai deux fois chez lui (durant le voyage qu'elle fit en Angleterre); sa conversation était amusante ; il avait beaucoup vu Voltaire pendant son séjour à Londres ; il me dit que Voltaire savait très-mal l'anglais, qu'il n'était pas en état de sentir la beauté des poëtes. Il me conta beaucoup de traits de sa jalousie et de son animosité contre Pope ; tout le monde sait qu'il eut la bassesse de le dénoncer comme *papiste*[2]...

Qui sait cela? Voilà bien la haine qui ne se met point en peine de prouver et qui compte être crue sur parole. Mais Wilkes n'a point dit ni pu dire ce qu'on lui

1. Marquis de Luchet, *Histoire littéraire de Voltaire* (Cassel, 1781), t. I, p. 65, 66 ; — Longchamp et Wagnière, *Mémoires sur Voltaire* (Paris, 1826), t. I, p. 23. Cette haine du peuple, à part ses préjugés nationaux, avait sa raison d'être dans la concurrence que venait faire à l'artisan anglais l'ouvrier réfugié, moins exigeant pour le salaire. Trente ans après le séjour de Voltaire en Angleterre, Grosley, se trouvant à Londres au printemps de 1766, fut témoin des fureurs de la populace à l'égard des ouvriers d'Outre-Manche. Grosley, *Londres* (Lausanne, 1774), t. I, p. 150, 151.
2. Comtesse de Genlis, *Mémoires* (Ladvocat), t. III, p. 362, 363.

fait dire. Si Voltaire se fût rendu coupable d'une aussi lâche trahison, tous rapports eussent cessé du même coup entre les deux poëtes qui, comme on l'a vu, étaient restés amis. Mais Wilkes était bien éloigné d'avoir cette triste opinion de l'auteur d'*OEdipe*. Il professait, tout au contraire, l'admiration la plus profonde et la plus hyperbolique pour le patriarche de Ferney qu'il appelle un divin vieillard « *he is a divine old man* [1]. » Quant à la pratique plus ou moins habile de la langue, la question, pour n'avoir pas l'importance de l'autre, vaut bien pourtant qu'on y réponde. Il existe nombre de lettres de Voltaire en anglais, même après son retour. Cet exercice ne lui déplaisait pas, ce qui prouve qu'il lui coûtait peu d'efforts. Une chose qu'on a pu constater, c'est une orthographe défectueuse. Mais, en France, à cette date, et lettrés et gens du monde étaient également peu soucieux de cette sorte de correction; et, bien que l'on parle souvent de « l'orthographe de Voltaire, » Voltaire n'en avait guère plus que ses contemporains, petits et grands, comme il est facile de s'en assurer par le simple examen de ses lettres autographes. Mais reste le langage, mais reste le style, qui est facile et rapide. Nous savons bien qu'un madrigal ne prouve pas grand'-chose; au moins implique-t-il le notable maniement d'un idiome. En voici un adressé à lady Hervey, qui n'est certes pas le fait d'un écolier, et qui est peut-

---

[1]. Davenport, *Elegant extracts from the most eminent prose Writers* (1827), part. IX, 350, 351. Lettre de John Wilkes à un ami; Genève, 6 août 1765.

être l'argument le plus concluant que nous ayons à opposer à la comtesse de Genlis.

> Hervey, would you know the passion
>   You have kindled in my breast?
> Trifling is the inclination
>   That by words can be express'd.
> In my silence see the lover;
>   True love is by silence known :
> In my eyes you' ill best discover
>   All the power of your own [1].

Lady Hervey était la femme de lord Hervey, un grand seigneur aimable, spirituel et versificateur à ses heures. C'est ce même Hervey dont Voltaire parle dans ses *Lettres philosophiques;* il l'était allé voir à Paris au retour d'un voyage en Italie, qu'il avait visitée en humoriste et en ennemi du pape plus qu'en poëte, bien qu'il rapportât de là une description en vers « aussi poliment écrits que tout ce qu'ont fait le comte de Rochester et nos Chaulieu, nos Sarrasin et nos Chapelle [2]. » Voltaire n'a pas dédaigné d'en traduire une vingtaine de vers comme échantillon, se reprochant avec une extrême courtoisie de n'avoir pu atteindre à la force et à la bonne plaisanterie de l'original. Durant son séjour en Angleterre, il vit beaucoup lord Hervey et son aimable

---

1. « Hervey, voulez-vous connaître la passion que vous avez allumée dans mon cœur? Elle serait bien faible si je pouvais l'exprimer par des paroles. Jugez-en plutôt par mon silence : le silence est la preuve d'un véritable amour. C'est dans mes yeux que vous pourrez le mieux découvrir tout le pouvoir des vôtres. » Voltaire, *Pièces inédites* (Didot, 1820), p. 79.

2. Voltaire, *OEuvres complètes* (Beuchot), t. XXXVII, p. 241, 242. *Lettres philosophiques*, lettre XX. Sur les seigneurs qui cultivent les lettres.

moitié. S'il fallait en croire un poëte sur ses vers, il n'eût pu se défendre d'une violente passion pour cette femme accomplie. Mais on dirait qu'il prend ses sûretés à l'avance; c'est dans ses yeux, c'est dans son silence qu'il faut lire ce qu'il éprouve, et il paraît décidé à ne pas franchir le rempart de respects derrière lequel il s'est retranché. Nous insistons sur cela avec intention; car ces vers à lady Hervey, on a voulu qu'ils eussent été adressés à la femme d'un marchand de Londres, qui les eût pris fort au grave et qui, en train de verbaliser contre deux adorateurs de sa coquette moitié, en eût grossi le dossier de ses griefs et fait figurer cet innocent madrigal à titre de pièce accusatrice. Ce marchand naïf s'appelait Harley, et les deux madrigaux n'ont de différent que leur début, celui de la grande dame commençant par « Hervey, » celui de la marchande par « Laura, » son petit nom [1]. Mais tout cela ne semble-t-il pas une fable faite à plaisir? et Châteauneuf n'eût-il pas dû juger fort utile de citer « le vieux Recueil » où cette petite historiette se trouve mentionnée? Pour ce qui est de lord Hervey, ce platonisme ne semble pas l'ombrager outre mesure. Au moins les relations de Voltaire avec lui survécurent-elles à son séjour, et le seigneur anglais compte-t-il au nombre des amis auxquels le poëte recommande en 1733 son cher Thiériot [2]. En 1740, il lui écrivait derechef, pour lui déduire les raisons qui l'avaient déterminé

1. Châteauneuf, *Les divorces anglais, ou procès en adultère jugés par le banc du roi et la cour ecclésiastique d'Angleterre* (Paris, 1821). t. I, p. xxxv, xxxvi. *Notions préliminaires.*

2. Voltaire, *Pièces inédites* (Didot, 1820), p. 230. Lettre de Voltaire à Thiériot; Paris, 14 avril 1732.

à appeler son histoire du siècle présent *le Siècle de Louis XIV;* lord Hervey venait d'être nommé garde des sceaux, fonctions qu'il devait garder à peine une année, et, dans cette lettre encore, il y a un mot galant pour milady Hervey [1].

Le futur auteur de l'*Essai sur les mœurs*, à toute éventualité, faisait ample moisson d'observations et de faits curieux. La fille de Milton existait encore quand il posa le pied en Angleterre, et s'il ne la connut point, les gens de lettres qu'il fréquenta purent lui transmettre ce qu'ils tenaient d'elle. Il s'introduit chez un vieux quaker, André Petit, dont il nous a décrit la physionomie et transmis les discours ; ce qui lui valut même de la part du vieillard une lettre où il se plaignait qu'on eût ajouté *un peu* à la vérité, et où il assurait que Dieu était offensé de ce qu'on avait plaisanté les quakers [2]. En sa qualité d'étranger, Voltaire était accueilli dans tous les camps, dans le camp des whigs comme dans celui des tories. Bolingbroke l'avait présenté à son illustre ami Pulteney (lord Bath), le plus terrible adversaire et le plus implacable de Walpole, et il vécut intimement avec cet homme d'État, l'un des plus remarquables et des plus brillants d'une époque où la lutte fut aussi élevée qu'acharnée. Nous avons dit précédemment que Voltaire passa trois mois chez lord Peterborough, encore une des plus importantes figures de son pays et de son siècle. Il eut occasion d'approcher également

---

1. Voltaire, *OEuvres complètes* (Beuchot), t. LIV, p. 66. Lettre de Voltaire à milord Hervey; 1740.

2. *Ibid.*, t. XXXVII, p. 117 à 123. *Lettres philosophiques*, lettre 1re, *sur les Quakers.*

la célèbre duchesse de Marlborough. On savait qu'elle faisait des Mémoires ; et, à n'en pas douter, bien des révélations étranges devaient se mêler aux jugements les plus passionnés, aux assertions les plus haineuses. Un jour qu'il était allé à sa résidence de Blenheim, il ne put s'empêcher de lui demander la communication de ce précieux manuscrit : « Attendez quelque temps, lui répondit lady Churchill avec une plaisante candeur, je suis actuellement à réformer le caractère de la reine Anne; je me suis remise à l'aimer, depuis que ces gens-ci gouvernent [1]. » Voilà un trait de caractère qui peint le personnage de la tête aux pieds, et qu'on n'invente pas.

Malgré le succès qu'il avait obtenu, Voltaire ne considérait son poëme de *la Ligue* que comme une ébauche qui devenait, il est vrai, chaque jour, moins informe sous sa main. La *Henriade*, en effet, était loin d'avoir revêtu son enveloppe définitive, et l'édition qu'il préparait devait bénéficier de ces retouches, de ces corrections, de ces nombreux apports qui allaient rendre l'œuvre méconnaissable. Parmi ces modifications, il en est une que d'autres causes amenèrent, mais dont on ne saurait faire un crime au poëte, bien qu'il soit à regretter qu'il n'ait pas eu le courage d'oublier ses rancunes et de renoncer à se venger. Originairement, l'austère figure de Sulli contrastait avec ce type héroïque du Béarnais. Sa place était là auprès de son maître, dont il avait servi la fortune avec ce mé-

---

1. *Le Siècle politique de Louis XIV* (à Sièclopolis, 1754), t. V, seconde partie, p. 70. *Réfutation des notes critiques* que M. de La Beaumelle a faites sur le *Siècle de Louis XIV*.

lange de dévouement et de rudesse consacré par l'histoire aussi bien que par la légende ; et Voltaire lui eût accordé une aussi large part dans son épopée, lors même que ce n'eût pas été pour lui l'occasion de solder en beaux vers une dette d'affection et de reconnaissance. L'on a vu longtemps M. de Sulli le traiter avec les plus grands égards, l'abriter dans son vieux castel égayé par les joies et les folies de l'âge nouveau. Et, sans la trop fameuse querelle avec M. de Chabot, il est à croire que rien ne fût venu troubler ces relations, où chacun, en somme, trouvait son compte. Mais le peu de protection que Voltaire rencontra dans cette circonstance critique (protection qu'il était d'autant plus en droit d'attendre que l'offensé ayant été relancé jusque dans le salon de M. de Sulli, c'était M. de Sulli qu'on outrageait par un aussi inqualifiable procédé), et ce cynique déni de justice de la part d'un homme qui se prétendait son ami, lui furent plus sensibles peut-être, plus amers que l'injure même. Et, dans le fait, cette conduite du duc ne fut pas applaudie. En dehors de Voltaire, il y avait là un renoncement, une abdication de ses droits et de ses devoirs de maître de maison, qui portaient atteinte à son caractère. Le poëte outragé, persécuté, embastillé, finalement exilé, n'avait dans ses mains qu'une manière de témoigner son ressentiment, et il en usa après tout d'une façon plus bénigne que Dante. En substituant à la personnalité de Rosny celle de Duplessis-Mornai, Voltaire répondait par un muet outrage à l'outrage odieux dont on avait décliné la réparation. Sur ce terrain, il était le plus fort. L'édition de Londres fut un véritable soufflet sur la joue de M. de Sulli, qui le subit sans en rien témoigner, mais non, c'est à croire, sans apprécier la portée de l'affront. Sans doute Voltaire, qui écrivait en vue de la postérité, n'eût pas dû faire participer l'œuvre à ses ressentiments; mais, à tout prendre, l'on n'est pas fâché de cette manifestation d'une force toute morale, à cette époque du bon plaisir et du privilége, comme on le dira trop plus tard.

Le poëme, dans l'origine, commençait par six vers entortillés et qui avaient le tort d'être faibles. Un Grec smyrniote, du nom de Dadiky, interprète du roi d'Angleterre, ayant eu sous la main, tandis qu'on les composait, les premières feuilles de la *Henriade*, fut choqué de ce début malheureux, du second vers surtout, et avec la vivacité d'imagination des gens de sa nation, il alla trouver Voltaire et lui dit sans autre préambule : « Monsieur, je suis du pays d'Homère; il ne commençait point ses poëmes par un trait d'esprit, par une énigme[1]. » On pourrait croire que le poëte fit peu d'accueil au donneur d'avis. Mais nous l'avons fait observer déjà, et nous aurons cent fois occasion de le signaler encore, cette vanité si irritable écoutera toujours un conseil désintéressé et judicieux; et, s'il n'en tient compte, ce sera par une raison sérieuse et fondée. Il faudra le voir discutant et défendant ses plans de tragédie avec le ménage d'Argental, mais cédant vite et constamment prêt à accepter la correction que « ses anges » lui imposent, avec la docilité d'un enfant.

---

1. Voltaire, *Œuvres complètes* (Beuchot), t. X, p. 64. *La Henriade*. Notes et variantes du chant 1ᵉʳ.

Il n'y a que contre l'ennemi et ses attaques qu'il s'exalte jusqu'à la démence et perd toute dignité comme toute lucidité. Quoi qu'il en soit, l'auteur de la *Henriade*, loin de se cabrer devant une critique à laquelle il pardonna sa forme en faveur de sa justesse, y acquiesça pleinement et refit les dix premiers vers dont la franche allure n'est pas comparable à la marche molle et traînante de la version originelle, telle que nous l'offre la première édition.

Voltaire avait à cœur de donner une édition expurgée et correcte de son cher *Henri IV*, auquel il voulait joindre ses *Essais sur la poésie*, qu'il avait également remaniés au point d'en avoir fait un autre ouvrage. « L'impression de ces deux livres, mande-t-il à Thiériot, est un devoir que je dois remplir avant de penser à d'autres devoirs moins convenables à la vie d'un homme de lettres, mais indispensables pour un homme d'honneur, et dont vous pouvez être sûr que je ne m'écarterai jamais tant que je vivrai [1]. » Quels sont ces autres devoirs non moins impérieux pour un homme d'honneur ? Nous ne voyons que cette réparation à exiger du chevalier de Rohan, et qu'il n'avait pas encore désespéré d'obtenir. Dans la lettre à laquelle nous empruntons ces lignes, Voltaire parle d'un séjour qu'il songeait à faire en France (dont il a été question plus haut), séjour qu'il fallait tenir secret et que son frère Arouet devait ignorer plus que personne. Il avait effectivement imploré du ministre une autorisation de revenir momentanément pour régler certains intérêts

---

1. Voltaire, *Pièces inédites* (Didot, 1820). Lettre de Voltaire à Thiériot (en anglais); Wandsworth, 14 juin 1727.

qui avaient besoin de sa présence. Cette autorisation, il ne l'avait pas encore, mais il avait bon espoir de l'obtenir, et le ministre la signait quinze jours après.

Du 29 juillet 1727.

Permission au sieur de Voltaire de venir à Paris vaquer à ses affaires pendant trois mois, à compter du jour qu'il y arrivera, et le dit temps passé lui enjoint Sa Majesté de retourner au lieu de son exil sous peine de désobéissance.

Daté de Versailles et signé *Philypeaux* [1].

Cependant, il ne devait pas user de la permission, comme il nous l'apprend lui-même, sans s'expliquer toutefois et sur le motif qui l'avait déterminé à l'implorer, et sur la raison qui l'empêcha d'en profiter [2].

Toute la cour d'Angleterre, le roi et la famille royale en tête, tint à honneur de favoriser la publication de l'œuvre du poëte français et de patronner une souscription qui prit bientôt des proportions énormes [3]. Celui-ci, de son côté, ne négligeait rien de ce qui pouvait stimuler le zèle de ses amis, et grossir le chiffre des adhésions. Il demande à Swift de faire usage de

---

1. Archives impériales. *Registre du secrétariat de la maison du Roy*; année 1727, o, 71, p. 192. — *Revue rétrospective*, t. II, p. 130.

2. Voltaire, *Pièces inédites* (Didot, 1820), p. 199. Lettre de Voltaire à Thiériot, 1753 (*sic*). Il y a là évidemment une erreur de copiste ; ce doit être fin de 1728 ou 1729.

3. « Cette édition, qui fut faite par souscription, a servi de prétexte à mille calomnies contre l'auteur. Il a dédaigné d'y répondre : mais il a remis dans la Bibliothèque du roi, c'est à-dire sous les yeux du public et de la postérité, des preuves authentiques de la conduite générale qu'il tint dans cette occasion : je n'en parle qu'après les avoir vues. » Voltaire, *OEuvres complètes* (Beuchot), t. X, p. vi. *Préface de Marmontel.* — La lettre des souscripteurs, qui s'élève au chiffre de 344, renferme les plus beaux noms et les plus illustres de l'aristocratie anglaise.

son crédit en Irlande pour procurer quelques souscriptions à sa *Henriade* « qui est achevée, et qui faute d'un peu d'aide n'a pas encore paru [1]. » Il ira jusqu'à métamorphoser le palais du vice-roi en un entrepôt où se débitera et se distribuera sa poétique marchandise ; si Swift n'a pas encore reçu l'exemplaire que Milady Bolingbroke s'est chargée de lui remettre, il pourra en prendre un dans la cargaison qui s'y trouve [2].

Voltaire, reconnaissant, dédia son poëme à la reine. L'Épître dédicatoire est curieuse et doit être placée à côté de cette première Épître adressée à Louis XV enfant, qui n'eût pu figurer qu'en tête d'une édition autorisée.

Votre Majesté, disait-il, trouvera dans ce livre des vérités bien grandes et bien importantes ; la morale à l'abri de la superstition ; l'esprit de liberté également éloigné de la révolte et de l'oppression ; les droits des rois toujours assurés, et ceux du peuple toujours défendus.

Le même esprit dans lequel il est écrit me fait prendre la liberté de l'offrir à la vertueuse épouse d'un roi qui, parmi tant de têtes couronnées, jouit presque seul de l'honneur sans prix de gouverner une nation libre, d'un roi qui fait consister son pouvoir à être aimé, et sa gloire à être juste.

Notre Descartes, le plus grand philosophe de l'Europe, avant que le chevalier Newton parût, a dédié ses *Principes* à la célèbre princesse palatine Élisabeth : non pas, dit-il, parce qu'elle était princesse (car les vrais philosophes respectent les princes et ne les flattent point) mais parce que, de tous ses lecteurs, il la regardait comme la plus capable de sentir et d'aimer le vrai.

Permettez-moi, madame (sans me comparer à Descartes), de

---

1. Voltaire, *OEuvres complètes* (Beuchot), t. LI, p. 175. Lettre de Voltaire à M. Swift ; Cowent-Garden, 14 décembre 1727.
2. *Ibid.*, t. LI, p. 177. Lettre de Voltaire à M. Swift ; 1728.

dédier de même la *Henriade* à Votre Majesté, non-seulement parce qu'elle protége les sciences et les arts, mais encore parce qu'elle en est un excellent juge[1].

Trois éditions successives parurent et furent enlevées en moins de trois semaines, « ce que j'attribue entièrement au sujet heureux que j'ai choisi, et point du tout au mérite de l'exécution, » dit l'auteur avec une louable modestie[2]. En effet, peu de gens en Angleterre étaient capables d'apprécier la beauté des vers et la valeur de la composition. La grande édition in-4° était distribuée chez deux négociants de Londres, MM. Simon et Benezet, qui s'étaient mis obligeamment à la disposition de Voltaire. C'était Thiériot qui était chargé de recevoir les souscriptions en France. Il en avait déjà touché quatre-vingts[3] quand, un jour de Pentecôte (jour néfaste pour Voltaire, car ce fut, on se le rappelle, un jour Pentecôte qu'on vint l'arrêter pour le mener à sa première Bastille), pendant que le dévot Thiériot était à la messe, de hardis voleurs enlevèrent le dépôt. Le poëte n'en fit pas moins honneur à ses engagements, et les souscripteurs reçurent fidèlement l'ouvrage. Voltaire qu'on a fait si avide, si âpre au

---

1. Voltaire, *Œuvres complètes* (Beuchot), t. X, p. 415, 416. Traduction de Lenglet Dufresnoy.
2. Voltaire, *Pièces inédites* (Didot, 1820), p. 168. Lettre de Voltaire à M. ***, 1726 (1728).
3. Ailleurs, Voltaire porte le chiffre à cent souscriptions : en pareille matière, l'exagération est blâmable ; mais dans tous les cas, le vol n'en est pas moins avéré, et l'on ne comprend guère que l'amitié et l'estime survivent à de telles preuves d'improbité. Le poëte excuse Thiériot, en objectant son extrême jeunesse; mais Thiériot était contemporain de Voltaire, qui avait alors trente-trois ans.

gain, ne témoigna nulle amertume à son ami ; c'est à peine si l'on peut découvrir une légère teinte d'ironie et de persiflage. Et cependant, il n'était pas dupe de ce conte, et savait bien que Thiériot était le voleur. « Cette aventure, mon ami, lui marquait-il, peut vous dégoûter d'aller à la messe, mais elle ne doit pas m'empêcher de vous aimer toujours et de vous remercier de vos soins[1]. » Il est question, à deux reprises, dans la correspondance, de cette petite farce de Thiériot. « Il a offert depuis, écrivait Voltaire à Destouches, fort souvent, de me rembourser, mais il serait ruiné ; et moi, je serais bien indigne d'être homme de lettres, si je n'aimais pas mieux perdre cent louis que de gêner mon ami[2]. » Cette édition de Londres fut très-fructueuse. L'abbé Duvernet, Luchet, font de ce succès inespéré l'origine de l'énorme fortune que devait amasser le poëte durant sa longue vie. Mais ce n'est pas ce que dit Voltaire. La *Henriade*, s'il faut l'en croire, lui mangea dans sa patrie tout ce qu'elle lui avait rapporté en Angleterre : « Il est très-vrai qu'il m'en a coûté beaucoup pour avoir fait *la Henriade* et que j'ai donné autant d'argent en France que ce poëme m'en a valu à Londres[3]. »

Un peu moins de trois années s'étaient écoulées. Sauf les indispositions trop fréquentes mais auxquelles on était depuis longtemps résigné et qu'on savait combattre

---

1. Duvernet, *la Vie de Voltaire* (Genève, 1786), p. 60.
2. Voltaire, *Œuvres complètes* (Beuchot), t. LIV, p. 699. Lettre de Voltaire à Néricault Destouches ; le 3 décembre 1744.
3. *Ibid.*, t. LIV, p. 141. Lettre de Voltaire à l'abbé Prévost ; Bruxelles, juin 1740.

par le régime et l'exercice¹, on avait rencontré sur la terre étrangère un accueil et des compensations qui avaient singulièrement adouci l'amertume de l'exil. Mais, malgré ses succès, malgré les amis qu'il s'était acquis, Voltaire s'était fatigué à la fin de cette longue absence. Si l'Angleterre était et allait rester sa patrie d'adoption intellectuelle, Londres n'avait pu faire oublier Paris et ce monde charmant pour lequel il était si bien fait. Le mal du pays l'avait gagné, et il songea à préparer son retour. A en croire certaines gens, de vifs dégoûts n'avaient pas peu contribué à le lui faire désirer ardemment, entre autres, une verte bastonnade distribuée par un libraire anglais. Lepan, qui n'a garde de ne pas enregistrer le fait, a pourtant l'honnêteté d'avouer que ce n'est point d'un ami de Voltaire qu'on le tient² ; l'on n'en pourra douter, quand on saura que c'est dans une note de Desfontaines jointe à un pamphlet de Rousseau déjà évoqué, que se trouve consignée une mésaventure qui aurait certes besoin d'être confirmée d'ailleurs³.

Laissons là les coups de bâton, accompagnement indispensable alors de tout récit de ce genre⁴. Ce qu'il

1. Voltaire, *Pièces inédites* (Didot, 1820), p. 197. Lettre de Voltaire à Thiériot; 1753 (1727).
2. Lepan, *Vie politique, littéraire et morale de Voltaire* (Paris, 1824), p. 77.
3. *La Voltairomanie*, p. 7. Lettre de Rousseau, au sujet des calomnies répandues contre lui par le sieur Arouet de Voltaire.
4. Nous indiquerons aux gens friands de ces sortes de curiosités, un pamphlet où chaque page est le récit d'une nouvelle correction infligée à Voltaire. Cette publication, aussi pénible de lecture qu'inepte, a pour titre : *La Laïs philosophe, ou Mémoires de madame D*** et ses Discours à M. de Voltaire*. Nouvelle édit. (Bouillon, chez Pierre Limier, 1761). Voir notamment les pages 44, 46, 58, 121.

y a de véritable, c'est un conflit d'intérêts entre Voltaire et son libraire, dont on eût dû nous dire au moins le nom. N. Prévost, établi à Londres, à Southampton-Street, dans le Strand, était, avec du Noyer, le premier marchand de livres français : parmi les publications dont il fut l'éditeur, nous citerons *le Pour et le Contre* (1733-1740), de son homonyme l'abbé Prévost. Cette fortuite coïncidence de noms, disons-le en passant, devait jouer un mauvais tour à un écrivain moderne qui, abusé par cette ressemblance, a fait endosser au dernier les accusations et les reproches de Voltaire qu'il ne pouvait mériter d'aucune sorte, car son voyage en Angleterre n'eut lieu que quelques années après[1]. Les Français réfugiés se rassemblaient alors dans le voisinage de Mary-le-Bone, à la taverne de l'Arc-en-ciel (*Rain bow coffee house*) où les souvenirs de la patrie, les nouvelles politiques, la chronique littéraire, les questions pendantes, de quelque nature qu'elles fussent, étaient autant d'éléments d'entretiens passionnés et bruyants. Des Maizeaux, l'auteur d'amples notices sur Saint-Évremond et Bayle, était l'âme de ces réunions où figurait alors également un Français d'un esprit cultivé, plus tard l'un des ennemis les plus acharnés de Voltaire, contre lequel il débuta à cette époque même par une critique vétilleuse de la *Henriade*[2]. Le poëte, bien

---

1. Sayous. *Le Dix-huitième siècle à l'étranger* (Amyot, 1861), t. I, p. 14, 21. Cette petite erreur, très-explicable, n'empêche pas l'ouvrage de M. Sayous d'être un livre plein de faits, de recherches, de curiosité, où la critique philosophique se croise avec les aperçus littéraires les plus judicieux.

2. Ce qu'il y a de plus piquant dans ce pamphlet, c'est ce qui est dit de l'*Epître dédicatoire à la reine*. « Sa nouveauté et sa bizarrerie

que lancé dans la haute société anglaise, se montrait au cabaret de l'Arc-en-ciel, comme il ira au café Procope. Il y rencontrait Des Maizeaux. Prévost, qui y allait aussi, y avait des amis; et, lors de sa querelle avec Voltaire, il raconta les choses à sa manière et n'eut pas de peine à jeter des doutes sur la bonne foi de ce dernier. Prévost et son associé J. Coderc avaient traité avec lui pour l'édition in-octavo de la *Henriade*, et l'objet de

consistent en ce qu'elle est écrite en anglois, par un auteur françois : c'est peut-être la première fois que cela s'est vu ! L'autre idée pour laquelle je n'ai pu trouver de terme, est celle qu'on doit se former de l'action d'un auteur qui dédie à une reine un livre, où la religion qu'elle professe, et dont elle se fait honneur de se dire protectrice, est traitée d'*erreur*, de *nouveauté*, de *fantôme effrayant*, et dont les dogmes sont appelés *dogmes séducteurs*, etc. Si un Anglois alloit en France présenter à la reine un poëme où il y eût de si belles choses au sujet de la religion romaine, le pauvre auteur, sans doute, ne manqueroit pas d'être envoyé en un lieu où il auroit le tems de faire des vers sans être interrompu de personne... » Saint-Hyacinthe. *Lettres critiques sur la Henriade de M. de Voltaire* (à Londres, Coderc, et G. de Merville, à la Haye), le 25 avril 1728, p. 5, 6. Ce contraste entre la tolérance religieuse des Anglais et l'intolérance catholique, est, du reste, le grand cheval de bataille des écrivains dissidents. « Voilà M. de Voltaire, fait observer l'auteur d'une *Critique de la Henriade*, qui selon les principes de la secte, dans la quelle il a été nourry, fait le panégyrique de Henri IV, devenu catholique romain. Son sujet l'engage naturellement à défendre l'adoration des os de mort, à faire une pompeuse description de la comédie que les prêtres papistes jouent tous les matins avec une tonsure sur la tête, et une chemise par dessus leur jacquette, assistés d'un petit garçon, pris dans la rue, qui sonne d'une clochette et lève la chemise du prêtre. Notre grand poète a ennobli cela du mieux qu'il a pu. Cependant on ne veut pas souffrir son ouvrage en France, parce qu'il ne dit pas assez de mal de ces *méchants huguenots*. L'esprit de tolération qui règne dans son livre excite contre lui l'esprit de persécution. Ce n'est pas assez d'être papiste, il faut être papiste furieux, ou bien l'on ne vous souffrira point dans un pays papal... » P. III. Bibliothèque impériale. Réserve. *Recueil* Y. 5454.

leur désaccord fut les profits trop considérables qu'ils prétendaient sur la vente de chaque exemplaire. Mais ils avaient affaire à un homme qui savait se défendre. « Je ne suis pas assez fou, écrit-il, à Des Maizeaux, quoique écrivain, pour abandonner toute ma propriété à un libraire [1]. » Les détails manquent; et ce qu'il ressort de cette lettre, c'est que Voltaire sent le besoin de rétablir des faits dénaturés par sa partie adverse, qui s'est déjà autorisée du témoignage de Des Maizeaux et songe à en appeler encore à des souvenirs que le poëte déclare inexacts et s'efforce de redresser.

En tous cas, ce ne sont pas ces chiffonneries qui lui feront quitter, une heure plus tôt, l'Angleterre. Son retour ne dépendait pas de lui seul; et tous les dégoûts et toutes les bastonnades n'eussent pu lui rouvrir la France, si les puissances n'eussent pas jugé qu'un exil de près de trois années était tout ce qu'on pouvait infliger à un malheureux dont le crime unique était d'avoir été le plus faible.

[1]. Colet. *Relics of literature*, p. 367. Lettre de Voltaire à Des Maizeaux. La lettre autographe se trouve au *British museum*, fonds Des Maizeaux. Une note signé F. M. (Frédéric Madden), nous apprend que « la signature de cette lettre fut enlevée par un lecteur en octobre 1833, et recouvrée en octobre 1849. » Les *Pièces inédites* (Didot, 1820), contiennent seize lettres en anglais adressées à Thiériot, les *Lettres inédites* (Didier, 1857), dix-huit à Falkener ; cela fait déjà un total de trente quatre à trente-cinq lettres, auxquelles il faudra joindre cette lettre à Des Maizeaux, ainsi qu'une autre adressée à John Brinsden, également publiée par Colet.

## XI

MARIAGE DE MADEMOISELLE DE LIVRY. — LOTERIE
DE DESFORTS. — BRUTUS. — VOLTAIRE A ROUEN.

L'auteur de la *Henriade* espérait poser le pied dans Paris vers le 15 de mars 1729[1]. Il mandait, à la date du 10, de Londres encore probablement, à Thiériot : « N'écrivez plus à votre ami errant, parce qu'au premier moment vous le verrez paraître[2]. » Des conditions lui avaient été imposées, et l'on exigeait une quarantaine, à quelques lieues de Paris. Le poëte avait songé tout d'abord à Saint-Germain-en-Laye, et c'est en effet là qu'il viendra se confiner, chez un nommé Chatillon, perruquier, rue des Récollets, vis-à-vis des Révérends-Pères. « Il faut demander *Sansons*; il habite un trou de cette baraque, et il y en a un autre pour vous[3], » marquait-il à son Esdras, qu'il invite à le venir trouver pour jouir des premiers jours de printemps et resserrer les liens sacrés de l'amitié. Thiériot, qui n'avait pas voulu, par des répugnances de dignité personnelle, suivre le duc de Richelieu à Vienne en qua-

---

1. Voltaire, *Pièces inédites* (Didot, 1820), p. 199. Lettre de Voltaire à Thiériot; 1753 (fin de 1728 ou 1729).
2. *Ibid.*, p. 209. Lettre de Voltaire à Thiériot; 10 mars 1729.
3. *Ibid.*, p. 211. Lettre de Voltaire à Thiériot; 25 mars 1729.

lité de secrétaire, logeait pour l'heure chez M. de Nocé, Cloître-Saint-Germain-l'Auxerrois, à titre de parasite, peut-être de secrétaire, mais très-certainement dans des conditions moins honorables que celles qu'il n'avait pas cru devoir accepter.

Voltaire qui, en Angleterre comme à Paris, changeait fréquemment de gîte, habitait, dans les derniers temps de son séjour à Londres, Belitery Square, près de la Bourse, chez un M. Cavalier[1]. Il y a peu d'apparence que ce fût ce fameux Cavalier, le héros des Cévennes et l'amant infidèle de Pimpette, bien que Voltaire nous dise qu'il eut occasion de rencontrer en Angleterre le chef cévenol et de lier connaissance avec lui[2]. C'est d'autant moins à penser qu'il eût été peu convenable de donner son adresse au premier ministre de France chez un Français qui avait fait à Almanza le coup de feu contre les nôtres. Quoi qu'il en soit, le poëte, en regagnant la patrie, se croisait avec une dépêche du cardinal de Fleury, qui, ne l'ayant pas trouvé à ce dernier domicile, dut repasser le détroit et lui être retournée à Saint-Germain.

La missive, à ce qu'il paraît, valait mieux par la forme que par le fond : « Ce prêtre est très-poli; il daigne m'écrire fort obligeamment qu'il m'a enlevé mes rentes sans miséricorde[3]. » En quittant la France,

---

1. Colet. *Relics of literature*, p. 70. Lettre de Voltaire à John Brinsden, esq.
2. Voltaire, *OEuvres complètes* (Beuchot), t. XX, p. 397, 399, 541.
3. Voltaire, *Pièces inédites* (Didot, 1820), p. 205. Lettre à Thiériot; Saint-Germain-en-Laye, 2 mars 1729. — Cette lettre ne peut pas être du 2, puisque Voltaire était encore en Angleterre à cette date. Nous la supposons écrite entre le 25 et le 29 du même mois.

l'exilé avait renoncé à se faire payer de ses pensions du roi et de la reine ; maintenant qu'il était de retour et qu'il se voyait victime des rigueurs fiscales du cardinal, c'était le cas de faire preuve de vie et de réclamer l'arriéré de ses pensions, au moins de celle qu'il tenait de la reine. « Il est juste qu'elle me daigne faire payer quelques années, puisque monsieur son mari m'a ôté mes rentes, contre le droit des gens [1]. » C'est Thiériot qui est chargé de faire toutes les démarches auprès des amis de Voltaire, entre autres Pallu, le maître des requêtes, l'un de ceux qui l'étaient allé voir et consoler durant son court séjour à la Bastille [2]. Au reste, le poëte sait reconnaître les peines qu'on se donne ; Pallu ayant promis de faire payer l'arriéré de la pension de la reine, son intention est de prélever sur cette somme cinq cents livres pour l'honnête Thiériot : il rompra avec lui pour toujours s'il s'avise de refuser. En outre, Thiériot devra toucher six cents francs sur les bénéfices de l'*Histoire de Charles XII*, écrite de 1727 à 1728, qu'il était question de mettre sous presse, mais qui ne paraîtra que deux ans après, en 1731. « Il faut que cela soit ainsi ou nous ne sommes plus amis [3]. » Si c'est un cadeau, il n'est pas mesquin ; si c'est une rétribution, elle est

1. Voltaire, *OEuvres complètes* (Beuchot), t. LI, p. 186. Lettre de Voltaire à Thiériot; avril 1729.
2. Bertrand-René Pallu, qui passa à l'intendance de Moulins en 1734, et, en 1738, à celle de Lyon. Il écrivait agréablement, était un homme du monde aimable et suffisamment galant. Voltaire le compare à La Fare, dans des vers qu'il lui adressait en 1725, et le traite d'Alcibiade dans une autre épître (août 1729).
3. Voltaire, *Pièces inédites* (Didot, 1820), p. 204. Lettre de Voltaire à Thiériot; Saint-Germain-en-Laye, 2 mars 1729.

généreuse, accordée peu de mois après cette absorption inqualifiable des souscriptions françaises de l'édition de Londres.

Quand Voltaire se hasardait dans Paris, c'était chez Germain Cassegrain, dit Dubreuil, l'ancien commis de son père, rue du Cloître-Saint-Médéric, qu'il se réfugiait et donnait ses rendez-vous. « Je mène la vie d'un rose-croix, toujours ambulant et toujours caché, mais ne prétendant pas à la sagesse [1]. » Cette existence muselée, surtout cet exil de Paris étaient de dures nécessités que ses amis d'ailleurs ne désiraient pas moins que lui de voir finir. Pallu, le duc de Richelieu, Thiériot l'engagèrent à faire auprès du ministre de nouvelles instances pour obtenir sa réintégration dans le droit commun. « J'écris au visir Maurepas, mande-t-il à ce dernier, pour qu'il me laisse traîner ma chaîne à Paris [2]. » Aussitôt que la France lui avait été rouverte, il était difficile de l'interner indéfiniment dans la ville de Saint-Germain ; la permission de revenir lui fut donc accordée. Il alla s'établir rue Traversière-Saint-Honoré, vis-à-vis un vitrier, à quelques pas de la fontaine et du même côté, dans une maison appartenant à un conseiller-clerc, nommé M. de Mayenville, maison de chétive apparence et du plus maussade abord [3]. Il ne sera plus question du petit appartement de la rue de Beaune. Dans ses lettres d'Angleterre, Voltaire parle de madame

1. *Voltaire à Ferney* (Didier, 1860), p. 312. Lettre de Voltaire à Thiériot ; à huit heures du matin, 4 avril 1729.

2. Voltaire, *OEuvres complètes* (Beuchot), t. LI, p. 185. Lettre de Voltaire à Thiériot ; jeudi 7 avril 1729.

3. Voltaire, *Pièces inédites* (Didot, 1820), p. 218. Lettre de Voltaire à Thiériot ; samedi matin 1729.

de Bernières dans les termes les plus affectueux ; mais il n'est pas difficile, toutefois, de sentir que le charme est détruit et que la politesse extérieure a remplacé en partie les sentiments tendres des premières années ; et, s'il ne cesse pas de la voir, au moins ne compte-t-elle plus dans sa vie.

La dernière fois qu'il a été question de mademoiselle de Livry, qui s'était laissé subjuguer par les belles paroles de Genonville, ç'a été lors de ses débuts médiocrement heureux à la Comédie Française, dans *OEdipe*, en 1719. Voltaire s'était constitué son champion avec une ardeur qui fit croire qu'il était encore son amant, et l'on n'a pas dû oublier sa querelle avec Poisson et l'emprisonnement de ce dernier qui en fut la suite. Suzanne, malgré cet échec, ne se le tint pas pour dit, et tenta la fortune deux ans après dans Dorine de *Tartufe* (le lundi 27 octobre 1721). Elle avait plus d'un nom, comme on sait, et, pour cette fois, elle prit celui de Gravet[1], sans doute afin de dérouter son monde. Le succès fut le même. Cependant, elle ne se découragea point et reparut une troisième fois, le vendredi 17 mars 1722, dans le rôle de Virginie de l'*Inconnue*. Mais ce dernier passage à la Comédie-Française fut de deux mois à peine, et elle dut se retirer sans pension, le jeudi 4 août de la même année[2]. « Je suis fâché, écrit Voltaire à madame de Bernières, de la justice

1. Archives de la comédie française. Registre pour l'année 1721. Elle reprit son nom de Livry à son troisième début.
2. Le chevalier de Mouhy, *Abrégé de l'histoire du théâtre français* (Paris, 1780), t. II, p. 447. — *Dictionnaire des théâtres de Paris* (Paris, 1756), t. III, p. 277.

qu'on a rendue à la petite Livri. Si on faisait dans tous les corps ce qu'on vient de faire à la Comédie, il me paraît qu'il resterait peu de monde en place[1]. » Soit nécessité de vivre, soit vocation plus forte que des dégoûts répétés, mademoiselle de Livry, faute de mieux, s'engagea dans une troupe de comédiens qui partaient pour l'Angleterre. Mais l'entreprise fut malheureuse, et les pauvres gens, mourant de faim, durent se disperser et chercher fortune, chacun de son côté. Suzanne se vit sur le pavé de Londres à peu près sans ressources et ne sachant trop à quel saint se vouer. Elle trouva, toutefois, un asile chez un Français qui tenait un café. Ce brave homme, frappé de la conduite réservée, de la bonne tenue, et de la triste situation de cette jeune personne, se prit de compassion pour sa pensionnaire, et parlait d'elle à tout venant avec cette vivacité toujours communicative. L'un de ses habitués voulut la voir; mais Suzanne ne recevait point, et il lui fallut forcer la porte pour parvenir jusqu'à elle. Nous voilà, à quelques différences près, au premier acte de l'*Ecossaise*. En effet, c'est mademoiselle de Livry que Voltaire a voulu peindre sous le nom de Lindane, comme le marquis de Gouvernet, sous le nom de Freeport. Ce dernier, qu'on avait surnommé *le Fleuriste*, nous ne savons trop pourquoi, ne fut pas longtemps sans tomber éperdument amoureux de sa compatriote, et ce penchant alla si loin qu'il lui proposa

---

1. Voltaire, *Lettres inédites* (Didier, 1857), t. I, p. 4. Lettre de Voltaire à madame de Bernières; Villars... 1818. Cette lettre est incontestablement e 1722, comme les deux lettres qui la précèdent dans le même recueil,

de l'épouser. Mais elle eut l'honnêteté de décliner une union trop inégale et répondit par un refus aux propositions de M. de Gouvernet. La seule chose qu'il réussit à lui faire accepter, parce que ce don était vraisemblablement sans valeur, fut des billets de loterie sur l'État; mais, contrairement à toute probabilité, l'on apprenait qu'un de ces billets était sorti, et que mademoiselle de Livry avait gagné une grosse somme. Voltaire annonce cette nouvelle à madame de Bernières, en renchérissant encore sur les résultats. « La petite Livri, qui avait cinq billets à la loterie des Indes, vient de gagner trois lots qui valent dix mille livres de rentes, ce qui la rend plus heureuse que tous les chevaliers de la Toison[1]. » Désormais elle était riche, et ses scrupules cessaient d'avoir des motifs sérieux. M. de Gouvernet réitéra sa demande, et finit par vaincre sa résistance. Hâtons-nous de dire que le marquis, à bout d'expédients, s'était imaginé de faire imprimer une fausse liste où se trouvait naturellement l'un des billets qu'il avait fait accepter à Suzanne, ne demandant d'ailleurs qu'à réaliser cette fortune chimérique en lui donnant son nom[2].

Trois années s'écoulèrent cependant, sans qu'on sache quels obstacles vinrent ajourner les noces de gens qui devaient être également pressés de conclure. Le marquis Charles-Frédéric de la Tour du Pin de Gouvernet était d'une haute naissance et la parenté ne dut pas voir d'un bon œil une mésalliance de cette nature.

---

1. Voltaire, *OEuvres complètes* (Beuchot), t. LI, p. 140. Lettre de Voltaire à madame de Bernières; novembre 1724.

2. Tout cela est bien romanesque, et a bon besoin d'être couvert par l'autorité du judicieux Beuchot.

Mais son père n'était plus depuis 1702[1]. Il avait trente-trois ans, l'âge précisément de sa fiancée ; il était donc complétement le maître de contracter telle union qui lui conviendrait. Le contrat de mariage se signa le 24 janvier, et la cérémonie eut lieu le lendemain à Saint-Sulpice, la paroisse des deux époux. Si l'étrange conduite de Suzanne lui avait aliéné les siens, ce qui est supposable, ce dénoûment réparait tout, et nous la trouvons réinstallée chez son père, rue de Condé. L'acte est signé par celui-ci et par le frère, qui prend le titre d'écuyer. La famille du mari, qui ne fit nulle opposition de fiançailles, semble avoir protesté par son absence. En revanche, figure, comme témoin, un personnage qu'on est assez surpris de rencontrer là, Armand Arouet[2]. Comment connaissait-il mademoiselle de Livry et à quel titre signait-il au contrat ? Sa qualité de frère de Voltaire donne à sa présence un côté plaisant et comique qui saute aux yeux. Lorsque l'auteur d'*OEdipe* put circuler dans Paris et visiter ses amis, il eut la curiosité d'aller voir comment Suzanne portait sa couronne de marquise ; il lui avait conservé le meilleur souvenir, et, dans un paquet de *Henriade* envoyées de Londres à un correspondant anonyme, il y en avait une à l'adresse de « mon ancienne amie, mademoiselle de Livri[3]. » Mais le suisse de madame de

---

1. Archives de la ville. *Registre des Sépultures de la paroisse Saint-Eustache*, de l'année 1702, p. 56. M. de Gouvernet père mourut à l'âge de trente-huit ans, le 23 décembre 1702. Il demeurait rue Plâtrière. Son fils, lors de son mariage, demeurait rue des Quatre-Vents.

2. *Ibid. Registre des mariages de la paroisse Saint-Sulpice*, de l'année 1727, p. 11.

3. Voltaire, *Pièces inédites* (Didot, 1820). Lettre de Voltaire à

Gouvernet lui refusa la porte. Grande surprise, grande stupéfaction, grand courroux du poëte qui se vengea, en poëte, par des vers charmants où l'ironie, la malice, la grâce, sont prodiguées à tour de rôle. Qui ne sait par cœur cette jolie épître des *Vous* et des *Tu* ?

> Philis, qu'est devenu ce temps
> Où dans un fiacre promenée,
> Sans laquais, sans ajustements,
> De tes seules grâces ornée [1]...

La leçon était forte et de nature à piquer au vif la marquise, qui n'en garda pas moins le portrait de Voltaire peint par Largillière, dont elle n'eut sans doute pas le courage de se défaire, en dépit de leur rupture, de sa rancune et de son nouvel état.

Il était dans les destinées de Voltaire de ne faire que de bien courts séjours dans cette ville dont l'air et le sol n'étaient pour lui rien moins que sûrs. L'aventure qui allait encore le chasser de Paris ne saurait pourtant être rangée parmi les circonstances néfastes de son existence agitée. Il est plus que probable qu'à cette date les affaires de la succession Arouet étaient arrangées, et que Voltaire jouissait de ce patrimoine si longtemps mis en question dans les débats des deux frères. Joignez au capital quelconque qu'il en avait retiré l'argent que les représentations d'*OEdipe* et de *Mariamne* avaient pu lui rapporter, ainsi que ce qu'il avait, malgré l'infidélité

---

M. \*\*\* ; 1726 (1728). Il y avait près d'un an que Suzanne était mariée ; ou Voltaire l'ignore, ou il ne lui plaît point de lui donner son titre nouveau.

1. Voltaire, *OEuvres complètes* (Beuchot), t. XIII, p. 78. Épître des *Vous* et des *Tu*.

de Thiériot, sauvé de la vente par souscription de sa *Henriade;* cela devait représenter un certain chiffre, dont il allait tirer un parti inespéré. Le contrôleur général Lepelletier-Desforts, par arrêt du 19 octobre 1728, avait créé une loterie, à laquelle il donna son nom, pour le remboursement des rentes perpétuelles sur l'Hôtel-de-Ville. On recevait des rentes sur la ville pour billets, et les lots étaient payés, argent comptant; de sorte qu'une compagnie qui aurait pris tous les billets aurait gagné un million[1]. Voltaire soupait chez madame Dufay; La Condamine, l'un des convives, fit cette observation, qui n'allait pas tomber dans l'eau[2]. Le poëte ne perd pas un moment, s'adresse à des capitalistes, s'associe avec une compagnie nombreuse, et ne tarde pas à vérifier la justesse du calcul : La loterie est emportée. « Pour faire sa fortune dans ce pays-ci, écrit-il à un de ses associés, il n'y a qu'à lire les arrêts du conseil. Il est rare qu'en fait de finances le ministère ne soit forcé à faire des arrangements dont les particuliers profitent[3]. » Lepelletier-Desforts, furieux de ce coup hardi qu'il n'avait pas prévu, en rejeta avec violence les conséquences, et Voltaire et ses associés se virent à la veille de ne rien obtenir. Mais l'auteur d'*Œdipe* n'était pas homme à subir sans révolte pareille iniquité. La question portée au conseil fut résolue en faveur des

---

1. *Mercure*, octobre 1728, p. 2337 à 2340. Si l'arrêt est du 19 octobre, l'opération ne devait commencer qu'en janvier 1729, pour se continuer de mois en mois.

2. Duvernet, *la Vie de Voltaire* (Genève, 1786), p. 71.

3. Voltaire, *OEuvres complètes* (Beuchot), t. XLVIII, p. 323. *Commentaire historique.*

souscripteurs[1]. Un détracteur passionné de Voltaire, M. Nicolardot, dit à ce sujet : « Cette anecdote porte à croire que le gain de la loterie était très-louche, comme l'a conclu un homme grave et judicieux[2]. » Et pourquoi louche, puisque c'est à un simple particulier que l'on donne gain de cause contre un ministre tout-puissant ? Il fallait, au contraire, que les souscripteurs favorisés eussent dix fois raison. Quant au résultat, quel fut-il ? L'un des éditeurs de Voltaire, Mallet, avance que ce coup hardi lui valut cinq cent mille livres, mais sans appuyer autrement son assertion.

Tout cela eût été au mieux pour Voltaire, s'il ne se fût pas fait du même coup un ennemi du ministre, qui ne devait pas lui pardonner un échec humiliant pour son autorité et son habileté tout ensemble. Dans ces circonstances, le plus sûr était de s'éloigner. Le poëte, auquel le passé donnait à réfléchir, songea un instant à retourner en Angleterre « où nul ministre n'est assez puissant pour attenter à la liberté d'un citoyen, et où le roi lui-même ne le ferait peut-être pas

---

1. Il est fait allusion à cette loterie dans une calotine de l'époque, le *Triomphe poétique*, reproduite dans plusieurs recueils, notamment dans *Voltariana*, p. 267. Nous renverrons de préférence, à cause d'une note qui y est jointe, à une copie manuscrite qui se trouve dans le *Recueil de pièces curieuses, tant en vers qu'en prose*, t. IV. p. 410. Bibliothèque de l'Arsenal. Manuscrits. B. L. 7207.

2. Nicolardot, *Ménage et finances de Voltaire* (Dentu, 1854), p. 41. Cet homme grave et judicieux, l'auteur anonyme de *Foi et Lumières* (Paris, Waille, 2ᵉ édition 1845), dit que Voltaire eut à soutenir pour cette loterie un « assez sale procès. » Où a-t-il pris cela ? Apparemment, il ne sait, comme nous, de cette affaire que ce que nous en a appris Voltaire ; et l'on n'affirme pas avec cet aplomb, quand les pièces manquent et que l'on ignore le détail des faits aussi absolument.

impunément[1]. » Mais ses amis s'y opposèrent, et il se borna à aller rejoindre à Plombières son compagnon d'Eaux habituel, le duc de Richelieu. Les ministres ne sont pas éternels, et cet exil volontaire n'aurait sans doute qu'un temps. Voltaire, qui ne souffre guère sans crier, et ne subit pas une oppression sans en demander vengeance à sa prose ou à ses vers, a décoché son trait à l'adresse du contrôleur dans une pièce sur la mort de la Lecouvreur qui, bien que ne figurant pas dans ses œuvres, est incontestablement de lui[2].

Dans le même temps, une nouvelle occasion de gain s'offrait à lui et il la saisissait avec ce flair, l'un des côtés les plus saillants de cette nature qui avait toutes les aptitudes. Il apprend qu'une affaire par actions s'était créée en Lorraine, sous le patronage du duc régnant. L'opération, sur laquelle, du reste, nous n'avons aucunes données[3], était fort avantageuse ; et le prince, dans l'intérêt de ses sujets, avait défendu qu'autres qu'eux pussent avoir part à ses bénéfices. Voltaire, qui était encore à Paris, monte en chaise de poste, et, après deux nuits de fatigues, il entre dans la Lorraine par la route de Metz. Il arrive à Nancy brisé, et fut forcé de garder la chambre un jour ou deux. A l'hôtel du commerce de la compagnie, on lui communique les ordres restrictifs du duc, non sans le

---

1. Duvernet, *la Vie de Voltaire* (Genève 1786), p. 71.
2. Bibliothèque impériale. Manuscrits. Jamet le jeune. *Stromates ou Miscellanea*, t. I, p. 7. — Barbier, *Journal* (Charpentier), t. II, p. 97.
3. Nous n'avons rien trouvé dans la *Description de la Lorraine*, de Durival, qui ait rapport à cette affaire par actions, bien qu'il ait relaté d'autres opérations financières, p. 120, 129.

persifler sur l'inutilité de son voyage. Mais, loin de se fâcher, il courbe l'échine, reçoit de bonne grâce les brocards de ces bons bourgeois qui se prendront à sa glu : « Malgré leur turlupinade, après de pressantes sollicitations, ils me laissèrent souscrire pour cinquante actions, qui me furent délivrées huit jours après, à cause de l'heureuse conformité de mon nom avec celui d'un gentilhomme de S. A. R.[1], car aucun étranger n'en a pu avoir. J'ai profité de la demande de ce papier assez promptement ; j'ai triplé mon or, et dans peu j'espère jouir de mes doublons avec gens comme vous... [2] »

Ces petites révélations sont extraites d'une lettre au président Hénault, moitié prose et moitié vers, dans le goût du *Voyage de Chapelle et Bachaumont*. Cette épître est sans date, mais tout porte à croire qu'elle remonte au voyage de Plombières, et que Voltaire fit coup double, en réalisant ce joli bénéfice sans s'écarter sensiblement de sa route. Le séjour de Plombières ne se signala par nul incident remarquable. Le poëte nous fait une description peu flattée de cet antre pierreux encaissé dans deux montagnes, sous un ciel noir et pluvieux. Le personnel des Eaux ne trouve pas plus

---

1. Voilà une énigme dont Voltaire ne se met point en peine de nous donner le mot. Comment s'appelait donc ce gentilhomme ? Voltaire ? Personne autre que Voltaire n'a jamais porté ce nom. Ce gentilhomme devait être un Beauveau, et s'appeler Haroué, le nom d'un marquisat lorrain, créé en faveur du maréchal de Bassompière, en 1623, et qui était passé en 1720 à M. de Beauveau-Craon ; nous n'offrons cela qu'à titre d'hypothèse, mais très-admissible et très-fondée, ce nous semble.

2. Voltaire, *Pièces inédites* (Didot, 1820), p. 214, 215. Lettre de Voltaire au président Hénault ; 1729.

grâce devant lui : ce sont d'impotentes sempiternelles qui toutes pensent rajeunir, peu de jolies filles, mais en revanche grand nombre de citadins de Nancy et de moines de Commerci, que déverse le coche [1]; cela ne l'empêcha pas, toutefois, d'y retourner l'année suivante en compagnie de M. de Richelieu, comme le mande à Marais le président Bouhier, dont la femme était également à prendre les eaux à Plombières [2].

Voltaire avait achevé son *Brutus*, ébauché, comme on l'a dit, en Angleterre, et dont le premier acte avait été écrit en anglais. En décembre, il rassemblait à dîner chez lui les comédiens et leur lisait sa pièce [3]. Quelques jours après, il écrivait à Thiériot, qui avait dû assister à cette lecture où La Faye était convié : « Mon cher ami, je vous dis d'abord que j'ai retiré *Brutus*. On m'a assuré de tant de côtés que M. de Crébillon avait été trouver M. de Chabot, et avait fait le complot de faire tomber *Brutus*, que je ne veux pas leur en donner le plaisir. D'ailleurs, je ne crois pas la pièce digne du public; ainsi, mon ami, si vous avez retenu des loges, envoyez chercher votre argent [4]. » Nous conviendrons que nous ne croyons guère à l'accusation dont l'auteur de *Rhadamiste* est ici l'objet. Nature indolente, paresseuse, inhabile à l'intrigue, Crébillon

---

1. Voltaire, *OEuvres complètes* (Beuchot), t. XIII, p. 69. Épître à M. Pallu; à Plombières, auguste 1729.
2. Bibliothèque impériale. Manuscrits. *Correspondance du président Bouhier*, t. VII, p. 447. Lettre de Marais à Bouhier; à Paris, ce 13 juin 1730.
3. Voltaire, *OEuvres complètes* (Beuchot), t. LI, p. 188. Lettre de Voltaire à Thiériot; décembre 1729.
4. *Ibid.*, t. LI, p. 189. Lettre de Voltaire à Thiériot; fin décembre 1729.

n'était pas homme à enchevêtrer, en dehors de ses tragédies, des trames aussi noires. Et puis, extérieurement, du moins, les deux rivaux étaient loin d'en être à couteaux tirés, et, précisément à cette époque, ou même quelques jours plus tard, nous les voyons coalisés contre l'ennemi commun, un bel esprit qui ne trouve d'autre défaut aux vers que d'être des vers. Nous avons nommé Lamotte.

Je me crus obligé, nous dit Voltaire, il y a quelques années, de m'élever contre un homme d'un mérite très-distingué, contre feu M. de Lamotte, qui se servait de tout son esprit pour bannir du théâtre les règles et même les vers. J'allai le trouver avec M. de Crébillon, intéressé plus que moi à soutenir l'honneur d'un art dans lequel je ne l'égalais pas. Nous demandâmes tous deux à M. de Lamotte la permission d'écrire contre ses sentiments. Il nous la donna; M. de Crébillon voulut bien que je prisse la plume.

Deux jours après, je portai mon écrit à M. de Lamotte. C'est une préface qu'on a mise à la nouvelle édition d'*Œdipe*. Enfin on vit ce que je ne pense pas qu'on eût vu encore dans la République des lettres : un auteur, censeur royal, devenir l'approbateur d'un ouvrage écrit contre lui-même[1].

Lamotte, effectivement, agit dans cette circonstance en galant homme et en écrivain délicat. Il répondit, en termes excellents, avec une grande politesse et des raisons qui avaient le tort de se produire avant le temps. Quoi qu'il en soit, si Voltaire, de son propre aveu, s'associe dans un intérêt d'art à un confrère, c'est qu'il ne le croit pas capable d'une action déloyale, d'une lâcheté indigne. Ce qu'il y a de vrai,

1. Voltaire, *Œuvres complètes* (Beuchot), t. XXXVIII, p. 330, 331. *Mémoire sur la satire, à l'occasion d'un libelle de l'abbé Desfontaines contre l'auteur*; 1739.

c'est qu'antérieurement à la seconde Bastille du poëte, le public, autant qu'eux-mêmes, les opposait l'un à l'autre et préparait cette rivalité où Voltaire ne sut être ni modéré, ni modeste dans le triomphe [1]. En somme, la cause déterminante du retrait de la pièce fut moins l'appréhension des menées de Crébillon et du chevalier de Rohan, que le peu d'effet qu'elle avait produit sur messieurs de la Comédie Française. Lui-même, sans doute, avait senti la nécessité de la remanier avant de la donner, si elle devait jamais être représentée, et il convient ailleurs que les défauts de sa pièce la lui firent refuser constamment un an entier aux comédiens [2]. Marais y mêlerait un autre motif et des plus vraisemblables : « Il y avait là, nous dit-il, des traits républicains comme s'il avait encore été à Londres [3]. » Soit qu'il se crût oublié, soit que le soin de sa gloire l'eût emporté sur celui de sa sûreté, Voltaire était revenu à Paris. Le danger devait disparaître, au reste, avec la chute de son puissant ennemi : Lepelletier-Desforts fut remercié le 19 avril 1730, et céda la place à M. Orry de Vignory, qu'on ôta de l'intendance de Lille pour le mettre à la tête du contrôle général [4].

1. Bibliothèque impériale. Manuscrits. *Correspondance du président Bouhier*, t. I, p. 103. Lettre de l'abbé Bonardy à Bouhier; à Paris, le 28 mai 1726.

2. Laverdet, *Catalogue d'autographes*, du 24 avril 1862, p. 27, n° 229. Lettre du comte de Caylus à l'abbé Conti; Paris, 19 janvier 1730. — *Le Nouvelliste du Parnasse* (Paris, 1731), t. II, p. 230, 231. Lettre de M. de Voltaire à Messieurs les auteurs du *Nouvelliste du Parnasse*.

3. Bibliothèque impériale. Manuscrits. *Correspondance du président Bouhier*, t. VII, p. 498. Lettre de Marais au Président; à Paris, ce 7 février 1730.

4. Barbier, *Journal* (Charpentier), t. II, p. 93; mars 1730.

Voltaire n'avait donc rien moins que renoncé à faire représenter son *Brutus ;* et, avec son ardeur accoutumée, il s'était attelé de nouveau à son sujet, et n'avait rien négligé pour renforcer les parties faibles et apporter à l'œuvre tous les amendements dont elle était susceptible. Dès la fin de novembre, *Brutus* était en pleine répétition et prêt à être joué. Le poëte avait plus d'un souci ; il estimait l'œuvre bonne, mais il fallait faire goûter cette terrible donnée à un public de caillettes et de petits-maîtres. Il n'avait plus la Lecouvreur pour l'aider de son magique talent, et c'était à un talent inexpérimenté encore qu'il avait dû confier le rôle de Tullie. MM. Clogenson et Beuchot veulent que ce soit mademoiselle Gaussin, qui devait débuter un peu plus tard (28 avril 1731) dans le personnage de Junie, de *Britannicus.* Il nous a été facile de constater l'erreur dans les registres de la Comédie-Française qui portent le nom de mademoiselle Dangeville, à laquelle alors reviendraient de droit la lettre et les vers adressés à Tullie et dont mademoiselle Gaussin a bénéficié jusqu'à ce jour. La jeune actrice, sentant toute la responsabilité qu'elle assumait en se chargeant de ce rôle, n'était rien moins que rassurée ; et il y parut. Voltaire, le lendemain matin, lui écrivit une lettre charmante où il lui donnait toutes les exhortations et tous les encouragements capables de lui rendre cette confiance en soi dont l'acteur a plus besoin que tout autre. « Ne vous découragez pas, lui marquait-il ; songez que vous avez joué à merveille aux répétitions ; qu'il ne vous a manqué hier que d'être hardie. Votre timidité même vous fait honneur. Il faut prendre demain votre revanche. J'ai vu tomber *Mariamne*, et je l'ai vue se relever [1]. » Au reste, mademoiselle Dangeville ne démentit pas ses prévisions. « Mon valet de chambre arrive dans le moment, mandait le poëte à Thiériot dans un de ces billets rapides que son besoin d'expansion lui faisait griffonner à tout instant, qui me dit que Tullie a joué comme un ange [2]. » Malgré l'émotion de l'actrice, *Brutus* obtint un succès éclatant à la première représentation (11 décembre), succès de cabale, succès de prôneurs, succès d'amis selon certains. Voltaire, nous l'avons dit plus haut, avait commencé sa tragédie en Angleterre, ce qui n'empêcha point qu'on ne l'accusât de s'être inspiré d'un *Brutus* de mademoiselle Bernard, auquel Fontenelle avait bien quelque part, et qui avait été représenté juste quarante ans auparavant (18 décembre 1690) [3]. S'il faut en croire Piron, Fontenelle se fût fâché et eût crié au plagiat. « Cet illustre prend la chose en très-mauvaise part, écrit-il au marquis d'Orgeval, l'autre s'en moque; l'habit est recousu de beau fil blanc et raccommodé avec de belles pièces de pourpre; la friperie triomphe, et malheur aux curieux! » Ici la malveillance ne prend pas soin de se voiler; quant à Fontenelle, pour qui connaît ce caractère réservé, discret, nul doute qu'il n'ait laissé Voltaire bien tranquille dans sa spoliation, si spoliation il y avait.

Mais Piron, plein de fiel contre ce pacha littéraire, dont les grands airs et les procédés peu courtois l'ont

1. Voltaire, *Œuvres complètes* (Beuchot), t. LI, p. 197. Lettre de Voltaire à mademoiselle Gaussin (Dangeville); décembre 1730.
2. *Ibid.*, t. LI, p. 198. Lettre de Voltaire à Thiériot; 1730.
3. *Voltariana ou éloges amphigouriques de Fr.-Marie Arouet* (Paris, 1747), p. 139, 140, 141.

également aliéné, ne se fait pas scrupule de charger la couleur; le bout de l'oreille ne perce d'ailleurs que trop dans ces dernières lignes : « Les succès ne sont pas pour moi, continue-t-il, Voltaire me conseilloit là-dessus, l'autre jour, assez désobligeamment, en me disant de mettre plus de temps à mes ouvrages : Le temps, lui dis-je, ne fait rien à l'affaire ; mais c'est que j'ai la rage des sujets originaux qui n'ont ni père, ni mère. Il n'y entendit point malice et continua de se moquer de mes sujets, qu'il rhabillera peut-être dans le temps[1]. » Piron, malgré la verve gauloise qui débordait en lui, rêvait le cothurne : il se croyait destiné, comme son compatriote, le vieux Crébillon, à illustrer la scène tragique; et, au fond, ne désespérait-il point de faire passer plus d'une nuit sans sommeil à l'auteur de *Mariamne*. Il avait la tête pleine de sujets de tragédie et, si *Callisthène* fut représenté trois ans avant *Gustave*, il travaillait concurremment à tous les deux. *Callisthène* n'eut que neuf représentations; mais quel accueil pouvait-il attendre avec de pareils interprètes ? « O mon Dieu ! s'écrie-t-il, que vous savez bien par où humilier les mortels qualifiés des dons les plus distingués ; vous me faites penser comme les plus grands rois, et j'ai la chiasse de la lie pour organes ! O malheureux *Callisthène !* ô pauvre *Gustave !* ô chimères infortunées qui errez encore dans le vague du néant de mon imagination, et qui, avant que d'é-

---

1. *Mélanges de la société des Bibliophiles* (Paris, 1826), t. IV, p. 151. Lettre de Piron au marquis Senas d'Orgeval; ce dernier décembre 1730.

clore, êtes déjà menacées du sort de vos prédécesseurs[1] ! »

Tout cela est d'autant plus comique, que la colère est sincère, ainsi que le sentiment de sa valeur dramatique. Piron se croit le don de créer qu'il refuse à Voltaire; le théâtre est sa véritable vocation, et, si une mauvaise fée s'acharne à entraver sa marche, il faudra bien un jour que justice lui soit rendue. Qui sait de combien de frères et de sœurs de la *Métromanie* nous aura privés cette fausse direction de son talent dont le sortit plutôt le hasard que la conscience tardive de ses propres moyens? Piron s'estimait incompris et méconnu, le bonheur et les succès de Voltaire l'irritaient sourdement, et il le montre avec une candeur maligne dans sa correspondance de cette époque. Mais, des deux parts, on se contente de se lancer quelques plaisanteries aigres-douces, le sourire aux lèvres, en faisant patte de velours. Voltaire, qui, le plus souvent, le traite de haut, dans une circonstance où celui-ci pouvait lui être utile, le prend avec lui sur le ton de la bienveillance et de l'intérêt. Puisque nous avons poussé l'impartialité jusqu'à admettre sans preuves les assertions très-controuvables du biographe de Piron, nous donnerons place à cette dernière anecdote où Rigoley de Juvigny fait jouer à son ami le rôle d'une souris qui ne se laisse pas prendre. Le point était de décider l'auteur de *Callisthène* à assumer la responsabilité d'une démarche qui pouvait aboutir au bien-être général, non pas, c'est à croire, sans le brouiller avec les comé-

---

1. *Mélanges publiés par la société des Bibliophiles* (Paris, 1826), t. IV, p. 88. Lettre de Piron à l'abbé Legendre.

diens, tous gens de forte rancune; et on avait espéré que, plus nécessiteux qu'un autre, il ne demanderait pas mieux d'attacher le grelot.

« Tout le monde sait la modicité du prix qu'on met aux veilles du poëte dramatique, même le plus accrédité : *Brutus* et *Inès*[1] devoient suivre immédiatement *Callisthène*. Les célèbres auteurs de ces deux tragédies murmuroient depuis longtemps, comme bien d'autres, de l'inégalité d'un partage, où le profit demeuroit entièrement aux comédiens. M. de *Voltaire*, que son admirable et prodigieuse fécondité rendoit plus intéressé qu'aucun autre à faire cesser l'injustice, ne voulut pas, néanmoins, hasarder la première tentative. Il invita, par écrit, Piron à se trouver chez M. de *Lamothe*. Piron s'y rendit, M. de *Voltaire* lui fit part de son projet, qu'il lui détailla; et après l'avoir instruit de la conduite qu'il devoit tenir avec les comédiens, le sollicita de ne point leur livrer sa tragédie de *Callisthène*, qu'il ne les eût forcés à prendre des arrangements plus convenables aux intérêts des gens de lettres. Il mit beaucoup de chaleur, ainsi que *Lamothe*, dans les raisons qu'ils alléguèrent pour lui persuader que c'étoit à lui à entamer cette affaire. Piron les écouta froidement tous deux, et parut étonné qu'on l'eût choisi pour faire cette démarche, lui qui n'avoit encore qu'une réputation naissante; tandis que *Lamothe*, et M. de *Voltaire* surtout, comme seul possesseur de la scène tragique, pouvoit parler en maître et donner la loi. Il déclara donc formellement qu'il ne se chargeroit point de cette proposition. M. de *Voltaire* insista vainement, en lui disant qu'il ne devoit pas négliger ainsi son propre avantage; *car*, ajouta-t-il, *vous n'êtes pas riche, mon pauvre Piron*. Cela est vrai, répliqua Piron, mais je m'en... c'est comme si je l'étois. Sur quoi il prit congé de ces messieurs, plus avide de gloire que d'argent[2]. »

---

1. Cela est vrai pour *Brutus*; mais la première représentation d'*Inès* date du 6 avril 1723. Il ne peut donc être ici question que d'une reprise de la pièce de Lamotte.
2. Alexis Piron, *OEuvres complètes* (Paris, 1776), t. I, p. 77, 78. *Vie d'Alexis Piron*.

Il s'agissait d'affranchir les gens de lettres de l'esclavage dans lequel les comédiens les tenaient, et de mettre fin à une exploitation aussi avilissante que révoltante. La chose n'était pas aisée, et, longtemps après encore, les pauvres auteurs dramatiques essayeront en vain de secouer le joug. Il ne faudra pas moins que l'ardeur et l'intrigue tenace d'un Beaumarchais pour préparer les voies d'un régime plus équitable. Piron refusa avec raison de se mettre à la tête d'un pareil mouvement, et, si quelque chose étonne dans tout cela, c'est que Lamotte et Voltaire eussent espéré quelque résultat d'une proposition ainsi formulée. Aussitôt que Voltaire était du complot, c'était à lui que revenait le premier rôle, et il devait s'attendre à semblable réponse. Reste à savoir jusqu'à quel point cette démarche étrange de Voltaire et de Lamotte est réelle, et nous en voudrions trouver des traces autre part que dans la biographie de Piron.

Le succès de *Brutus*, très-grand, on l'a dit, le premier jour, ne se soutint pas, et la recette, à la seconde représentation, tomba de cinq mille soixante-cinq à deux mille cinq cent quarante livres, ce qui fut l'occasion pour Piron d'une maligne épigramme [1]. Nous avons vu ce dernier accuser Voltaire de plagiat. Les ennemis du poëte s'efforçaient de le présenter comme un corsaire qui croyait s'être assuré la tranquille propriété de ses pillages quand il les avait recouverts de

---

[1]. Alexis Piron, *OEuvres complètes* (Paris, 1776), t. IX, p. 22. *La Calotte au public*. La pièce eut quinze représentations. La recette de la dernière (17 janvier 1731), ne s'éleva pas à plus de six cent soixante livres. Le chiffre n'était que trop éloquent; on se le tint pour dit.

quelques haillons. Rousseau n'a garde, lui aussi, de ne pas crier au voleur. « Voilà, écrit-il à d'Olivet, le troisième habit retourné que cet auteur vend comme neuf au public après avoir fait deux ou trois points d'aiguille[1]. Le parodiateur pourroit lui appliquer fort à propos les vers que Molière met à la bouche de Vadius :

« Allez, fripier d'écrits, impudent plagiaire[2]. »

Ce qui devait nuire et nuisit au succès de *Brutus*, c'était la faiblesse de l'intrigue amoureuse. Malgré le succès d'*OEdipe*, Voltaire savait bien qu'une pièce sans amour, uniquement remplie par une conspiration et un tableau de mœurs farouches, trouverait difficilement grâce devant son public; c'est pourquoi il introduisit le rôle de Tullie[3]. Mais il fallait faire de cette Tullie quelque chose de plus qu'une petite personne assez insignifiante et assez nulle. Le manque d'intérêt ne se fait que trop sentir, et l'abbé Le Blanc a un peu raison, lorsqu'il dit que, malgré les beaux vers[4], l'ou-

1. Les deux premiers sont l'*OEdipe* de Corneille et la *Mariamne* de Tristan.
2. Rousseau, *OEuvres complètes* (Lefèvre), t. IV, p. 438, 439. Lettre de Rousseau à l'abbé d'Olivet; à Bruxelles, le 23 janvier 1731. En réalité, c'était une calomnie, qui tombait à la lecture des deux ouvrages. Voir ce que dit à cet égard le *Nouvelliste du Parnasse* (Paris, 1731), t. I, p. 75 à 77 et 346.
3. Voltaire, *OEuvres complètes* (Beuchot), t. II, p. 361, 362. Discours sur la tragédie; à mylord Bolingbroke.
4. Si les vers sont généralement soignés, un curieux en a relevé deux qui sont des plus malheureux et même des plus barbares :

Rome! n'écoute point leur séduisant langage,
Tout art t'est étranger, combattre est ton partage. (Acte I, scène II.)

*toutartestétrang — batrestonparta*. Bibliothèque impériale. Manuscrits. Jamet le jeune, *Stromates ou Miscellanea*, t. I, p. 361.

vrage pourra bien tomber des mains de la plupart des lecteurs, qui veulent être captivés [1].

L'édition de Londres de la *Henriade* avait été prohibée, et l'on saisit à Calais les exemplaires destinés aux souscripteurs de France [2]. Il n'en parvint que quelques volumes, ce qui n'eût d'autre effet que de les mettre hors de prix. On s'avisa (mais de quoi ne s'avisaient pas alors les libraires?) de les passer en s'en servant comme d'emballages. Marais dit avoir vu une *Vie de Bayle*, de Des Maizeaux, enveloppée par une feuille de la *Henriade*, in-4°. « Il seroit bien fâché, ajoute-t-il en parlant de Voltaire et sans deviner le stratagème, de découvrir que les Anglois envoyent ainsi son poëme pour faire des paquets. A l'entour d'un castor [3], j'en ai vu la préface [4]. »

Voltaire travaillait, dès 1727, à son *Histoire de Charles XII*, sujet palpitant, qui l'avait séduit. « C'est mon ouvrage favori, dit-il, et celui pour qui je me sens des entrailles de père. » Le premier volume avait été tiré à deux mille six cents exemplaires, l'approbation accordée au sceau, quand encore le ministre, se ravisant, fit saisir l'édition [5]. L'auteur, en racontant les hauts

1. Bibliothèque impériale. Manuscrits. *Correspondance de Bouhier*, t. IV, p. 393. Lettre de l'abbé Le Blanc au président Bouhier ; 1er janvier 1731.
2. *Bibliothèque Françoise ou Histoire littéraire de France* (Amsterdam, du Sauzet), t. XIII, p. 320. Nouvelles littéraires de Paris ; le 20 juin 1729.
3. « Autour d'un caudebec, j'en ai vu la préface. » Boileau, Épître VI.
4. Bibliothèque impériale, manuscrits. *Correspondance du président Bouhier*, t. VII, p. 449. Lettre de Marais à Bouhier ; Paris, 4 juin 1730.
5. Voltaire, *OEuvres complètes* (Beuchot), t. LI, p. 201. Lettre de Voltaire à Cideville ; Paris, 30 janvier 1731.

faits de ce héros de roman, n'avait pu, du même coup, être l'apologiste du roi Auguste, le rival et l'ennemi, notez-le bien, du beau-père de Louis XV. Ce fut pourtant la crainte de désobliger le prince saxon qui fut la cause déterminante du refus de privilége pour l'œuvre nouvelle. Plus tard, on devait voir les filles des deux rois, l'une reine, l'autre femme du Dauphin, se traiter de mère et de fille; mais, en 1731, il ne fût venu à l'idée de personne qu'on pût songer jamais à unir, par les liens de parenté les plus étroits, deux princesses héritières chacune de sentiments et de préjugés hostiles dont la politique seule était capable de triompher.

Si Voltaire se rendait compte de ces délicatesses diplomatiques, il n'en était pas plus résigné à en demeurer la victime. Puisqu'on ne lui permettait pas le grand jour, il s'accommoderait d'une publicité clandestine avec d'autant moins de scrupule qu'il se croyait assuré de l'intelligence et de la permission tacite du ministre. Il jette ses vues sur Rouen où s'était imprimé déjà son poëme de *la Ligue*, et où il a des amis sur le concours desquels il croit pouvoir compter. Il s'adresse à son ami Cideville, le prie d'aplanir toutes les difficultés qui pourraient naître, et qui ne sauraient être levées entièrement que par la bienveillance du premier président de Normandie, M. de Pontcarré. Cette négociation était délicate, mais le poëte avait un avocat généreux et plein de zèle dans son ancien camarade de Louis-le-Grand, qui fit ce qu'il put et obtint tout ce qu'il pouvait obtenir, une permission tacite et un de ces imprimeurs qui font tout sans permission. Voltaire n'attendait que cette assurance pour prendre le coche et venir s'établir à Rouen. Comme son voyage dans la capitale normande devait demeurer secret, il avait dit à ses amis les plus intimes qu'il partait pour l'Angleterre[1] ; et, lorsqu'il envoie au *Nouvelliste du Parnasse* une réponse à la lettre décochée contre lui par un parent de Campistron, blessé de quelques expressions cavalières de Voltaire à l'égard de l'auteur d'*Alcibiade*, il se dit retiré à la campagne près de Cantorbéry, depuis quatre mois[2] ; il insinue même qu'il a fait imprimer cette réponse à Cantorbéry, afin que si on lui refusait la justice de la rendre publique, elle parût nonobstant[3].

La nécessité de garder l'incognito l'obligeait à renoncer à l'hospitalité que Cideville eût été heureux de lui donner dans son hôtel de la rue de l'Écureuil; il avait été convenu que l'aimable conseiller lui dénicherait pour le 15 mars « un petit trou » où il se cacherait de son mieux[4]. Ce petit trou était l'*hôtel de Mantes*, espèce de bouge où il ne fit que passer et dont il a laissé la description peu souriante dans des vers dont Cideville, devenu dévot, a supprimé ce qui choquait le plus son orthodoxie :

> Arachné tapisse mes murs ;
> Draps y sont courts, lits y sont durs ;

[1]. Voltaire, *OEuvres complètes* (Beuchot), t. LI, p. 210. Lettre de Voltaire à M. de Favières ; 4 mars 1731.
[2]. *Le Nouvelliste du Parnasse* (Paris, 1731), t. II, p. 39 à 47, 218 à 235. Lettres XVII et XXVI.
[3]. Voltaire, *OEuvres complètes* (Beuchot), t. LI, p. 216. Lettre de Voltaire à Thiériot (Rouen); 30 juin 1731.
[4]. *Ibid.*, t. LI, p. 207. Lettre de Voltaire à Cideville ; à Paris, ce 2 mars 1731.

Boiteuses sont les escabelles ;
Et la bouteille au cou cassé
Y soutient de jaunes chandelles,
Dont le bout y fut enfoncé
Par les deux mains sempiternelles
De l'hôtesse au nez retroussé [1].

Cette hôtesse au nez retroussé était la mère de cet abbé Linant qui ne va pas tarder à paraître sur la scène. Chassé par le peu de commodité et de propreté du lieu, Voltaire alla s'établir alors dans la maison même de son futur libraire, de Jore, qui, dans son factum contre le poëte, nous a laissé de piquants détails sur le séjour à Rouen, détails qu'il ne faudra pas accepter en toute confiance. Pour mieux donner le change à la curiosité, Voltaire prit l'enveloppe d'un seigneur anglais forcé à voyager sur le continent pour des raisons d'État; et afin de prêter plus d'apparence à cette fable, il faisait marcher de front les deux idiomes. Les seules personnes initiées au secret et qui charmassent sa solitude par leur amitié et une société des plus attrayantes, c'étaient, cela va sans dire, Cideville et Formont. Mais le travail était son premier et son plus assidu compagnon. A part la publication de *Charles XII* et une réédition de la *Henriade*, il avait sur le chantier deux tragédies *Ériphyle* et *César*, qui devaient, avec le dernier volume de *Charles XII*, ne lui coûter que trois mois, tout malade, tout valétudinaire qu'il se disait et qu'il était. S'il avait le calme extérieur, il était loin pourtant d'être sans soucis, sans de sérieuses inquiétudes; et, s'il se trouvait bien à

---

[1] Voltaire, *OEuvres complètes* (Beuchot), t. LI, p. 207, 384.

Rouen pour la paix du cabinet, il y était peut-être mieux qu'à Paris pour sa sûreté. Il écrivait à Thiériot, à la date du 1ᵉʳ juin :

> Vous savez que je vous envoyai, il y a environ un mois, quelques vers *sur la mort de mademoiselle Lecouvreur*, remplis de la juste douleur que je ressens encore de sa perte, et d'une indignation peut-être trop vive sur son enterrement, mais indignation pardonnable à un homme qui a été son admirateur, son ami, son amant, et qui, de plus, est poëte. Je vous suis sensiblement obligé d'avoir eu la sage discrétion de n'en point donner de copies; mais on dit que vous avez eu affaire à des personnes dont la mémoire vous a trahi; qu'on en a surtout retenu les endroits les plus forts, que ces endroits ont été envenimés, qu'ils sont parvenus jusqu'au ministère, et qu'il ne serait pas sûr pour moi de retourner en France où pourtant mes affaires m'appellent. J'attends de votre amitié que vous m'informerez exactement, mon cher Thiériot, de la vérité de ces bruits, de ce que j'ai à faire. Dites-moi si vous me conseillez d'écrire et de faire parler, ou de me taire et de laisser faire au temps [1].

D'une santé délicate, d'une complexion maladive, Adrienne expirait avant le temps, dans tout le fort de son talent et de ses succès, aimée, admirée, estimée autant pour la rare élévation de l'âme et des sentiments que pour un génie tragique du premier ordre (20 mars 1730). Laissons ses mœurs de côté; elle ne fut ni plus ni moins galante que les femmes de son temps, et fit preuve en tous cas dans ses relations d'un désintéressement, d'une générosité que l'histoire a enregistrés. On sait avec quel élan elle mit à la disposition du comte de Saxe et ses pierreries et ses bijoux, ne voyant que son amant, sans se préoccuper des

---

1. Voltaire, *OEuvres complètes* (Beuchot), t. LI, p. 213, 214. Lettre de Voltaire à Thiériot; 1ᵉʳ juin 1731.

suites d'une expédition plus qu'aventureuse et qui ne devait point aboutir. Elle fut l'interprète, elle fut l'amie et la maîtresse un moment, bien qu'il soit malaisé de préciser l'instant, de l'auteur de *Mariamne*. Elle inspira une passion autrement sérieuse à cet ami dévoué de Voltaire, à d'Argental, qui, malgré sa réserve, ne put se défendre d'aimer jusqu'à la démence cette enchanteresse tout aussi séduisante dans l'intimité qu'au théâtre. Ce n'est pas ici le lieu, et on le regrette, de raconter l'histoire de ces amours où elle fit preuve de tant d'honnêteté et de délicatesse, qui a été écrite ailleurs mieux que nous ne l'eussions pu faire [1]. Si la Lecouvreur avait une âme de feu, l'enveloppe était trop frêle pour résister longtemps aux agitations, aux secousses d'une pareille vie ; et il n'est besoin de ces présomptions de poison qui firent tant de bruit alors, pour expliquer la fin prématurée de la pauvre fille. Elle dépérissait depuis quelque-temps à vue d'œil, elle s'était trouvée mal sur la scène, et force avait été d'interrompre la pièce. Enfin, le dernier jour qu'elle parut, le 15 mars, elle représentait Jocaste, dans l'*Œdipe* de son ami. Avant de commencer, elle avait été atteinte d'une dyssenterie épouvantable, malgré laquelle elle voulut continuer. Elle devait ensuite figurer dans le *Florentin*; son rôle était des plus fatigants, ce qui ne l'empêcha pas de s'en acquitter avec beaucoup d'entrain. « La pauvre créature, raconte mademoiselle Aïssé qui était

---

[1]. Sainte-Beuve. *Causeries du Lundi* (Garnier, 1851), t. I, p. 194, 195, 196. — *Lettres inédites de madame la marquise du Châtelet à M. le comte d'Argental* (Paris, 1806), p. 294. Lettre de mademoiselle Lecouvreur à madame de Ferriol ; à Paris, ce 22 mars 1721.

présente à ce dernier chant du cygne, s'en alla chez elle, et quatre jours après, à une heure après-midi, elle mourut, lorsqu'on la croyoit hors d'affaire. Elle eut des convulsions, chose qui n'arrive jamais dans les dyssenteries : elle finit comme une chandelle. On l'a ouverte : on lui a trouvé les entrailles gangrenées. On prétend qu'elle a été empoisonnée dans un lavement[1]. » Voltaire se hâte de donner un démenti formel à des accusations qui compromettaient une très-grande dame et une très-grande famille. « Elle mourut, dit-il dans une note de sa main, entre mes bras, d'une inflammation d'entrailles; et ce fut moi qui la fis ouvrir. Tout ce que dit mademoiselle Aïssé sont des bruits populaires qui n'ont aucun fondement[2]. » En prévision de sa fin prochaine, elle avait fait son testament, et elle compta assez sur la grandeur d'âme de d'Argental pour l'instituer son exécuteur testamentaire. Il y avait là un pas difficile pour un conseiller au parlement. « Il eut assez d'esprit, ajoute Aïssé, pour se mettre au-dessus du ridicule, et il a été approuvé des gens sages. »

Cette même Adrienne, si aimée, si fêtée, si entourée, que se disputaient les plus grandes dames et les meilleurs salons, allait être l'objet du plus triste scan-

---

1. *Lettres de mademoiselle Aïssé* (Paris, Dentu, 1853), p. 230 à 236. Lettre d'Aïssé à madame Calandrini; de Paris, mars 1730.

2. On sait que cette grande dame incriminée était la duchesse de Bouillon; Voltaire la déclare parfaitement innocente d'une telle atrocité. Ce qui enlèverait un peu d'autorité à ce verdict, c'est qu'à cette époque il était très-lié avec la princesse qu'il voyait chez elle et chez M. de Clermont. Voltaire, *Lettres inédites* (Didier, 1857), t. I, p. 42. Lettre de Voltaire à Moncrif; mars 1732.

dale. Languet, le curé de Saint-Sulpice, paroisse de l'actrice, après avoir pris les ordres de l'archevêché, refusa l'entrée du cimetière, et il fallut renoncer pour ces lamentables dépouilles à une sépulture chrétienne. L'on attendit le soir, et sur l'ordre du lieutenant de police, elle fut enlevée de son logis de la rue des Marais-Saint-Germain, n° 21 (la maison où était mort Racine et où devait demeurer Clairon)¹, placée dans un vieux fiacre; et deux porte-faix, accompagnés par M. de Laubinière, l'ami de la défunte, l'enterrèrent à la Grenouillère, près d'un terrain appartenant au comte de Maurepas, à l'endroit où est aujourd'hui la maison qui porte le n° 109 de la rue de Bourgogne : une escouade du guet tenant lieu de prêtres ¹.

Ces rigueurs du clergé envers un cadavre, ce refus de sépulture fait aux restes inanimés d'une femme charmante, d'une actrice idolâtrée, produisirent une sensation voisine de la stupeur, ils indignèrent, ils révoltèrent. De pareilles mesures retournent toujours contre ceux qui les osent ; et, ce qui est pis, contre les institutions qu'elles croient servir. C'est à cette maladresse des prêtres que l'on est redevable des vers les plus éloquents, les plus philosophiques peut-être que Voltaire ait faits de sa vie. Là il est dans le vrai de la passion, de l'indignation et des regrets, et il n'outre pas l'état d'avilissement dans lequel se trouve un

---

1. *L'Intermédiaire* (10 juin 1866), IIIᵉ année, n° 59, p. 325, 326. — Bibliothèque impériale. Manuscrits. Jamet le jeune. *Stromates ou Miscellanea*, t. I, p. 59. — Voltaire, *OEuvres complètes* (Beuchot), t. I, p. 224. Épître dédicatoire de *Zaïre*, 1733. — Michelet, *Louis XV*, p. 95.

peuple civilisé, poli, de mœurs douces et généreuses devant des lois et des préjugés inhumains.

> Ah ! verrai-je toujours ma faible nation,
> Incertaine en ses vœux, flétrir ce qu'elle admire ;
> Nos mœurs avec nos lois toujours se contredire ;
> Et le Français volage endormi sous l'empire
>   De la superstition[1] ?...

Voltaire n'avait cru céder qu'au besoin impérieux de donner cours à son chagrin, à un sentiment de légitime révolte. Il n'avait pas écrit pour être lu, et s'était bien promis de ne donner qu'à bon escient communication d'une pièce qui pouvait lui attirer de nouvelles persécutions ; lui était-il bien permis, toutefois, d'en user envers l'amitié avec cette réserve injurieuse ? Il l'envoie donc à Thiériot, à d'autres peut-être, avec grandes recommandations de lui garder le secret ; mais, on s'en doute, la première chose que fera Thiériot sera de colporter ce chef-d'œuvre inédit dans les salons où il est reçu sur le pied de nouvelliste et de colporteur des vers de son ami. Voltaire, en apprenant que son ode sur la Lecouvreur était connue, sentit le danger, et, n'y pouvant rien, songea au moins à s'assurer quelle impression elle avait faite, et si ce qui lui en était revenu était aussi sérieux qu'on le voulait faire croire. Ces appréhensions étaient heureusement exagérées : mademoiselle Lecouvreur était déjà morte depuis un an, lorsque cette pièce circula dans Paris, et l'actrice bien oubliée ; les rigueurs qu'on eût exercées contre le poëte

---

1. Voltaire, *Œuvres complètes* (Beuchot), t. XII, p. 30. La mort de mademoiselle Lecouvreur, 1730.

n'eussent fait que rappeler ce lamentable épisode de l'intolérance religieuse, et il ne paraît pas, après enquête de la part de Voltaire, que cette circonstance ait été pour rien dans la durée de son séjour à Rouen [1].

Mais ce séjour, combien de mois se prolongea-t-il? Jore nous donne les détails les plus circonstanciés sur son hôte, sa manière d'être, la façon dont il entend rémunérer les services qui lui sont rendus, et nous le peint, des pieds à la tête, non pas, il faut l'avouer, sous les couleurs les plus favorables. L'on ne peut demander à l'éditeur que d'être vrai; la question est de savoir s'il le fut, s'il put l'être. Écoutons-le.

Après un séjour de trois mois à la ville, nous dit-il, Milord V*** eut besoin, pour sa santé, de prendre l'air à la campagne. Toujours attentif à plaire à mon hôte, je sus lui procurer une jolie maison, à une lieue de Rouen [2]. Avant que de partir, le sieur de V***, par un trait d'économie, voulut congédier un valet que j'avois arrêté pour lui, à vingt sols par jour; mais, pour le coup, V*** trahit le seigneur anglois; il ne voulut payer le valet que sur le pied de dix sols; il coupa ainsi ses gages par moitié. Je tirai quarante-cinq francs de ma bourse, et terminai la contestation.

Ces quarante-cinq francs ne m'ont jamais été rendus. Il est vrai que le sieur de V*** parla galamment de les acquitter avec une pendule qui manquoit à la parure de la chambre où il couchoit; mais ni la pendule ni le payement ne sont venus; et ce n'est pas la seule petite dette que j'aie à répéter contre lui.

Le sieur de V*** passa un mois à la campagne. Il y vivoit

---

1. C'est donc bien à tort que Lepan attribue à ces craintes et aux recherches du ministre le départ de Voltaire pour Rouen. Voltaire était déjà à Rouen, quand il envoya ses vers à Thiériot, et Thiériot ne fut pas sûrement le dernier auquel le poëte les adressa. Lepan, *Vie de Voltaire* (4ᵉ édit. 1824), p. 78, 79.

2. A Canteleu, sur la rive droite de la Seine.

comme dans l'âge d'or, d'herbes, d'œufs frais et de laitage. La jardinière, qui lui fournissoit ces alimens champêtres, lui rendoit aussi d'autres services. Elle alloit trois fois la semaine à la ville pour les épreuves de l'impression. Le sieur de V*** ne fut pas ingrat de ses bons offices! Pour récompenser ses peines et lui payer un mois de pension, il lui donna noblement six livres; cette femme me porta ses plaintes, me représenta que ses œufs n'étoient seulement pas payés, et par honneur, je pris encore sur moi d'apaiser ses murmures et de la satisfaire.

Je le perdis enfin, cet hôte illustre. Il s'en retourna à Paris, après un séjour de sept mois, tant chez moi qu'à la maison de campagne d'un de mes amis, et le rôle de seigneur anglois finit glorieusement par une pièce de vingt-quatre sols, dont sa générosité gratifia la servante d'une maison où rien ne lui avoit manqué pendant un si long espace de tems, soit en santé, soit dans une maladie qu'il y avoit essuyée [1].

Voltaire nous apprend lui-même qu'il fut un mois entier dans son lit (mai, probablement), et sur ce point au moins, Jore ne dit que la vérité. Quant à ce « si long espace de temps, » que ce dernier prétend être de sept mois, nous avons à en rabattre deux mois et demi, sinon davantage. Le poëte dut partir de Paris vers le 15 mars; il faudrait donc qu'il fût resté en Normandie jusqu'au 15 octobre. Les deux lettres qu'il écrit, le même jour, à Cideville et à Formont en débarquant dans la grande ville, n'ont pas de quantième; et ce n'est qu'une troisième à Cideville qui porte une date, celle du 5 août 1731. Si Jore exagère ainsi la durée de l'hospitalité accordée avec tant de largesse, selon lui, il est supposable, qu'aidé en cela par le bon abbé Desfontaines, il n'aura pas moins largement ren-

1. *Voltariana* ou *Eloges amphigouriques de Fr.-Marie Arouet* (à Paris, 1748), p. 74, 75, 76.

chéri sur les petites vilenies qu'il prête à l'écrivain. A-t-il tout inventé? peut-être non. Voltaire, on ne le verra que de reste, a d'étranges moments de lésine ; autant il est généreux à certaines heures, autant il y regarde, et de trop près, à certaines autres. Mais Voltaire laissant Jore tirer de sa poche les quarante-cinq francs réclamés par le valet et payer tranquillement sans sentir ce que cela avait d'offensant pour lui, sans que sa fierté ne l'emportât sur son avarice ; il ne faut pas connaître ce poëte d'une vanité si chatouilleuse pour croire un instant à ce conte de Jore. Il est vrai qu'il est question d'une pendule, qui ne vient pas, quoique promise. Et pourquoi ne vient-elle pas? Voltaire passe sa vie à commander à ses agents officieux de petits cadeaux pour gens auxquels il ne doit rien ; et il eût fait exception à l'égard d'un homme qui l'eût abrité durant sept mois, soit à la ville, soit à la campagne! Cela n'est pas soutenable. Mais il fallait épicer ce factum fait pour charmer la malignité et l'envie, et l'abbé Desfontaines s'était bien gardé de refuser ses couleurs et son pinceau.

De retour à Paris, Voltaire passa le mois de septembre à remanier *Jules César* et *Ériphyle*, les lisant à ses amis et écoutant avec une touchante docilité leurs avis. « Enfin, mande-t-il à Cideville, l'impitoyable M. de Maisons a vu *César* et l'approuve [1]. » En revanche, tenait-il encore bon contre *Ériphyle*. Même assentiment de la part de dix jésuites qui assistent à une lecture de *César*. Mais ce n'est le tout

1. Voltaire, OEuvres complètes (Beuchot), t. LI, p. 231. Lettre de Voltaire à Cideville ; ce dimanche 5 août 1731.

de plaire à dix jésuites; il faut plaire à la cour, et voilà des mœurs bien rudes pour les muguets de Versailles[1]. Toutefois, le plus pressé était de faire pénétrer dans Paris le héros suédois, non pas à grand carillon, mais, comme *Henri IV* s'y était antérieurement introduit, sournoisement et économiquement. « S'il n'en coûte que soixante livres par terre, je vous supplie de le faire venir par roulier à l'adresse de M. le duc de Richelieu, à Versailles; et moi, informé du jour et de l'heure de l'arrivée, je ne manquerai pas d'envoyer un homme de la livrée de Richelieu, qui fera conduire le tout en sûreté. Si les frais de voiture sont trop forts, je vous prie de le faire porter par eau pour Saint-Cloud, où j'enverrai un fourgon[2]... »

Voltaire avait demandé au duc de Guise de lui prêter « à lui tout seul », durant le mois de septembre, sa maison d'Arcueil[3] : il n'y demeura qu'un instant[4]. La mort du président de Maisons le retint à Paris, et vint pendant quelque temps joindre un chagrin réel aux soucis et aux tracas plus ou moins sérieux de sa vie. Maisons succombait le 13 septembre 1731, aux atteintes d'un mal qui ne pardonnait guère, bien qu'il l'eût épargné une première fois, de la petite vérole,

---

1. Voltaire, *OEuvres complètes* (Beuchot), t. LI, p. 234. Lettre de Voltaire à Cideville; 19 août 1731.
2. *Ibid.*, t. LI, p. 238. Lettre de Voltaire à M. de Formont; à Paris, ce 8 septembre 1731. — *Lettres inédites* (Didier, 1857), t. I, p. 39, 40. Lettres de Voltaire à M. de Formont, des 28 septembre et octobre 1731.
3. Voltaire, *OEuvres complètes* (Beuchot), t. LI, p. 235. Lettre de Voltaire à Cideville; Paris, ce 3 septembre 1731.
4. *Ibid.*, t. LI, p. 240. Lettre de Voltaire à Cideville; Paris, 2 octobre 1731.

à l'âge de trente-deux ans[1], quand honneurs, fortune, considération, tout souriait à cet esprit aimable, à cet épicurien élégant qui avait su dépouiller toute morgue magistrale, et n'était chez lui comme ailleurs qu'un homme du monde et du plus grand monde. Cette fin, qui avait été celle de Génonville, qui avait failli être la sienne, atterra Voltaire. « Mon cher ami, écrivait-il à Cideville, la mort de M. de Maisons m'a laissé dans un désespoir qui va jusqu'à l'abrutissement. J'ai perdu mon ami, mon soutien, mon père. Il est mort entre mes bras, non par l'ignorance, mais par la négligence des médecins. Je ne me consolerai jamais de sa perte, et de la façon cruelle dont je l'ai perdu[2]... » Le poëte a consacré quelques vers attendris au souvenir de son ami, dans le *Temple du Goût :*

> La mort, l'affreuse mort, fut sourde à ma prière,
> Ah! puisque le destin nous voulait séparer,
> C'était à toi de vivre, à moi seul d'expirer[3]!...

Une chose qui peint bien Voltaire, cet esprit inquiet, variable, perpétuellement en mouvement, toujours sur les grandes routes soit pour changer de place ou pour fuir, c'est qu'il n'a pas d'appartement, de maison à lui, qu'il loge chez ses amis, enchantés de s'attacher un tel hôte. Avant de partir pour l'Angleterre, on l'a vu chez le président de Bernières,

---

1. Fontenelle, *OEuvres complètes* (Belin, 1818), t. I, p. 462. — Éloge de Maisons. — Barbier, *Journal* (Charpentier), t. II, p. 197.
2. Voltaire, *OEuvres complètes* (Beuchot), t. LI, p. 239. Lettre de Voltaire à Cideville; Paris, ce 27 septembre 1731.
3. *Ibid.*, t. XII, p. 351. *Le Temple du Goût.*

payant pension pour lui et pour Thiériot ; à son retour plus toléré qu'autorisé, peut-être avait-il cru prudent de ne point paraître trop prendre pied dans une ville où les Rohan ne devaient pas le revoir sans ombrage. Mais aussi n'y séjourne-t-il guère. Tantôt il est à Plombières, tantôt à Rouen ; attend-il des lettres, il élit domicile chez quelques-uns de ses amis. « Si vous avez quelque chose à me mander d'ici à mon arrivée, marque-t-il à Cideville quelque temps avant de débarquer dans la capitale de l'antique Neustrie, ayez la bonté de m'écrire sous le couvert de M. de Livri : comme je soupe là tous les jours, vos lettres me seront plutôt rendues[1]. » Mais il y avait en lui, cependant, en dépit de ce besoin de locomotion, un côté casanier qui demandait à être satisfait. Il lui fallait un intérieur plus ou moins factice, un lieu où il pût poser ses souliers sur les chenets, remuer les tisons, se croire et se dire chez lui, être le premier de céans, sinon le maître. Le jour où il ne se trouve plus dans ces conditions léonines chez la marquise de Mimeure, il s'en va. On le voit longtemps sur ce pied et sur un pied autrement intime chez madame de Bernières ; mais, sans être brouillé, l'on est refroidi et glacé des deux parts, le prestige s'est envolé. Madame de Bernières serait-elle donc si malaisée à remplacer ? Elle est toute remplacée, et par une femme qui ne lui cède pas en bel esprit, en esprit fort, en épicurisme ; dirai-je en gourmandise ? Voltaire nous apprend par une lettre à M. de Formont, en date du 26 décembre, que

1. Voltaire, *Œuvres complètes* (Beuchot), t. LI, p. 208. Lettre de Voltaire à Cideville ; à Paris, ce 2 mars 1731.

madame de Fontaine-Martel, « la déesse de l'hospitalité, » lui donne à coucher dans son appartement bas, qui regarde le Palais-Royal[1]. La comtesse de Martel, fille du président Desbordes, était alors d'un âge plus que canonique, et le poëte pouvait accepter l'hospitalité de la bonne dame sans se voir calomnier sur ses intentions. Dans un parallèle entre la comtesse d'Alluys et madame de Fontaine-Martel, d'Argenson ne nous a point fait un portrait flatté de cette dernière. Il la dit riche, avare, méchante pour ses gens, à sorties, affichant le bel esprit auquel elle n'avait d'autre titre qu'un conte de *Maman l'Oye* : ayant, il est vrai, renoncé depuis quelques années aux amants « à cause de son érésipèle, » ne donnant jamais à déjeuner ni à dîner, mais en revanche, donnant à souper tous les soirs. « Les soupers se piquent d'être mauvais, et force drogue[2], » ajoute l'impitoyable marquis. Nous abrégeons. Évidemment madame de Martel valait mieux que son portrait et y réussissait aisément. Valait-elle autant que le portrait que Voltaire a tracé d'elle. Sans doute l'a-t-il un peu surfaite. Il vante ses soupers ; et nous croyons, en effet, que s'ils eussent été aussi mauvais que nous les peint d'Argenson, un prince du sang se fût peu hâté d'en prendre parfois sa part. Encore un grand mérite aux yeux de Voltaire, c'est que Voltaire tient lieu de directeur à la comtesse philosophe, qu'elle préfère Campra au curé, et une loge à

---

1. Voltaire, *OEuvres complètes* (Beuchot), t. LI, p. 255. Lettre de Voltaire à Formont ; Paris, 26 décembre 1731. L'entrée de l'hôtel était, comme pour l'hôtel d'Argenson et toutes les maisons donnant de ce côté du Palais-Royal, rue des Bons-Enfants.

2. Marquis d'Argenson, *Mémoires* (Jannet), t. II, p. 9, 10.

l'Opéra à un banc de paroisse. Voilà les suprêmes qualités, et avec cela l'on touche de bien près à la perfection[1]. Toutefois, nous trouvons dans une lettre à Formont une petite pointe qui indique que la comtesse, sans être aussi avare que le veut d'Argenson, ne jetait pas toujours l'argent par la fenêtre. « Pour nous autres Fontaine-Martel, nous jouons la comédie assez régulièrement. Nous répétâmes hier la nouvelle *Eriphyle*. Nous faisons quelquefois bonne chère, assez souvent mauvaise[2]... » Mais on jouait la comédie, mais Voltaire, tandis que les vrais comédiens du faubourg Saint-Germain étudiaient sa pièce, pouvait avoir un avant-goût de son œuvre et juger de l'effet qu'elle devait produire. Il écrivait à la date du 13 avril : « M. de Moncrif est supplié de mander s'il veut jouer un rôle dans *Eriphyle*, et s'il n'est pas toujours dans le dessein de jouer le Commandeur dans l'*Indiscret*. La répétition de ces deux pièces se fait jeudi prochain, chez madame la comtesse de Fontaine-Martel[3]. » Et *Eriphyle* d'attendrir, d'arracher des larmes sur le petit théâtre de la dame. C'était, il est vrai, comme en convenait l'auteur, gagner en première instance, un procès qu'on pouvait fort bien perdre en dernier ressort[4].

1. Voltaire, OEuvres complètes (Beuchot), t. XIII, p. 90. Épître à madame de Fontaine-Martel; 1732.
2. *Ibid.*, t. LI, p. 269. Lettre de Voltaire à M. de Formont; du 29 avril 1732.
3. Voltaire, *Lettres inédites* (Didier, 1857), t. I, p. 43. Lettre de Voltaire à Moncrif; 13 avril 1732.
4. Voltaire, OEuvres complètes (Beuchot), t. LI, p. 257. Lettre de Voltaire à Cideville; 3 février 1732.

## XII

ÉRIPHYLE ET ZAIRE. — LE TEMPLE DU GOUT. — LA GUERRE
DÉCLARÉE ENTRE ROUSSEAU ET VOLTAIRE.

Ce fut le vendredi 7 mars qu'*Eriphyle* demanda
sa sanction à cette seconde et terrible juridiction qui
s'inquiète peu des arrêts de salon. Elle réussit malgré
le cinquième acte, où l'ombre d'Amphiaraüs, en apparaissant sur la scène peuplée d'une jeunesse élégante
et chamarrée, ne pouvait produire qu'un mauvais et
piteux effet. « Mais on pardonne au dessert, quand les
autres services ont été passables[1]. » La versification
surtout fut applaudie, et certains vers frondeurs auxquels avait d'ailleurs habitué l'auteur d'*OEdipe*. « Otez-
en quelques morceaux contre les grands, contre les
princes et contre la superstition, rien n'est à lui, et la
pièce n'auroit pas trois représentations, » écrit au président Bouhier, un de ces contempteurs sournois de Voltaire qui le déchirent en dessous, et lui font extérieurement mille caresses[2]. Le vrai c'est que l'œuvre

1. Voltaire, *OEuvres complètes* (Beuchot), t. LI, p. 261. Lettre de Voltaire à Cideville; samedi 8 mars 1732.
2. Bibliothèque impériale. Manuscrits. *Correspondance du président Bouhier*, t. IV, p. 402. Lettre de l'abbé Le Blanc au Président; 11 mars 1732.

n'était pas sans défauts, et que le succès avait besoin pour s'affermir qu'on relevât le zèle et le moral des comédiens auxquels pourtant on avait abandonné les profits ; et le poëte ne croit pas inutile de faire prier le comte de Clermont d'envoyer chercher la troupe et de lui recommander *Eriphyle*[1]. On voit que Voltaire pensait à tout. Rendons-lui justice. Cette pièce qu'il a soumise à Cideville et à Formont et qu'il a remaniée de cent sortes, il va encore profiter de la clôture de Pâques pour la corriger de son mieux, et ces corrections ne consisteront pas en moins de trois actes nouveaux. Non content de cela, il avait rimé un compliment en vers que prononça Dufresne à la réouverture du théâtre[2]. Mais, malgré les belles tirades et les applaudissements qu'elles faisaient naître, il avait trop de flair pour se méprendre sur les imperfections de son œuvre, en dépit de ses retouches journalières : il se fera l'avocat du diable contre la canonisation d'*Eriphyle*[3]. Il avait envoyé sa tragédie à Jore qui avait commencé l'impression ; il donne des ordres pour tout suspendre et se faire retourner le manuscrit[4]. « *Eriphyle*, dit-il en toute bonne foi, n'a pas eu un grand succès. J'étais prêt à la livrer à l'impression, mais je suis maintenant déterminé à ne la point faire imprimer,

---

1. Voltaire, *Œuvres complètes* (Beuchot), t. LI, p. 263. Lettre de Voltaire à Moncrif ; mars 1732.
2. *Ibid.*, t. LI, p. 268. Lettre de Voltaire à Formont ; du 29 avril 1732.
3. *Ibid.*, t. LI, p. 274. Lettre de Voltaire à Cideville ; ce vendredi 16 mai 1732.
4. *Ibid.*, t. LI, p. 273. Lettre de Voltaire à Cideville ; ce samedi 9 mai 1732.

ou du moins à la laisser de côté dans mon cabinet, jusqu'à ce que je puisse la revoir, et y faire de nouvelles corrections, à tête reposée[1]. » Finalement, les représentations d'*Eriphyle* cessèrent[2] et le poëme ne fut point publié. Du reste, procéda-t-il de la même façon qu'avec *Artémire* dont il a conservé les belles parties dans *Mariamne* : *Eriphyle* devait engendrer *Sémiramis*.

On s'étonne de cette facilité à se détacher d'un ouvrage qui a coûté tant de peines, de nuits, de soucis. La veille encore, le poëte refaisait de nouveaux vers pour cette tragédie condamnée par lui à ne pas être imprimée de son vivant[3]. Cela s'explique par sa façon de travailler. Sans cesse attelé à cinq ou six ouvrages, il entrevoyait de nouveaux horizons et de nouveaux triomphes ; à côté de la déception se levait l'espérance, et l'abandon s'opérait sans qu'il y parût et qu'il en souffrît. Aussi, écrivait-il à Cideville : « J'ai corrigé dans *Eriphyle* tous les défauts que nous y avions remarqués. A peine cette besogne a été achevée, qu'afin de pouvoir revoir mon ouvrage avec moins d'amour-propre, et me donner le temps de l'oublier, j'en ai vite commencé un autre[4]. » Cet autre était *Zaïre*.

1. Voltaire, *Pièces inédites* (Didot, 1820), p. 243 à 246.
2. *Eriphyle* eut sept représentations avant Pâques. La recette de la dernière de la reprise après Pâques s'éleva à six cent deux francs, dix sous. Registre de la Comédie.
3. Quand *Eriphyle* fut imprimée pour la première fois, en 1779, elle était escortée de cette note curieuse : « Pièce que l'auteur s'étoit opposé qu'elle fût imprimée de son vivant. » Quérard, *Bibliographie Voltairienne*, p. 36, n° 108.
4. Voltaire, *Œuvres complètes* (Beuchot), t. LI, p. 275. Lettre de Voltaire à Cideville ; à Paris, le 29 mai 1732.

Voltaire, qui apportait dans tout une sorte d'impétuosité, n'en mettait pas moins dans l'amitié. Il avait besoin de s'attacher, de s'intéresser ; il était serviable et ne laissa jamais échapper une occasion de venir en aide à un ami dans la gêne. Encore jeune, il aimait la jeunesse et eût voulu vivre au milieu d'elle. Se présentait-il un talent naissant, ses conseils, sa sympathie, sa bourse lui étaient acquis. Il reçoit un beau jour une *Ode sur la Création* qui ne sentait que trop l'écolier. Au lieu de sourire et de répondre à cette démarche naïve par un compliment banal, il écrit à son auteur qu'il sera enchanté de le voir. Celui-ci ne se le fait pas répéter. Il accourt et vient montrer à Voltaire sa face grotesque, mais plus gauche que timide. C'était Linant, le fils de l'hôtesse au nez retroussé et aux mains sempiternelles, chez laquelle il avait logé un instant, à Rouen. Le poëte le fait parler, s'engoue de son babil, de sa bonne humeur, de son naturel, et voit là des promesses plus que certaines pour l'avenir. Mais la poire n'était pas mûre, et, en attendant que l'on trouvât à le caser quelque part, car le nouveau venu était aussi léger d'argent que d'expérience, il le renvoie à Cideville qui s'intéressait également à lui. Un mois après, jour pour jour, il écrivait à l'aimable conseiller : « J'ai déjà parlé à ma baronne [1] de notre petit Linant ; je souhaite extrêmement de lui être utile. Je me croirais trop heureux si j'avais pu, une fois en ma vie, encourager les talents [2]. » Mais celle-ci ne se prête pas à cette bonne

1. Voltaire appelle madame de Martel tantôt comtesse, tantôt baronne.
2. Voltaire, *Œuvres complètes* (Beuchot), t. LI, p. 267. Lettre de Voltaire à Cideville ; ce jeudi 17 avril 1732.

œuvre. Elle avait des idées arrêtées dont il était assez malaisé de la faire revenir, parce qu'elles avaient pour base une récente expérience. Elle avait tâté de Thiériot, auquel elle donnait douze cents francs de pension. De pareilles situations ont leurs servitudes : elles impliquent certaines attentions sur lesquelles la bonne dame comptait et qu'elle ne trouva point dans Thiériot, fort épris alors de mademoiselle Sallé. Madame de Martel, qui avait renoncé pour elle-même aux vanités de l'amour, le tolérait difficilement chez ceux qui lui appartenaient, non par un sentiment d'ombrage, mais pour les résultats de cette passion. « Le meilleur titre qu'on puisse avoir pour entrer chez elle est d'être impuissant; elle a toujours peur qu'on ne l'égorge, pour donner son argent à une fille d'Opéra[1]. » Et ailleurs : « elle pense que tout jeune homme, à qui elle ferait une pension, la quitterait sur-le-champ pour mademoiselle Sallé[2]. » Avant Linant, le fils de Crébillon, le futur auteur du *Sopha*, avait brigué ce poste abandonné par Thiériot; il avait plu, on l'avait jugé aimable, peut-être eût-on cédé, quand on apprit qu'il avait vingt-cinq ans, et il fut évincé. « Je crois qu'elle ne m'a dans sa maison, dit plaisamment Voltaire, que parce que j'ai trente-six ans et une trop mauvaise santé pour être amoureux; elle ne veut point que les gens qu'elle aime aient des maîtresses. » En attendant, Linant, de retour dans Paris, se nourrissait d'espérances et n'avait garde de

---

1. Voltaire, *Œuvres complètes* (Beuchot), t. LI, p. 277. Lettre de Voltaire à Cideville; à Paris, le 29 mai 1732.

2. *Ibid.*, t. LI, p. 278. Lettre de Voltaire à Formont; Paris, le 29 mai 1732.

se faire oublier. Voltaire l'avait pris en affection, il goûtait son esprit, avait foi en son jugement, et ne dédaignait pas de le consulter. Le jour où il fit aux comédiens la lecture de *Zaïre*, il voulut que Linant l'accompagnât : « Je serai bien aise de savoir ce qu'en pense un cœur aussi neuf et un esprit aussi juste que le sien[1]. » Madame de Fontaine-Martel tenait toujours bon dans ses refus; et il fallut chercher d'un autre côté quelque toit plus hospitalier qui voulût bien abriter ce génie naissant auquel, sans doute, pour se développer il ne manquait qu'une existence assurée et des loisirs. « M. de Nesle m'avait promis de le prendre, écrit Voltaire à Formont, mais il ne lui donne encore qu'à dîner. La première année sera peut-être rude à passer pour ce pauvre Linant[2]. » En tous cas, et pour nous autres que la rénovation de 89 a transformés, cela est triste, et l'on ne voit pas sans un profond sentiment d'humiliation les meilleurs et les plus fiers esprits de ce temps accepter le pain de ces Mécènes de qualité dont ils payaient les générosités en petits vers, en flatteries, en bassesses, avec une aisance qui montre combien il leur en coûtait peu et combien il leur semblait naturel qu'il en fût ainsi. Maintenant, l'homme de lettres ne compte que sur lui, et le moins délicat n'accepterait point ces deux aunes de velours que, bon an mal an, madame de Tencin donnait aux gens de lettres de sa société.

1. Voltaire, *OEuvres complètes* (Beuchot), t. LI, p. 282. Lettre de Voltaire à Cideville; 27 juin 1722.
2. *Ibid.*, t. LI, p. 286. Lettre de Voltaire à Formont; Paris, juillet 1732.

Puisque le nom de madame de Tencin s'est glissé là, c'est le cas de donner place à une anecdote qui dénote l'opinion de certaines coteries sur Voltaire, même après *OEdipe, Mariamne* et *Brutus*. Il faut dire que, parmi ces juges si sévères, figuraient les auteurs de *Thétis et Pélée* et d'*Inès de Castro*.

Je tiens de la bouche de Voltaire, nous dit La Harpe, que les plus beaux esprits de ce temps, que madame de Tencin rassemblait chez elle, et à leur tête Fontenelle et La Motte, l'engagèrent à lui conseiller de ne plus s'obstiner à suivre une carrière pour laquelle il ne semblait pas fait, et d'appliquer à d'autres genres le grand talent qu'il avait pour la poésie, car alors on ne le lui disputait pas : c'est depuis que son talent pour la tragédie eut éclaté de manière à n'être pas mis en doute, qu'on s'avisa de lui contester celui de la poésie. Ainsi les sottises de la haine et de l'envie varient selon les temps et les circonstances; mais l'envie et la haine ne changent point. Je demandai à Voltaire ce qu'il avait répondu à ce beau conseil. *Rien*, me dit-il, *mais je donnai Zaïre* [1].

*Zaïre* était achevée, cette tendre et belle page, qui, de nos jours encore, malgré sa forme surannée, les défectuosités du drame, ne se lit pas sans émotion et sans larmes. *Zaïre* n'est pas la meilleure tragédie de Voltaire; c'est son œuvre la plus originale, la plus inspirée. S'il fut jamais jeune, s'il sentit jamais son cœur battre, une flamme amoureuse le pénétrer, ce fut en composant *Zaïre*. Les femmes lui reprochaient de ne pas faire assez large la part de l'amour dans ses pièces; il jura qu'il en répandrait à flots dans celle-ci ; il se mit à l'œuvre avec sa fougue, son emportement habituel. Au bout de vingt-

---

[1]. La Harpe, *Cours de littérature* (Didot, 1821), t. IX, p. 139.

deux jours, sa tragédie était achevée[1]. Elle fut représentée le 13 août, non pas sans agitation et sans troubles. Les acteurs, peut-être dépaysés dans ce monde oriental et chrétien, jouèrent médiocrement. Le parterre, où les ennemis contre-balançaient les amis, était tumultueux, et ne laissa pas tomber quelques négligences provenant de la hâte et de l'effervescence avec lesquelles l'ouvrage avait été écrit. Bref, si l'émotion désarma le plus grand nombre, les protestations ne firent pas défaut, et l'auteur, tout le premier, se garda bien de les considérer comme non avenues. Il s'empressa, au contraire, d'effacer les taches qui lui avaient été signalées, de limer cette versification un peu lâche et incorrecte qui, à son avis, n'approchait pas de la versification d'*Eriphyle* [2]. Mais un trait de sentiment, une situation émouvante l'emporteront toujours sur l'ornement et la pompe des vers. A la quatrième représentation, œuvre

1. Voltaire, *OEuvres complètes* (Beuchot), t. III, p. 140. Avertissement de *Zaïre*.
2. Mais ce travail de remaniement n'était pas du goût d'Orosmane. Dufresne le prenait de haut avec les auteurs qui étaient bien forcés de s'incliner devant son intolérable despotisme. Lors des représentations du *Glorieux*, il ne se donnait pas même la peine de lire les corrections du poëte; quant à Destouches, il l'avait consigné à sa porte. Voltaire et ses retouches étaient menacés du même sort. Mais ce dernier était de plus dure composition, et Dufresne, cette fois, ne fut pas le plus fort. Le comédien grand seigneur donnait un dîner; un magnifique pâté lui fut envoyé sans qu'on sût d'où il venait. Lorsqu'on l'ouvrit, à l'entremets, on aperçut une multitude de perdrix, ayant toutes au bec de petits papiers qu'on se hâta de déployer : c'étaient autant de vers corrigés de *Zaïre*. Pour le coup, il fallut bien se rendre et loger de bonne grâce dans sa mémoire ces derniers nés du poëte. *Anecdotes dramatiques* (Paris, 1775), t. II, p. 274. — *Galerie de l'ancienne cour, mémoires, anecdotes pour servir à l'histoire des règnes de Louis XIV et de Louis XV* (1789), t. IV, p. 51.

et comédiens étaient transformés. « Ma satisfaction s'augmente en vous la communiquant, écrit-il à son cher Cideville. Jamais pièce ne fut si bien jouée que *Zaïre* à la quatrième représentation. Je vous souhaitais bien là : vous auriez vu que le public ne hait pas votre ami. Je parus dans une loge, et tout le parterre me battit des mains. Je rougissais, je me cachais, mais je serais un fripon si je ne vous avouais pas que j'étais sensiblement touché. Il est doux de n'être pas honni dans son pays [1]... » La Roque s'avisa de lui demander de faire l'analyse de *Zaïre* dans le *Mercure*, et, pour la première fois, on vit un auteur raconter sa pièce et en indiquer du doigt assez doucement les défauts. De notre temps, cela se passe à tout instant dans les colonnes de nos grands journaux dont les aristarques ne dédaignent pas de tâter du théâtre aussi bien que leurs justiciables. Mais alors l'entreprise était nouvelle, et Voltaire a la simplicité de la trouver « dangereuse [2]. »

Il tenait enfin son succès, qu'il demandait en vain au théâtre depuis *Œdipe*. Et l'envie fut bien forcée de s'incliner devant une vogue que chaque jour ne faisait qu'accroître. Ce même abbé Le Blanc, dont nous avons déjà reproduit la correspondance fielleuse, écrivait à Bouhier, trois mois après [3] :

*Zaïre*, tant par le manége de son autheur que par celui des

1. Voltaire, *OEuvres complètes* (Beuchot), t. LI, p. 301. Lettre de Voltaire à Cideville ; 25 août 1732.
2. *Mercure*. Aoust 1732, p. 1828-1843.
3. *Zaïre* n'eut que neuf représentations dans sa nouveauté, et ne fut reprise que le 12 novembre, pour être jouée vingt et une fois presque consécutives, ce qui alors était inouï. Registre manuscrit de la Comédie française.

comédiens, a un succès prodigieux. Il y a plus, on commence à la croire une bonne tragédie, à l'applaudir. *O sœclum insipiens et inficetum!* Bientôt mademoiselle Malcrais va l'emporter sur madame Deshoulières ; le poëte des bords de la Marne sur Segrais et l'autheur d'*Eryphile* sur les Sophocles et les Corneilles. *O sœclum insipiens et inficetum !* Au reste, quoique je ne trouve pas la tragédie en question aussi bonne que quelques femmes du Marais, cela ne m'empêchera pas d'aller voir Voltaire pour lui demander sa petite épître à madame de Fontaine-Martel dont vous êtes curieux [1]. Je ne l'ai pu jusqu'ici parce qu'il étoit à la cour : je crois bientôt qu'il sera vraiment tout ce qu'on appeloit *poeta regius* : le poëte, le fou du roi [2].

Il sied bien à cet abbé Le Blanc, le fils d'un geôlier de Dijon, un pauvre diable à la poursuite d'une position qu'il n'attrape ni n'attrapera jamais, et qui, en attendant, mange le pain de ses patrons, de déchirer aussi cruellement et aussi injustement, en toute occasion, un homme dont il n'a reçu que des politesses, qui le traitera toujours en ami, et auquel, comme on le voit, il n'hésite pas à réclamer de ces piquantes communications qu'on ne fait qu'aux intimes et qui engagent même ceux qui les requièrent. Ces petites iniquités innocenteraient Voltaire, et l'on comprend jusqu'à un certain point les emportements, les déchaînements du poëte qui n'est ainsi accablé que parce qu'il est grand et acclamé.

Le Blanc s'excuse de n'avoir pu mettre encore la main sur Voltaire, parce qu'il était à la cour. Effecti-

1. Voltaire, *OEuvres complètes* (Beuchot), t. XIII, p. 89, 90, 91. Épître à madame de Fontaine-Martel ; 1732.
2. Bibliothèque impériale. Manuscrit. *Correspondance du président Bouhier*, t. IV, p. 409. Lettre de l'abbé Le Blanc au président ; 19 novembre 1732.

vement, il y avait paru, et il l'avait suivie à Fontainebleau, sous le patronage de Richelieu, qui s'était chargé de le loger. Sa correspondance de cette époque renferme quelques lettres datées de Fontainebleau ; mais nous avons d'autres témoignages de son passage. Piron, que préoccupait l'avenir de son *Gustave*, voyant la Comédie prendre des carrosses (14 octobre) pour aller jouer *Zaïre* devant le roi et la reine, partit avec elle afin de ne pas laisser s'éteindre un zèle qui d'ailleurs était des plus tempérés. Les deux poëtes devaient, de toute nécessité, se rencontrer ; ce fut, toutefois, sur le tard. Voltaire ne quittait pas les puissances, intriguait en haut lieu, ravi de l'influence qu'il se découvrait à la cour. Il s'agit d'empêcher une mauvaise comédie d'être jouée (il ne dit pas quelle comédie) : la cour et le tripot comique se divisent ; deux partis se forment : le parti de la reine et des dames du palais ; l'autre, celui des princesses et de leur entourage. De quel parti se rangera Voltaire ? « La reine a été victorieuse, dit-il, et j'ai fait la paix avec les princesses [1]. » On voit qu'il avait su bien choisir son camp. Sans doute, n'ignorait-il pas l'arrivée de Piron ; mais il est à croire qu'il attendait fort patiemment que le hasard les fît se heurter. Il se présenta, cependant, et leur entrevue est une scène de comédie, et des meilleures, qui peint Voltaire. Laissons parler Piron. Il est heureux dans son petit récit, et c'est un mérite rare dans ses lettres, toutes écrites

---

1. Voltaire, *OEuvres complètes* (Beuchot), t. LI, p. 228, 312. Lettre de Voltaire à mademoiselle de Lubert ; à Fontainebleau, ce 29 octobre 1732, p. 90. — Lettre de Voltaire à Formont ; Paris, ce samedi, novembre 1732.

pour la seule intimité, pour des gens avec lesquels il n'a pas à se gêner et ne se gêne guère.

... Je n'y vois rien, dit-il en parlant de la cour, de plus vrai que la physionomie des Suisses. Ce sont les seuls philosophes de la cour : avec leur hallebarde sur l'épaule, leurs grosses moustaches et leur air tranquille, on diroit qu'ils regardent tous ces affamés de fortune comme des gens qui courent après ce qu'eux, pauvres Suisses qu'ils sont, ils ont attrapé depuis longtemps. J'avois à cet égard-là l'air assez suisse, et je regardois encore hier à mon aise Voltaire roulant comme un petit pois vert à travers les flots de Jeanfesse quand il m'aperçut. « — Ah! bonjour, mon cher Piron, que venez-vous faire à la cour? J'y suis depuis trois semaines, on y joua l'autre soir ma *Mariamne*, on y jouera *Zaïre;* à quand *Gustave?* Comment vous portez-vous?... Ah! monsieur le duc, un mot, je vous cherchois! » Tout cela dit l'un sur l'autre, et moi resté planté là pour reverdir, si bien que ce matin, l'ayant rencontré, je l'ai abordé en lui disant : « Fort bien, monsieur, et prêt à vous servir. » Il ne savoit ce que je lui voulois dire, et je l'ai fait ressouvenir qu'il m'avoit quitté la veille en me demandant comment je me portois, et que je n'avois pas pu lui répondre plus tôt[1].

Cela est parlant. L'on assiste à cette jolie scène, et l'on est sûr, cette fois, que Piron n'invente pas. L'importance, l'impertinence du poëte de cour y sont tracées de main de maître, et la charmante raillerie de la fin achève, on ne sauroit mieux, ce petit tableau. Piron est-il vrai, quand il nous présente Voltaire nouant trames sur trames pour empêcher, entraver indéfiniment la représentation de son *Gustave?* « Ma tragédie se donnera sur la fin de ce mois, écrit-il à M. d'Orgeval, à la date du premier janvier; elle eût été déjà

---

1. *Recueil de la Société des Bibliophiles* (Paris, 1826), t. IV, p. 96, 97. Lettre de Piron à l'abbé Legendre; ce samedi, 18.

donnée il y a longtemps, sans Voltaire, qui m'a barré
par des menées et des souterrains qui me sont inconnus, mais qui finiront. » Ces trames, ces souterrains
inconnus, cela est bien vague, et c'est être trop imparfaitement renseigné pour que l'accusation ait une sérieuse valeur. Voltaire était bien capable d'user de son
influence pour se faire jouer hors rang, ce à quoi n'a
jamais manqué, disons-le, tout écrivain en droit de
s'imposer. Mais lui attribuer la pensée d'étouffer, autant que faire se peut l'œuvre de Piron, de pousser ses
amis à la chuter, noirceur qu'empêcha seule, affirme
celui-ci, l'intervention d'une escouade de soldats du
guet disséminés dans le parterre par ordre du lieutenant de police, sur la recommandation de M. de Livry !
cela n'est pas admissible. Si M. de Livry eût partagé la
conviction de Piron, n'eût-il pas fermé sa porte à Voltaire ? Nous savons que Voltaire fut accusé de cette noirceur ; l'avocat Marais l'en accuse[1], et l'auteur de *Zaïre*
lui-même fait allusion à ces bruits charitables. « Il faudrait à présent vous rendre compte de *Gustave Wasa*;
mais je ne l'ai point vu encore. Je sais seulement
que tous les gens d'esprit m'en ont dit beaucoup de
mal, et que quelques sots prétendent que j'ai fait une
grande cabale contre[2]. » Au moins ne l'encourageat-il pas de la parole et du geste. Encore une fois, il ne
manque à tout cela que ces témoignages irrécusables

---

1. Bibliothèque impériale. Manuscrit. *Correspondance du président
Bouhier*, t. VII, p. 584. Lettre de Marais à Bouhier; à Paris, ce
7 février 1733.

2. Voltaire, *Œuvres complètes* (Beuchot), t. LI, p. 354. Lettre
de Voltaire à Thiériot; Paris, 24 février 1733.

sans lesquels il n'est pas de coupables pour tout esprit judicieux. Avec le caractère de Voltaire, l'on se fait sans doute plus d'ennemis que d'amis, en dehors même des rivaux ; et les ennemis ne regardent point à forcer la couleur, lorsqu'ils ne font pas pire.

L'orgueil de Piron, qui se croit de la race et de l'étoffe de Corneille, l'égare. A ce compte, Voltaire eût fait siffler *Inès*, il eût fait siffler le *Glorieux* de Destouches, il eût fait siffler tout ce qui eût eu une apparence de succès, et c'est trop et beaucoup trop dire. Voltaire n'était pas bienveillant pour Piron, voilà le vrai, et Piron désormais le lui rend bien : il faut voir comme Piron traite *Zaïre*. Mais la malignité de leur commune étoile les contraint à se ménager, à se sourire, à se faire patte de velours. Après s'être rencontrés chez madame de Mimeure, le hasard les avait faits tous deux les familiers, les commensaux de l'hôtel de Livry. Voltaire ne nous apprend-t-il pas plus haut qu'il passe ses soirées rue de Condé, et si régulièrement, que c'est là qu'il désire qu'on lui adresse ses lettres? Quant à Piron, il n'en bougeait. Le marquis l'avait pris en grande affection, le caractère de Piron lui allait infiniment plus que l'humeur inégale de Voltaire. En revanche, madame de Livry n'avait d'oreilles que pour l'auteur de la *Henriade*, et en usait assez dédaigneusement avec le poëte bourguignon qui en convient avec candeur[1].

Ce voyage à Fontainebleau n'avait pu suspendre

---

1. Alexis Piron, *OEuvres complètes* (Paris, 1776), t. VIII, p. 17. *A M. le marquis de L\*\*\**, qui s'aimoit mieux avec moi qu'avec M. de V\*\*\* ; pendant qu'au contraire la marquise aimoit mieux cent fois M. de V\*\*\* que moi.

pour un peu cette fournaise toujours en travail ; courtisan, poëte, historien, philosophe à tour de rôle, Voltaire n'avait point à se reprocher d'avoir perdu une minute. Les deux années qu'il avait passées en Angleterre n'avaient pas été sans profit pour lui. Mêlé au plus grand monde, introduit dans l'intimité de ses grands poëtes et de ses grands écrivains, il avait emporté de son séjour à Londres, on l'a déjà remarqué, une haute opinion de ce peuple où nulle Bastille, nulles lettres de cachet ne venaient à tout instant enchaîner et glacer l'indépendance de la pensée. Impressionné vivement de la différence de ces mœurs avec les nôtres, il n'avait pu résister à la tentation de grouper en quelques pages ses observations sur cette société de républicains où la masse n'annihilait pas l'individu, où les types savaient se défendre et demeurer eux-mêmes. Il avait divisé ses esquisses en lettres, traitant celles-ci des quakers, telles autres du parlement, d'autres encore des poëtes et des penseurs, l'éternelle gloire de la grande Bretagne.

Quand il posa le pied dans Londres, le nom de Newton était dans toutes les bouches, et ce fut vers ce rare génie que se porta l'attention du survenant qui dut commencer par oublier Descartes et ses tourbillons et faire table rase. Dans ces études, Newton a la place glorieuse. Mais au moment de donner la dernière main au livre, le poëte, qui se défie à bon droit de l'insuffisance de ses connaissances, s'adresse à Maupertuis, le premier Français qui osa se prononcer pour la doctrine newtonienne ; il lui envoie son manuscrit et le supplie de le lire et, si ce n'est pas trop demander, de mettre par écrit les réflexions que ses lettres lui suggéreront [1].

Voltaire sentait bien, toutefois, que son enthousiasme pour l'Angleterre ne serait pas envisagé par beaucoup de gens d'un bon œil, et qu'il lui serait difficile de dire impunément sa pensée.

« ... Je suis aussi obligé, mande-t-il à Formont, de changer tout ce que j'avais écrit à l'occasion de M. Locke, parce qu'après tout je veux vivre en France, et qu'il ne m'est pas permis d'être aussi philosophe qu'un Anglais. Il me faut déguiser à Paris ce que je ne pourrais dire trop fortement à Londres. Cette circonspection malheureuse, mais nécessaire, me fait rayer plus d'un endroit assez plaisant sur les quakers et les presbytériens. Le cœur m'en saigne... j'ai lu au cardinal de Fleury deux lettres sur les quakers, desquelles j'avais pris grand soin de retrancher tout ce qui pouvait effaroucher sa dévote et sage Eminence. Il a trouvé ce qui en restait encore assez plaisant; mais le pauvre homme ne sait pas ce qu'il a perdu [2]. »

Si le poëte espérait, par ces lectures au cardinal, détourner la foudre que ses témérités allaient provoquer, il se trompait fort : jamais livre, on ne le verra que trop tôt, ne mena l'écrivain plus près de l'abîme et ne lui causa plus de soucis, d'angoisses, d'embarras plus grands et plus sérieux. Voltaire n'avait pas oublié l'hospitalité qui lui avait été offerte par M. Falkener, ce riche négociant de Londres; il voulut lui témoigner sa gratitude en lui dédiant *Zaïre*, comme il avait déjà dédié *Brutus* à lord Bolingbroke. Ses deux Épîtres dédicatoires sont de vraies poétiques où l'au-

1. Voltaire, *OEuvres complètes* (Beuchot), t. LI, p. 314, 315, 320. Lettres de Voltaire à Maupertuis; Fontainebleau, 30 octobre, 3 et 8 novembre 1732.

2. *Ibid.*, t. LI, p. 328. Lettre de Voltaire à Formont; à Paris, ce samedi... novembre 1737.

teur discute sur l'art, tel qu'on le comprenait en France et tel qu'il était envisagé chez nos voisins. Il semblerait que rien ne dût être et paraître plus innocent, moins propre à faire naître les ombrages des censeurs ; mais Voltaire lui-même ne compte pas tellement sur sa parfaite innocence qu'il ne redoutât les difficultés, et qu'il ne se fût contenté d'une permission tacite. Il remet l'*Epître dédicatoire de Zaïre* à M. Rouillé qui consent d'abord à laisser publier, mais ne veut ni ne peut approuver un morceau où le souvenir donné à mademoiselle Lecouvreur, et l'opposition entre notre intolérance et la parfaite tolérance des Anglais en pareille matière, sont un blâme à la nation et aux gouvernants. M. Rouillé, toutefois, se montra plus exigeant à la réflexion, et exigea des retranchements, dont l'auteur se plaint à Thiériot[1] et dont on peut constater l'importance, en opposant, à l'épître publiée alors, la copie originale reproduite en 1820 dans son intégrité par Lequien. Au reste, à cette épître dédicatoire, Voltaire en substituait une seconde plus tard, lorsque le riche marchand était élevé par la confiance de son souverain à la dignité d'ambassadeur ; et il l'adressait

---

1. Voltaire, *OEuvres complètes* (Beuchot), t. LI, p. 353. Lettre de Voltaire à Thiériot ; Paris, 24 février 1733. Ces retranchements furent loin pourtant de sembler suffisants. « La préface de *Zaïre*, lisons-nous à la date du 29 janvier 1733, a été saisie chez le libraire ; on trouve qu'il loue un peu trop le règne de Louis XIV aux dépens de celui-ci. Moncrif, qui en avoit été l'examinateur et qui l'avoit approuvée, en a été repris par M. le garde des sceaux. » *Revue rétrospective* (1736), t. V, p. 173. *Journal de la Cour et de Paris*. — Voir aussi la lettre de Voltaire à Formont du 27 janvier : « On me saisissait *Zaïre* d'un côté, la baronne se mourait de l'autre... » T. LI, p. 350.

« à M. le chevalier Falkener, ambassadeur d'Angleterre à la Porte Ottomane; » mais cela n'aura lieu qu'en 1736. Pour le moment, Falkener n'est qu'un très-riche marchand, et ce titre n'est pas suffisant pour le protéger contre les plaisanteries au gros sel des parodistes qui nous le représentent sous le nom de « Kafener » *habillé grossièrement, une pipe à la bouche et parlant pesamment* [1]. Il fallait bien qu'il portât la peine de l'amitié du poëte [2]. Voltaire signale deux parodies de *Zaïre* qui tombèrent également [3] : l'une d'elles était *Arlequin au Parnasse*, de l'abbé Nadal, l'autre *les Enfants trouvés*, de Romagnesi et Riccoboni. Marais nous dit cette dernière pleine d'esprit, et il ajoute que Voltaire eut assez d'influence pour en empêcher l'impression [4]. C'est là une grave erreur. Elle fut bel et bien, et plusieurs fois imprimée [5].

Les orages s'amoncelaient sur la tête de ce dernier qui, sans se dissimuler une partie des dangers, espérait les conjurer en cachant l'audace de l'idée sous la légèreté de la forme, et surtout en s'efforçant de faire de ceux dont dépendait son sort ses soutiens et ses com-

---

1. *Le Temple du Goust* (à la Haye, 1733), p. 25 et suivantes, scène VI, VII, VIII et IX. Voltaire la supposait de Delaunay. Elle est en réalité de d'Allinval, comme on le verra plus tard.
2. *Revue rétrospective* (1836), t. V, p. 384. *Journal de la Cour et de Paris*; 1er juin 1733.
3. Voltaire, *Œuvres complètes* (Beuchot), t. LI, p. 335. Lettre de Voltaire à Cideville; 15 décembre 1732.
4. Bibliothèque impériale. Manuscrits. *Correspondance du président Bouhier*, t. VII, p. 586, 587. Lettre de Marais à Bouhier; à Paris, le 28 janvier 1733.
5. Quérard; *Bibliographie Voltairienne*, p. 114, nos 473, 474. Ces deux parodies ont été publiées dans le tome 1er des *Parodies du nouveau théâtre italien*.

plices. Tout cela pouvait être très-fragile ; car des fleurs de rhétorique ne suffisent pas pour donner le change à ceux qui croient la foi et la conscience compromises dans ces licences; et, quant aux gens en place, il ne leur est pas toujours possible de demeurer tolérants et bienveillants. La première tracasserie que Voltaire eut à essuyer fut au sujet d'un péché de jeunesse, l'*Épître à Uranie* composée pour l'édification de sa bonne amie madame de Rupelmonde, dix ans auparavant (1722). Si l'on doit s'étonner de quelque chose, c'est que Voltaire ne se la fût pas laissé dérober plus tôt. Publiée au commencement de 1732, elle souleva l'indignation des dévots et de cette classe aussi de gens circonspects, conservateurs à outrance, dirait-on de nos jours, qui craignent pour la société l'effet de pareilles témérités. A propos même de l'*Épître à Uranie*, le chancelier d'Aguesseau, demandant à Langlois, son secrétaire, ce qu'il en pensait: « Monseigneur, répondit celui-ci, Voltaire doit être renfermé dans un endroit où il n'ait jamais ni plume, ni encre, ni papier. Par le tour de son esprit cet homme peut perdre un État[1]. » L'archevêque de Paris, M. de Vintimille, se plaignit fortement au lieutenant de police, qui ne put se dispenser de donner satisfaction au prélat[2]. Voltaire est mandé à la barre de M. Hérault; mais sa réponse était toute faite : l'épître n'était pas de lui, elle était de l'abbé de Chaulieu à qui il prétendait l'avoir entendu réciter[3]. Toutes ces

---

1. Gab. Brottier, *Paroles mémorables* (Paris, 1790), p. 303.
2. Duvernet, *la Vie de Voltaire* (Genève, 1786), p. 83.
3. Bibliothèque impériale. Manuscrits. *Correspondance du président Bouhier*, t. IV, p. 407. Lettre de l'abbé Leblanc; 1er octobre 1733.

idées, on les retrouve, en effet, dans l'épître fameuse de l'abbé au marquis de La Fare :

J'ai vu de près le Styx, j'ai vu les Euménides [1]...

Et tout autant dans une seconde qu'il adressa au même, treize ans plus tard [2]. On ne fut pas dupe du désaveu de Voltaire, et les plus fins ne s'y méprirent point. Mais on voulut bien, pour cette fois, se contenter de ses dénégations; il fit le mort et essuya sans y répondre les attaques dont l'auteur anonyme de l'*Épître à Uranie* fut l'objet de la part des poëtes religieux qui trouvèrent là une occasion de faire preuve d'orthodoxie, « en ce temps de carême, propre aux réflexions sérieuses, » nous dit le *Mercure* en les reproduisant [3].

*Zaïre* poursuivait son succès, redemandée opiniâtrement par le parterre. On avait beau se roidir, les pleurs ne tarissaient pas, le pathétique venait à bout des cœurs qui étaient le moins disposés à s'attendrir. « J'ay toujours bien regret aux larmes que j'y ay versées, » écrit Marais à son correspondant bourguignon [4]. Mais comme il faut que le fiel vienne se mêler à toutes nos joies, l'on ne parla bientôt plus, dans Paris, que d'une lettre de Rousseau adressée à Delaunay, que Voltaire

---

1. Chaulieu, *OEuvres* (la Haye, 1777), t. I, p. 13. *Sur les trois façons de penser sur la mort;* à M. le marquis de La Fare, 1695.
2. *Ibid.*, t. I, p. 18; au même, 1708.
3. *Mercure*, mars 1732, p. 605-611. *Épître à Uranie contre les impies.* — *Ibid.*, avril 1732. A l'auteur de l'*Epître à Uranie*, p. 625-630, par Tavenot.
4. Bibliothèque impériale. Manuscrits. *Correspondance du président Bouhier*, t. VII, p. 583. Lettre de Marais à Bouhier; à Paris, ce 7 février 1733.

avait rencontré jadis chez le grand prieur de Vendôme dont celui-ci était secrétaire, mais en tous cas sans s'en faire un ami. Delaunay avait envoyé *Zaïre* au Lyrique, et l'avait prié de lui en mander son avis. Rousseau ne laissa pas échapper cette nouvelle occasion de distiller son venin contre l'ennemi ; car, avant cette dernière épître, il avait déjà expédié au même un portrait de Voltaire qui, bien qu'il l'ait prétendu plus tard, n'était pas destiné uniquement à l'intimité, et dont les couleurs n'étaient rien moins que souriantes, comme on en peut juger.

Vous jugez, monsieur, parfaitement bien de Voltaire. Ce jeune homme impose par son effronterie ; mais il n'y a rien en lui qui soit marqué au coin de la postérité. Ses ouvrages ne sont autre chose que des fragmens mal cousus, où le bon sens est compté pour rien. Nulle vraisemblance dans la conduite de ses pièces, nulle vérité dans les mœurs ; des vers, à la vérité, moins froids que ceux de Lamothe, mais en récompense moins réguliers, à l'harmonie près, que l'un et l'autre n'ont jamais connue. Ajoutez à cela une ignorance orgueilleuse qui dédaigne de s'instruire, mais de décision et de vanité qui révolte, et une hardiesse à établir des règles insupportables dans un auteur qui n'en connaît et n'en sait aucune[1]...

Tout cela serait vrai, qu'une pareille sévérité eût été malséante de la part de Rousseau. L'auteur du *Flatteur*, du *Capricieux* et des *Aïeux chimériques* n'avait pas le droit de parler sur ce ton et de se produire en aristarque impitoyable. Cependant, c'est encore un homme de lettres qui juge un homme de lettres, et

---

1. J.-B. Rousseau, OEuvres (Lefèvre), t. V, p. 500. — *Revue rétrospective* (1836), t. V, p. 166, 167. *Journal de la Cour et de Paris*; 24 janvier 1733.

combat l'adversaire sur un terrain qui leur est commun. Nul doute qu'il ne fasse l'application de ce qu'il vient d'avancer dans sa critique de *Zaïre*. Si *Zaïre* désarme par ses malheurs, elle n'est pas sans défauts et donne prise sur plus d'un point; la marche de la pièce pourrait être plus raisonnable et plus logique, la versification et plus correcte et plus soignée; les amis en convenaient. Voltaire corrigeait sans cesse, ce qui montre bien qu'il était loin de croire l'œuvre parfaite. Qui ne s'attend à ce que Jean-Baptiste ne relève les faiblesses, avec la perspicacité de l'expérience doublée de la haine la plus vivace?

La pièce que vous m'avez envoyée est enfin arrivée. Je l'ai lue ce matin. Ceux qui m'avoient mandé, il y a quatre mois, que la fin morale de cet ouvrage étoit de prouver que les *Sarrasins* étoient plus honnêtes gens que les *Chrétiens*, m'en avoient donné une fausse idée ; il ne paroît point que l'auteur ait eu ce dessein en vue. Le sentiment qui y règne, tend seulement à faire voir que tous les efforts de la Grâce n'ont aucun pouvoir sur les passions. Ce dogme impie, et aussi injurieux au bon sens qu'à la religion, fait l'unique fondement de sa fable; et au lieu que le but de *Corneille* a été de faire voir, dans *Polieucte* le triomphe de la grâce, il semble que celui de *Voltaire* ait été d'en peindre la défaite. Il paroît même s'en applaudir dans sa préface, en forme d'épître, où il ose avancer que sans l'amour de *Pauline*, la tragédie de *Polieucte* n'auroit pu se soutenir; mais il ne songe pas que c'est cet amour même, vaincu par la grâce, qui fait toute la beauté du caractère de *Pauline*, au lieu que l'amour de *Zaïre*, toujours victorieux de cette même grâce, n'offre (l'impiété à part) rien que de trivial et de rebattu. Il n'a pas pris garde non plus qu'encore que les scènes de *Sévère* soient admirablement bien maniées, il n'y a pas de comparaison entre l'effet qu'elles font sur le théâtre, et celui qu'a opéré au troisième acte, la fermeté inébranlable de *Polieucte*, et la vertu merveilleuse de son sang, dans la conversion de Félix et de sa

fille. C'est avoir bien mauvaise opinion de son auditoire, que
de penser que l'image d'une concupiscence effrontée, dans une
pièce *chrétienne*, où il n'est parlé que d'un Dieu crucifié, et de
mystères ineffables de la foi, doive paroître plus touchante que
les effets miraculeux de la miséricorde.

*Athalie* et *Esther* ont bien prouvé le contraire ; et quelque
corrompu que soit le siècle, je suis certain que la pièce eût fait
plus de plaisir, si *Zaïre* eût profité des deux occasions où elle
se trouve de déclarer au soudan qu'elle est *chrétienne*, et qu'elle
perd en s'enfuyant sans raison. Ce que cette déclaration, à
laquelle on s'attend, auroit excité en lui d'émotion, de combats,
de lumières, et enfin d'attendrissement, auroit intéressé le spectateur ; on ne seroit pas choqué de voir un caractère si noble
indignement démenti, et ce mélange odieux de piété et de liber-
tinage, dont la pièce est souillée, ne révolteroit pas l'esprit et
le cœur des *honnêtes gens ;* comme il est impossible qu'il ne fasse
à la lecture de cette monstrueuse tragédie, qui, au lieu de l'air
de *roman*, que l'auteur a voulu lui donner, auroit pris, dans le
système de la religion, un air de vérité, capable de toucher les
libertins, qui souvent ne sont pas les moins sensibles aux
grandes images de la religion, quand elles sont bien exprimées ;
ainsi qu'il paroît assez par le plaisir universel que donnent encore tous les jours les représentations de *Polieucte* et d'*Athalie*,
quoique tout le monde sache ces pièces par cœur [1].

Est-ce un poëte qui parle ou un casuiste, un auteur
dramatique ou un docteur en Sorbonne? Vous comptiez
sur une critique littéraire, aussi envenimée que possible,
et c'est presque un anathème. Cette fois ce ne sont
pas les sifflets qu'on cherche à éveiller et qu'on pro-
voque. *Zaïre*, qui le croirait? est une œuvre abominable, impie, sacrilége ! Nous ne voudrions pas frapper
plus que de raison sur Rousseau exilé, malheureux,

---

1. *Le Glaneur historique, critique, moral, littéraire, galant et calotin* (à la Haye, de la Varenne), t. III, n° XXVIII ; 6 avril 1733. Remarques sur la tragédie de *Zaïre*.

aigri par la lutte et les années; mais on sent là, et il faut bien le dire, le cafard qui demande à la religion de servir ses propres ressentiments. L'intention cachée se devine trop bien dans cette affiche d'indignation contre une pauvre innocente tragédie qui ne songeait pas à plus qu'à attendrir et qui y réussissait trop pour la troupe des envieux. Pareille chicane, on s'en souvient, avait été faite à la *Henriade*, que l'on avait déclarée entachée de l'erreur de Pélage; au moins l'attaque venait-elle d'écrivains religieux, de théologiens, qui faisaient leur métier. Cette étrange lettre ne jeta pas dans un médiocre étonnement ceux qui croyaient le mieux connaître Rousseau. Et, chose non moins curieuse, elle donna lieu à des répliques où ses arguments étaient repris et combattus sur ce terrain du dogme et de l'orthodoxie. « Ce n'est point un dogme impie, comme le dit M. *Rousseau*, qui fait le fondement de la pièce; c'est un dogme, qui ne montre, à la vérité, que le premier trait de la puissance divine, et les premières étincelles de la foi. La moralité qui résulte de cette tragédie tend à prouver que l'on ne peut être trop en garde contre l'emportement des passions, si l'on ne veut s'exposer aux chutes et aux excès les plus honteux. En effet, dans quels précipices la passion de *Zaïre* ne la conduit-elle point? Son amant est son Dieu; il fait sa religion avant qu'une lueur de foi brille pour elle. Eh! qui peut ne pas mettre à profit pour soi-même un si funeste exemple[1]? » A la bonne heure, et voilà *Zaïre* qui devient un sermon. Et

---

1. *Le Glaneur historique, critique, moral, littéraire, galant et calotin* (à la Haye), t. III, n° XLII; 25 mai 1733. Lettre de M. L*** à M. l'a S***, en lui renvoyant la lettre de M. Rousseau sur *Zaïre*.

ce n'est pas un ami du poëte qui prend ainsi la défense de l'orthodoxie de sa pièce. Comme pièce il y trouve beaucoup à blâmer et l'émotion ne lui a pas fermé les yeux sur les défauts. Dans la lettre à Delaunay, Rousseau était allé jusqu'à se faire janséniste en haine de Voltaire et pour rendre sa tragédie odieuse aux consciences timorées : c'était s'être donné bien du mal pour un résultat douteux. « Si Rousseau, nous dit l'auteur d'une autre réponse à la critique du lyrique, n'avoit repris l'auteur de *Zaïre* que sur les règles de l'art, je ne me serois jamais avisé de censurer la censure d'un si grand maître; d'autant plus que la pièce a réellement de notables défauts de ce côté-là, quoi qu'en disent ses partisans, qui sont en très-grand nombre : mais Rousseau a voulu trancher du *théologien;* il sort de sa sphère, et débite des raisonnements, dont un *logicien* de quatre jours seroit en état de démontrer la fausseté[1]. » Il avait donc manqué le but; et cette attaque, loin de nuire à l'adversaire, n'avait fait que donner au lyrique un vernis de rigorisme équivoque, de faux zèle, voire d'hypocrisie. Sa lettre sur *Zaïre* se terminait par ces quelques lignes où perçait, malgré lui, une certaine inquiétude sur ce que lui ménageait un ennemi implacable.

Quant à ce que vous me mandez des récriminations de *Voltaire*, j'ai prévu que votre complaisance de laisser prendre copie de ce que je vous ai écrit de ce petit auteur, m'attireroit de sa part quelque chose de semblable; mais je m'en inquiète fort peu. C'est un homme sans conséquence, qui peut bâtir tous

---

1. *Le Glaneur historique, critique, moral, littéraire, galant et calotin* (à la Haye), t. III, n° XXXII; 20 avril 1733. Lettre au *Glaneur* sur la censure que M. Rousseau a faite de *Zaïre*.

les temples qu'il voudra, sans crainte que je prenne le marteau pour travailler à leur démolition. Je n'estime pas plus son architecture que sa poésie, je ne suis pas fâché cependant, quoique je n'aie nulle envie de me mesurer avec un tel adversaire, que le public soit informé des raisons pour lesquelles il lui a plu de m'attaquer ; et c'est à quoi peuvent servir les extraits que vous avez laissé prendre de ce que je vous ai écrit à ce sujet.

On s'est demandé qui avait porté le premier coup. Longtemps on en a donné le tort à Voltaire, l'on voit que ce fut Rousseau qui se rendit coupable de la première attaque. Le curieux Brossette, voulant savoir à quoi s'en tenir, écrit à Voltaire. « Je ne sçai que très-imparfaitement la cause de votre brouillerie. D'abord, dit-on, ç'a été une critique de votre tragédie d'*Hérode et Mariamne*[1], ensuite une autre critique de *Zaïre*. Voilà tout ce que j'en sçai par le bruit commun. Si vous vouliez prendre la peine de m'en instruire plus particulièrement, je vous serois très-obligé[2]... » A cela Voltaire se soucie peu de répondre ; et Brossette de s'adresser à Rousseau, pour lequel, au fond, sont ses préférences : « ... Je sçai, dit-il, qu'après la publica-

---

1. J.-B. Rousseau, *OEuvres* (Lefèvre, 1820), t. V, p. 216-219. Lettre de Rousseau à M. D***. La lettre n'a pas de date, mais il est supposable qu'elle fut écrite en 1725, époque de la reprise de *Mariamne*. Rousseau nous donne ailleurs le nom de son correspondant : « M. de Lasséré m'ayant envoyé la *Mariamne*, je n'ai pu m'empêcher de lui en écrire mon sentiment. Ma lettre qui a couru, m'en a attiré une de la part de l'auteur, à qui j'ai fait une réponse de douze lignes. Comme il n'a point publié la lettre qu'il m'a écrite, il ne seroit pas chrétien que je rendisse ma réponse publique. Voilà toute l'histoire, qui ne mérite ni votre curiosité, ni votre attention. » Lettre de Rousseau (à M. Boutet), 5 avril 1726.

2. *Lettres de Rousseau sur différents sujets* (Genève, 1750), t. III, p. 249, 250. Lettre de Brossette à Voltaire ; Lyon, 28 décembre 1733.

tion de sa tragédie d'*Hérode et Mariamne*, vous en fîtes la critique ou le jugement dans une lettre, dont la copie que j'ai commence par : *Voici enfin cette superfétation poétique*. On a parlé aussi d'une critique de *Zaïre*; voilà tout ce que je sçai : mais je présume que l'auteur de ces tragédies s'étoit attiré cela par quelque endroit [1]... » La présomption n'était pas obligeante pour Voltaire. Malgré cela, Rousseau répond avec sécheresse : « Ce récit m'engageroit dans une discussion qui passeroit la mesure d'une lettre, et si vous en êtes curieux, monsieur l'abbé Nadal que vous pouvez connoître, et à qui j'en ai fait le détail, vous le pourra communiquer, sans trahir une confidence; car je n'écris rien que ce que je veux bien que tout le monde sache. Mais je vous avouerai de plus que quoiqu'il vous plaise de mettre monsieur de Voltaire et moi sur le même trône, je me sens quelque peine à descendre si bas [2]. » Que Voltaire mente, on ne le sait que trop ; il pratique le mensonge à tout propos et en conseille l'usage à ses amis, comme de l'expédient le plus efficace dans les mille embarras de cette vie. A force d'avoir prêché le mensonge, il nous a mis en défiance, on le surveille, on l'épie, on l'épluche, on vérifie avant de croire. Mais Rousseau, qui le soupçonnerait ? Tout converti, tout dévot et tout dévot sincère qu'il soit, il ment, lui aussi, quand il le faut, et il n'y a pas, en somme,

1. *Lettres de Rousseau sur différents sujets* (Genève, 1750), t. III, p. 253, 254. Lettre de Brossette à Rousseau; Lyon, 21 janvier 1734.
2. *Ibid.*, t. III, p. 258, 259. Lettre de Rousseau à Brossette; 30 décembre 1734.

plus à se fier à lui qu'à Voltaire. Cette lettre sur *Zaïre* que nous venons de publier, parce qu'elle est curieuse et qu'elle ne se trouve point dans ses œuvres, est-elle bien de lui? Il était permis d'en douter, et d'autant mieux que les derniers éditeurs du lyrique ou l'ont ignorée ou l'ont répudiée comme une pièce fabriquée et ne lui appartenant d'aucune sorte. Ne la nie-t-il pas lui-même de la façon la plus formelle? « Je n'ai jamais rien écrit sur la tragédie de *Zaïre*, mande-t-il à un ami qui lui adressait la même question que Brossette : je ne sçai si quelqu'un a pris mon nom. Pour moi, je ne critiquerai jamais les ouvrages de cet auteur[1]. » Sûrement Rousseau avait oublié cette dernière réponse quand il lançait, en 1736, contre Voltaire son célèbre factum.

... Voici la grande époque de son déchaînement. Un homme de lettres, appelé Delaunay, avec qui j'ai fait connaissance par écrit, m'ayant envoyé avec la tragédie de *Zaïre*, qui se jouoit alors, ses réflexions sur l'ouvrage et l'auteur, je lui fis réponse sur le même ton; et cette réponse ayant couru contre mon intention, Voltaire, à qui un nouveau succès est toujours le prélude d'une nouvelle folie, crut que le moment étoit venu pour m'accabler, et ce fut alors qu'il produisit le fameux *Temple du Goût*, qui lui a attiré les huées de tout Paris[2]...

Ainsi la lettre sur *Zaïre* est de Rousseau, c'est Rousseau qui l'affirme. Mais cette lettre courut contre son

---

1. *Lettres de Rousseau sur différents sujets de littérature* (Genève, 1750), t. I, p. 313. Lettre de Rousseau à M. de S. R.; Bruxelles, 16 juillet 1732 (lisez : 1733, puisque *Zaïre* ne fut représentée que le 13 août 1732).

2. Élie Harel, *Voltaire. Particularités curieuses de sa vie et de sa mort* (Paris, 1817), p. 57, 58. Lettre de M. Rousseau au sujet des calomnies répandues contre lui par le sieur A*** de V***; à Enghien, ce 22 mai 1736.

intention, nous dit-il. Pouvons-nous l'en croire, quand il déclare plus haut si nettement à Brossette qu'il n'écrit rien que ce qu'il veut bien que tout le monde sache? En résumé, c'est lui qui a changé la guerre de langue qu'ils se faisaient tous les deux, chacun de leur côté et avec un zèle digne d'un meilleur emploi, en des attaques publiques, bien qu'elles se trouvassent dans des correspondances privées, mais des correspondances privées qui allaient de main en main et ne tardaient pas à devenir le secret de toute la ville[1].

Les représentations de *Zaïre* avaient été interrompues par l'indisposition de mademoiselle Gaussin ; Voltaire s'indemnisait en la jouant chez madame de Fontaine-Martel, devant le cardinal de Polignac et sans doute aussi le comte de Clermont qui, tout prince du sang qu'il était, daignait s'asseoir à la table de la comtesse. Les acteurs étaient tous gens de qualité : Mademoiselle de Lambert jouait Zaïre, mademoiselle de Grandchamp, nièce de madame d'Andrezel, Fatime; le marquis de Thibouville, dont le nom reviendra plus d'une fois dans la suite, alors colonel du régiment de Royal-Dragons, le rôle d'Orosmane; son frère, M. d'Herbigny, celui de Nérestan. Voltaire s'était réservé le rôle de Lusignan, dans lequel il n'apportait, à ce qu'il paraît, que trop de chaleur et de verve. « Tous ces rôles furent bien remplis, lisons-nous dans une chronique ano-

---

[1]. « Je ne suis pas surpris, écrivait un contemporain, de ce qu'il dit (Voltaire) contre Rousseau, lequel paraissant l'avoir attaqué le premier, a mérité quelques représailles... C'est véritablement agir de corsaire à corsaire. » Girault, *Lettres inédites de Buffon, J.-J. Rousseau, Voltaire* (Paris et Dijon, 1819), p. 51. Lettre du président Bouhier à M. de Ruffey; Dijon, le 24 mars 1733.

nyme, à celui de Lusignan près, dans lequel Voltaire prit une vivacité qui tenoit de la frénésie, et qui étoit d'autant moins vraisemblable que Lusignan, dans cette pièce, est tiré tout à coup d'un cachot où il avoit resté plus de vingt ans [1]. » Lusignan ne devait pas être pourtant plus malade que ne l'étoit alors Voltaire, dont la santé était telle qu'il craignait d'être réduit à ne pouvoir plus travailler, comme il le mandait à son ami Cideville [2]. Sans doute, ne faut-t-il pas trop le croire sur parole. Mais, vers ce même temps, un étranger qui venait visiter Paris, et plus encore ses savants et ses gens de lettres, nous le présente comme un homme dont les jours étaient comptés et qui avait, ou peu s'en fallait, un pied dans la tombe [3].

Il était difficile alors de soupçonner qu'il dût enterrer amis et ennemis, et survivre à toute sa génération. Il avait déjà vu mourir La Faluère, Maisons, Adrienne Lecouvreur; il allait encore fermer les yeux à cette pauvre comtesse qui n'était nullement disposée à partir et qui surprit tout son monde. « Cette mort a été si prompte, dit le même chroniqueur anonyme que nous avons cité, que Voltaire a été le directeur qui l'a exhortée [4]. » Rien n'est plus vrai. Voltaire raconte l'aventure avec un sans-façon qui prouve qu'il ne re-

---

1. *Revue rétrospective* (1836), t. V, p. 47, 48. *Journal de la Cour et de Paris*; 15 janvier 1733.
2. Voltaire, *OEuvres complètes* (Beuchot), t. LI, p. 347. Lettre de Voltaire à Cideville; ce dimanche 4 janvier 1733.
3. Jordan, *Histoire d'un voyage littéraire fait en 1733, en France, en Angleterre et en Hollande* (la Haye, 1735); p. 63.
4. *Revue rétrospective* (1836), t. V, p. 173. *Journal de la Cour et de Paris*; 29 janvier 1733.

grette guère, dans ce malheur, qu'une bonne maison dont il était le maître et quarante mille livres de rente qu'on dépensait à le divertir[1]. « Figurez-vous que ce fut moi qui annonçai à la pauvre femme qu'il fallait partir. Elle ne voulait point entendre parler des cérémonies du départ; mais j'étais obligé d'honneur à la faire mourir dans les règles. Je lui amenai un prêtre moitié janséniste, moitié politique, qui fit semblant de la confesser, et vint ensuite lui donner le reste. Quand ce comédien de Saint-Eustache lui demanda tout haut si elle n'était pas bien persuadée que son Dieu, son créateur, était dans l'eucharistie, elle répondit : *Ah! oui!* d'un ton qui m'eût fait pouffer de rire dans des circonstances moins lugubres[2]. » Cette jonglerie indécente eût eu pour but de sauvegarder la responsabilité du poëte que l'on eût infailliblement accusé d'avoir empêché tout retour religieux, et son amie ne voulut pas lui refuser cette dernière preuve d'amitié[3].

Le *Temple du Goût* venait de paraître et ameutait la moitié de Paris contre son auteur. A n'entendre que

1. Voltaire, *OEuvres complètes* (Beuchot), t. LI, p. 351. Lettre de Voltaire à Cideville; ce 27 janvier 1733.
2. *Ibid.*, t. LI, p. 350. Lettre de Voltaire à Formont; ce 27 janvier 1733. C'était une étrange femme que cette comtesse de Martel, une sorte de philosophe épicurien, dont les préoccupations étaient parfois bizarres. Peu de moments avant de mourir, elle s'avisa de demander quelle heure il était. On lui répondit qu'il était deux heures. « Dieu soit béni, ajouta-t-elle; quelque heure qu'il soit, il y a un rendez-vous. » T. LXV, p. 514. Lettre de Voltaire à Richelieu; 19 juillet 1769. — *Pensées, remarques et observations de Voltaire* (Paris, 1802), p. 13, 14.
3. Bibliothèque impériale. Manuscrits. *Correspondance du président Bouhier*, t. VIII, p. 586, 587. Lettre de Marais à Bouhier; le 28 janvier 1733.

Voltaire, ce n'eût été qu'une plaisanterie de société où tout le monde eût mêlé son mot, apporté son jugement; et il n'eût été, lui, que le secrétaire du public [1]. L'ouvrage est dédié au cardinal de Polignac et à l'abbé de Rothelin, qu'il institue ses guides dans ce voyage périlleux où il est si facile de faire fausse route. « Je viens de finir le *Temple du Goût*, écrivait-il à Formont, ouvrage que j'aurais dû dédier à vous et à M. de Cideville, si M. le cardinal de Polignac et M. l'abbé de Rothelin ne me l'avaient demandé [2]. » Ce poëme, moitié vers moitié prose, est une des plus agréables choses qui soient sorties de la plume de Voltaire. L'esprit, les traits fins, les jugements exquis y abondent. L'on cria à la satire, au libelle, l'auteur méritait la corde ou le bûcher; en réalité, tout le monde, là, est à sa place; et si la postérité trouve à réformer, c'est la bienveillance de certains arrêts. Rousseau seul est traité de la belle sorte, et apparaît « soutenu par deux petits satires, et couvert de lauriers et de chardons, » et si méconnaissable dans son baragouin que la Critique se refuse à le reconnaître et qu'on est obligé de lui dire que « c'était Rousseau, dont les Muses avaient changé la voix, en punition de ses méchancetés. » Cependant le Temple lui était ouvert en faveur de ses premiers vers. Mais la Critique faisant approcher Voltaire, lui disait tout bas : « Tu le connais; il fut ton ennemi, et tu lui rends justice. »

---

1. Voltaire, *OEuvres complètes* (Beuchot), t. XII, p. 320. Lettre de Voltaire à Cideville sur le *Temple du Goût*.
2. *Ibid.*, t. LI, p. 342. Lettre de Voltaire à Formont; décembre 1732.

Tu vis sa Muse indifférente,
Entre l'autel et le fagot,
Manier d'une main savante
De David la harpe imposante,
Et le flageolet de Marot.
Mais n'imite pas la faiblesse
Qu'il eut de rimer trop longtemps :
Les fruits des rives du Permesse
Ne croissent que dans le printemps,
Et la froide et triste vieillesse
N'est faite que pour le bon sens[1].

Tout le monde ne fut pas de l'avis de la Critique et trouva au moins la « justice » rigoureuse. Brossette, auquel tous les livres nouveaux étaient dépêchés aussitôt qu'ils paraissaient, écrit au président Bouhier : « Je parierois bien que Voltaire a entrepris cette satire, principalement pour se venger de Rousseau, qui y est cruellement, et, j'ose dire, injustement traité. Je ne lui ai pas encore écrit, mais je suis persuadé qu'il gardera le silence, et il fera bien[2]. » Six semaines après, à propos de la *Mariamne* de Tristan, que Rousseau venait enfin de publier, il mandait au même correspondant : « On s'attendoit de trouver dans sa préface de la *Mariamne* quelques traits sur le *Temple du Goût* ou sur son auteur. Mais point du tout. Il s'est contenté de donner des éloges à Tristan, auteur de la pièce, sur ce qu'il a eu la sagesse de ne point faire entrer d'incidens étrangers dans un sujet aussi rem-

1. Voltaire, *OEuvres complètes* (Beuchot), t. XII, p. 338. Le *Temple du Goût*.
2. Bibliothèque impériale. Manuscrits. *Correspondance du président Bouhier*, t. I, p. 399, 400. Lettre de Brossette à Bouhier; à Lyon, ce 15e avril 1733.

pli, et que Josèphe a si bien décrit, qu'il n'y avoit qu'à le suivre ; que le malheur de notre langue fait que cette excellente pièce de Tristan n'est plus goûtée ; qu'il la rend au public dans le goût présent, qu'il lui en a fort peu coûté pour cela, cent soixante-cinq vers, et quelques légers changemens. On croit que cette tragédie de *Mariamne* retouchée fera tomber celle de Voltaire, et c'est là savoir se venger d'un ennemi[1]. » Par malheur, la vengeance de Rousseau ne fut pas si complète, et la *Mariamne* du vieux Tristan, malgré les retouches du lyrique, ne vint pas à bout de l'indifférence du public. Mais c'était bien peu connaître le poëte sacré que de penser qu'il résisterait à la démangeaison de lâcher quelque trait envenimé ; et la lettre suivante de M. de Lasséré, qui était allé avec M. d'Aremberg à Bruxelles où il avait vu Rousseau, va nous tirer d'incertitude à cet égard.

J'ai communiqué ce soir à notre ami Rousseau le libelle que vous m'avez envoyé. Il a dit que la masure en bousillage du picoreur Voltaire sur le Goût n'étoit pas mieux maçonnée que sa chaumière de l'Amitié[2] ; que l'un ni l'autre n'auroient jamais pu s'aviser dans son détestable cœur ; qu'il se voyoit très-maltraité

1. Bibliothèque impériale. Manuscrits. *Correspondance du président Bouhier*, t. I, p. 402. Lettre de Brossette à Bouhier ; à Lyon, ce 31ᵉ de may 1733.
2. *Le Temple de l'Amitié*, que Voltaire avait composé en l'honneur de madame de Fontaine-Martel. « J'ai le *Temple de l'Amitié* tout entier, écrit Mathieu Marais, et c'est une plaisante idée d'en avoir chassé tout le monde pour y demeurer avec son amie, à geler de froid. Ce n'est pas ainsi que La Fontaine bâtissoit ses temples, quand il disoit sur le *Temple de l'Ilimen* ou de l'*Amitié conjugale* : Ah si..... mais autre part j'ay porté mes présents. » Bibliothèque impériale. Manuscrits. *Correspondance du président Bouhier*, t. VII, p. 561. Lettre de Marais à Bouhier ; à Paris, ce 4 janvier 1733.

dans ce libelle infâme, mais qu'il n'en étoit pas plus fâché qu'étonné ; que ses œuvres faisant ses preuves tant au présent qu'à l'avenir, il se garderoit bien d'honorer le petit maroufle d'une pièce tout exprès ; que si, par hasard, dans le courant de ses voyages, le nom du faquin se trouvoit au bout de sa plume, il la laisseroit aller suivant l'occasion ; que cependant au préalable, en aussi peu de temps que la mousse de l'excellent vin de Champagne dont il buvoit se passeroit, il l'alloit guirlander d'une petite épigramme, et qu'il s'en tiendroit, quant à présent, à cette légère cocarde pour huper la tête du roquet, et que c'étoit seulement pour nous rendre épigramme pour épigramme, en revanche de celle que vous lui avez envoyée. La voilà telle qu'il l'a faite en buvant votre vin de Champagne.

> Dites de lui qu'il est fat, effronté,
> Chacun le sait ; lui-même en fait parade.
> Reprochez lui scandale, impiété,
> C'est de nectar lui présenter rasade.
> Ajoutez-y balafres et gourmade,
> C'est son plus clair et plus sûr revenu.
> Bref le passé l'a si bien soutenu
> Qu'il ne craint plus affront, ni flétrissures,
> Et sa ressource est d'être devenu
> Invulnérable à force de blessures.

Voltaire se contenta de retourner l'épigramme à celui-ci, disant que c'était son propre portrait qu'il avait fait. « Voltaire, ajoute le chroniqueur auquel on doit la lettre de Lasséré, soutient que cette épigramme convient à Rousseau, Rousseau qu'elle convient à Voltaire, et le public qu'elle convient parfaitement à tous les deux :

Dorilas a raison et Damon n'a pas tort[1]. »

Le poëte se plaignait qu'on eût pris copie d'une

---

1. *Revue rétrospective* (1836), t. V, p. 194, 195, 202 ; 11 et 13 avril 1733.

ébauche imparfaite qui avait encore été travestie[1], et songeait à publier, avec approbation, une édition et remaniée et autrement considérable. Cette petite chapelle du *Goût*, bâtie de boue et de crachats, était devenue peu à peu un temple immense[2], la moindre chapelle s'était métamorphosée en cathédrale[3]; c'était tellement un autre édifice qu'il n'y avait pas deux pans de muraille de l'ancien[4]. Mais cette approbation il fallait l'obtenir du vieux Crébillon, et il était à craindre qu'avant de lire le manuscrit, il ne le laissât dévorer par ses chats. Voltaire écrit à Moncrif pour qu'il tâche de l'arracher à la paresse de l'auteur de *Rhadamiste*. Il avait bon besoin que ses protecteurs fissent preuve de zèle et couvrissent la voix de ceux qu'il n'avait pas loués assez et de ceux qu'il n'avait pas loués du tout.

D'autres, trop bien traités, se sentirent confus et gênés d'éloges qu'ils n'avaient pas demandés et qu'ils eussent voulu effacer. Voltaire avait cru n'être qu'agréable, en donnant placé dans son poëme au marquis de Surgères, au chevalier de Brassac et au comte de Caylus, gens de condition aimant les arts et les lettres, et les cultivant activement. Surgères était l'auteur d'une *École du monde*; Brassac un musicien aimable, qui venait de donner à l'Académie-royale,

---

1. *Revue rétrospective* (1836), t. V, p. 184. *Journal de la Cour et de Paris*; 6 avril 1733.

2. Voltaire, *OEuvres complètes* (Beuchot), t. LI, p. 357. Lettre de Voltaire à Cideville; à Paris, ce 25 février 1733.

3. *Ibid.*, t. LI, p. 360. Lettre de Voltaire à Cideville; 25 mars 1733.

4. *Ibid.*, t. LI, p. 364. Lettre de Voltaire à Cideville; 12 avril 1733.

mais avec peu de succès, l'*Empire de l'amour*, dont les paroles étaient de Moncrif; quant à Caylus, son nom lui a survécu, et il est resté comme le type de l'amateur enthousiaste et infatigable ; il gravait aussi, et d'une façon assez remarquable : « Brassac, chantez; gravez, Caylus. » Toutefois, le résultat fut autre que ne l'avait attendu le poëte : au lieu de faire plaisir, l'éloge déplut. M. de Caylus, particulièrement, laissa voir son chagrin, que la malveillance exagéra au point de lui prêter une épigramme où on lui faisait envoyer un louis à Voltaire pour le payer de sa peine et n'être pas forcé de dire du bien de son *Temple*[1]. Rien n'était moins dans le caractère de Caylus. L'auteur, auquel cependant il ne cacha point sa pensée, tout en s'efforçant de ne pas le blesser, offrit à cet ombrageux de mettre un carton à l'édition d'Amsterdam : « Je préfère le plaisir de vous obéir, à celui que j'avais de vous louer. Je n'ai pas cru qu'une louange si juste pût vous offenser. Vos ouvrages sont publics ; ils honorent les cabinets des curieux. » Tout cela pouvait être vrai ; mais le comte ne fut sensible qu'à cette promesse de suppression. Il finissait sa réponse à la lettre de Voltaire par cette phrase qui fait sourire, mais qui dut faire plisser la lèvre à l'auteur du *Temple du Goût :* « Je vous remercie encore une fois de votre politesse ; vous y mettrez le comble, si je ne me trouve point dans votre nouvelle édition[2]. » Cette anecdote

---

1. Bibliothèque impériale. Manuscrits. *Correspondance du président Bouhier*, t. VII. p. 564. Lettre de Marais à Bouhier ; à Paris, ce 11 avril 1733.

2. Serièys. *Lettres inédites d'Henri IV et de plusieurs personnages*

est tout un trait de mœurs. La publicité était le fait des lettrés et des artistes de profession qu'elle mettait à leur place ; un honnête homme pouvait bien rimer quelques vers, même les *montrer aux gens,* mais il jouait sa considération et faisait incontestablement acte de mauvais goût, en cherchant plus qu'un succès de salon et d'intimes, et en donnant au public le pouvoir et le droit de le juger et de le siffler. Les choses ont bien changé depuis.

Jamais déchaînement pareil à celui que souleva l'apparition du *Temple du Goût* ne s'était vu. Marais, qui n'avait pas encore lu l'ouvrage, mais qui avait appris que Voltaire réduisait tout *Bayle* à un volume, mandait au président Bouhier : « Je vais chercher ce beau temple et en être l'Érostrate. » Et, lorsqu'il en eut pris lecture, quelques jours après : « J'aime votre indignation contre le temple du *Goust* ou du *Dégoust*. On le vend publiquement à Paris et on n'en sçauroit fournir... Voilà un petit vilain autheur, à qui on devroit faire repasser la mer[1]... » L'impression de la première édition sans une permission scellée de la cire jaune n'avait pas peu indisposé le ministère qui avait lâché la menace d'une lettre de cachet[2]. Voltaire en fut pour la peur ; mais, malgré les retran-

---

*célèbres* (Paris, 1802), p. 187 à 191. Lettre de Voltaire au comte de Caylus. Réponse du comte de Caylus à Voltaire ; Paris, ce 16 juin 1733.

1. Bibliothèque impériale. Manuscrits. *Correspondance du président Bouhier,* t. VII, p. 571. Lettre de Marais à Bouhier ; à Paris, ce 19 mars 1733.

2. *Ibid.,* t. VII, p. 568. Lettre de Marais à Bouhier ; à Paris, ce 29 mars 1733.

chements, les adoucissements, les concessions, malgré le zèle de ceux qui l'avaient pris sous leur protection, tous les retards ne venaient pas de Crébillon ; et, après avoir leurré Voltaire de l'espoir de voir son *Temple* imprimé avec privilége et affiché dans tout Paris, finalement on refusa toute sorte d'approbation au poëte, qui donna plein pouvoir à Thiériot pour une édition à Londres, tandis qu'il en paraissait une autre à Amsterdam [1].

Il ne s'était pas hâté de déménager de chez madame de Martel dont il aidait à faire l'inventaire, et son intention était d'y demeurer jusqu'à Pâques. Cependant, il lui fallait prendre un parti, et Voltaire annonçait à Cideville sa retraite à la date du 6 mai. « Je vais demeurer vis-à-vis le seul ami que le *Temple du Goût* m'a fait, vis-à-vis le portail de Saint-Gervais [2]. » Dans son *Temple du Goût*, en effet, Voltaire avait cité, parmi les merveilles de l'art français, ce beau portail « chef-d'œuvre d'architecture, auquel il manque une église, une place et des admirateurs, et qui devrait immortaliser le nom de Desbrosses, encore plus que le palais du Luxembourg [3]. » Cette idée d'aller s'établir tout près de l'édifice lui sourit, et il y revient : « Je quitte aujourd'hui les agréables pénates de la baronne, et je vais me claquemurer vis-à-vis le portail de Saint-Gervais, qui est presque le seul ami que m'ait fait le *Temple du*

---

1. Voltaire, *Œuvres complètes* (Beuchot), t. LI, p. 371. Lettre de Voltaire à Thiériot ; Paris, 1er mai 1733.

2. *Ibid.*, t. LI, p. 373. Lettre de Voltaire à Cideville ; 6 mai 1733.

3. *Ibid.*, t. XII, p. 352. *Le Temple du Goût.*

*Goût*[1]. » Renchérissant sur sa pensée, nombre de gens allaient répétant qu'il ne se logeait rue du Long-Pont que pour ne pas le perdre un instant des yeux. « Vous ririez bien, écrivait l'abbé Le Blanc à Bouhier, si vous sçaviés que pour l'amour du portail de Saint-Gervais, dont il dit tant de bien, il s'est allé loger vis-à-vis[2]. » Cela n'était pas sérieux, et il avait d'autres raisons que son admiration pour se faire son voisin.

La maison du Long-Pont où il transportait ses pénates était occupée par un marchand de blés, appelé Demoulin, qu'il avait connu chez Germain Dubreuil, l'ancien commis de son père et le beau-frère de ce Demoulin. Voltaire, qui avait le génie des affaires et qui voulait être riche parce que la richesse représente l'indépendance et aide beaucoup au bonheur en ce monde, était perpétuellement à l'affût des spéculations avantageuses. Il existe toute une correspondance de lui relative à la fabrication de papier avec de la paille, correspondance dont on a perdu la trace, comme de tant d'autres détruites ou enfouies dans les archives privées. L'exportation des grains lui avait semblé alors devoir être un bon placement de ses capitaux, et il s'était résolûment jeté dans cette aventure. Demoulin, en réalité, ne sera que son prête-nom, et le jour où l'on perdra de l'argent, ce sera l'argent de Voltaire. Il était donc naturel que le poète sentît le besoin

1. Voltaire, *Œuvres complètes* (Beuchot), t. LI, p. 376. Lettre de Voltaire à Thiériot; Paris, 15 mai 1733. — *Revue rétrospective* (1836), t. V, p. 380. *Journal de la Cour et de Paris*; 15 mai 1733.
2. Bibliothèque impériale. Manuscrits. *Correspondance du président Bouhier*, t. IV, p. 422. Lettre de l'abbé Le Blanc à Bouhier; 5 juin 1733.

de se rapprocher de ses affaires, et c'est ce qui le décida à aller loger chez Demoulin. Cette rue du Long-Pont, dont tout un côté subsiste encore, mais qui s'appelle actuellement rue Jacques-de-Brosse, était une sale et étroite ruelle ne renfermant pas une maison de passable apparence. « Mon cher ami, mandait Voltaire à Cideville, je suis enfin vis-à-vis ce beau portail, dans le plus vilain quartier de Paris, dans la plus vilaine maison, plus étourdi du bruit des cloches qu'un sacristain : mais je ferai tant de bruit avec ma lyre, que le bruit des cloches ne sera plus rien pour moi[1]. »

Probablement accommoda-t-il de son mieux l'appartement qu'il s'était réservé. Quel que fût son besoin de recueillement, il lui fallait un pied dans le monde, il lui fallait ne pas perdre de vue des amis si nécessaires pour le défendre contre l'acharnement des Zoïles et être ses trompettes. Voici un billet à Moncrif qui prouve que le logis lui permettait, sans payer de mine toutefois, d'y fêter et héberger d'honnêtes gens. « L'auteur de l'*Empire de l'amour* viendra-t-il demain dîner dans l'empire des hypocondres, chez son ami malade, qui gîte vis-à-vis Saint-Gervais, rue du Long-Pont ? A-t-il eu la bonté d'en dire deux mots à sa grosse gaguie de femme, le chevalier de Brassac ? S'il trouve aussi ce vaurien de La Clède, veut-il bien l'amener, ou mander s'il n'y a rien à espérer, et si le

---

[1]. Voltaire, *Œuvres complètes* (Beuchot), t. LI, p. 378, 379. Lettre de Voltaire à Cideville ; ce 15 mai 1733. Cette maison qui se trouvait à l'angle de la rue, en face de l'église, a été absorbée par la mairie du quatrième arrondissement.

malade dînera sans eux[1] : » On voit sur quel pied il était avec tout ce monde. La Clède, l'auteur d'une *Histoire de Portugal*, garçon intelligent mais peu riche, doit être compté parmi le groupe de jeunes littérateurs que Voltaire s'efforçait de sortir de leur obscurité et de leur misère, qu'il aidait de sa bourse et de ses conseils. Ce dernier venait souvent rue du Long-Pont, où le poëte lui faisait le meilleur accueil. « Je vis chez lui M. de *Clède*, Béarnois, petit-neveu de M. *Abbadie*[2], » a soin de noter, dans son journal, le Prussien Jordan, qui nous apprend là deux choses dont les biographies se sont peu souciées de nous informer, à savoir que La Clède fut du Béarn, et le célèbre théologien protestant son grand-oncle.

Ce ne sont pas là les seuls intimes que Voltaire recevra dans son taudis; et nous l'y verrons relancé par de très-illustres visiteurs, que l'amour et le besoin de mystère attiraient, c'est à croire, plus que la somptuosité et la bonne chère. C'est dans ce trou de la rue du Long-Pont que va commencer cette liaison de quinze années qui n'eut pas toujours, et vers la fin, les mêmes ardeurs, mais que la mort seule devait briser.

1. Voltaire, *Lettres inédites* (Didier, 1857), t. 1, p. 51. Lettre de Voltaire à Moncrif; ... 1733.
2. Jordan, *Histoire d'un voyage littéraire fait en 1733, en France, en Angleterre et en Hollande* (La Haye, 1735), p. 117.

FIN DE LA JEUNESSE DE VOLTAIRE.

# TABLE

Préface. . . . . . . . . . . . . . . . . 1

I. — Naissance de Voltaire. — Sa famille. — Arouet au Collége. — Où est né Voltaire ? — L'acte de baptême taxé de faux. — Efforts de Voltaire pour se vieillir. — Une pièce décisive. — Origine de la famille Arouet. — René Adouet. — Helenus Arouet. — Les Arouet sont tanneurs de père en fils. — Lamotte-aux-Fées s'établit à Paris. — Devient riche. — Epouse Marie Mallepart. — Ses deux enfants, Marie Arouet et François. — François, notaire au Châtelet. — Combien coûtait une étude de notaire en 1675. — Marguerite D'Aumard. — Liée avec Ninon. — Paternité problématique. — Le chansonnier Rochebrune. — Vers à Duché. — Madame Arouet mère de cinq enfants. — L'abbé Gedoyn. — Arouet a bu avec Corneille. — Anecdote fausse au sujet de Boileau. — Voltaire ne l'a pas connu. — L'appartement des payeurs des épices de la chambre des Comptes. — M. Arouet titulaire en 1701. — Opinion de madame Arouet sur Despréaux. — Elle meurt jeune. — Armand à Saint-Magloire. — François-Marie à Louis-le-Grand. — Les PP. Picard et Letellier. — Porée, Lejay, Tournemine, Carteron. — Le petit Arouet en chambre. — L'abbé d'Olivet son préfet. — Hiver de 1709. — Le poêle. — Repartie d'Arouet à un camarade. — Autre réplique mal sonnante. — Prédiction du père Lejay. — Conspiration contre le Jésuite. — Le marquis d'Argenson et le duc de Boufflers condamnés à passer par les verges. — Ce dernier meurt de la petite vérole quelques mois après. — Opinion du sage Montaigne sur l'éducation des enfants. — Camarades de collége d'Arouet. — MM. d'Argenson. — Le Gouz de Guerland et Fyot de la Marche. — Les maîtres d'Arouet. — Sa reconnaissance envers eux. — Son orthodoxie. — Les PP. Tournemine et Porée. — Arouet fait des vers à douze ans. — *Amulius et Numitor*. — La tabatière confisquée. — Etrennes au Dauphin. — Arouet présenté à Ninon par Châteauneuf. — Legs de deux mille francs. — Mort de Ninon. — Le père Arouet l'accompagne à son dernier gîte. — *Ode sur sainte Geneviève*, du P. Lejay. — Traduction d'Arouet. — Arouet présenté à Rousseau. Portrait peu flatté. — Riposte de Voltaire. — Suzanne Meusnier et Guillaume Arnould. — Première apparition d'Arouet au Palais du Temple. . . . . . . . . . . . . . . . Page 1

II. — Jeunesse dissipée d'Arouet. — Son père l'envoie en Hol-

LANDE. — OLYMPE DUNOYER. — Choix d'un état. — Arouet veut être homme de lettres. — Son père s'y oppose. — Arouet étudiant en droit. — Fraye avec les plus grands seigneurs. — Madame de Richelieu. — Un équipage de rencontre. — Embarras des richesses. — Fureur du père. — Fin de l'aventure. — Ce qui la rend suspecte. — La chaise à porteur et le café de Malte. — Vocation d'Arouet. — Sujet de concours pour le prix de l'Académie. — Erreur de Luchet. — Rousseau à Soleure. — Arouet lui envoie son ode. — Première idée d'*Œdipe*. — La comparaison avec Corneille ne l'effraye pas. — Arouet à Caen. — Accueilli favorablement par la société caenaise. — Madame d'Osseville. — Elle lui ferme sa porte. — Le P. Couvrigny. — Arouet se décide à exiler son fils. — Le marquis de Châteauneuf, ambassadeur en Hollande. — Prend Arouet avec lui. — Madame Dunoyer. — *La Quintescence*. — Peu de réserve et de moralité de la dame. — Son opinion sur le mariage. — Olympe, sa fille cadette. — Surnommée *Pimpette*. — Jean Cavalier. — Engouement de madame Dunoyer. — Cavalier, fiancé de Pimpette. — Il l'abandonne. — Calomnies de La Beaumelle. — Arouet chez madame Dunoyer. — Amoureux d'Olympe. — Leur intrigue découverte. — La mère se plaint à l'ambassadeur. — Le départ d'Arouet décidé. — Désespoir des deux amants. — Rendez-vous à l'hôtel de l'ambassade. — Pimpette s'y rend travestie en page. — Plus téméraire qu'Arouet. — Il s'efforce de la contenir. — Billet retrouvé d'Olympe. — Dernière entrevue. — Arouet part. — Trajet de Rotterdam à Anvers en yacht. — Projets. — Le P. Tournemine et l'évêque d'Evreux. — Arouet prend les intérêts du ciel. — Etrange recommandation. — Retour à Paris. — Fureur du père. — Veut le faire embarquer pour les Iles. — S'apaise à la condition que le poëte entrera chez un procureur. — L'étude de Maître Alain. — Défection de Pimpette. — Guyot de Merville. — Ses motifs d'animosité contre Voltaire. — Olympe épouse le comte de Winterfeld. — Union mal assortie. — Voltaire ne garde pas rancune à Pimpette. — Souvenir d'amitié. — L'hôtel de la Roquette. . . . . . . . . Page 41

III. — L'ABBÉ DUJARRY COURONNÉ. — LE BOURBIER. — AROUET A SAINT-ANGE ET AU TEMPLE — EXIL A SULLI. — Comment Voltaire connut Thiériot. — Le prix de l'académie décerné à l'abbé Dujarry. — Ressentiment d'Arouet contre La Motte. — *Le Bourbier*. — Le poëte à Saint-Ange. — M. de Caumartin. — Son portrait par Saint-Simon. — Il hasarde le velours et la soie. — Sa mémoire prodigieuse. — Son père, le confident du cardinal de Retz. — Un prologue d'opéra. — Hué par le parterre. — L'abbé Servien. — Fait partie des réunions du Temple. — Mot plaisant sur l'Académie. — Mis à Vincennes. — Arouet fréquente les comédiens. — Courtise mademoiselle Duclos. — Elle lui préfère le comte d'Uzès. — Mort de Louis XIV. — Retour du grand prieur. — La société du Temple. — Epicuriens forcenés. — Arouet se met à l'unisson. —

Sa gentillesse. — Sa soumission devant les avis. — Reçu à Sceaux chez la duchesse du Maine. — Son sans-façon avec les grands. — Son mot au prince de Conti. — La société du Temple très-lettrée mais très-passionnée. — Les fables de Lamotte. — Arouet fait passer l'une d'elles pour une fable de La Fontaine. — Trouvée admirable. — Leçon osée de la part d'un enfant. — Cette liberté, le côté distinctif des réunions du Temple. — Vers de La Fontaine à ce propos. — Mœurs détestables du duc d'Orléans. — La duchesse de Berry. — Accusation d'inceste. — Ce qu'on en disait et ce qu'on en pensait. — Couplets satiriques. — Reconnus par Cideville pour être de Voltaire, malgré les perpétuelles dénégations de celui-ci. — Arouet exilé. — Son père obtient que ce soit à Sulli-sur-Loire. — Le poëte installé au château, dans la tour ou Chapelle s'enivra deux ans de suite. — Divertissements. — Nuits blanches. — Portrait du duc. — Il avait habité le Temple dans sa jeunesse. — Mademoiselle le Rochois et Fanchon Moreau. — Etats de service de M. de Sulli. — Roussy, Lespar, le duc de La Vallière, Périgny, les habitués de ce beau château. — Madame de Gondrin assaillie sur la Loire par une tempête. — Activité infatigable d'Arouet. — L'abbé Courtin. — Association poétique. — Epître au Régent. — Arouet calomnié. — Tactique de toute sa vie. — Fin de l'exil à Sulli. — Vers licencieux pris en bonne part par le duc d'Orléans. . . . . . . . . Page 79

IV. — LE PUERO REGNANTE. — AROUET A LA BASTILLE. — EXIL A CHATENAY. — ŒDIPE. — Fréquents séjours d'Arouet à Saint-Ange. — L'abbé de Caumartin. — Les *Jai vu*. — Attribués à Voltaire. — Etaient de Le Brun. — Rencontre du Régent et du poëte au Palais-Royal. — Ordre d'arrêter et de conduire Arouet à la Bastille. — Récit en vers de l'expédition. — Trahi de tous, même de sa maîtresse. — Suzanne Gravet de Corsembleu de Livry. — Nièce du maire héréditaire de la ville de Sulli. — Introduite au château par son oncle. — Arouet lui donne des leçons de déclamation. — Se passionne pour son élève. — Entraînement réciproque. — Leurs amours à Paris. — Le Fèvre de La Faluère de Génonville. — S'éprend de Suzanne. — Infidélité de la jeune fille. — Voltaire pardonne et ne cesse pas de les aimer. — Vraie cause de l'arrestation du poëte. — Le *Puero regnante*. — Dénoncé par un officier du nom de Beauregard. — Rapport de cet espion. — Incroyable déchaînement d'Arouet contre le Régent. — Objets trouvés sur lui. — Liste d'objets de toilette qu'il réclame. — Le poëme de *la Ligue*. — Le second chant composé en dormant. — Captivité moins rigoureuse qu'on ne le prétendait. — Le marquis de Beaufremont dîne avec lui à la table du gouverneur. — Les portes de la Bastille ouvertes après onze mois. — Relégué à Châtenay. — Ses démarches pour rentrer en grâce. — Permissions successives de se rendre à Paris. — Il peut enfin reprendre sa vie habituelle. — *Œdipe*. — Répétitions. — Obstacles de la part des acteurs. —

Dufresne. — Il en triomphe. — Succès sans exemple. — Audace de certains vers. — Traits contre le clergé. — Arouet et la queue du grand prêtre. — Madame de Villars. — Accueil charmant du maréchal. — Villars à l'Académie. — Lui envoie son portrait. — Contre-mine de M. de Valincourt. — Le père Arouet à la première représentation d'*Œdipe*. — Vers du prince de Conti. — Saillie du poëte. — Se lie avec le baron de Gortz. — Le bruit court qu'il va partir pour la Suède. — Le banquier Hoguère. — Sa Société. — Renouvelle la garde-robe de Crébillon. — C'est chez lui qu'Arouet et Gortz se rencontrent. — Véritable nature de leurs relations. — Critiques et apologies d'*Œdipe*. — Jugement bienveillant de J.-B. Rousseau. — Lettre des plus affables à Arouet. — Approbation de Lamotte. — Epigramme de Chaulieu. — Arouet présenté au Régent. — Don d'une médaille d'or. — Mot qu'on prête au poëte. — Dédie sa tragédie à Madame. — Prend pour la première fois, dans cette dédicace, le nom de *Voltaire*. — D'où vient ce nom. — Hypothèses. . . . . . . . . . . . Page 114

V. VOLTAIRE A VAUX-VILLARS. — ÉPRIS DE LA MARÉCHALE. — POISSON. — ARTÉMIRE. — LETTRE À FONTENELLE. — Existence et relations de Voltaire. — Lié avec des gens de finances. — La Chambre de justice aux Grands-Augustins. — Ses résultats. — La Fare et Paparel. — Réprobation que finit par s'attirer ce tribunal. — *Ode sur la Chambre de justice*. — Commandée à Voltaire par Pâris et Héron. — Vaux-Villars. — La maréchale. — Son portrait. — Analogie de sa situation avec celle de la duchesse de Longueville. — Sa fille se fait religieuse. — L'abbé de Veauréal. — Belle passion de Voltaire pour elle. — Contenance habile de la maréchale. — Trouble, agitation du poëte. — Longtemps sans se guérir. — Les *Philippiques*. — Attribuées à l'auteur du *Puero regnante*. — Débuts de mademoiselle de Livry à la Comédie française. — Elle ne réussit point. — Querelle à son sujet entre Voltaire et l'acteur Poisson. — Poisson menace le poëte de coups de bâton. — Celui-ci l'attend à sa porte avec deux pistolets. — Plainte de Voltaire au lieutenant de police. — Poisson en prison. — Etape forcée à Sulli. — Voltaire y achève *Artémire*. — Un billet souscrit à l'âge de treize ans. — Madame Thomas. — Protestation par-devant le notaire de Sulli. — Arouet et les prêteurs sur gage. — L'usurier et les deux crucifix. — Première représentation d'*Artémire*. — Sifflée à outrance. — Le poëte harangue le parterre qui le couvre de bravos. — C'est à tort qu'on a dit que le rôle de Mariamne fut joué par mademoiselle de Corsembleu. — Créé par la Lecouvreur. — Voltaire retire l'ouvrage. — On le reprend malgré lui. — Fables qui circulent à ce propos. — Voltaire à Richelieu. — Son *Henri IV*. — Thiériot en fait des lectures dans les salons. — Le poëte, piqué d'une plaisanterie de La Faye, jette le manuscrit au feu. — Le président Hénault le sauve. — Il y perd ses manchettes. — Mort de Chaulieu. — Plaisanteries malséantes. — Folies du système. — Voltaire se défend de l'engouement général. — Tripotages des princes. — Mot curieux de Voltaire au prince de Conti. — Les nuits à Villars. — Astronomes à l'eau de rose. — Lorgnettes d'opéra en guise de lunettes. — Le soleil couleur de sang. — Lettre de Voltaire à Fontenelle. — Réponse badine de l'auteur de la *Pluralité des Mondes.* . . . . . . . . . . . . . . Page 163

VI. — LE CARDINAL DUBOIS. — LE PONT DE SÈVRES. — VOYAGE EN HOLLANDE. — RUPTURE AVEC ROUSSEAU. — Mort de M. Arouet. — Désaccord entre les deux frères. — Armand succède à son père, à la Chambre des comptes. — Fortune du père Arouet. — Cautionnement obligatoire. — Déshérite-t-il son fils cadet ? — Les faits prouvent le contraire. — Revenus présents de Voltaire. — Pension du Régent et pension du roi. — Rapports affectueux entre l'auteur d'*Œdipe* et Rousseau. — Voltaire dans les mains de Vinache. — Conseil du maréchal de Villars à cet égard. — Le poëte mêlé à des affaires de finances. — Renouvellement de baux. — Pots de vin. — Le ceinturon de madame d'Averne. — Le Régent défenseur de Rabelais contre Voltaire. — Les hommes de lettres en France et en Angleterre. — Addisson, Newton, Prior, Congrève, Swift. — Épître au cardinal Dubois. — Ces flatteries étaient de mode. — Fontenelle, Lamotte, Louis Racine, Massillon. — Salomon Lévy. — Offres de service. — Rencontre de Beauregard et de Voltaire chez le ministre. — Le poëte ne peut se contenir. — M. Le Blanc faisant sa compagnie d'espions. — Menge. — Fureur de Beauregard. — Guet-apens du pont de Sèvres. — Voltaire ne respire plus que vengeance. — Intente un procès criminel au Châtelet à Beauregard. — Opinion de d'Argenson sur le courage de Voltaire. — Lenteur de la procédure. — Le poëte ne se rebute pas. — Disgrâce de Le Blanc. — Beauregard arrêté. — Condamné à mille écus. — Départ pour la Hollande. — Madame de Rupelmonde. — Congrès de Cambrai. — Magnificence des ambassadeurs. — Placet au comte de Vindisgratz. — Galante apostille. — Les ambassadeurs obtiennent de Dubois des dispenses de carême. — Voltaire et Voiture. — Portrait de madame de Rupelmonde. — Quels rapports existaient entre les deux voyageurs. — Étrange confession. — *Epître à Julie.* — Ils arrivent à Bruxelles. — L'église des Sablons. — Distraction à la messe. — Rousseau et Voltaire. — Enchantés l'un de l'autre. — Départ pour La Haye. — Court séjour. — Basnage et Leclerc. — Accusation de Rousseau. — La synagogue d'Amsterdam et les coups de bâton. — Lecture à Rousseau de l'*Epître à Julie.* — Ce que pense Piron de la sincérité de ce dernier. — Les deux poëtes se quittent ennemis jurés. . . . . . . . . . . . . . Page 199

VII. — LORD BOLINGBROKE. — ÉPITRE AU ROI. — L'HOTEL DE MIMEURE. — PIRON. — LA RIVIÈRE-BOURDET. — Voltaire en Touraine. — Madame de Villette. — Son intimité avec Bolingbroke. — Affection de celui-ci pour son château de la Source. — S'intéresse au jeune Arouet — Lettre à madame de Ferriol au sujet *OEdipe*. — Voltaire fait à la Source des lectures de son *Henri IV*. — Enthousiasme de Bolingbroke et de la marquise. — M. d'Ussé et son château. — Ses deux femmes. — L'abbé de Grécourt. — Portrait de l'aimable marquis. — Voltaire passe six semaines à Ussé. — Projet de souscription au poëme de la *Ligue*. — *Arlequin-Persée*. — Dédicace au roi. — N'est pas dans le goût des épîtres ordinaires. — Retour à Paris. — Les comédiens français et les théâtres forains. — Despotisme des premiers. — Piron et le jeu de Francisque. — *Arlequin-Deucalion*. — Petite malice à l'endroit d'*Artémire*. — Altercation entre les deux poëtes dans la loge de madame de Mimeure. — Comment elle se termine. — L'hôtel de la rue des Saints-Pères. — M. et madame de Mimeure. — Arouet leur ami depuis longtemps. — Éloge que Saint-Simon fait du marquis. — Réforme de la vaisselle et des habits. — La marquise obtient un brevet de dispense. — M. de Mimeure originaire de Bourgogne comme Piron. — Ce dernier accueilli à titre de compatriote. — Sa rondeur réussit. — Première entrevue de Piron et de Voltaire. — La croûte de pain et le flacon de vin. — Le poëme de la *Ligue* s'imprime secrètement à Rouen. — Voyage du poëte en Normandie. — On lui fait fête. — Cideville. — La présidente de Bernières. — Son intimité avec Voltaire. — Première représentation d'*Inès de Castro*. — Mot impertinent de Voltaire au comte de Verdun. — Bolingbroke retourne en Angleterre. — Démarches pour caser Thiériot. — Les Pâris ne veulent pas l'employer. — Seconde apparition à Rouen. — Mort de Génonville. — Désolation de Voltaire. — Épîtres à Gervasi et *aux mânes de Génonville*. — Le poëte à Villars et à Maisons. Page 245

VIII. — Voltaire en danger. — Incendie de Maisons. — La Ligue. — Forges. — L'abbé Nadal. — Le président de Maisons. — Esprit distingué et homme aimable. — Paris décimé par la petite vérole. — Les d'Aumont. — Voltaire atteint. — On mande Gervasi. — Traitement auquel le malade est soumis. — Voltaire lui attribue sa guérison. — La Lecouvreur à son chevet. — Fêtes interrompues. — Dévoûment dont il est l'objet. — Thiériot accourt de Rouen en poste. — Boulainvilliers et Colonne. — Horoscope de madame de Nointel. — Ces prophéties ne sont pas toujours infaillibles. — Rétablissement du poëte. — Le feu se déclare dans sa chambre après son départ. — Incendie du château. — Perte énorme. — Désespoir de Voltaire. — Maisons le console. — Piron célèbre sa convalescence. — Un péché de jeunesse. — Tour diabolique. — Motifs de doute. — Docilité de Piron devant les critiques de Voltaire. — *Henri IV* introduit dans Paris. — Sensation qu'il produit. — Jugement d'un contemporain. — Malveillance qu'il rencontre de la part du clergé. — Coligny et la reine Élisabeth. — Le poëme infecté des erreurs des semi-pélagiens. — Amertume de Voltaire. — Démarches du nonce Maffei près de Dubois. — *Mariamne*. — La reine boit ! — Voltaire toujours dans les remèdes. — Vole les pillules de madame de Rupelmonde. — Part pour Forges avec le duc de Richelieu. — Toute la bonne société est aux Eaux. — Le duc de Melun tué à Chantilly par un cerf. — Chagrin de M. de Richelieu. — Pertes au pharaon. — Retour à Paris. — La rue de Beaune. — Vacarme infernal. — L'hôtel garni. — Le suisse de madame de Bernières. — Voltaire épuisé par les eaux de Forges. — Humeur éruptive. — Veut donner Thiériot à M. de Richelieu. — Thiériot refuse. — Se ravise et refuse encore. — Indulgence du poëte. — On coupe le sein à madame de Mimeure. — Voltaire lui rend visite. — La présidente de Bernières le trouve mauvais. — Rousseau et la *Mariamne* de Tristan. — *Mariamne* de l'abbé Nadal. — L'abbé accuse Voltaire d'avoir cabalé pour la faire tomber. — S'en prend aux rimes du poëte. — Enveloppe Thiériot dans son courroux. — Préface supprimée. — Lettre de Voltaire sous le nom de Thiériot. — Reprise triomphante de la *Mariamne* de Voltaire. . . . . . Page 283

IX. — L'ABBÉ DESFONTAINES. — LE MIRACLE DE MADAME LAFOSSE. — SECONDE BASTILLE. — L'abbé Desfontaines. — Professe chez les jésuites pendant quinze ans. — Curé de Thorigny. — Résigne sa cure pour ne pas dire sa messe. — Se fait homme de lettres. — Ses premières armes contre l'abbé Houtteville. — *Les Paradoxes littéraires* et l'*Apologie de M. de Lamotte*. — Attentat contre les mœurs. — Enfermé à l'hôpital. — Démarches actives de Voltaire. — Il obtient la mise en liberté de l'abbé. — Celui-ci exilé à Rouen. — Rentre au *Journal des Sçavants*. — La grande Fête-Dieu. — Procession de la paroisse Sainte-Marguerite. — Madame Lafosse. — L'hémorroïsse guérie. — Sa réponse au cardinal de Bissy. — Celui-ci chansonné. — Voltaire se trouve à point pour constater le miracle. — Mandement de l'archevêque de Paris. — Il y est fait allusion au poëte. — Envoi de l'abbé Couet. — Echange de politesses. — Voltaire un peu confus d'être mêlé dans l'affaire. — L'*Indiscret*. — Voltaire à Fontainebleau. — Mariage de Marie Leczinska. — Fête de Bélébat. — Le curé de Courdimanche. — Voltaire présenté à la reine. — Elle lui accorde une pension. — Il revient à Paris. — Dancourt et le comte de Livry. — Impertinence de M. de Chabot. — Répartie de Voltaire. — Voltaire chez M. de Sulli. — Est demandé à la porte de l'hôtel. — S'y rend sans défiance. — Appréhendé au corps par les gens du chevalier de Rohan. — Accablé de coups. — Le chevalier commandait les travailleurs. — Voltaire se débarrasse. — Réclame la protection de M. de Sulli. — Le duc la lui refuse. — Les gens de lettres et les coups de bâton, en France et en Angleterre. — Le comte de Rochester fait rouer Dryden par son nègre Will. — Marmontel et le maréchal de Saxe. — Mot atroce de l'évêque de Blois. — Voltaire va demander vengeance à madame de Prie. — Vers sur M. le Duc. — Le poëte partout évincé. — Son profond ressentiment de l'outrage. — Ne compte plus que sur lui. — Déterminé à en venir aux dernières extrémités. — Prend des leçons d'armes de Leynault. — Fait sa société de bretteurs et de soldats aux gardes. — Obtient de M. de Chabot un rendez-vous. — Opinion du maréchal de Villars. — Voltaire arrêté et mis à la Bastille. — Y jouit d'une grande liberté. — Reçoit de nombreuses visites. — Le lieutenant de police forcé de restreindre le chiffre des visiteurs. — Le poëte relâché à la condition de partir pour l'Angleterre. — Madame de Tencin sa voisine à la Bastille. — Son aventure avec La Fresnaye. — Voltaire s'embarque à Calais. — Revient clandestinement à Paris. — Ne réussit point à rencontrer le chevalier de Rohan. — La peur d'être découvert le fait rembarquer pour l'Angleterre. . . . . . . . . . . . . . . . Page 321

X. — SÉJOUR EN ANGLETERRE. — VOLTAIRE ET LA SOCIÉTÉ ANGLAISE. — SOUSCRIPTION A LA HENRIADE. — Aspect de la Tamise à son arrivée. — Bolingbroke à Pall-Mall et Dawlay. — Charmant accueil qu'il fait à l'auteur d'*Œdipe*. — Petits torts du poëte à son égard. — Il veut lui dédier la *Henriade*. — Inquiétude de Bolingbroke à ce sujet. — Sa lettre à madame de Ferriol. — Lié avec Pope, Swift et Gray. — Le présente à tous ses amis. — Faillite du juif d'Acosta. — Embarras de Voltaire. — Le roi George lui envoie cent guinées. — Mort de madame Mignot. — Voltaire lui était fort attaché. — Ses regrets. — Ne demande pas mieux de se reconcilier avec son frère. — Sécheresse d'Armand. — Ex-voto dans l'église Saint-André-des-Arts. — Voltaire à Wandswosth. — Il y écrit les premiers actes de *Brutus* en prose anglaise. — Samuel Clarke. — Visite de Voltaire à Congrève. — Ridicule infatuation de cet auteur. — Mot piquant que Voltaire lui adresse. — Voltaire passe trois mois chez lord Petersborough. — Swift, le Rabelais de l'Angleterre. — Points de rapport entre Voltaire et Pope. — Dîner chez ce dernier. — Propos contre la religion. — Madame Pope quitte la table. — Pope adorant sa mère. — Haine de Johnson contre Voltaire. — Voltaire passe pour un espion du ministère français. — Assertion qui n'est pas soutenable. — Voltaire conserve un bon souvenir de Pope. — Lettre de madame du Châtelet à Pope. — Opinion de Voltaire sur l'allégorie du péché et de la mort dans le *Paradis perdu*. — Distique de Young. — Voltaire ne parle et n'écrit qu'en anglais. — *Essai sur la poésie épique*. — Difficulté qu'il éprouve par suite pour écrire en vers français. — Insulté par la populace. — La harangue. — La foule lui fait une ovation. — Madame de Genlis et Wilkes. — Enthousiasme de celui-ci pour le patriarche de Ferney. — Madrigal anglais à lady Hervey. — Laura Harlay et ses galants. — Les vers de Voltaire joints au dossier. — André Petit. — Lord Pulteney. — La duchesse de Marlborough et ses mémoires. — La vengeance du poëte. — Duplessis-Mornai substitué à Sulli dans la *Henriade*. — Le Grec Dadiky. — Voltaire obtient la permission de faire un voyage en France. — Il n'en use point. — La *Henriade* par souscription. — Toute la cour tient à honneur de favoriser l'entreprise. — Dédicace à la reine. — Thiériot détourne l'argent des souscriptions françaises. — Le poëte songe à retourner en France. — Encore les coups de bâton. — Démélés de Voltaire avec son libraire. — La taverne de l'Arc-en-ciel. — Prévost. — Lettre de Voltaire à Des Maizeaux. — Fin du séjour en Angleterre. . . . . . . . . . . . . . . Page 365

XI. —Mariage de mademoiselle de Livry.—Loterie de Desforts.— Brutus. — Voltaire a Rouen. — Retour en France. — Caché à Saint-Germain. — Démarche pour recouvrer ses pensions. — Ses bontés pour Thiériot. — Va se loger à Paris, rue Traversière-Saint-Honoré. — Nouveaux débuts de mademoiselle de Livry à la comédie française. — Echecs successifs. — Part pour l'Angleterre avec une troupe de comédiens. — Piteux résultats de l'entreprise. — Suzanne sans ressources sur le pavé de Londres. — Trouve un asile chez un français qui tenait un café. — Le marquis de Gouvernet. — Un numéro gagnant. — Suzanne riche. — Généreuse supercherie. — Elle épouse M. de Gouvernet. — Armand Arouet signe au contrat. — Voltaire et le suisse de la marquise. — Les *Vous* et les *Tu*. — Loterie de Desforts. — Remarque de la Condamine. — Voltaire s'associe des capitalistes. — L'opération réussit. — Opposition de Desforts. — Le Conseil donne raison à Voltaire et à ses associés. — Voltaire à Nancy. — Affaire par actions. — Nouveaux gains. — Les Eaux de Plombières. — Maussade séjour. — Lecture de *Brutus* aux comédiens. — Voltaire et Crébillon chez Lamotte. — Réprésentation de *Brutus*. — *Tullie*-Dangeville. — Voltaire accusé d'avoir pris le sujet à mademoiselle Bernard et à Fontenelle. — Piron et *Callisthène*. — Piège que lui tendent Voltaire et Lamotte. — Le succès de *Brutus* ne se soutient pas. — Observations envenimées de Rousseau. — La *Henriade* en contrebande. — Singulier stratagème. — *Charles XII*. — Saisi pour ne pas mécontenter le roi Auguste de Pologne. — Voltaire en Normandie. — *L'hôtel de Mantes*. — Va demeurer chez Jore. — Se fait passer pour un seigneur anglais. — Adrienne Lecouvreur. — Son éloge. — Est-elle morte empoisonnée. — Refus de sépulture. — Enterrée à la Grenouillère. — Mauvais effet des rigueurs du clergé. — Elles inspirent de beaux vers au poëte. — Récit de Jore. — Accusations peu croyables de crasseries. — Retour à Paris. — Voltaire à Arcueil. — Mort du président de Maisons. — Désespoir de son ami. — Goûts casaniers de Voltaire. — Va loger rue des Bons-Enfants, chez la comtesse de Fontaine-Martel. — Portrait de celle-ci par d'Argenson. — Ses soupers. — Tantôt bons, tantôt mauvais. — Voltaire y fait jouer ses pièces. . . . . Page 401

XII. — Eriphyle et Zaire. — Le temple du gout. — Guerre déclarée entre Rousseau et Voltaire. — Première représentation d'*Eriphyle*. — Médiocre succès. — Il la retire. — Linant. — Voltaire s'engoue de son babil et cherche à le placer. — Madame de Fontaine-Martel refuse de le prendre chez elle. — Etranges raisons qu'elle en donne. — Les gens de lettres au *XVIII*e siècle. — Opinion de la société de madame de Tencin sur la valeur dramatique de Voltaire. — *Zaïre*. — Incroyable succès. — Enivrement du poëte devant les acclamations du parterre. — Il analyse lui-même sa pièce dans le *Mercure*. — L'abbé Le Blanc. — Voltaire à Fontainebleau. — La cour divisée à propos d'une comédie. — Voltaire se range du côté de la Reine. — Piron et Voltaire se rencontrent. — Scène plaisante. — Voltaire accusé de cabaler contre *Gustave Wasa*. — Etranges illusions de Piron. — Forcés tous deux de se faire patte de velours. — Piron le préféré du marquis de Livry, Voltaire de la marquise. — Lettres sur l'Angleterre. — Newton. — Lecture au cardinal de Fleury. — Dédicace de *Zaïre* à Falkener. — On lui refuse une permission tacite. — Parodies de *Zaïre*. — *Epître à Uranie*. — Mot de Langlois au chancelier d'Aguesseau. — L'archevêque de Paris intervient. — Voltaire mandé par le lieutenant de police. — Désavoue la pièce et l'attribue à l'abbé de Chaulieu. — Répliques des poëtes orthodoxes à l'*Épître à Uranie*. — Succès persistant de *Zaïre*. — Critique qu'en fait Rousseau. — Il en parle en casuiste et non en poëte. — *Zaïre* schismatique. — Contradictions qu'il s'attire sur le terrain dogmatique. — La guerre est déclarée. — Quel est l'assaillant de Rousseau ou de Voltaire. — Brossette s'en préoccupe avec sa curiosité ordinaire. — *Zaïre* représentée par la société de madame de Martel. — Mort de la comtesse. — Voltaire l'assiste à ses derniers moments. — *Le Temple du Goût*. — Rousseau n'y est pas ménagé. — Publication tardive de la *Mariamne*, de Tristan. — Lettre de M. de Lasséré. — Epigramme de Rousseau. — Déchaînement contre le *Temple du Goût*. — Le marquis de Surgères, le chevalier de Brassac et le comte de Caylus. — Petits dégoûts que ce dernier donne à l'auteur. — Voltaire va demeurer devant le portail de Saint-Gervais. — Voltaire spéculateur. — La maison de la rue du Long-Pont. — Y reçoit ses amis. — Moncrif et La Clède. . . . . Page 441

FIN DE LA TABLE.

PARIS. — IMP. P.-A. BOURDIER ET COMP., RUE DES POITEVINS, 6.

www.ingramcontent.com/pod-product-compliance
Lightning Source LLC
Chambersburg PA
CBHW050608230426
43670CB00009B/1312